후재집

이 책은 2020 · 2021년도 정부(교육부)의 재원으로 한국고전번역원의 지원을 받아
수행된 '권역별거점연구소협동번역사업'의 결과물임.

This work was supported by Institute for the Translation of Korean Classics - Grant funded by the Korean Government.

한국고전번역원 한국문집번역총서/단국대학교 동양학연구원

후재집 5

厚齋集

김간 지음
金幹

최예심 옮김
이승용

일러두기

1. 이 책의 번역은 한국고전번역원에서 간행한 한국문집총간 155~156집 소재《후재집(厚齋集)》을 대본으로 하였다. 번역 대본의 원문 텍스트와 원문 이미지는 한국고전종합DB(http://db.itkc.or.kr)에서 확인할 수 있다.
2. 내용이 간단한 역주는 간주(間註)로, 긴 역주는 각주(脚註)로 처리하였다.
3. 대본의 본문과 원주의 구분이 명확하지 않은 경우는 역자가 임의로 조정하였다.
4. 한자는 필요한 경우 이해를 돕기 위하여 넣었으며, 운문(韻文)은 원문을 병기하였다.
5. 맞춤법과 띄어쓰기는 한글 맞춤법과 표준어 규정을 따랐다.
6. 이 책에서 사용한 부호는 다음과 같다.

   ( ) : 번역문과 음이 같은 한자를 묶는다.
   〔 〕 : 번역문과 뜻은 같으나 음이 다른 한자를 묶는다.
   " " : 대화 등의 인용문을 묶는다.
   ' ' : " " 안의 재인용 또는 강조 문구를 묶는다.
   「 」 : ' ' 안의 재인용을 묶는다.
   『 』 : 「 」 안의 재인용을 묶는다.
   《 》 : 책명 및 각주의 전거(典據)를 묶는다.
   〈 〉 : 책의 편명 및 운문·산문의 제목을 묶는다.

차례

후재집 제25권

차기 맹자 箚記 孟子

서설 序說

양혜왕 상 梁惠王上

양혜왕 하 梁惠王下

후재집 제26권

차기 맹자 箚記 孟子

공손추 상 公孫丑上

후재집 제27권

차기 맹자 箚記 孟子

공손추 하 公孫丑下

등문공 상 滕文公上

후재집 제28권

차기 맹자 箚記 孟子

등문공 하 滕文公下

이루 상 離婁上

후재집 제29권

차기 맹자 箚記 孟子

이루 하 離婁下

후재집 제30권

차기 맹자 箚記 孟子

고자 상 告子上

고자 하 告子下

진심 상 盡心上

진심 하 盡心下

후재집

제25권

차기 箚記

맹자 孟子

맹자(孟子)는 노(魯)나라 공족(公族)인 맹손(孟孫)의 후손이다.

《통기(通記)》[1]에 "노나라는 백금(伯禽)의 후손으로, 모두 중(仲), 숙(叔), 계(季)로 씨(氏)를 삼았다. 중(仲)은 뒤에 맹(孟)으로 바뀌었는데, 자손들이 그로 인하여 맹(孟)으로 씨(氏)를 삼았다. 격공의(激公宜)라는 자가 있어-이름이 언박(彦璞)이라고도 한다.- 장(仉)-음이 장(蔣)이다.- 씨에게 장가들어 맹자를 낳았다. 세살 때 부친 격공의가 세상을 떠났는데, 모친이 훌륭한 덕이 있어 모두 세 번 이사하여 학교 옆에 살면서 맹자를 몹시 엄하게 가르쳤고, 맹자도 부지런히 배우며 쉬지 않았다. 장성해서는 자사(子思)의 문인에게 수업을 받았다. 세상을 떠나자 그 고을 사기산(四基山) 남쪽에 장사지냈다." 하였다. ○《정사기(精舍紀)》에 "맹자의 고택(故宅)은 추현(鄒縣)에 있고, 동쪽 모퉁이에 폭서대(曝書臺)가 있다. 그 동쪽 빈터에 자사가 강론하던 집이 있었는데, 맹자가 이곳에서 도를 전수하였다." 하였다.

조씨(趙氏)의 이름은 기(岐)이고, 자(字)는 빈경(邠卿)이다.-소주(小註)-

1 통기(通記) : 《공자통기(孔子通記)》를 말한다.

경조(京兆) 장릉(長陵) 사람이다. 또 다른 자(字)는 대경(臺卿)이다. 젊은 나이에 경학(經學)에 밝았고, 재주가 있었다. 한번은 형 조습(趙襲)과 함께 중상시(中常侍) 당형(唐衡)에게 죄를 지어 화(禍)를 피하여 북해(北海) 지역에서 떡을 팔았다. 손준(孫雋)이 이중으로 된 벽장에 숨겨주었는데, 당형이 죽고 나서야 벽장에서 나왔다. 조정에서 부름을 받아 의랑(議郎)에 제수되었다. 《맹자장구(孟子章句)》를 저술하였으며, 이후 형주(荊州)에 살다가 죽었다.

자사의 문인에게 수업을 받았다. 조씨(趙氏 조기(趙岐))의 주(註)와 《공총자(孔叢子)》등의 책에서는 모두 "맹자는 자사에게 직접 수업을 받았다." 하였다.〔受業於子思之門人, 趙氏註及孔叢子等書, 皆云孟子親受業於子思.〕

살펴보건대 공자(孔子)의 나이 69세 때에 공리(孔鯉)가 죽었으니, 비록 자사가 과연 언제 태어났는지는 모르지만 그의 출생이 공자의 나이 69세 이전이었음은 알 수 있다. 《통기》에 "자사가 어려서 일찍이 성인인 조부의 가르침을 들은 적이 있다." 하였으니, 그렇다면 공자가 살아있을 때 자사의 나이가 비록 어렸다고는 하나 아주 어린 나이가 아니었던 것이 분명하다. 또 강제(姜齊)[2] 경공(景公) 때에는 공자가 여전히 생존해 있었다. 경공 이후로 자도(悼公), 간공(簡公), 평공(平公), 강공(康公)을 거쳐 전제(田齊)[3]의 전화(田和), 환

2 강제(姜齊) : '강씨(姜氏)의 제(齊)나라'라는 뜻으로, 강태공(姜太公)이 봉해진 춘추시대 제나라를 말한다.

3 전제(田齊) : 전씨(田氏)가 세운 제(齊)나라를 말한다. 제나라는 원래 태공망(太公

공(桓公), 위왕(威王), 선왕(宣王)에 이르렀으니, 모두 전후로 9세(世)이다. 공자가 죽지 않았는데 자사가 태어난 지 이미 오래였다면 제나라 왕이 9세를 거친 뒤에 어찌 생존하여 맹자를 가르쳤다고 장담할 수 있겠는가. 이를 통해 보자면 자사의 문인에게 수업을 받았다는 설이 옳은 듯하다. 그러나 《통기》에 "자사는 110여 세를 살고 죽었다." 하였고, 맹자가 여러 성인들의 계통을 차례로 서술하며 "공자 이후로 지금에 이르기까지 백여 년이다." 하였다. 또 맹자가 처음 양 혜왕(梁惠王)을 만났을 때 이미 노인이라고 칭하였고, 제나라에 있을 때 문인의 질문에 답하면서 "나는 사십의 나이에 부동심(不動心)을 하였다." 하였다. '지금'이라고 한 것은 맹자가 노인이었을 때 한 말이므로, 공자 때와의 거리가 백여 년이었던 것이다. 만약 맹자가 젊었을 때 한 말이라면 필시 백여 년을 채우지 못했을 것이다. 자사는 공자의 손자이니, 110여 세를 살고 죽었다면 맹자가 젊었을 때 그래도 자사를 만날 수 있었을 것이다. 또 한자(韓子)[4]가 "맹자는 자사를 스승으로 삼았고, 자사의 학문은 증자에게서 나왔다." 하였고, 《자치통감(資治通鑑)》에 "맹자가 자사를 스승으로 섬길 적에 '백성을 기르는 방법은 무엇을 먼저 해야 합니까?'라고 묻자, 자사가 '먼저 이롭게 해주어야 한다.' 하였다……." 하였으니, 한자의 설과 《자치통감》의 말은 필시 근거가 있을 것이다. 이를 통해 보자면 직

望) 여상(呂尙)의 봉국(封國)이었는데, 춘추 시대에 이르러 전경중(田敬仲)이 진(陳)나라로부터 제나라로 망명해 와 그 집안이 대대로 제나라의 경상(卿相)이 되었다. 그 뒤 전화(田和)에 이르러 백성들로부터 환심을 사서 제나라를 찬탈하였는데, 이를 전제라고 한다.

4 한자(韓子) : 당(唐)나라 때 문인 한유(韓愈)를 말한다.

접 자사에게 수업을 받은 것도 명백한 듯하니, 어떤지 모르겠다.-오정(吳程)이 말하기를 "자사는 향년이 62세이다."라고 하였으니, 이는 또 《통기》의 설과는 다르다.- ○채청(蔡淸)이 말하기를 "이 단락은 지금 자사의 문인에게 배웠다는 설을 따르기로 단정하였다. 만일 직접 자사에게 수업을 받았다면 응당 《맹자》 7편에 기술된 내용이 전혀 없지는 않을 것이며, '남에게서 사숙(私淑)하였다.'[5]라고 말하지는 않았을 것이다. 예컨대 안자(顔子)는 '부자께서 차근차근히 사람을 잘 이끌어주셨다.'라고 하였고, 증자(曾子)도 여러 번 '나는 부자(夫子)께 들었다." 하였다.

유세하여 제 선왕(齊宣王)을 섬겼는데, 제 선왕이 등용하지 못하였고, 양(梁)나라로 갔으나 양 혜왕(梁惠王)도 결행하지 못했다.〔游事齊宣王, 王不能用, 適梁, 梁惠王不果.〕

살펴보건대 이 서설(序說)의 내용으로 보자면 맹자는 먼저 제 선왕을 섬겼고, 그 후에 양 혜왕을 만나보았다. 그러나 주자(朱子)의 《자치통감강목》보면 그렇지 않다. 《사기(史記)》에 "양 혜왕 35년 을유년에 맹자가 양나라에 처음 왔다." 하였고, 주자는 "양 혜왕 35년에 말을 겸손히 하고 예물을 후하게 하여 현자를 초빙하니, 맹자가 양나라에 왔다." 하였으며, 《자치통감강목》에 "주 현왕(周顯王) 37

5 남에게서 사숙(私淑)하였다 : 직접적인 가르침을 받지는 않았으나 마음속으로 사모하여 도나 학문을 닦음을 이른다. 《맹자(孟子)》 〈이루 하(離婁下)〉에, "나는 공자의 문도가 되지는 못하였으나, 나는 남에게서 들어서 사사로이 선하게 하였노라.〔予未得爲孔子徒也, 予私淑諸人也.〕"라고 한 맹자의 말이 나온다.

년 을유년-양 혜왕 35년 을유년이다.-에 맹가(孟軻)가 위(魏)나라에 왔다." 하였다. 이 점에 있어서는 세 가지 설이 동일하니, 맹자가 양 혜왕을 만난 것은 을유년이 분명하다. 《사기》에 "제 민왕(齊湣王) 10년 정미년에 제나라 사람들이 연(燕)나라를 정벌했는데, 맹자가 제나라에 있었다." 하였다. 《자치통감강목》에는 정미년에 연나라를 정벌한 일이 제 선왕 19년으로 되어 있다. 그렇다면 정미년에 연나라를 정벌한 사실은 《사기》와 《자치통감강목》이 동일하지만, 제 민왕 10년과 제 선왕 19년이라는 시기는 《사기》와 《자치통감강목》이 다르다. 《사기》에서 이미 "유세하여 제 선왕을 섬겼는데, 제 선왕이 등용하지 못하자 양나라로 갔다." 하였고, 또 "양 혜왕 35년 을유년에 맹자가 양나라에 왔으며, 그후 제 민왕 10년 정미년에 맹자가 제나라에 있었다." 하였다. 그렇다면 이른바 '맹자가 먼저 제 선왕을 섬기고 뒤에 양 혜왕을 만나 보았고, 또 뒤에 제 민왕을 만나보았다.'는 말은 근거가 없지 않다. 그러나 지금은 마땅히 《자치통감강목》의 설이 옳다고 보아야 한다. 정미년이 제 선왕 19년이면 기축년은 제 선왕 원년이며, 기축년은 을유년에서 4년이 지난 뒤이니, 맹자가 을유년에 양 혜왕을 만났을 때 제 선왕은 아직 즉위하지 않았다. 이 사실로 미루어보자면 맹자가 먼저 양 혜왕을 만나고 뒤에 제 선왕을 섬겼음은 의심할 여지가 없다. 또 《자치통감강목》에 "주 현왕 33년 을유년에 맹가가 위나라에 왔다. 신정왕(愼靚王) 2년 임인년에 위군(魏君) 앵(罃)이 세상을 떠나자, 맹자가 위나라를 떠나 제나라로 갔다." 하였다. 그렇다면 맹자가 제나라에 온 것은 바로 임인년으로 제 선왕 14년이니, 위로 을유년과의 간격이 18년이다. 위나라에 온 시기와 제나라에 온 시기의 선후와 차례가 더욱 분명해진다. ○ 괴통(蒯通)

의《전국책(戰國策)》에는 기묘년을 제 선왕 원년이라고 하였는데, 과연 그렇다면 기묘년은 을유년보다 6년이 앞서니, 맹자가 제 선왕을 먼저 만나보았다는 설은 그럴듯하다. 다만 주자의《자치통감강목》으로 미루어 보자면 기축년은 분명 제 선왕 원년이니, 어찌 주자가 이미 정한 말을 버리고 도리어 과장되고 터무니없는 괴통의 말을 취해서야 되겠는가.

연나라를 정벌한 것이 제 선왕 때의 일인 줄은 분명히 알 수 없으나……요치(淖齒)의 일을 가지고 증험해보면 제 민왕(齊湣王) 때의 일로 보는 것이 옳다.〔未能的知伐燕之爲先君……淖齒事證之, 湣王爲是.〕-소주-

채청이 말하기를 "요치는 초나라 사람으로 군대를 거느리고 제나라를 구원하러 왔다가 제나라 재상이 되었다. 요치가 연나라와 함께 제나라 영토를 나누고자 하여 제 민왕을 잡아서 죽였고, 뒤에 왕손가(王孫賈)에 의해 죽임을 당했다.《사기》에 보이는 내용은 이와 같다. 이는 단지 제 민왕이 연나라에 패배하였다는 증거일 뿐이니, 어찌 연나라를 정벌한 것이 반드시 제 민왕 때의 일이라는 증거가 될 수 있겠는가." 하였다. ○또 말하기를 "살펴보건대《사기》에 제나라가 연나라를 정벌한 일이 두 차례 실려 있다. 제 선왕이 먼저 연나라를 정벌하였을 때는 연 문공(燕文公)이 죽고 역왕(易王)이 처음 즉위하였을 때이니, 제 선왕이 연나라가 국상(國喪)을 당한 일을 기회로 정벌하여 10개의 성(城)을 차지하였다. 이는《맹자》〈양혜왕〉편에 실려 있는 문답에서 '제 선왕'이라고 일컬은 부분이니, 이것이 한 가지 일이다. '선왕(宣王)'이라고 일컬은 것은《맹자》가 제

선왕이 이미 세상을 떠난 뒤에 지어졌기 때문에 시호(諡號)로 일컬은 것이다. 조기의 주에서도 '제 선왕'이라고 일컬었다. 제 민왕이 뒤에 또 연나라를 정벌하였는데, 연왕(燕王) 쾌(噲)가 자지(子之)에게 연나라를 주었기에 제나라가 연나라를 정벌하여 70개의 성을 함락하였다. 이는 《맹자》 〈공손추〉에 실려 있는 심동(沈同)이 연나라를 칠 수 있느냐고 묻는 내용이니, 이것이 또 한 가지 일이다. 단지 '제왕(齊王)'이라고 일컬은 것은 《맹자》가 지어졌을 때 제 민왕이 아직 생존해 있어서 일컬을 시호가 없었기 때문이다. 조기의 주에서도 '왕'이라고 일컬었다. 연왕 쾌가 자지에게 나라를 양보한 것은 제 선왕이 세상을 떠나고 9년 뒤의 일이며, 제 민왕이 연나라를 정벌한 것은 제 선왕이 세상을 떠나고 10년 후의 일이니, 이를 통해 보자면 연나라를 정벌한 것이 제 선왕 때의 일이 아님이 몹시 분명하다." 하였다. ○살펴보건대 채청은 《맹자》 〈양 혜왕〉에서 연나라를 정벌한 사람을 '선왕(宣王)'이라고 일컫고, 〈공손추〉에서 연나라를 정벌한 사람을 단지 '왕(王)'이라고 일컬은 일을 가지고 드디어 연나라를 정벌했다고 기록한 두 곳을 제 선왕 때의 일과 제 민왕 때의 일로 구분하였으니, 그의 말이 그럴듯하다. 다만 채청은 "제 선왕이 연나라를 정벌하여 10개의 성을 차지하였다."라고 하였는데, 지금 〈양혜왕〉의 본문의 내용을 살펴보면 "만승(萬乘)의 나라가 만승의 나라를 정벌하여 50일 만에 함락시켰다.〔以萬乘之國, 伐萬乘之國, 五旬而擧之.〕" 하였고, 또 "제나라 사람들이 연나라를 정벌하여 차지하였다.〔齊人伐燕取之〕" 하였으며, 또 "종묘를 부수고 중요한 기물들을 옮겨갔다.〔毁其宗廟, 遷其重器.〕" 하였다. 이는 단지 10개의 성을 차지했을 때 할 수 있는 말이 아니니, 채청의 설이 반드시 옳다고 볼 수는 없을 듯하다.

물러나 만장(萬章) 등의 문도들과 《시경》과 《서경》을 차례짓고 중니(仲尼 공자)의 뜻을 기술하여 《맹자》 7편을 지었다.〔退而與萬章之徒, 序詩書, 述仲尼之意, 作孟子七篇.〕

조기(趙岐)의 〈맹자제사(孟子題辭)〉에 "이 책은 맹자가 지은 책이다. 그러므로 통틀어 《맹자》라고 한 것이다." 하였다. ○손씨(孫氏 손석(孫奭))의 〈맹자정의서(孟子正義序)〉에 "한나라가 일어나 효문황제(孝文皇帝)가 유학(游學)의 길을 넓혀 《논어》, 《맹자》, 《효경》에 대해 모두에 박사(博士)를 두었다. 당시에 유흠(劉歆)에게 9종의 《맹자》가 있었는데, 모두 11편이었으니, 주를 단 사람은 서한(西漢)의 조기였다. 당(唐)나라에 이르러 또 육선경(陸善經)이 있었고, 또 정항(鄭亢)이 있었으며, 양(梁)나라에는 또 기무수(綦毋邃)가 있었다." 하였다. ○조씨(趙氏 조기)가 말하기를 "또 외서(外書) 4편인 〈성선변(性善辨)〉, 〈문설(文說)〉, 〈효경〉, 〈위정(爲正)〉이 있는데, 그 내용이 넓고 깊지 못하여 내편(內篇)과는 비슷하지 않으니, 맹자의 진면목이 아닌 듯하다. 후세에 본떠서 가탁한 듯하다." 하였다. ○채청이 말하기를 "《시경》과 《서경》이 공자에 의해 산정(刪定)되었으니, 맹자가 무엇 때문에 다시 차례지었겠는가. 공자가 산정한 것을 차례지어 정한 것이다. 이때는 공자가 살았을 때부터 백여 년이 지났으니 거리가 백여 년이니, 《시경》과 《서경》의 내용 중에 어찌 빠지거나 순서가 잘못된 부분이 없었겠는가." 하였다. ○《문헌통고(文獻通考)》에 조씨(晁氏)가 말하기를 "조기가 말하기를 '맹가(孟軻)가 물러나 만장, 공손추의 제자들과 논란하고 문답하여 7편의

《맹자》를 지었다.' 하였는데, 한유(韓愈)는 《맹자》를 제자들이 모은 것이라고 하였으니, 조기의 말과는 다르다. 지금 그 책을 살펴보니, 맹자가 만난 제후는 모두 시호로 호칭하였으니, 예컨대 제 선왕, 양 혜왕, 등 정공, 등 문공, 노 평공과 같은 경우이다. 죽은 뒤에 시호가 있는 법이니, 맹가가 무탈했을 때 만난 제후가 모두 맹가보다 먼저 죽지 않았을 것이다. 게다가 양 혜왕 원년에서 노평공의 죽음에 이르기까지는 모두 77년이다. 맹가가 양 혜왕을 만났을 때 맹가를 노인〔叟〕이라고 하였으니, 필시 맹가는 이미 노인이었을 것이며, 결코 노 평공의 죽음을 보지 못했을 것이다. 그렇다면 후대 사람들이 뒤에《맹자》를 엮은 것이 분명하니, 조기의 말은 잘못된 것이다." 하였다.-살펴보건대 이 부분은 〈맹자제사〉아래 소주(小註)에 신안 진씨(新安陳氏 진력(陳櫟))가 말한 "주자(周子 주돈이(周敦頤))가 스스로 《통서(通書)》를 지었는데, 오봉(五峯 호굉(胡宏)) 이 '주자가 말하기를〔周子曰〕'이라는 말을 덧붙였다."라는 조목과 참고해 보는 것이 좋다.- ○또 말하기를 "《순자(荀子)》에는 맹자가 세 번 제왕(齊王)을 만났지만 정사(政事)에 대해 말을 하지 않았는데, 제자가 묻자 '나는 먼저 그의 바르지 못한 마음을 공격하고자 한다.'[6]라고 말한 내용이 실려 있고, 《양자(揚子)》에는 맹자가 '뜻이 있고도 성취하지 못한 자는 있지만, 뜻이 없는데 성취하는 자는 없다.'[7]라고 말한 내용이 실려 있다. 그런데 지금 《맹자》에는 모두 이런

6 순자(荀子)에는……한다 : 《순자》 〈대략(大略)〉에 나오는 내용이다.

7 양자(揚子)에는……없다 : 양자는 한(漢)나라 때의 사상가 양웅(揚雄, 기원전 53~기원후 18)을 가리킨다. 맹자의 이 말은 양웅이 지은 《법언(法言)》 〈수신(修身)〉에 나온다.

말이 없으니, 산일(散軼)된 부분이 많음을 알 수 있다. 조기가 말하기를 '진(秦)나라 분서갱유(焚書坑儒) 때, 《맹자》가 제자(諸子)로 불린 까닭에 사라지지 않을 수 있었다.'라고 하였는데, 역시 그릇된 말이다." 하였다. ○주자가 말하기를 "《맹자》한 책은 분명히 맹자가 직접 지은 것이니, 맹자가 아니면 어떻게 정밀한 뜻이 이처럼 투철하고 처음과 끝을 이처럼 꿰뚫어 저 대단한 문기(文氣)를 볼 수 있도록 써낼 수 있겠는가. 만일 당시 맹자의 문하에 이와 같은 생각을 써낼 수 있는 사람이 있었다면 역시 '맹가가 죽고 난 뒤로 그 전할 사람을 얻지 못하였다.'[8]라고 말할 수 없었으리라. 지금 공손추와 만장이 평소에 묻고 논란한 내용으로 보건대, 《맹자》7편의 글을 이처럼 정밀하고 원활하게 써내지는 못했을 듯하다." 하였다.

경원 보씨(慶源輔氏 보광(輔廣))가 말하기를 "'감히 이 분이 곧 성인이라고 말할 수는 없다.'는 것은 행동을 가지고 말한 것이고, '학문이 이미 성인의 경지에 이르렀다.'[9]는 것은 지식을 가지고 말한 것이다."라고 하였다.〔慶源輔氏曰 未敢便道他是聖人, 以其行處言, 學已到聖處, 以其知處言也.〕-소주-

살펴보건대 공부가 성인의 경지에 이르지 못한 사람의 경우, 행동은

8 맹가가……못하였다 : 한유(韓愈)의 〈원도(原道)〉에 나오는 말이다.

9 감히……이르렀다 : 〈맹자집주서설(孟子集註序說)〉의 혹자가 정자(程子)에게 묻기를 "맹자 또한 성인이라고 이를 수 있습니까?" 하자, 정자가 "감히 이 분이 곧 성인이라고 말할 수는 없으나 학문이 이미 성인(聖人)의 경지에 이르셨다.〔或問於程子曰, "孟子還可謂聖人否?" 程子曰 "未敢便道他是聖人, 然學已到至處."〕"라고 대답한 내용을 가리킨다.

충분하지만 지식이 부족한 경우도 있고, 지식은 충분하지만 행동이 부족한 경우도 있다. 지금 이미 성인이라고 했으니, 이른바 성인이란 통달하지 않는 것이 없는 사람의 칭호이다. 그러니 어찌 지식이 이미 성인의 경지에 이르렀는데 행동만 유독 성인의 경지에 이르지 못한 성인이 있겠는가. 정자가 말한 내용을 살펴보면 그의 생각은 '성(聖)'이라는 글자의 의미는 지극히 크니, 비록 곧바로 맹자를 성인이라고 말할 수는 없으나 결국 '성(聖)'이라고 말하지 않을 수 없으므로 '학문이 이미 성인의 경지에 이르렀다.'라고 말한 것이다. 위의 한 구는 처음에 감히 경솔하게 성인으로 인정할 수 없다는 뜻이고, 아래의 한 구는 결국 역시 성인으로 인정한 것이니, 중간에 '그러나〔然〕' 한 글자를 놓은 데에서 그 의도를 알 수 있다. 지금 보씨는 위의 한 구절을 행동에 소속시키고, 아래의 한 구절을 지식에 소속시켜 맹자가 지식은 이미 성인의 경지에 이르렀으나 행동은 성인의 경지에 이르지 못하였다고 여겼다. 정자의 본래 뜻을 잃은 듯한데, 어떤지 모르겠다.

정자(程子)가 말하기를 "맹자가 성인의 문하에 공로가 있음을 이루 다 말할 수 없다. 중니(仲尼 공자)는 하나의 '인(仁)' 자만을 말하였는데, 맹자는 입을 열면 곧 인의(仁義)를 말하였고, 중니는 하나의 '지(志)'만 말하였는데, 맹자는 곧 허다한 양기(養氣)를 말하였으니, 다만 이 두 글자의 공로가 매우 크다."라고 하였다.〔程子曰 孟子有功於聖門, 不可勝言. 仲尼只說箇仁字, 孟子開口便說仁義, 仲尼只說一箇志, 孟子便說許多養氣出來, 只此二字, 其功甚多.〕

살펴보건대 문세(文勢)로 보건대 '이 두 글자〔此二字〕'라고 한 것은

'이 두 가지〔是二者〕'의 오류인 듯하다. 어째서인가. 지금 '두 글자'를 말한 것이라면 이는 다만 '양기' 두 글자를 두고 말한 것이니, 고립적인 듯하다. '두 가지'를 말한 것이라면 위에서 인의를 말하고 양기를 말한 두 가지를 종합하여 맺은 말이니, 어찌 문장이 순리에 맞고 말이 온당하지 않겠는가. 어떤지 모르겠다.

맹자견양혜왕장
孟子見梁惠王章

맹자가 양 혜왕을 만났다.〔孟子見梁惠王〕

이패림(李霈霖)[10]이 말하기를 "《맹자》 7편은 모두 한 사람이 베껴서 완성한 글이다. 맹자가 이미 저술하고 도를 자임하였으니, 스스로 맹자라고 칭한 것이 무슨 해가 되겠는가. 마치 후대에 자첨(子瞻 소식(蘇軾))이 논(論)을 지으면서 '소자왈(蘇子曰)'이라고 썼던 경우와 같으니, 굳이 후대 사람이 덧붙였다고 단정할 것은 없다." 하였다. ○동양 허씨(東陽許氏 허겸(許謙))가 말하기를 "맹자가 양나라에 왔을 당시 위나라는 여전히 제후국이었으니, 이 장에서 '왕'이라고 일컫은 것은 저술할 때 나중에 쓴 것이다." 하였다

왕은 어찌 굳이 이익을 말씀하십니까? 역시 인의(仁義)가 있을 뿐입

10 이패림(李霈霖) : 청나라 학자로 자는 대운(岱雲)이고, 생평에 관해서는 거의 알려진 것이 없다. 그의 저서로 《사서주자이동조변(四書朱子異同條辨)》이 있다. 조선에서는 노론 계열의 학자들을 중심으로 여러 문인들에게 주목받고 읽혔다.

니다.〔王何必曰利? 亦有仁義而已矣.〕

살펴보건대 양 혜왕이 현인을 만나 처음에 다른 말을 할 겨를이 없이 먼저 자신의 나라를 이롭게 하는 방법을 물었기 때문에 맹자가 이렇게 대답한 것이다. '어찌 군이 이익을 말씀하십니까?'는 왕이 이익을 말해서는 안 된다는 말이다. '또한 인의가 있을 뿐입니다.'는 인의 외에는 다시 다른 도(道)가 없다는 말이다.

채지(采地)-주-

살펴보건대《한서(漢書)》〈형법지(刑法志)〉에 "채(采)는 관(官)이니, 관을 통해 전지(田地)의 수입을 받아먹기 때문에 채지라고 한다." 하였다.

신안 진씨(新安陳氏 진력)가 말하기를 "인(仁)은 온화하게 사랑하는 뜻이 있고, 의(義)는 엄정하게 단속하여 억제하는 뜻이 있다……의의 쓰임이 더욱 절실하다."라고 하였다.〔新安陳氏曰 仁有溫然慈愛之意, 義有截然斷制之意……義之用爲尤切.〕-소주-

살펴보건대 맹자가 처음 양 혜왕을 만났을 때, 제일 먼저 한 말은 '인의' 두 글자이니, 그 뜻이 깊다. 그러므로 아래 글에 구구절절 모두 인의를 아울러 말하였다. 그런데 여기에서 '의'만 말한 것은 문장을 생략하는 관례인 듯하며, 다른 의도가 있는 것은 아닌 듯하다. 그렇지 않다면 이 한 구절은 전적으로 군신(君臣)간의 관계에 대해서 말하였기 때문에 '의'만 말한 것이다. 또는 '이(利)'와 '의'를 대비하여 말했기 때문에 의만 말한 것이다. 지금 진씨가 말한 내용은 비록 그 설이 좋기는 하지만, 본문의 뜻과는 어긋나는 듯하니, 어떤지 모르겠다.

어진 마음을 지니고 있으면서 자기 부모를 버리는 경우는 없으며, 의로운 마음을 지니고 있으면서 자기 군주를 뒷전으로 하는 경우는 없다.〔未有仁而遺其親, 未有義而後其君.〕

살펴보건대 위의 한 구절은 이익을 취하는 효과가 빼앗지 않으면 만족하지 않는 데에 이른다는 말이다. 이 한 구절은 인의의 효과가 부모를 버리지 않고 군주를 뒷전으로 하지 않는 데에 이른다는 말이니, 바로 위 문장의 "어찌 굳이 이익을 말씀하십니까? 역시 인의가 있을 뿐입니다.〔何必曰利? 亦有仁義.〕"라는 두 마디 말의 뜻을 부연한 것이다.

이는 인의가 이롭지 않은 적이 없음을 말한 것이다.〔此言仁義未嘗不利.〕-주-

살펴보건대 여기의 '이(利)' 자는 맹자가 말한 '이' 자와 다르다. "어찌 굳이 이익을 말씀하십니까?〔何必曰利〕"의 경우는 이욕(利欲)의 '이(利)'이고, "이롭지 않은 적이 없다.〔未嘗不利〕"의 경우는 인의(仁義)의 '이'이다. 이욕의 '이'는 반드시 자식이 어질지 않아 부모를 버리고, 신하가 의롭지 않아 임금을 뒷전으로 하는 데 이르니, 이것이 맹자가 위나라 군주를 경계한 까닭이다. 인의의 '이(利)'는 절로 자식이 어질어 부모를 친애하고, 신하가 의로워 군주를 높이는 데 이르니, 집주의 이 설은 맹자의 뜻을 밝힌 것이다.

인의가 있을 뿐이니, 어찌 굳이 이익을 말씀하십니까?〔仁義而已, 何

必曰利?〕

살펴보건대 위 문장에서 "어찌 군이 이익을 말씀하십니까? 역시 인의가 있을 뿐입니다.〔何必曰利? 亦有仁義.〕"라고 하고, 여기에서 또 "인의가 있을 뿐이니, 어찌 군이 이익을 말씀하십니까?"라고 거꾸로 거듭 말하였다. 간곡히 반복해서 말하여 인의 이외에 결코 이익을 말해서는 안 된다고 밝힌 것이니, 그 뜻이 깊다.

이는 《맹자》에서 실마리를 만들고 시작을 의탁하는 깊은 뜻이다.〔此孟子之書所以造端託始之深意〕-주-

살펴보건대 《맹자》 첫머리에서 가장 중요한 일로 인의와 이욕(利欲)의 분변을 먼저 말하여 마치 칼 하나로 쪼개나가듯 하였으니, 배우는 자의 심술(心術)의 처음을 경계한 것이니, 실마리를 만들고 시작을 의탁하는 뜻이 깊고 절실하다 하겠다. ○사계(沙溪 김장생(金長生))가 말하기를 "의(義)와 이(利)의 분변은 배우는 자의 가장 중요한 일이므로, 한 책의 실마리로 만들어 시작을 의탁한 것이다."하였다. ○살펴보건대 《춘추호씨전(春秋胡氏傳)》[11]에 "평왕(平王)[12] 만년에 도(道)를 잃은 것이 더욱 심하여 존귀한 천왕(天王)의 신분

11 춘추호씨전(春秋胡氏傳) : 남송(南宋) 호안국(胡安國)의 저술로 본디 전해 오던 삼전(三傳 공양(公羊)·곡량(穀梁)·좌씨(左氏))과는 별도로 오로지 중국을 높이고 오랑캐를 내치는 주의에 따라 해석을 가한 저술이다.

12 평왕(平王) : 서주(西周)의 마지막 왕인 유왕(幽王)의 아들이다. 유왕이 견융(犬戎)에게 살해되자 평왕은 견융을 피하여 호경(鎬京)에서 동쪽 낙읍(洛邑)으로 천도하였는데, 낙읍으로 천도한 이후로는 왕실(王室)의 권위를 잃게 되어 제후와 다를 바 없게 되었다.

으로 제후의 첩에게 부의를 보냈으니, 이에 삼강(三綱)[13]이 몰락하고, 구법(九法)[14]이 무너지고, 인망(人望)이 끊어졌다. 《춘추》는 이에 대해 부득이한 점이 있었으니, 은공(隱公)에서 시작한 것[15] 역시 깊고 간절하게 드러내 밝힌 것이 아니겠는가." 하였으니, 집주에서 이른바 "시작을 의탁한다〔託始〕"는 여기에 근원을 둔 듯하다.

13 삼강(三綱) : 유교의 도덕에서 기본이 되는 세 가지 강령(綱領), 즉 군위신강(君爲臣綱), 부위자강(父爲子綱), 부위부강(夫爲婦綱)이다.

14 구법(九法) : 《서경》 〈홍범(洪範)〉의 '구주(九疇)'를 가리키는데, 천하를 다스리는 아홉 가지 대법으로, 곧 오행(五行)·오사(五事)·팔정(八政)·오기(五紀)·황극(皇極)·삼덕(三德)·계의(稽疑)·서징(庶徵)·오복(五福)이다.

15 은공(隱公)에서 시작한 것 : 《춘추》는 본래 노나라의 역사를 기록한 책인데, 공자(孔子)가 주평왕(周平王) 49년, 노은공(魯隱公) 원년에 시작하기 때문에 말한 것이다.

맹자견양혜왕왕입어소상장
孟子見梁惠王王立於沼上章

현자가 된 뒤에야 이것을 즐거워할 수 있으니, 현자가 아닌 사람은 비록 이것을 가지고 있더라도 즐거워하지 못합니다.〔賢者而後樂此, 不賢者, 雖有此不樂.〕

살펴보건대 이 한 구절은 화법이 위 장(章)의 "어찌 굳이 이익을 말씀하십니까? 역시 인의가 있을 뿐입니다.〔何必曰利? 亦有仁義.〕"와 서로 비슷하다. 이는 모두 먼저 한 장(章)의 대지(大旨)를 게시한 뒤에 아래 문장에서 구절구절 나누어 말하여 조응하게 만든 것이다. 윗장의 "어떻게 하면 내 나라를 이롭게 할까……."는 바로 위의 "어찌 굳이 이익을 말씀하십니까?"를 풀이한 것이고, "어진 마음을 지니고……없으며, 의로운 마음을 지니고……."는 바로 위의 "인의가 있을 뿐입니다."를 풀이한 것이다. 이 장에서 인용한 "《시경》에 이르기를 ……."은 바로 위의 "현자가 된 뒤에야 이것을 즐거워할 수 있다."를 풀이한 것이고, 인용한 "《서경》에 이르기를 ……."은 바로 위의 "현자가 아닌 사람은 즐거워하지 못합니다."를 풀이한 것이니, 위아래 두 장이 동일한 구조이다.

헤아리고 도모하다.〔經之營之〕

《운서(韻書)》에 "영(營)은 둘러싸서 거처한다는 뜻이다. '헤아리다〔度〕'라고도 한다. 동서(東西)가 경(經)이고, 둘레가 영(營)이다. 또 종횡으로 헤아리는 것이 경(經)이고, 주선하는 것이 영(營)이다." 하였다.

백성과 함께 즐겼기 때문에 즐길 수 있었던 것입니다.〔與民偕樂, 故能樂也.〕

《논범(論範)》에서 《시경》을 인용하여 "문왕(文王)이 걱정과 부지런함에서 시작하여 편안히 즐기는 데서 끝맺었으니, 이것이 그 증거이다. '왕이 영유(靈囿)에 계시니, 사슴들이 윤기가 흘렀다.'는 모두 온화한 기운이 스민 것이고, 성대한 덕이 감동시켜 부른 것이다." 하였다.

양혜왕왈과인지어국장
梁惠王曰寡人之於國章

하내(河內) 지방에 흉년이 들었을 때는 그곳의 백성을 하동(河東) 지방으로 이주시켰다.〔河內凶, 則移其民於河東.〕

채청이 말하기를 "만일 하내와 하동에 모두 흉년이 들었다면 양 혜왕이 어떻게 처리했을 것인가. 심하구나, 나라를 다스리는 것이 왕도정치를 시행하는데 달려있도다. 왕도정치가 시행되면 3년을 경작하면 1년 치 양식을 마련할 수 있고, 9년을 경작하면 3년 치 양식을 마련할 수 있으니, 이른바 '풍년에는 종신토록 배부르고 흉년에는 죽음을 면하게 된다.'라는 경우이다." 하였다.

곡식을 옮긴 것은 백성들이 스스로 그 곡식을 옮겼을 뿐이다.〔移粟, 民自移其粟耳.〕-소주-

장(章) 아래 글에 "길에 굶어 죽은 시체가 있어도 창고를 열 줄 모른다.〔塗有餓莩而不知發〕"라고 하였으므로 이 주에서 이처럼 의심하는 말을 한 것이다. 그러나 이른바 '그곳〔河內〕의 백성을 하동(河東) 지방으로 이주시키고 그곳〔河東〕의 곡식을 하내(河內) 지방으로 옮겼다.'는 이미 위 문장의 '과인이 나라에 대하여 마음을 다하고 있습니다.〔寡人之於國盡心〕'라는 내용을 이어 말한 것이니, 백성을 이주시키고 곡식을 옮긴 것은 모두 왕이 옮긴 것이지, 백성이 스스로 옮긴 것이 아니다. 그렇다면 이 주의 '스스로 그 곡식을 옮겼다.'는 설이 어떤지 모르겠다.

대답하기를 "왕께서 전투를 좋아하시니, 전투로 비유해보겠습니다." 라고 하였다.〔對曰 王好戰, 請以戰喩.〕

채청이 말하기를 "이는 성인의 말투가 아닌 듯하니, 비록 말이 활발하고 분명하여 통쾌하지만, 결국 변화가 많다. 선유(先儒)가 맹자는 전국시대의 습속을 벗어나지 못했다 하였다." 하였다.

군대는 북소리에 따라 전진하고 쇳소리에 따라 후퇴한다.〔兵, 以鼓進以金退.〕-주-

《주례(周禮)》〈하관사마(夏官司馬) 대사마(大司馬)〉에 "고(鼓), 탁(鐸), 탁(鐲), 뇨(鐃)의 쓰임을 구별하여 앉고 일어서며, 전진하고 후퇴하며, 빠르게 하고 천천히 하며, 드물게 하고 자주하는 절도를 가르친다. 고인(鼓人)이 세 번 고(鼓)를 울리고 사마(司馬)가 탁(鐸)을 흔들면 군리(群吏)가 깃발을 세우고 전차(戰車)와 보병(步兵)이 모두 일어난다. 고(鼓)를 울리고 탁(鐲)을 울리면 전차와 보병이 모두 나아가는데, 뇨(鐃)를 울리면 또 물러난다."라고 한 것이 이것이다. ○동양 허씨(東陽許氏 허겸)가 말하기를 "탁(鐲)으로 전진시키고 뇨(鐃)로 후퇴시키며, 탁(鐸)은 전진과 후퇴를 겸하는데, 후대 전투의 진법에서는 오로지 쇳소리로 후퇴시켰다." 하였다.

농사철을 놓치지 않는다.〔不違農時〕

이정(李禎)[16]이 말하기를 "'농사철을 놓치지 않는다.'는 아래의 '100

16 이정(李禎) : 《주자사서이동조변(朱子四書異同條辨)》을 저술한 청나라 학자 이패림(李沛霖)의 동생이다. 이패림이 초고를 작성하고, 이정이 교성하여 40권으로 만들

묘(畝)의 토지에 농사철을 빼앗지 않는다.'는 한 단락과 대비한 것이고, '촘촘한 그물을 웅덩이에 넣지 않는다.〔數罟不入〕'는 아래의 '다섯 종류의 가축이 새끼칠 때를 놓치지 않는다.〔五母之畜〕'는 한 단락과 대비한 것이며, '도끼와 자귀를 철에 따라 숲에 들어가게 한다.〔斧斤以時〕'는 아래의 '뽕나무를 심게 한다.〔樹之以桑〕'는 한 단락과 대비한 것이다. '산 사람을 봉양하고 죽은 사람을 장사지내는 데 유감이 없게 한다.' 역시 은연중에 효제(孝悌)의 뜻과 연관되어 조응한다. 이것이 이른바 '법제가 미비하여 우선 천지자연의 이로움을 따른다.'는 것이다." 하였다.

《예기》〈왕제(王制)〉에 "수달이 물고기로 제사를 지낸 뒤에 물고기 잡는 사람이 못과 어량(魚梁)에 들어가고, 이리가 짐승으로 제사를 지낸 뒤에 사냥을 하고, 비둘기가 변화하여 새매가 된 뒤에 그물을 설치하고, 초목의 잎이 떨어진 뒤에 산림에 들어간다." 하였다.〔禮記王制, 獺祭魚然後虞人入澤梁, 豺祭獸然後田獵, 鳩化爲鷹然後設罻羅, 草木零落然後入山林.〕-소주-

본주(本註)에 "'양(梁)'은 물길을 막아 물고기를 잡는 것이다."라고 하였다. 《주례》의 주에는 "'수언(水堰 제방)'이니, 물길을 막아 방죽을 쌓아 트인 공간을 만들어 통발로 그 공간을 잇는다." 하였다. 《예기》〈월령(月令)〉에 "중춘(仲春)에 매가 변화하여 비둘기가 된다." 하였으니, 이는 비둘기가 변하여 매가 되는 것은 반드시 중추(仲秋 8월)라는 말이다. 위(罻)와 라(羅)는 모두 새를 잡는 그물이다. 이

었다.

는 모두 계절의 순서를 따라 인자한 뜻을 넓히는 것이다. ○엄릉 방씨(嚴陵方氏 방각(方慤))가 말하기를 "수달이 물고기로 제사를 지내는 것은 맹춘(孟春 1월)의 달이고, 이리가 짐승으로 제사를 지내는 것은 계추(季秋 9월)의 달이다. 물고기는 음(陰)에 속하는 동물이니, 그 성질이 양(陽)을 따라 올라온다. 봄은 양중(陽中)이 되니, 물고기는 이때에 잡기가 쉽다. 그러므로 수달이 물고기로 제사를 지내고 나서 못과 어량에 들어가는 것은 이로 인해 물고기를 잡는 절기로 삼은 것이다. 짐승은 양(陽)에 속하는 동물이니, 그 성질이 음(陰)에 편승하여 이루어진다. 가을은 음중(陰中)이 되니, 짐승은 이때에 잡을 수 있다. 그러므로 이리가 짐승으로 제사를 지내고 나서 사냥을 하는 것은 이로 인해 짐승을 잡는 절기로 삼은 것이다. '우(虞)'는 '택우(澤虞)[17]'이니, 《주관(周官)》에 "산우(山虞)[18]가 있고 택우가 있다."라고 하였고, 《예기》〈월령〉에 "계추의 달에 초목의 잎이 누렇게 되어 떨어지고 겨울잠을 자는 벌레들이 모두 구부린다.-주(註)에 머리를 숙이는 것이라고 하였다.-"라고 하였으니, 여기에서 말한 것은 모두 계추를 위주로 하였음을 알 수 있다." 하였다.

17 택우(澤虞) : 주(周)나라의 지관명(地官名)으로 국택(國澤)의 정령(政令)을 맡아 그를 금려(禁厲)하고, 그곳에 사는 사람들로 하여금 그 생산되는 재물을 지켜서 수시로 옥부(玉府)에 들이게 한다. 《周禮 地官司徒 澤虞》

18 산우(山虞) : 〈지관사도 하(地官司徒下)〉에 산우는 산림(山林)에 관한 정령(政令)을 관장하고 산림의 물산(物産)을 지키고 금령(禁令)을 설치하는 등의 일을 행하며, 중동(仲冬)에는 양목(陽木)을 베게 하고 중하(仲夏)에는 음목(陰木)을 베게 한다고 하였다.

신안 진씨(新安陳氏 진력)가 말하기를 "법제가 미비하다는 것은 성인이 정전법을 시행하기 이전이라는 말이다."라고 하였다.〔新安陳氏曰 法制未備, 謂聖人未行井田法以前.〕-소주-

살펴보건대 집주에서 "법제가 미비하다."라고 한 것은 이때에는 다만 산 사람을 봉양하고 죽은 사람을 장사지내는 예절만 있었다는 말이다. 예컨대 아래 문장의 "5묘의 집 주변에 뽕나무를 심게 하면 50세가 된 사람이 비단옷을 입을 수 있고, 닭과 개 같은 가축을 기르면 70세가 된 사람이 고기를 먹을 수 있으며, 100묘의 토지에 농사철을 빼앗지 않으며, 상(庠)과 서(序)의 가르침을 삼가서 효제(孝悌)의 의리로 반복해서 가르친다."는 등의 일은 모두 아직 갖추어지지 않았다. 이 때문에 아래 문장의 집주에 비로소 "법제와 품절(品節)의 상세함을 다하였다."라고 한 것이다. 이러한 사실로 보자면 이 구절에서 말한 내용에서 이와 같은 따위의 법제가 아직 갖추어지지 않았음을 알 수 있다. 지금 진씨는 단지 정전법이 아직 시행되지 않았다고 말하였으니, 아직 완비되기 전인 듯하다.

50세가 된 사람이 비단옷을 입을 수 있다.〔五十者可以衣帛〕

살펴보건대 집주에 "50세가 되면 노쇠하기 시작하여 비단옷이 아니면 따뜻하지 않으니, 50세가 되지 않은 사람은 비단옷을 입을 수 없다." 하였다. 이 내용으로 보자면 50세 이전에는 비단옷을 입을 수 없다. 그러나 《예기》〈내칙(內則)〉에 "20세에 갖옷과 비단옷을 입을 수 있다." 하였으니, 50세 이전에도 비단옷을 입을 수 있다. 이는 맹자의 설과 다르다. 《예기》〈왕제(王制)〉에 "60세가 되면 고기를 먹지 않으면 배가 부르지 않으며, 70세가 되면 비단옷이 아니면 따뜻하지 않다." 하였으니, 역시 맹자의 설과 다르다. ○채청이 말하기를 "'50세가 되면 비단옷이 아니면 따뜻하지 않고, 70세가 되면 고기가 아니면 배부르지 않다.'라고 한 것은 맹자가 스스로 풀이한 것이니, 어찌 한(漢)나라 유학자들이 편찬한 《예기》〈왕제〉만을 유독 근거로 삼겠는가." 하였다. ○임차애(林次崖)[19]가 말하기를 "반드시 50세가 된 뒤에 비단옷을 입는다면 50세가 되지 않은 사람은 무슨 옷을 입었는가. 옛날에는 뽕나무와 삼〔麻〕이 있었으니, 삼〔麻〕은 건장한 사람이 입는 옷감이었다. 지금의 목면(木綿)은 외국에서 들어온 것으로 후대에 생긴 것이니, 아마 삼대(三代)[20]의 시기에는 없었을 것이다. 반드시 70세가 된 뒤에 고기를 먹는 것을 허락했다면 젊고 건장한 사람은 전혀 먹을 수 없었던 것이 아니라, 먹는 때가 있었던 것이니, 노인이 늘 먹는 것과는 같지 않다." 하였다.

닭과 돼지와 개와 큰 돼지를 기른다.〔鷄豚狗彘之畜〕

돈(豚)과 체(彘)를 어떻게 구분하는가. 《운서(韻書)》에 "돈(豚)은 시(豕)의 새끼이다."라고 하였으니, 그렇다면 체(彘)는 시(豕) 중에 큰 것이다.

100묘(畝)의 토지에 농사철을 빼앗지 않는다.〔百畝之田勿奪其時〕

19 임차애(林次崖) : 임희원(林希元, ?~?)이다. 명나라 복건성 동안(同安) 사람으로, 자는 무정(茂貞)이고, 호는 차애이다.

20 삼대(三代) : 중국 고대의 세 나라인 하(夏)나라·은(殷)나라·주(周)나라를 말한다.

이천 선생(伊川先生 정이(程頤))이 말하기를 "옛날에는 100보(步)를 1묘라 하였는데, 100묘는 지금의 41묘에 해당한다. 옛날에는 지금의 41묘 넓이의 토지로 여덟 식구가 있는 집이 굶주림을 면할 수 있었는데, 지금은 옛날의 250묘로도 오히려 부족하니, 농사에 부지런하고 나태함이 이처럼 현격하게 차이가 난다." 하였다. ○인산 김씨(仁山金氏 김이상(金履祥))가 말하기를 "옛날에는 6척(尺)을 1보(步)로 삼았으니, 1묘는 넓이가 6척이고, 길이가 600척이었다." 하였다.

상(庠)과 서(序)의 가르침을 삼가서 효제(孝悌)의 의리로 반복해서 가르친다.〔謹庠序之敎, 申之以孝悌之義.〕

《예기》〈왕제〉에 "유우씨(有虞氏)는 국로(國老)를 상상(上庠)에서 봉양하고 서로(庶老)를 하상(下庠)에서 봉양했으며, 하후씨(夏后氏)는 국로를 동서(東序)에서 봉양하고 서로를 서서(西序)에서 봉양하였다." 하였다. 그 주에 "노인을 봉양하는 예를 반드시 학교에서 시행한 것은 효제와 예의를 강론하여 밝히는 곳이기 때문이다." 하였다.

반백의 늙은이가 도로에서 짐을 지거나 이고 다니지 않을 것이다.〔頒白者不負戴於道路〕

《예기》〈왕제〉에 "가벼운 짐은 혼자서 도맡아 짊어지고 무거운 짐은 나누어 짊어져서 반백의 늙은이가 물건을 들고 가지 않도록 한다." 하였다.

맹춘(孟春)에는 희생을 암컷으로 쓰지 말라.〔孟春犧牲毋用牝〕-주-

《예기》〈월령〉의 주에 "낳고 기르는 것을 해치지 않으려 해서이다." 하였다.

《예기》〈월령〉에 "맹춘(孟春)의 달에 악정(樂正)에게 명하여 학교에 들어가서 춤을 익히게 하였으며, 마침내 제전(祭典)을 닦아서……새의 둥지를 뒤엎지 못하게 하고, 어린 벌레와 뱃속에 있거나 막 태어난 것과 날개짓을 익히는 새끼 새를 죽이지 못하게 했다."라고 하였다.〔月令孟春之月, 命樂正入學習舞, 乃修祭典……毋覆巢, 毋殺孩蟲胎夭飛鳥.〕-소주-

본주에 "춤을 익힌다는 것은 배우는 자에게 춤을 익히는 일을 가르치는 것이다. 벌목을 금지하는 것은 성대한 덕이 나무에게 있기 때문이다. 해충(孩蟲)은 어린 벌레이다. 태(胎)는 태어나지 않은 것이고, 요(夭)는 막 태어난 것이다. 비조(飛鳥)는 처음 날갯짓을 익히는 새이다." 하였다.

양 혜왕이 백성들의 재산을 제정해 주지 못하였다.〔惠王不能制民之産〕-주-

살펴보건대 백성의 재산을 제정하는 것은 윗글에서 말한 5묘(畝)의 토지에 뽕나무를 심는 것과 100묘의 토지에 농사철을 빼앗지 않는 것 따위이다. 지금 길에 굶주려 죽은 시체가 있는데도 양 혜왕이 창고를 열 줄 모르니, 백성의 재산을 제정해주지 못함을 알 수 있다.

왕은 천하의 의로운 군주이다.〔王者天下之義主也〕-주-

채청이 말하기를 "의(義)라고 말한 것은 합치되면 따르고 합치되지 않으면 떠난다는 뜻이니, '군주와 신하는 의로 합치한 자이다.'고 말하는 것과 같다." 하였다. ○살펴보건대 '의주(義主)'는 이른바 '의제(義帝)'와 동일하다.

신안 진씨(新安陳氏 진력)가 말하기를 "사마온공(司馬溫公)과 이태백(李泰伯)[21]이 오히려 이를 알지 못하고서 맹자를 비난하였으니, 고루하도다."라고 하였다.〔新安陳氏曰 司馬溫公李泰伯尙不達此而非孟子, 固哉!〕-소주-

살펴보건대 사마온공은 〈의맹(疑孟)〉을 짓고, 이태백은 〈상어(常語)〉를 지어서 맹자가 주(周)나라 왕실을 존중하기 않고 제후들에게 왕도정치를 시행하기를 권한 것을 비난하였다.

21 이태백(李泰伯) : 송나라 때의 학자 이구(李覯, 1009~1059)로, 태백은 자이다. 〈상어〉는 그의 문집인 《우강집(盱江集)》에 수록되어 있다.

양혜왕왈과인원안승교장
梁惠王曰寡人願安承教章

과인이 편안히 가르침을 받고 싶습니다.〔寡人願安承教〕

손씨(孫氏 손석)의 《맹자정의(孟子正義)》에 "이 한 단락은 앞 단락과 합쳐서 한 장(章)인데, 조씨(趙氏 조기)가 나누어 구분하였다." 하였다.

사람을 죽이는 데 몽둥이와 칼을 사용하다.〔殺人以梃與刃〕

살펴보건대 《석명(釋名)》[22]에 "정(梃)은 나무 조각이다." 하였다. ○ 이 장(章)의 처음 구절에 "편안히 가르침을 받고 싶습니다.〔願安承教〕"라고 한 것은 위 장(章)을 이어서 말한 것이다. 그러므로 그 아래 몇 구절 역시 대략 위 장과 조응한다. "사람을 죽이는데 몽둥이와 칼과 정치로 한다.〔殺人以梃與刃與政〕"라는 말은 위의 "사람을 찔러 죽이고서 '내가 그렇게 한 것이 아니라 병기가 한 것이다.〔剌人而殺之曰 非我也兵也.〕'"라는 구절과 조응한다. "푸줏간에는 살찐 고기가 있고, 마구간에는 살찐 말이 있다.〔庖有肥肉廄有肥馬〕"라는 말은 위의 "개와 돼지가 사람이 먹을 양식을 먹는데도 단속할 줄 모른다.〔狗彘食人食而不知檢也〕"라는 말과 조응한다. "들판에 굶어 죽은 시체가 있다.〔野有餓莩〕"라는 말은 위의 "길에 굶어죽은 시체가 있

22 석명(釋名) : 한나라 유희(劉熙)가 편찬한 책으로, 8권이다. 훈고자서(訓詁字書)의 하나로, 《일아(逸雅)》라고도 한다.

다.〔塗有餓莩〕"라는 말과 조응한다. "백성의 부모가 된 것이 어디에 있습니까?〔惡在其爲民父母〕"라는 말은 "왕께서 흉년을 탓하지 않으신다면 천하의 백성들이 올 것입니다.〔王無罪歲, 天下之民至焉.〕"라는 구절과 반대로 조응한다.

첩산 사씨(疊山謝氏 사방득(謝枋得))가 말하기를 "이 장(章)은 군주가 왕정(王政)을 시행하지 않아 백성을 짐승처럼 본다고 극단적으로 말한 것이다."라고 하였다.〔疊山謝氏曰 此章極言人君不行王政, 視民猶獸也.〕-소주-

살펴보건대 이미 "짐승을 내몰아 사람을 잡아먹게 하는 것이다.〔率獸而食人〕"라고 하였으니, 이는 백성을 짐승만도 못하게 보는 것이다. 지금 '짐승처럼〔猶獸〕'이라고 하였으니, '유(猶)' 자는 뜻이 너무 가벼운 듯하다.

양혜왕왈진국천하막강언장
梁惠王曰晉國天下莫强焉章

《사기》〈위세가(魏世家)〉에 "위(魏)나라가 조(趙)나라를 정벌하자, 조나라가 제(齊)나라에 구원을 요청하였다."라고 하였다.〔史記魏世家, 魏伐趙, 趙告急於齊.〕-소주-

사계(沙溪 김장생)가 말하기를 "《사기》〈위세가〉에 '위나라가 조나라를 정벌하자, 조나라가 제나라에 구원을 요청하였다.' 하였는데, 《자치통감강목》, 《자치통감》, 《사략》에는 모두 '위나라가 한나라를 정벌하자, 한나라가 제나라에 구원을 요청하였다.' 하였다. 말한 내용이 같지 않으니, 살펴야 한다." 하였다. ○또 말하기를 "《자치통감강목》에 '주 현왕(周顯王) 16년(B.C. 353)에 제나라가 위나라를 정벌하여 조나라를 구원하였고, 28년(B.C. 341)에 제나라가 위나라를 정벌하여 한나라를 구원하였다.' 하였으니, 이는 두 가지 일이다. 태자(太子) 신(申)[23]을 사로잡은 것은 28년의 일이니, 실로 양혜왕 30년(B.C. 341)이다. 그런데 《사기》에는 위나라가 조나라를 정벌한 일을 양혜왕 30년의 일이라고 하였으니,[24] 역시 《자치통감강목》

23 태자(太子) 신(申) : 양혜왕(梁惠王)의 맏아들이다.

24 사기에는……하였으니 : 《사기(史記)》〈위세가(魏世家)〉에 "양혜왕(梁惠王) 30년에 위나라가 조나라를 정벌하자, 조나라가 제나라에 위급함을 알렸다. 제 선왕(齊宣王)이 손빈(孫臏)의 계책을 따라 조나라를 구원하고자 위나라를 공격하니, 위나라가 크게 군대를 일으켜 방연(龐涓)을 장수로, 태자(太子) 신(申)을 상장군(上將軍)으로 삼아서 제나라 사람과 싸우게 하였는데, 마릉(馬陵)에서 패배하였다. 제나라가 위나라

의 내용과 다르다." 하였다.

죽은 사람을 위해서 한번 설욕하고자 한다.〔願比死者一洒之〕

채청이 말하기를 "죽은 사람이 태자 신이라고 말할 수 없고, 전투에서 죽은 모든 사람이라고 말할 수도 없으니, 이는 그 선인(先人)[25]을 가리켜 말한 것이다. '진국(晉國)이 우리 선인 때에는 천하에서 막강하였는데, 과인의 몸에 이르러서는 영토를 잃고 패배한 것이 이와 같으니, 과인이 부끄러워 선인을 위하여 한 번 설욕하고자 한다.'라고 말한 것이다." 하였다. ○살펴보건대 채씨(蔡氏 채청)가 죽은 사람을 양 혜왕의 선인이라고 하였으니, 그의 말이 참신하다. 다만 양 혜왕이 응당 선인을 '죽은 사람〔死者〕'이라고 직접 지칭하지는 않았을 것이고, 또 문장의 어세가 순하지 않으니, 과연 그 본뜻을 맞게 풀이했는지 모르겠다.

진(秦)나라와 초(楚)나라의 견고한 갑옷과 예리한 병기를 매질하게 할 수 있을 것이다.〔以撻秦楚之堅甲利兵〕

살펴보건대 진나라와 초나라만 거론한 것은 서쪽으로는 진나라에게 영토를 잃고, 남쪽으로는 초나라에게 모욕을 당했다는 내용의 질문에 대한 답변이기 때문이다.

의 태자 신을 사로잡고 장군 방연을 죽여서 위나라 군대가 마침내 대패하였다."라고 하였다.

25 선인(先人) : 양 혜왕의 부친 위 무후(魏武侯)를 말한다. 위나라의 제2대 군주로, 그의 치세동안 위나라는 영토를 넓히고 강국으로 성장하였다.

주자(朱子)가 말하기를 "위(魏)나라 영토가 진(秦)나라 영토와 근접하여 군대의 침입을 받지 않은 적이 없으니……맹자가 쉽게 말한 듯하다. 이는 당시 사람들이……곧바로 함곡관(函谷關)[26]을 공격한 데에서 알 수 있다."라고 하였다.〔朱子曰 魏地迫近於秦, 無時不受兵……孟子之言, 似若容易. 蓋當時之人……直擣至函谷關可見.〕-소주-

살펴보건대 "위나라 영토가 진나라 영토와 근접하여"부터 "맹자가 쉽게 말한 듯하다."까지는 요덕명(廖德明)[27]의 질문이고, "당시 사람들이"부터는 주자가 요덕명에게 답변한 내용이다. 그런데 지금 집주에서는 처음부터 끝까지 합쳐 주자의 말로 만들었으니, 무엇 때문에 그런 것인지 모르겠다.

경원 보씨(慶源輔氏 보광)가 말하기를 "깊이 밭 갈고 김을 잘 매는 것은 세금을 적게 거두는 데서 오는 효과이고, 여가를 이용하여 효제(孝悌)와 충신(忠信)을 닦아 들어와서는 부모를 섬기고 나가서는 어른을 섬기는 것은 형벌을 줄이는 데서 오는 효과이다."라고 하였다.〔慶源輔氏曰 深耕易耨則薄稅斂之所致也. 以暇日修其孝悌忠信, 入以事其父兄, 出以事其長上, 則省刑罰之所致也.〕-소주-

살펴보건대 본문의 문세(文勢)와 차례로 보자면 형벌을 줄이고 세금을 적게 거둔 뒤에야 백성들의 힘이 남아 비로소 밭 갈고 김을 잘

26 함곡관(函谷關) : 진(秦)나라 수도인 함양(咸陽)을 지키던 요충지로써 험준하기로 이름난 곳이다.

27 요덕명(廖德明) : 주자(朱子)의 문인으로, 자(字)는 자회(子晦), 호는 사계(槎溪)이다.

맬 수 있다. 밭 갈고 김을 잘 매서 의복과 음식에 여유가 있은 뒤에 비로소 예의를 닦을 수 있다. 이로 보건대 밭 갈고 김을 잘 매는 일에서부터 효제와 충신을 닦는 일까지는 형벌을 줄이고 세금을 적게 거두는 효과를 통틀어 말한 것이다. 그러므로 집주에 "군주가 인정(仁政)을 시행하면 백성들이 농사일에 힘을 다할 수 있고, 또 여가에 예의를 닦을 수 있다." 하였다. 이른바 '인정'은 형벌을 줄이고 세금을 적게 거두는 것이다. 농사일에 힘을 다하는 것 바로 밭 갈고 김을 잘 매는 것이다. 부터 예의를 닦는 것 바로 효제와 충신을 닦는 것이다. 까지는 바로 그 효과를 말한 것이다. '군행인정(君行仁政)'의 아래에 하나의 '즉(則)' 자를 놓은 것을 보면 '진력농묘(盡力農畝)' 이하가 그 효과를 통틀어 말한 것임을 절로 알 수 있다. 그런데 지금 보씨가 깊이 밭 갈고 김을 잘 매는 것은 세금을 적게 거두는 데서 오는 효과라 하고, 효제와 충신을 닦는 것은 형벌을 줄이는 데서 오는 효과라 하였는데, 이처럼 구분지어 말하는 것은 자잘한 듯하니, 본문과 집주의 뜻을 잃은 듯하다. 어떤지 모르겠다.

목숨을 바치는 것을 즐긴다.〔樂於效死〕-주-

살펴보건대 효제와 충신을 닦는 효과는 목숨을 바치는 것을 즐길 뿐만이 아니다. 다만 양 혜왕의 "죽은 사람을 위하여 한번 설욕하고자 한다."는 질문과 대비하여 본다면 이른바 "목숨을 바치는 것을 즐긴다."라는 말과 그 뜻이 비로소 긴밀하다.

저들이 백성의 농사철을 빼앗아 백성들로 하여금 밭 갈고 김매서 그 부모를 봉양하지 못하게 하면, 부모가 추위에 떨고 굶주리며 형제와

처자가 헤어지고 흩어질 것이다.〔彼奪其民時, 使不得耕耨, 以養其父母, 父母凍餓, 兄弟妻子離散.〕

살펴보건대 백성의 농사철을 빼앗는다는 것은 형벌을 줄이고 세금을 적게 거두지 못해서 그런 것이다. 밭 갈고 김매지 못하게 한다는 것은 바로 밭을 깊이 갈고 김을 잘 매지 못한다는 말이다. 부모가 굶주리고 추위에 떨며 형제와 처자가 헤어지고 흩어진다는 것은 들어가서는 부모를 섬기고 나가서는 어른을 섬기는 것과는 상반된다.

왕께서 가서 바로잡으신다면 누가 왕과 대적하겠습니까.〔王往而征之, 夫誰與王敵?〕

살펴보건대 이 한 구절은 위 구절의 '몽둥이를 만들어 진(秦)나라와 초(楚)나라의 견고한 갑옷과 예리한 병기를 매질하게 한다.'는 뜻과 호응하니, 이와 같이 하면 죽은 자들을 위해 설욕할 수 있다. ○주자가 말하기를 "맹자 역시 작위적인 사람이다. 예컨대 '저들이 그 백성을 도탄에 빠뜨릴 적에 왕께서 가서 바로잡으신다면 누가 왕과 대적하겠습니까.'라는 말은 군대를 쓰지 않는 것이 아니라 단지 군대를 쓰는 것이 의리가 없던 당시 전국시대와 같지 않을 뿐이다." 하였다.

인자(仁者)에게는 대적할 사람이 없으니, 왕은 의심하지 마소서.〔仁者無敵, 王請勿疑.〕

살펴보건대 인자에게 대적할 사람이 없다는 것은 어진 정치를 백성에게 베푼 효과이다.

물헌 웅씨(勿軒熊氏: 웅화(熊禾))가 말하기를 "맹자가 유독 세나라와 양나라에 부지런히 마음을 쏟은 것은 뜻을 얻어 중국에서 시행하기를 원해서였다."라고 하였다.〔勿軒熊氏曰 孟子獨惓惓於齊梁, 欲得志行乎中國也.〕-소주-

살펴보건대 맹자가 전국시대를 만나 당시의 군주가 말을 공손히 하고 폐백을 후하게 하여 초빙하지 않으면 가지 않았다. 당시에 위 혜왕(魏惠王 양 혜왕)과 제 선왕이 모두 예를 갖추어 현인을 초빙하였기 때문에 맹자가 가서 왕도를 시행하기를 권면한 것이다. 어찌 뜻을 얻어 중국에서 시행하기를 원했기 때문에 유독 제나라와 양나라에 부지런히 마음을 쏟은 것이겠는가. 가령 맹자가 단지 뜻을 얻어 중국에서 시행하기를 원했다면 그 당시에 한(韓), 조(趙), 연(燕), 위(衛), 노(魯), 송(宋)나라 등이 모두 중국이었으나, 맹자는 그곳에 간 적이 없고 왕도에 대해 한 마디 언급도 없었던 이유는 무엇인가. 웅씨의 설은 잘못인 듯하니, 어떤지 모르겠다.

맹자견양양왕장

孟子見梁襄王章

바라보면 군주다운 모습이 없다.〔望之不似人君〕

백우(伯羽 동비경(董飛卿))가 묻기를 "'바라보면 군주다운 모습이 없다.'는 이 말을 공자(孔子)도 말한 적이 있습니까?"라고 하니, 주자가 말하기를 "공자는 말하지 않았고 맹자는 어쩔 수 없이 말하였다." 하였다. ○채청이 말하기를 "성인과 현인이 그 나라에 가서 그 군주를 만나보는 것은 모두 그의 동정을 관찰하여 나의 도가 융성할지 쇠퇴할지를 예측하고자 해서이다. 그렇지 않다면 저 나라에 가서 무엇하겠는가. 지금 양 양왕의 기상이 이와 같음을 보았으니, 함께 큰일을 이루기에는 부족함이 분명하다. 그러므로 나와서 다른 사람에게 말하고 떠난 것이다." 하였다.

'주다'는 '돌아간다'는 뜻이다.〔與猶歸也〕-주-

살펴보건대 이 구절의 '귀(歸)' 자는 아랫글 '민귀지(民歸之)'의 '귀(歸)' 자에 근본을 둔 듯하다.

7, 8월 사이에 날씨가 가물면 벼의 싹이 마르다가……세차게 비를 내리면 벼의 싹이 쑥쑥 자란다.〔七八月之間, 旱則苗枯……沛然下雨, 則苗浡然興之矣.〕

살펴보건대 '가뭄〔旱〕'은 당시의 잔혹한 정치를 비유하고, '마른다〔枯〕'는 초췌한 백성을 비유하였다. '비〔雨〕'는 어진 정치를 비유하고, '쑥쑥 자란다〔浡然〕'는 백성이 기뻐하여 고무되는 것을 비유한다.

제선왕문제환진문지사장
齊宣王問齊桓晉文之事章

공자의 문도 중에는 제 환공과 진 문공의 일을 말한 자가 없다.〔仲尼之徒, 無道桓文之事者.〕

《순자》에 "공자의 문인은 비록 5척 동자라도 오패(五霸)를 거론하는 것을 부끄럽게 여겼으니, 어째서인가. 제 환공은 오패 가운데 가장 강한 사람이었다. 패자가 되기 전에는 형을 죽이면서까지 나라를 차지하기 위해 싸웠고, 안으로는 고모나 누이나 누이동생들 중에 시집가지 않은 사람이 일곱 명이었는데, 집 안에서는 환락을 즐기고 사치가 지나쳐 제나라 재물의 절반으로 절반이다. 비용을 대도 부족하였다. 밖으로는 주(邾)나라를 속이고 거(莒)나라를 습격하여 35개의 나라들을 병탄하였다. 그가 행한 일이 이처럼 험악하고 더러우며 음란하고 지나치니, 그가 어찌 위대한 군자의 문하에서 거론될 수 있었겠는가." 하였다. ○정자(程子)가 말하기를 "맹자가 관중(管仲)의 공열(功烈)이 이처럼 낮다고 꾸짖었는데, 공자는 '누가 그의 인(仁)을 따라가겠는가? 누가 그의 인을 따라가겠는가.'[28]라고 하였으니, 공자의 문하에서 무엇 때문에 오패를 거론하는 것을 부끄럽게 여겼는가. 공

28 누가……따라가겠는가 : 공자의 제자 자로(子路)가 환공이 공자(公子) 규(糾)를 죽였을 때 소홀(召忽)은 따라 죽고 관중은 죽지 않은 것을 두고 인(仁)한 사람이 아니라고 의심하자, 공자가 "환공이 제후를 규합하되 무력을 동원하지 않은 것은 관중의 힘이다. 누가 그의 인(仁)을 따라가겠는가? 누가 그의 인을 따라가겠는가?"라고 하였다. 《論語 憲問》

자의 제자 70명이 모두 관중의 공(功)을 이루지 못했으니, 거론하기를 부끄럽게 여긴 것은 그저 중대한 근본이 어긋나 배울 줄을 몰랐기 때문이다." 하였다.

그만두지 말고 기어이 말하라 하신다면 왕도(王道)를 말하겠습니다.〔無已則王乎〕

동자(董子 동중서(董仲舒))가 말하기를 "옛사람이 문자를 만들 적에 세 개의 획을 긋고 그 가운데를 이어 '왕(王)'이라고 하였다. 세 개의 획은 하늘과 땅과 사람이며, 그 가운데를 이은 것은 그 도(道)가 통하는 것이다. 하늘과 땅과 사람의 재주를 취하여 세 가지를 통하니, 왕이 아니면 누가 이와 같이 하겠는가." 하였다.

백성을 보호하고 왕노릇한다.〔保民而王〕

살펴보건대 백성을 보호하는 것은 왕의 일이다. 이 장(章)에서 이 이후로 많은 곡절(曲折)은 모두 '보민이왕(保民而王)' 네 글자를 미루어 말한 것이다.

종의 틈을 바르는 데 쓰려고 합니다.〔將以釁鍾〕

손씨(孫氏 손석)의 《맹자정의(孟子正義)》에 "종의 틈에 피를 바르는 것을 '흔(釁)' 이라 하니, 역시 난을 다스리는 것〔治亂〕을 '난(亂)'이라 하는 것과 같은 부류이다." 하였다. 《주례》〈춘관(春官) 대축(大祝)〉의 '수흔(隋釁)' 주에 "정 사농(鄭司農 정중(鄭衆))이 이르기를 '수흔'은 피를 바치는 것이니, 일반적으로 희생의 피를 바쳐 제사지내는 것을 흔(釁)이라 한다. 옛날에 기물이 완성되면 피를 발랐으니, 변괴를 억누르고 요사스러운 틈을 막으려는 까닭이다." 하였다.

짐승의 피를 그 틈에 바른다.〔塗其釁郄〕-주-

극(郄)은 《운서(韻書)》에 "혹은 '극(隙)'으로 쓰고 혹은 '극(隙)'으로 쓰며, 혹은 '극(郤)'으로 쓰니, 바로 '극(隙)' 자이다." 하였다. 《사기》〈장석지열전(張釋之列傳)〉에 "남산처럼 견고하게 만들더라도 틈이 있다.〔錮南山猶有郤〕" 하였고, 《순자》에 "구멍이나 틈에 들어가도 좁지 않다.〔入郄穴而不偪〕" 하였다.

두려워 벌벌 떨며 죄 없이〔觳觫若無罪〕

《사서휘고(四書彙考)》에 "곡속(觳觫)은 소가 도살장으로 가면서 몸을 움츠리며 두려워하는 모습을 말한다. '곡(觳)'은 본래 고문(古文)에는 '곡(斛)' 자로 되어 있으니, 《주례》에 보인다. 그 글자는 '곡(穀)'을 따르는데, '곡(穀)'을 줄여 '각(角)'으로 쓰면 '곡(斛)'이다. 소가 두려워한다는 뜻의 글자는 '혹속(㲉觫)'이 되어야 한다. '혹(㲉)'은 '시(豕)'를 따르니 꼬리가 두려워하는 모양이고, '속(觫)'은 '각(角)'을 따르니, 뿔이 두려워하는 모양이다." 하였다. ○살펴보건대 '곡속약(觳觫若)'에서 이 '약(若)' 자는 '곡속(觳觫)'과 이어서 읽기도 하니, 이는 '연(然)' 자의 뜻으로 보는 것이다. 혹은 '무죄(無罪)'와 이어서 읽기도 하니, 이는 '여(如)' 자의 뜻으로 본 것인데, 어느 것이 옳은지는 모르겠다.

이 마음이 충분히 왕노릇 할 수 있습니다……왕께서 차마 못하신 것입니다.〔是心足以王矣……王之不忍也.〕

살펴보건대 여기의 '왕(王)' 자는 바로 위의 '백성을 보호하고 왕 노릇한다.〔保民而王〕'의 '왕'과 뜻이 같으니, 아래 문장의 이른바 '이 마음이 왕노릇 하는 데 부합한다.〔此心之合於王〕', '왕이 왕노릇하지 못한다.〔王之不王〕', '그런데도 왕노릇하지 못한다.〔然而不王〕'의 '왕'과 모두 동일한 뜻이다. ○채청이 말하기를 "'불인(不忍)' 두 글자는 이 한 장(章)의 핵심이니, 맹자가 다만 제 선왕의 '내가 차마 벌벌 떠는 모습을 볼 수 없다.'라는 한 구를 얻어 드디어 '불인(不忍)'이라는 글자를 붙였다. 한 번 열고 한 번 닫아 온갖 방법으로 인도하였으니, 제 선왕이 살피고 알아서 확충하기를 바란 것이다."라고 하였다.

왕이 웃으며 말하기를 "이는 진실로 무슨 마음이었던가!"라고 하였다.〔王笑曰是誠何心哉〕

살펴보건대 여기의 '소(笑)' 자를 보면 당시 제 선왕이 자신의 마음을 구하였으나 얻지 못한 실상을 뚜렷이 알 수 있다. 일반적으로 대화를 하는 사이에 논란거리를 만들어 질문하다가 곤란한 부분에 이르러 그 단서를 찾아도 얻지 못하여 대답하지 못하면 반드시 놀라서 웃는다.

동양 허씨(東陽許氏 허겸)가 말하기를 "위에서 '신은 진실로 왕이 차마하지 못하였다는 것을 알고 있습니다.'라고 말하였고, 아래에서는 '저들이 어찌 알겠습니까.'라고 말하였다. 이는 제 선왕이 소를 보고 차마 하지 못하는 마음이 비록 발동하였으나 그것이 인(仁)을 행하는 단서가 된다는 것을 몰랐으므로 '지(知)'와 '오지(惡知)'를 대비해서 말한 것이다." 하였다.〔東陽許氏曰 上言臣固知王之不忍也, 下言彼

惡知之？蓋宣王見牛，不忍之心雖發，而不自知其爲仁之端，故以知與惡知相對說.〕-소주-

살펴보건대 본문의 뜻으로 보자면 이른바 “저들이 어찌 알겠습니까.”는 지금 왕이 작은 양을 큰 소와 바꾸라고 하였으니, 저 백성들이 어찌 왕이 재물을 아끼지 않는다는 것을 알겠느냐고 말한 것이다. 만일 “저들이 어찌 알겠습니까.”라는 한 구절을 위의 “백성들이 왕을 두고 재물을 아낀다고 여기는 것을 괴이하게 여기지 마소서.”라는 구절과 연결하여 읽어 내려오면 그 뜻이 명확해진다. 지금 허씨는 “저들이 어찌 알겠습니까.”라는 한 구절을 심각하게 본 듯하니, 그의 생각은 위 문장의 “진실로 왕이 차마하지 못하였다는 것을 알고 있습니다.”라는 말을 두고 제왕(齊王)이 소를 보고 차마 해치지 못하는 마음을 오직 맹자만이 알았다고 여기고, 이 단락의 “저들이 어찌 알겠습니까.”라는 말을 두고 제왕이 소를 보고 차마 해치지 못하는 마음을 백성들은 알지 못한 것이라고 여긴 것이다. 그러므로 그 아래에 ‘지(知)’와 ‘오지(惡知)’를 대비해서 말하였다고 한 것이다. 그의 설이 비록 정밀하지만, 본문의 올바른 뜻은 아닌듯하다.

왕이 기뻐하며 말하였다.〔王說曰〕

살펴보건대 ‘열(悅)’은 위의 ‘소(笑)’ 자와 호응한다. ‘소(笑)’는 맹자가 논란거리를 만들어 질문한 말을 듣고 그 이유를 알지 못해서 웃은 것이고, ‘열(悅)’은 맹자가 깨우쳐준 말로 인하여 뭉클해 마음이 움직여 기뻐한 것이다.

힘이 충분히 100균(勻)의 무게를 들 수 있으나 깃털 하나를 들 수 없으며, 시력이 가을터럭의 끝을 살필 수 있으나 수레에 실은 섶을 보지 못한다.〔力足以擧百匀, 而不足以擧一羽, 明足以察秋毫之末, 而不見輿薪.〕

살펴보건대 100균을 들고 가을 터럭을 살핀다는 것은 은혜가 짐승에 미치는 것을 비유한다. 깃털 하나를 들지 못하고 수레에 실은 섶을 보지 못한다는 것은 공(功)이 백성에게 이르지 않음을 비유한 다.

백성들이 보호를 받지 못한다.〔百姓之不見保〕

살펴보건대 여기 '불견보(不見保)'의 '보(保)' 자는 위의 '백성을 보호하고 왕노릇 할 수 있다.〔保民而王〕'의 '보(保)' 자와 반대로 호응한다. 아래 문장의 '은혜를 미루면 사해를 보호할 수 있다.〔推恩保四海〕'와 '처자도 보호할 수가 없다.〔不足以保妻子〕'의 두 '보(保)' 자도 위의 '백성을 보호하고 왕노릇 할 수 있다.'의 '보(保)' 자와 호응한다.

쌍봉 요씨(雙峯饒氏 요로(饒魯))가 말하기를 "사람의 본성은 허령(虛靈)하니, 그런 까닭에 백성을 사랑하기는 쉽다. 사물은 지각이 없으니 어떻게 그들을 감동시켜 움직이게 할 수 있겠는가. 그런 까닭에 사물을 사랑하기는 어렵다."라고 하였다.〔雙峯饒氏曰 人性靈, 所以仁民易, 物無知, 如何感得他動? 所以愛物難.〕-소주-

살펴보건대 집주에 이른바 "백성을 사랑하기는 쉽다.〔仁民易〕"는 만물 가운데 사람이 가장 귀하고, 사람과 사람은 또 같은 부류여서 서로 친하기 때문에 사랑하기가 쉽다는 것이다. 어찌 사람의 본성이 허령하기 때문에 백성을 사랑하기가 쉽다고 말한 것이겠는가. 이른바 "사물을 사랑하기는 어렵다.〔愛物難〕"는 사물이 사람과 비록 천지 사이에 태어난 것은 동일하지만 이미 사람과는 다른 부류이고, 또 때때로 자원으로 삼아 쓰지 않을 수가 없지만 이유 없이 해치지 않을 뿐이므로 사랑하기가 사람에 비해 어렵다는 것이다. 이른바 "어렵다〔難〕"는 것은 전혀 사랑하지 않는다는 말이 아니라, 지금 사물을 사랑하는 것을 사람을 사랑하는 것과 비교하면 사람을 사랑하기는 쉽고 사물을 사랑하기는 어렵다는 말일 뿐이다. 어찌 사물이 무지하기 때문에 사물을 사랑하기가 어렵다는 말이겠는가. 옛사람이 이른바 "친한 이를 친하게 대하고 다른 사람들을 인자하게 대하며, 사람들을 인자하게 대하고 다른 사물을 아껴 준다.〔親親而仁民, 仁民而愛物.〕"는 말은 차례와 쉽고 어려운 이치의 자연스러움이 이와 같다. 요씨의 설은 잘못인 듯하니, 어떤지 모르겠다.

이 마음을 들어서 저기에 놓는다.〔擧斯心, 加諸彼.〕

살펴보건대 이 단락은 내 노인을 노인으로 섬기는 마음을 미루어 남의 노인에게 미치고, 내 어린이를 어린이로 사랑하는 마음을 미루어 남의 어린이에게까지 미친다는 것이니, 이는 백성을 보호하여 왕노릇하는 중요한 방도이다. 그 아래에 이른바 "사해(四海)를 보호한다.〔保四海〕"는 것은 백성을 보호하는 효험을 말한 것이다. 지금 제 선왕이 이미 본 소에게 은혜를 미루었으나 보지 못한 백성에게 은혜를 미루지는 못하였으니, 이는 이 마음을 들어서 저기에 놓는 일을 잘 하지 못하였다는 것을 알 수 있다.

쌍봉 요씨(雙峯饒氏 요로)가 말하기를 "'손바닥에 놓고 움직인다.'는 것은 손바닥에 놓고 보는 것과는 다르다. 움직이는 것은 행동에 속하고 보는 것은 앎에 속하니, 이것은 알기 쉽고 저것은 행하기 쉽다."라고 하였다.〔雙峯饒氏曰 運於掌, 與視諸掌不同. 運屬行視屬知, 那箇是易知, 這箇是易行.〕-소주-

살펴보건대 손바닥에 놓고 움직이는 것과 손바닥에 놓고 보는 것은 그 본뜻을 궁구해보면 대체로 그저 쉬움을 말한 것이니, 앎과 행동의 영역을 말한 것은 아닌 듯하다. 지금 요씨의 말은 어떤지 모르겠다.

재어본 다음에 길고 짧음을 안다.〔度然後知長短〕

살펴보건대 사람은 친하고 사물은 소원하며, 사람은 가깝고 사물은 멀다. 이는 바로 천리(天理)가 저절로 그렇게 된 것이다. 그런데 지금 왕은 사물을 사랑하지만 도리어 백성을 사랑하지 못하니, 권도(權度)[29]를 잃은 것이 심하다.

마음이 더 심하다.〔心爲甚〕

채청이 말하기를 "지금 1필의 포(布)가 있는데, 장척(丈尺)을 쓰지 않고 2장(丈)을 1장으로 삼았다. 만일 군주가 백성과 사물의 사이에서 권도를 잃어 은혜가 짐승에게 미치는데 공이 백성에게 미치지 않는 지경에 이른다면 그 차이가 2장을 1장으로 삼는 것과 비교해 거리가 어떤가. 이것이 심한가, 심하지 않은가."라고 하였다.

본연의 권도〔本然之權度〕-주-

채청이 말하기를 "본연의 권도(權度)는 당연한 이치로, 인위적인 것

29 권도(權度) : 경중을 헤아린다는 뜻이다.

을 용납하지 않는 것을 말한다. 사람의 마음에 온갖 이치가 구비되어 있으니, 어느 것이 무겁고 어느 것이 가벼운지에 대해서는 모두 각각 본연의 일정한 권도가 있다."라고 하였다.

군대를 일으키며 군사와 신하들을 위태롭게 한다.〔興甲兵危士臣〕

살펴보건대 제왕(齊王)이 소가 벌벌 떠는 것은 차마 보지 못하였지만, 군사와 신하들을 차마 위태롭게 하였으니, 이는 왕이 헤아리는 요점을 알지 못하는 것이므로, 맹자가 이를 가설로 세워 질문한 것이다.

내 어찌 이것을 흔쾌하게 여기겠습니까. 내가 몹시 원하는 것을 구하려고 해서입니다.〔吾何快於是? 將以求吾所大欲.〕

살펴보건대 군대를 일으키며 군사와 신하들을 위태롭게 하여 제후에게 원한을 맺는 것은 바로 영토를 넓히고 진(秦)나라와 초(楚)나라에게 조회를 받아 중국(中國)에 임하여 사방의 오랑캐를 어루만지고자 한 끝에 생기는 재앙이니, 애초에 두 가지 일이 아니다. 그러나 제 선왕이 이것[30]에 대해서는 "내 어찌 이것을 흔쾌하게 여기겠습니까."라고 하였고, 저것[31]에 대해서는 "내가 몹시 원하는 것을 구하려고 해서입니다."라고 하여 도리어 영토를 넓히고 진나라와 초나라에게 조회를 받는 일을 흔쾌하게 여기고자 하였으니, 미혹된 일이라

30 이것 : 군대를 일으키며 군사와 신하를 위태롭게 하는 것을 말한다.

31 저것 : 영토를 넓히고 진(秦)나라와 초(楚)나라에게 조회를 받아 중국(中國)에 임하여 사방의 오랑캐를 어루만지는 것을 말한다.

하겠다.

왕이 웃으면서 말하지 않았다.〔王笑而不言〕

살펴보건대 왕이 몹시 원하는 일은 영토를 넓히고 진나라와 초나라에게 조회를 받아 중국에 임하여 사방의 오랑캐들을 어루만지는 일이다. 왕이 스스로 형세를 헤아려 보아도 결코 쉽게 할 수 없으므로 남에게 분명히 말하지 못하고 그저 웃고서 말하지 않은 것이다.

이와 같으면 누가 막을 수 있겠습니까.〔其如是, 孰能禦之?〕

살펴보건대 이 단락은 위의 "백성을 보호하여 왕노릇을 하면 막을 수가 없습니다.〔保民而王, 莫之能禦.〕"라는 한 단락과 호응한다.

부자께서 나의 뜻을 돕기를 바란다.〔願夫子輔吾志〕

살펴보건대 제 선왕이 이렇게 나의 뜻을 돕기를 바란다고 말하였으니, 그의 뜻은 참으로 선하다. 다만 제 선왕이 이른바 '뜻〔志〕'이 단지 영토를 넓히고 진나라와 초나라에게 조회를 받는 데 있었기 때문에 맹자가 비록 백성의 생업을 제정하여 주는 법을 알려주었으나 결국 쓰지 못하였다.

위로는 충분히 부모를 섬길 수 있고, 아래로는 충분히 처자식을 기를 수 있어서……그런 뒤에야 백성들을 몰아서 선으로 가게 한다.〔仰足以事父母, 俯足以畜妻子……然後驅而之善.〕

살펴보건대 아래 단락에 이른바 "5묘(畝)의 집과 100묘의 토지"는 바로 위로 섬기고 아래로 기르는 일이며, 이른바 "상서(庠序)의 가르침을 삼가서 효제(孝悌)로 거듭한다.〔謹庠序之教, 申之以孝悌.〕"는 바로 몰아서 선으로 가게 하는 방도이다.

풍년에 종신토록 배부르고 종신토록 고생한다.〔樂歲, 終身飽, 終身苦.〕

퇴계(退溪 이황)가 말하기를 "풍년이란 1년만을 말한 것이 아니다. 백성이 한 세상을 사는 가운데 풍년을 만나면 모두 배부른 즐거움을 즐긴다. 이것이 종신토록 배부른 것이다." 하였다.○사계(沙溪 김장생)가 말하기를 "종(終)이란 다함이다. 종신토록 배부르고 고생한다는 것은 그 몸과 마음의 괴로움과 즐거움을 다하여 남음이 없다는 뜻이다." 하였다.○살펴보건대 퇴계의 설이 옳은 듯하다. 종신토록 배부르다는 것은 일생을 들어서 말한 것이니, 일생동안 풍년을 만나면 배부르고 안락하여 비록 흉년을 만나도 죽음을 면할 수 있음을 말한 것이다. 종신토록 고생한다는 것은 일생동안 비록 풍년의 때를 만나도 굶주리고 고생하며, 만일 흉년의 때를 만나면 죽음을 면하지 못함을 말한 것이다. 근래에 박세당(朴世堂)[32]은 "풍년이 끝남에 몸이 배부르고, 풍년이 끝남에 몸이 괴롭다."라고 하였는데, 그 말이 난해하고 껄끄러우니 《맹자》 본문의 글뜻과 어긋나는 듯하다.

공리(功利)의 사욕(私欲)에 빼앗기다.〔奪於功利之私〕-주-

살펴보건대 여기의 '공리의 사욕'은 바로 영토를 넓히고 진나라와 초나라에게 조회를 받는 사욕이다. ○이 장(章)의 대지(大旨)는 '보

32 박세당(朴世堂) : 1629~1703. 본관은 반남(潘南), 자는 계긍, 호는 서계(西溪)이다.

민(保民)' 두 글자를 벗어나지 않으니, 이 두 글자를 구절구절 미루어 본다면 한 장(章)의 처음과 끝을 두루 관통할 수 있을 것이다. "과인도 백성을 보호할 수 있습니까.〔寡人者可以保民〕"부터 "진실로 왕의 차마하지 못하는 마음을 알고 있습니다.〔固知王之不忍〕"까지는 바로 벌벌 떠는 소를 차마 보지 못하는 왕의 마음으로 인하여 이 마음이 백성을 보호할 수 있음을 안다는 것이다. "진실로 백성 중에 비난하는 자가 있겠습니다.〔誠有百姓〕"부터 "나를 두고 재물을 아낀다고 말하겠구나.〔謂我愛〕"까지는 바로 논란을 제기하여 질문하여 만약 왕이 진실로 차마하지 못하는 실제를 돌이켜 구한다면 바로 백성을 보호할 수 있다고 한 것이다. "해로울 것이 없습니다.〔無傷也〕"부터 "내 마음이 뭉클합니다.〔我心戚戚〕"까지는 바로 왕이 소를 보고 차마하지 못하는 마음이 바로 인심(仁心)이 발현한 단서이니, 이 발현을 바탕으로 근본으로 돌이켜 확충할 줄 안다면 백성들을 보호할 수 있다는 것이다. "왕에게 아뢰는 자가 있어〔有復於王〕"부터 "은혜를 쓰지 않아서입니다.〔不用恩焉〕"까지는 바로 왕이 사물을 사랑하지만 백성을 사랑하지 못하니, 이는 백성을 보호하지 못한다는 말이다. "하지 않는 것입니다.〔不爲者〕"부터 "나뭇가지를 꺾는 것과 같은 종류입니다.〔折枝之類〕"까지는 바로 왕이 백성을 보호하지 못하는 것은 하지 않아서 그런 것이지 할 수 없어서 그런 것이 아니라는 말이다. "내 노인을 노인으로 섬기고 내 어린이를 어린이로 사랑한다.〔老吾老幼吾幼〕"라는 한 구절은 바로 백성을 보호하는 실질적인 일을 말한 것이다. "저울질을 한 뒤에 경중을 안다.〔權然後知輕重〕"라는 한 구절은 바로 사물을 사랑하고 백성을 사랑하는 데 경중을 알면 백성을 보호할 줄 알 수 있음을 말한 것이다. "군대를 일으키며 군사와 신하들을 위태롭게 한다.〔興甲兵危士臣〕"라는 한 구절은 백성을 보호할 수 없는 이유를 말한 것이다. "내가 몹시 원하는 것을 구하려고 한다.〔求吾所大欲〕"에서 "추나라가 초나라를 대적하겠습니까.〔鄒敵楚哉〕"까지는 바로 백성을 보호하지 못하는 일을 말한 것이다. "지금 왕이 훌륭한 정치를 펴고 인을 베푸시어〔今王發政施仁〕" 라는 한 구절은 바로 인정(仁政)이 백성을 보호하는 근본임을 말한 것이다. "일정한 재산이 없다.〔無恒產〕"는 한 구절은 바로 군주가 백성을 보호하지 못하는 것은 늘 백성을 그물질하는 데에서 비롯됨을 말한 것이다. "현명한 군주가 백성의 생업을 제정해 준다〔明君制民〕"라는 한 구절은 선왕(先王)이 백성을 잘 보호하였음을 말한 것이다. "지금은 백성의 생업을 제정해 주되〔今也制民〕"라는 한 구절은 바로 당시 왕이 백성을 보호하지 못함을 말한 것이다. "왕이 이를 시행하고자 하신다면〔王欲行之〕"부터 "왕노릇 하지 못하는 자는 있지 않습니다.〔不王者未之有〕"까지는 바로 이와 같이 한 뒤에야 비로소 백성을 보호할 수 있음을 말한 것이다.

이렇게 하고서도 왕노릇 하지 못하는 자는 있지 않습니다.〔然而不王者, 未之有也.〕

살펴보건대 여기의 '왕(王)' 자는 위 문장의 "덕이 어떠하면 왕 노릇할 수 있습니까?〔德何如則可以王〕"의 '왕(王)' 자와 호응한다. 위 문장에서 왕이 "덕이 어떠하면 왕 노릇 할 수 있습니까?"라고 질문하였으니, 이 한 단락은 바로 이와 같이하면 왕노릇할 수 있다고 맹자가 대답한 것이다.

장포견맹자장
莊暴見孟子章

지금의 음악이 옛날의 음악과 같다.〔今之樂, 由古之樂也.〕

살펴보건대 제왕(齊王)이 홀로 즐긴 일로 보자면 지금의 음악은 과연 옛날의 음악과 같지 않지만, 맹자가 말한 백성과 함께 즐긴다는 뜻으로 보자면 지금의 음악과 옛날의 음악이 차이가 없다. 이른바 "지금의 음악이 옛날의 음악과 같다."는 것은 다름이 아니라 백성과 함께 즐기는 데 달려 있을 뿐이다. 음악에는 비록 옛날과 지금의 차이가 있지만, 백성과 함께 즐기는데 어찌 옛날과 지금의 차이가 있겠는가. 만일 제왕이 백성과 함께 즐길 수 있다면 그가 즐긴 것 역시 선왕의 음악일 뿐이다.

홀로 음악을 즐기는 것과 다른 사람과 함께 음악을 즐기는 것이 어느 것이 더 즐겁습니까?〔獨樂樂, 與人樂樂, 孰樂?〕

살펴보건대 홀로 즐기는 것과 적은 사람과 즐기는 것은 바로 세속의 음악이며, 다른 사람과 즐기는 것과 많은 사람과 즐기는 것은 선왕의 음악이다. 제왕(齊王)이 이미 홀로 즐기는 것이 다른 사람과 즐기는 것만 못하다는 사실, 적은 사람과 즐기는 것이 많은 사람과 즐기는 것만 못하다는 사실을 알았다. 그러나 백성과 함께 즐길 수 없었던 것은 사욕에 가려져 돌아볼 줄을 몰랐기 때문이다.

지금 왕이 이곳에서 음악을 연주하시면……백성과 함께 즐기는 것입니다.〔今王鼓樂於此……與民同樂也.〕

살펴보건대 이 단락은 위의 "다른 사람과 음악을 즐기고 많은 사람과 음악을 즐긴다.〔與人樂樂 與衆樂樂〕"와 호응하니, 이른바 "선왕의 음악"은 그 효험이 이와 같다.

지금 왕께서 백성과 함께 즐거워하신다면 왕노릇 하실 것입니다.〔今王與百姓同樂則王矣〕

살펴보건대 이 단락은 위의 "제나라가 다스려짐에 가까워진다.〔齊其庶幾〕"는 구절과 호응하니, 이른바 "지금의 음악이 옛날의 음악과 같다.〔今樂由古樂〕"는 것이 이와 같다.

제선왕문왈문왕지유장
齊宣王問曰文王之囿章

문왕의 동산이 사방 70리이다.〔文王之囿方七十里矣〕

《모시정의(毛詩正義)》에 "울타리를 두른 곳이 '원(園)'이고, 담을 두른 곳이 '유(囿)'이다." 하였다. ○《춘추좌씨전주소(春秋左氏傳注疏)》에 "천자(天子)는 '원(苑)'이라 하고, 제후(諸侯)는 '유(囿)'라고 한다." 하였다. ○어떤 이가 "문왕의 동산이 사방 70리였다는 것을 선생은 문왕이 천하를 셋으로 나누어 그 둘을 소유한 뒤의 일로 여겼습니다. 그러나 맹자가 이른바 '옛 책에 그러한 내용이 있다.'라는 말은 무엇입니까."라고 질문하니, 주자가 대답하기를 "아마 저 말은 근거가 있을 것이다. 다만 맹자의 이 말은 그 뜻이 역시 단지 제선왕을 풍자하는 데 있을 뿐이다. 만일 문왕의 동산을 과연 일체 사람들이 왕래하도록 내버려두었다면 비록 70리의 큰 규모였더라도 얼마 지나지 않아 역시 불모지가 되었을 것이니, 또 어찌 새와 짐승이 자라고 숲이 무성할 수 있었겠는가. 주(周)나라가 성대하였을 때는 비록 천하의 산림(山林)이라도 오히려 벌목을 엄히 금지하였으니, 어찌 군주의 원유(苑囿)에 도리어 나무꾼과 목동이 마음대로 왕래하도록 내버려두고 금지하지 않았겠는가. 역시 이러한 이치는 없다. 한 무제(漢武帝)가 상림원(上林苑)의 규모를 단지 20~30리로 만든 일은 당시 여러 신하들이 이미 모두 말하였으니, 문왕의 동산이 도리어 이처럼 큰 일이 어찌 있었겠는가." 하였다.

교관의 안〔郊關之內〕

두자춘(杜子春)[33]이 말하기를 “50리는 근교(近郊)이고, 100리는 원교(遠郊)이다.”라고 하였다. 《맹자주소》[34]에 “사경(四境)에 모두 관(關)을 두었다는 것은 사교(四郊)의 문이다.” 하였다.

33 두자춘(杜子春) : 후한(後漢) 사람으로, 유흠(劉歆)에게 《주례(周禮)》를 배웠고, 《주례》의 학을 처음으로 전했다.

34 맹자주소(孟子注疏) : 본문에는 빠져 있으나, 문맥에 의거하여 출전을 첨가하여 번역하였다. 《맹자주소》는 손석(孫奭)의 《맹자정의(孟子正義)》를 말한다.

제선왕문왈교린국유도장
齊宣王問曰交隣國有道章

인자(仁者)만이 대국을 가지고 소국을 섬길 수 있다.〔惟仁者, 爲能以大事小.〕

살펴보건대 소국으로 대국을 섬기는 일은 비록 인자가 아니라도 할 수 있지만, 대국을 가지고 소국을 섬기는 경우는 인자가 아니라면 불가능하다. 더구나 소국이 공손하지 않은데 오히려 섬기는 일은 지극한 인이 아니면 어찌 가능하겠는가.

자연스럽게 이치에 합치하므로 "천리(天理)를 즐긴다."라 하고, 감히 이치를 어기지 못하므로 "천리를 두려워한다."라고 한 것이다.〔自然合理, 故曰樂天, 不敢違理, 故曰畏天.〕-주-

살펴보건대 여기의 '자연(自然)' 자를 음미하면 천리를 즐기는 뜻을 알 수 있으며, '불감위리(不敢違理)' 자를 음미하면 천리를 두려워하는 뜻을 알 수 있다.

문왕이 한번 진노하여 천하의 백성을 편안히 하였다.〔文王一怒而安天下之民〕

살펴보건대 '진노〔怒〕'는 용맹의 일이다. 한 번 진노하여 천하의 백성을 편안히 하였으니, 이보다 큰 용맹이 어디 있겠는가. 이와 같다면 이웃나라와 잘 사귀는 정도에 그치지 않는다.

한 사람이 천하에 횡행하다.〔一人衡行〕

살펴보건대 '횡행하다'는 바로 이른바 "감히 그 뜻을 지나치게 한다〔敢越厥志〕"라는 것이다. ○사계(沙溪 김장생)가 말하기를 "한 사람은 주왕(紂王)을 말한 것이 아니다. 천하에 비록 한 사람이 난을 일으키더라도 무왕(武王)은 부끄러워 하였다." 하였다.

무왕이 부끄러워하였다.〔武王恥之〕

살펴보건대 위 단락에서는 하나의 '노(怒)' 자를 문왕의 용맹이라 하였고, 이 단락에서는 하나의 '치(恥)' 자를 무왕의 용맹이라 하였다. 부끄러워하여 과감히 결단하는 것 역시 용맹이므로, 《중용》에 "부끄러움을 아는 것은 용맹에 가깝다.〔知恥近乎勇〕" 하였다.

신안 진씨(新安陳氏 진력)가 말하기를 "'작은 분노를 징계한다.'는 이 장의 주지는 실로 '과인이 용맹을 좋아합니다.'라는 한 구절에서 나온 것이다."라고 하였다.〔新安陳氏曰 章旨能懲小忿, 實自寡人好勇一句發出.〕-소주-

살펴보건대 소국(小國)을 구휼하고 대국(大國)을 섬기는 데에 반드시 작은 분노를 징계하라고 말한 이 장의 주지는, 그 의도가 소국이 비록 공손하지 않은 경우에도 대국이 그 분노를 징계하여 공손하지 않은 것을 염두에 두지 않아 소국을 구휼하는 마음을 그치지 않고, 대국이 비록 침범하는 경우에도 소국이 그 분노를 징계하여 침범한 것을 염두에 두지 않고 대국을 섬기는 예를 더욱 부지런히 하라는 데 있으니, 이것이 이웃나라와 잘 사귀는 방도가 되는 까닭이다. 더구나 제 선왕이 "과인은 용맹을 좋아합니다."라고 말하기 전에 맹자는 단지 대국이 소국을 섬기고 소국이 대국을 섬기는 일을 말했을 뿐이니, 이른바 "작은 분노를 징계한다."는 것은 용맹을 좋아하는 것 이전에 있었음을 알 수 있다. 그러므로 주자가 말한 이 장의 주지 역시 이와 같다. 지금 진씨가 작은 분노를 징계하는 것을 두고 "과인이 용맹을 좋아합니다."라는 한 구에서 나온 것이라 하였으니, 이 장의 주지의 본뜻과는 어긋나는 듯하다. 만일 장지를 근거로 나누어 말한다면 '능징소분(能懲小忿)' 네 글자는 '대국이 소국을 섬기고 소국이 대국을 섬긴다.'에서 나온 것이고, '능양대용(能養大勇)' 네 글자는 '과인은 용맹을 좋아합니다.'라는 한 구절에서 나온 것이라고 말해야 한다. 이와 같은 뒤에야 그 뜻이 이 장의 주지에 부합할 듯하니, 어떤지 모르겠다.

지금 왕이 역시 한번 진노하여 천하의 백성들을 편안하게 해준다면〔今王亦一怒而安天下之民〕

어떤 사람이 "맹자가 이미 '한번 진노하여 천하의 백성들을 편안하게 한다.'고 가르쳤으니, 또 대국을 섬기고 소국을 구휼하여 이웃나라와 사귀는 의미가 어디 있는가?"라고 물으니, 채청이 말하기를 "이 장(章)은 두 부분으로 나누어 보아야 한다. 제 선왕이 '과인이 용맹을 좋아합니다.'라고 말하였으니, 이미 대국을 섬기고 소국을 구휼할 수가 없다. 그러므로 맹자가 또 제 선왕이 용맹을 좋아한다고 말한 것을 끌어와 더 이상 대국을 섬기고 소국을 구휼하는데 구애받지 않았다." 하였다.

제선왕견맹자어설궁장
齊宣王見孟子於雪宮章

설궁(雪宮)

채청이 말하기를 "당시 왕이 맹자를 설궁에 머무르게 하고 나아가 만나본 것이다. 만약 왕이 설궁에 있으면서 맹자를 만나보았다면 '맹자가 설궁에서 제 선왕을 만나보았다.'라고 했을 것이다. 혹자는 '맹자가 어찌 여기에 머무를 수 있었겠는가.'라고 하지만, 맹자가 등(滕)나라에 갔을 때 역시 상궁(上宮)에 머무른 적이 있음을 전혀 모르는 것이다." 하였다.

사람들이 모두 이러한 즐거움이 있다.〔人皆有此樂〕-주-

채청이 말하기를 "'이러한 즐거움'은 모두 이 궁실(宮室)에 편안히 거처하는 즐거움을 말한 것이지, 설궁을 백성과 함께 한다는 말이 아니다." 하였다.

운봉 호씨(雲峯胡氏 호병문(胡炳文))가 말하기를 "'현자도 이것을 즐거워합니까.'라는 양 혜왕의 질문과 '현자에게도 이러한 즐거움이 있습니까?'라는 제 선왕의 질문에서 두 '현(賢)' 자는 동일한 듯하지만 실제로는 동일하지 않다……이는 '유(有)' 한 글자로 대답한 것이니, 현자에게도 이러한 즐거움이 있다는 말이다."라고 하였다.〔雲峯胡氏曰 梁惠王問賢者亦樂此, 與齊宣王問賢者亦有此樂兩賢字, 似同而實不同……此則答以有之一字者, 謂賢者亦有此樂也.〕-소주-

살펴보건대 "현자도 이것을 즐거워합니까."라는 양 혜왕의 질문과 "현자에게도 이러한 즐거움이 있습니까?"라는 제 선왕의 질문에서 두 '현(賢)' 자는 모두 현자를 범범하게 가리켜 질문한 것이다. 오직 맹자가 양 혜왕의 질문에 "현자인 뒤에야 이것을 즐길 수 있다."라고 대답한 것은 군주를 가리키는 말이고, 제 선왕의 질문에는 "있습니다.〔有〕"라고 대답한 것은 현자를 가리키는 말이다. 이것으로 보자면 양 혜왕과 제 선왕이 질문한 '현' 자는 애초에 다른 것이 아닌데, 맹자가 대답한 '현' 자에 피차의 차이가 있을 뿐이다. 호씨가 이른바 "두 '현' 자는 동일한 듯하지만 실제로는 동일하지 않다."는 것은 바로 양 혜왕과 제 선왕이 질문한 '현' 자를 가리키는 것이니, 어떤지 모르겠다.

얻지 못했다 하여 그 윗사람을 비난하는 자도 잘못이다.〔不得而非其上者非也〕

살펴보건대 맹자는 "현자에게도 이러한 즐거움이 있습니까?"라는 제 선왕의 질문에 "있습니다."라고 간략히 대답했을 뿐이다. 다만 그 주된 뜻은 전적으로 사람들이 얻지 못하면 자기의 윗사람을 비난한다는 데에 있다. 그러므로 이 아래로는 모두 이 뜻을 부연하여 말하고 더 이상 현자에게 이러한 즐거움이 있다는 뜻을 제기하지 않았다.

백성의 윗사람이 되어 백성과 즐거움을 함께 하지 않는다.〔爲民上而不與民同樂〕

살펴보건대 여기의 '낙(樂)' 자와 아래 단락의 '낙민(樂民)'의 '낙',

'낙이천하(樂以天下)'의 '낙' 자는 모두 위의 '현자역유차락(賢者亦有此樂)'의 '낙' 자에서 온 것이다.

백성들도 군주의 즐거움을 즐거워하고, 군주의 근심을 근심한다.〔民亦樂其樂憂其憂〕

이패림(李霈霖)이 말하기를 "위에서는 다만 즐거움을 함께 한다고 말하였는데, 여기에서는 근심을 함께 한다는 것까지 말하였다. 백성과 즐거움을 함께하면서 백성과 근심을 함께하지 않는 경우는 있지 않으니, 원래 두 가지 일이 아니니다." 하였다.

제경공(齊景公)

경공의 이름은 저구(杵臼)이다.

전부낭야(轉附琅邪)

〈경공전(景公傳)〉[35]에 "전부는 바로 태공(太公)[36]의 묘이니, 바로 무릉(武陵)이다. 낭야는 환공(桓公)의 묘이니, 이른바 목릉(穆陵)이다." 하였다.

35 경공전(景公傳) : 어떤 책에서 제 경공(齊景公)과 관련된 편명이나 서술을 가리키는 듯 하나 미상이다.

36 태공(太公) : 제(齊)나라의 시조 강태공(姜太公)을 말한다. 태공의 이름은 강상(姜尙)으로, 주(周)나라 문왕(文王)이 사냥을 나갈 때 비웅(非熊)을 잡으리라는 점사(占辭)를 얻고는 위수(渭水) 가에서 처음 만나 스승으로 삼은 인물이다. 뒤에 무왕(武王)을 도와 은나라의 폭군인 주(紂)를 멸망시키고 제나라에 봉해졌다.《史記 卷32 齊太公世家》

우리 왕이 유람하지 않으면, 우리 왕이 즐기지 않으면〔吾王不遊, 吾王不豫.〕

살펴보건대 이 한 구절은 선왕이 백성과 즐거움을 함께하였음을 말한 것이다. 이른바 "선왕의 관광(觀光)"이 이와 같다는 것이니, 위의 "백성의 즐거움을 즐거워하는 자는 백성 역시 그 군주의 즐거움을 즐거워한다.〔樂民之樂者 民亦樂其樂〕"라는 구절과 호응한다.

굶주린 자가 먹지 못하고 수고로운 자가 쉬지 못해 눈을 흘겨보며 서로 비방하여 백성들이 마침내 원망한다.〔飢者不食, 勞者不息, 睊睊胥讒, 民乃作慝.〕

살펴보건대 수고로운 자가 쉬지 못한다는 것은 '군대를 데리고 다닌다〔師行〕' 두 글자와 호응하고, 굶주린 자가 먹지 못한다는 것은 '양식을 먹인다.〔糧食〕'는 두 글자와 호응한다. 이 한 구절은 당시 군주가 백성과 즐거움을 함께 하지 않아 이른바 "선왕의 관광"과 상반된다는 말이니, 위의 "사람들이 얻지 못하면 자기의 윗사람을 비난한다.〔人不得則非其上〕"는 구절과 호응한다.

명을 거역하고 백성을 학대한다.〔方命虐民〕

《서경》〈요전(堯典)〉의 "명을 거스르고 겨레를 해친다.〔方命圮族.〕"의 주에 "방명(方命)은 명을 거역하고 행하지 않는 것이다. 왕씨(王氏)가 말하기를 '둥글면 굴러가고 모나면 멈추니, 방명은 조령(詔令)을 폐기한다는 말과 같다.' 하였다." 하였다.

양(糧)은 구비(糗糒) 따위를 말한다.〔糧謂糗糒之屬〕-주-

《운서(韻書)》에 “구(糗)는 볶아서 말린 쌀과 보리이다.”라고 하였다. 《예기》 〈내칙(內則)〉의 ‘구이(糗餌)’의 주에 “곡식을 찧고 볶아서 구이(糗餌)를 만든다.” 하였다. ○구(糗)는 말린 밥이다.

부용(附庸)의 나라〔附庸之國〕-주-

《예기》 〈왕제(王制)〉의 주에 “백성의 공(功)을 용(庸)이라 하니, 그 공로를 대국(大國)에 붙여 천자(天子)에게 통하기 때문에 ‘부용(附庸)’이라고 한다.” 하였다. 주자는 “부용(附庸)은 소속된 성〔屬城〕과 같다.” 하였다. ○《춘추공양전(春秋公羊傳)》주에 “용(庸)은 ‘통한다〔通〕’는 뜻이다. 관직이 낮고 덕이 미미하여 대국에 붙어서 이름을 통하니, 마치 필성(畢星)[37]에 부이성(附耳星)[38]이 있는 것과 같으므로 부용이라고 한다.” 하였다.

물길을 따라 아래로 내려가서 돌아오기를 잊는 것을……술을 즐겨 만족함이 없음을 ‘망(亡)’이라 한다.〔從流下而忘返……樂酒無厭謂之亡.〕

살펴보건대 이는 “선왕(先王)이 경작을 살피고 수확을 살핀다.〔先王之省耕省斂〕”와 하(夏)나라 속담의 “쉬고 도움을 받는다.〔以休以助〕”[39]라는 내용과는 상반된다.

37 필성(畢星) : 필수(畢宿)이다. 28수(宿)의 별자리 가운데 하나로 8개의 별로 이루어졌으며 비를 관장하는 별로, 우사(雨師)라고 지칭하기도 한다. 《시경》 〈삼삼지석(漸漸之石)〉에 “달이 필성(畢星)에 걸려 있으니 비가 주룩주룩 내리리로다.〔月離于畢, 俾滂沱矣.〕” 하였다.

38 부이성(附耳星) : 큰 별 주변의 작은 별을 말한다.

39 선왕(先王)이……받는다 : 《맹자》 〈양혜왕 하(梁惠王下)〉에 “봄에는 밭갈이가 잘

되었는지 살펴보고 부족한 것이 있으면 보충해 주고, 가을에는 수확이 잘되었는지 살펴보고 부속한 것이 있으면 도와준다. 그래서 하나라 속담에도 '우리 임금님이 나들이하지 않으면 우리가 어떻게 쉬며, 우리 임금님이 즐기지 않으면 우리가 어떻게 도움을 받으리오. 한번 노닐고 한번 즐기시는 것이 제후들의 법도가 된다.'라는 말이 있는 것이다."라는 내용을 말한 것이다.

제선왕문왈인개위아훼명당장
齊宣王問曰人皆謂我毁明堂章

명당(明堂)[40]

《자치통감강목》에 "명당의 사면에 벽이 없는 것은 통달함을 취한 것이고, 띠풀로 지붕을 덮는 것은 정결함을 취한 것이다. 도랑을 만들어 물을 통하게 해서 궁의 담장을 둘러쌌다." 하였다. ○《시자(尸子)》[41]에 "황제(黃帝)시대는 '합궁(合宮)'이라 하였고, 유우(有虞 순임금)시대에는 '총장(總章)'이라 하였고, 상(商)나라는 '양관(陽館)'이라 하였고, 주(周)나라는 '명당(明堂)'이라 하였다." 하였다. ○《주례(周禮)》〈고공기(考工記) 장인(匠人)〉에 "주(周)나라 사람의 명당은 9척(尺)의 연(筵)[42]을 기준으로 삼아-매 연(筵)의 길이는 9척이다.- 동서(東西)는 9연으로 하고,-넓이는 8장(丈) 1척이다.- 남북(南北)은 7연으로 하고,-깊이는 6장 3척이다.- 당(堂)의 높이는 1연이다.-높이는 9척이다.- 다섯 개의 실(室)이 있는데,-당에는 다섯 개의 실(室)이 있으니 오행(五行)을 본뜬 것이다.- 모든 실(室)은 2연이다.-매 실(室)은 2연이니, 1장 8척이다.- ○《집람(集覽)》에 이르기를 "정사를 펼치는 궁(宮)으로

40 명당(明堂) : 명당은 천자가 정사와 교화를 펴는 곳으로, 조회, 제사, 포상, 인선, 양로, 교육의 대전(大典)을 여기에서 거행되었다.

41 시자(尸子) : 전국시대(戰國時代) 초(楚) 나라 시교(尸佼)가 찬한 책으로, 본래는 20여 편이었으나 산일되고 지금은 후인의 집본(輯本) 2권이 전한다.

42 연(筵) : 《주례》〈고공기(考工記) 장인(匠人)〉의 주(註)에 "연(筵)은 대나무로 짠 자리로 길이가 9척이니, 구연(九筵)은 81척이다."라고 하였다.

국도(國都)의 남쪽에 있는데, 위는 둥글고 아래는 네모지다. 8개의 창은 팔풍(八風)[43]을 본뜬 것이고, 4개의 문은 사시(四時)를 본 뜬 것이며, 9개의 실(室)은 구주(九州)를 본뜬 것이며, 12겹은 12개월을 본뜬 것이며, 36호(戶)는 36순(旬)을 본뜬 것이며, 72유(牖)는 72후(候)를 본뜬 것이다." 하였다.

43 팔풍(八風) : 팔방(八方)에서 부는 여덟 종류의 바람으로, 동방의 곡풍(谷風), 동남방의 청명풍(淸明風), 남방의 개풍(凱風), 서남방의 양풍(涼風), 서방의 창합풍(閶闔風), 서북방의 부주풍(不周風), 북방의 광막풍(廣莫風), 동북방의 융풍(融風)을 이른다.《春秋左傳注疏 卷2 隱公5年 9月 音義》

명당도(明堂圖)

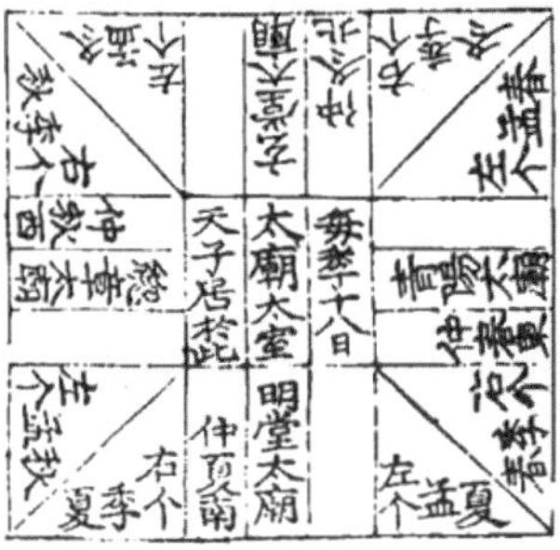

《신론(新論)》[44]에 "왕이 명당(明堂)을 지었는데, 위는 둥글고 아래는 네모지니, 천지(天地)를 본뜬 것이다. 사면에 당(堂)을 만들어 각기 그 방위의 색(色)을 따랐으니, 사방(四方)을 본뜬 것이다. 그 계절의 방위를 따라 문을 열고, 8개의 창문과 4개의 문이 있으니, 세속에서 말하는 '영롱창(玲瓏窓)'이다." 하였다.

동남쪽이 청양우개가 되고, 동북쪽이 청양좌개가 되며……서북쪽이 현당좌개가 된다.〔東之南爲青陽右个, 東之北爲青陽左个……西之北爲玄堂左个.〕-소주-

《예기》본주(本註)에 "사면의 곁에 있는 실(室)을 '개(个)'라고 한다. 청양좌개(青陽左个)는 태침(太寢)의 동당(東堂) 북편이다. 청양태묘(青陽太廟)는 동당(東堂)에 있고 태실(太室)과 마주하는 곳이다. 청양우개(青陽右个)는 동당의 남편에 있다. 명당좌개(明堂左个)는

44 신론(新論) : 후한(後漢)의 환담(桓譚)이 저술하여 광무제(光武帝)에게 올렸던 글로, 참위(讖緯)나 미신(迷信)과 같은 근거 없는 내용을 배제하고 전적으로 일사(佚事)나 구문(舊聞) 등의 비교적 사실을 근거로 한 내용들을 싣고 있다. 모두 29편으로 구성되어 있으나, 상하편으로 나누기도 한다.《後漢書 卷28 桓譚列傳》

태침의 남당(南堂) 동편이다. 명당태묘(明堂太廟)는 남당에 있고 태실(太室)과 마주하는 곳이다. 명당우개(明堂右个)는 남당의 서편이다. 태묘태실(太廟太室)은 중앙의 실(室)이다. 총장좌개(總章左个)는 태침의 서당(西堂) 남편이다. 총장태묘(總章太廟)는 서당에 있고 태실과 마주하는 곳이다. 총장우개(總章右个)는 서당 북편이다. 현당좌개(玄堂左个)는 북당(北堂) 서편이다. 현당태묘(玄堂太廟)는 북당에 있고 태실과 마주하는 곳이다. 현당우개(玄堂右个)는 북당 동편이다."[45]라고 하였다.

경작하는 자에게는 9분의 1의 세금을 받았으며, 관문과 시장은 기찰하기만 하고 세금을 징수하지 않았으며, 못과 어량을 금지하지 않았다.〔耕者九一, 關市譏而不征, 澤梁無禁.〕

《예기》〈왕제〉에 "옛날에 공전(公田)은 백성의 힘을 빌려〔藉〕-자(子)와 야(夜)의 반절(反切)이다.- 경작하고 세금을 거두지 않았으며,-백성의 힘을 빌려 공전(公田)의 경작을 돕고 사전(私田)에 세금을 거두지 않았다.- 시장에서는 자릿세만 받고 물건에 세금을 거두지 않았으며,-전(廛)은 시장의 자리이니, 시장에서 자릿세를 거두고 물건에는 세금을 거두지 않았다.- 관

45 예기……동편이다 : 주자(朱子)는 명당의 장소에 대해 "천자가 명당에서 거처하는 장소는 매달 바뀌는데, 맹하(孟夏)에는 남쪽에 위치한 명당(明堂)의 좌개(左个), 중하(仲夏)에는 명당의 태묘(太廟), 계하(季夏)에는 명당의 우개(右个), 계하의 말 18일 동안은 중앙에 위치한 태묘의 태실(太室), 맹추(孟秋)에는 서쪽에 위치한 총장(總章)의 좌개, 중추(仲秋)에는 총장의 태묘, 계추(季秋)에는 총장의 우개, 맹동(孟冬)에는 북쪽에 위치한 현당(玄堂)의 좌개, 중동(仲冬)에는 현당의 태묘, 계동(季冬)에는 현당의 우개에 거처한다."라고 하였다.《晦庵集 卷68 雜著 明堂說》

문에서는 기찰만 하고 세금을 거두지 않았다.-관문의 설치는 다만 다른 의복을 착용하고 다른 말을 하는 사람을 기찰하는 것을 위주로 하고, 왕래하는 물건에는 세금을 거두지 않았다.- 산림과 천택(川澤)에는 시기를 정해 들어가게 하고 금지하지 않았다.-산림과 천택에서 물건을 채취할 경우에는 들어가는데 비록 정해진 시기가 있지만 백성과 그 이익을 함께 하니, 바로 이른바 '못과 어량을 금지하지 않는다.'는 것이다.- 또 이르기를 "관문을 맡은 자는 금령(禁令)을 지키며 기찰하되, 다른 의복을 착용한 사람을 금지시키고, 다른 말을 하는 사람을 가려낸다." 하였다.-관(關)은 경계지역에 있는 문이다.-

방패와 창과 도끼 〔干戈戚揚〕

간(干)은 방패〔楯〕이다. 관동(關東)에서는 '간(干)'이라 하고, 관서(關西)에서는 '순(楯)'이라 한다. '과(戈)'는 자루의 길이가 6척 6촌이다. ○《휘고(彙考)》에 "척(戚)과 양(揚) 두 가지는 부월(斧鉞)의 다른 이름이다. 척(戚)은 부(斧)이고, 양(揚)은 월(鉞)이다. 월(鉞)은 크고, 부(斧)는 작다." 하였다.

고공단보(古公亶父)

《모시주소(毛詩注疏)》에 "고공(古公)은 빈공(豳公)이다. 고(古)는 오래되었다는 말이다. 단보(亶父)는 자(字)인데, 그로 인해 이름으로 삼기도 하였다." 하였다.

맹자위제선왕왈왕지신유탁기처자어기우장
孟子謂齊宣王曰王之臣有託其妻子於其友章

사사(士師)

정현(鄭玄)이 이르기를 "사(士)는 살핀다는 뜻이니, 옥송(獄訟)을 살피는 일을 주관한다." 하였다.

좌우를 돌아보고 다른 것을 말하였다.〔顧左右而言他〕

살펴보건대 사방의 경내가 다스려지지 않는 죄는 왕에게 있다. 그러므로 왕이 대답하기 어려워한 것이다. "좌우를 돌아보고 다른 것을 말하였다."에서 좌우를 돌아본 것은 마치 맹자를 보지 못한 듯이 하는 것이고, 다른 일을 말한 것은 맹자의 말을 듣지 못한 듯이 한 것이다.

자책하기를 꺼리고 아랫사람에게 묻기를 부끄러워한다.〔憚於自責, 恥於下問.〕-주-

살펴보건대 제왕(齊王)이 사방의 경내가 다스려지지 않는 죄가 누구에게 있냐는 맹자의 질문에 좌우를 돌아보며 다른 일을 말하며 자신의 죄를 인정하지 않았으니, 이는 자책을 꺼려한 것이다. 어떻게 하면 다스릴 수 있느냐고 다시 묻지 않았으니, 이는 아랫사람에게 묻기를 부끄러워 한 것이다.

맹자견제선왕왈소위고국자장
孟子見齊宣王曰所謂故國者章

교목(喬木)

《통고(通考)》에 "옛사람이 나라를 세우면 대체로 묘조(廟朝)[46]와 단유(壇壝)[47]와 궁부(宮府)[48] 및 대사(臺榭)[49]를 두는 곳에 모두 반드시 이름 있는 나무를 심었으니, 삼괴구극(三槐九棘)[50]의 따위이다. 오랜 세월이 지나면 교목(喬木)이 되는데, 존재의 유무(有無)로 나라의 경중과 관련시키기에는 충분치 못하다." 하였다. ○《시경》〈소아(小雅) 벌목(伐木)〉주에 "교(喬)는 높다는 뜻이다." 하였다.

46 묘조(廟朝) : 종묘와 조정을 말한다.

47 단유(壇壝) : 단(壇)은 제사 지내는 장소로 흙을 쌓아 만들었는데 동서남북, 중앙의 방위에 따라 청백적흑황(青白赤黑黃)의 흙을 깔았으며, 유(壝)는 단을 둘러싸며 만든 토담으로 단유는 단과 그 둘레의 경역을 일컫는다.

48 궁부(宮府) : 궁중과 관부를 말한다.

49 대사(臺榭) : 대(臺)와 사(榭)를 통칭한 것이다. 높고 큰 누각이나 정자를 널리 칭하는 말이다. 대개 지면보다 높이 세우되 위를 평평하게 만든 것을 '대(臺)'라 하며, 높은 대 위에 나무로 지어 멀리 조망할 수 있도록 지은 것을 '사(榭)'라 한다.

50 삼괴구극(三槐九棘) : 회화나무와 가시나무로, 흔히 삼공(三公)과 구경(九卿)을 뜻하는 말로 쓰인다. 옛날 주나라 때에 외조(外朝)에다 회화나무와 가시나무를 심어 조신(朝臣)들이 서는 자리를 만들었다. 《주례(周禮)》〈추관사구(秋官司寇)〉에 이르기를 "왼편 구극이 있는 곳에는 고(孤)·경(卿)·대부(大夫)가 자리하고, 오른편 구극이 있는 곳에는 공(公)·후(侯)·백(伯)·자(子)·남(男)이 자리하며, 앞 삼괴가 있는 곳에는 삼공이 자리한다." 하였다.

나라의 군주는 현자를 등용하되 부득이한 것처럼 해야 한다.〔國君進賢, 如不得已.〕

채청이 말하기를 "살피고 또 살핀 뒤에 비로소 따라서 등용하니, 부득이하여 나오게 한 것과 유사하다. '부득이한 것처럼 해야 한다.'는 말은 진실하고 간절하게 가장 잘 형용하였으니, 만일 가벼이 믿고 대번에 등용한다면 부득이한 것처럼 하는 뜻이 있겠는가." 하였다.

좌우의 신하들이 모두 현자라고 말하더라도 허락하지 말고……불가한 점을 본 뒤에 버려야 합니다.〔左右皆曰賢, 未可也……見不可焉然後去之.〕

살펴보건대 좌우의 신하들이 모두 현자라고 말하더라도 현자다운 모습을 본 뒤에 등용하라는 것은 그가 현자라는 것을 알아도 반드시 신중하게 등용해야 한다는 말이니, 위의 "나라의 군주는 현자를 등용하되 부득이한 것처럼 해야 한다.〔國君進賢如不得已〕"라는 한 단락과 호응한다. 좌우의 신하들이 모두 불가하다고 말하더라도 불가한 점을 본 뒤에 버리라는 것은 재주가 없다는 것을 알아도 버리는 것 역시 신중해야 한다는 말이니, 위의 "내가 어떻게 그가 재주가 없다는 것을 알아서 버린단 말입니까.〔吾何以識其不才而舍之〕"라는 한 단락과 호응한다. "좌우의 신하들이 모두 죽여야 한다고 말한다.〔左右皆曰可殺〕" 이하는 또 이를 미루어 말한 것이니, 비록 죄가 있어 죽여야 할 사람이라도 죽일 때에는 역시 삼가지 않을 수 없다.

제선왕문왈탕방걸장

齊宣王問曰湯放桀章

신안 진씨(新安陳氏 진력)가 말하기를 "주(紂)의 죄가 걸(桀)보다 더 하므로 주(紂)만 말한 것이다."라고 하였다.〔新安陳氏曰 紂罪浮於桀, 故單說紂.〕-소주-

살펴보건대 이른바 '일부주(一夫紂)'는 맹자가 《서경》에서 이른바 '독부주(獨夫紂)'에 근거하여 말한 것이다. 《서경》을 인용하여 말했기 때문에 여기에서 단지 주(紂)만 말했을 뿐이지, 걸(桀)의 죄가 가볍다고 여겼기 때문에 거론하지 않은 것이 아니다. 그 실제로는 걸과 주가 인(仁)을 해치고 의(義)를 해쳤으니, 악행이 동일하다. 지금 진씨는 주의 죄가 걸보다 더하기 때문에 주만 말했다고 하였는데, 어떤지 모르겠다.

맹자견제선왕왈……필사공사구대목장

孟子見齊宣王曰……必使工師求大木章

공사(工師)가 큰 나무를 얻으면 왕이 기뻐하고 장인(匠人)이 나무를 깎아서 작게 만들면 왕이 진노한다.〔工師得大木則王喜, 匠人斲而小之則王怒.〕

살펴보건대 큰 궁궐을 지을 때 공사가 큰 나무를 얻으면 기뻐하고 장인이 나무를 깎아서 작게 만들면 진노하면서 국가를 다스릴 적에는 현자가 배운 큰 것을 버리고 자신이 배운 작은 것을 따르게 한다. 현자가 배운 큰 것을 버리는 것은 공사가 큰 나무를 얻으면 기뻐하는 것과 다르고, 자신이 배운 작은 것을 따르게 하는 것은 장인이 나무를 깎아서 작게 만들면 진노하는 것과 다르다. 이는 국가를 다스리는 것을 도리어 큰 궁궐을 짓는 것만 못하게 여기는 것이고, 현자를 등용하는 것을 공사를 등용하는 것만 못하게 여기는 것이다.

만 일(鎰)이라도 반드시 옥공(玉工)으로 하여금 쪼아 다듬게 한다.〔雖萬鎰, 必使玉人雕琢之.〕

《전국책(戰國策)》에 "조(趙)나라가 소진(蘇秦)[51]에게 황금 백 일(鎰)을 주었다." 하였는데, 그 주에 "20냥(兩)이 1일(鎰)이다." 하였다.

동양 허씨(東陽許氏 허겸)가 말하기를 "박옥의 가격은 만 일(鎰)이

51 소진(蘇秦) : 전국 시대 유세가(遊說家)로 합종설(合縱說)을 제창한 인물이다.

다."라고 하였다.〔東陽許氏曰 璞玉之價, 直萬鎰也.〕-소주-

살펴보건대 혹자는 "박옥을 다듬는 가격은 만 일에 해당한다."라고 하였으니, 누가 옳은지 모르겠다.

옥공에게 옥을 다듬는 방법을 가르치는 것과 무엇이 다르겠습니까.
〔何以異於教玉人雕琢玉哉〕

어떤 이가 질문하기를 "옥공으로 하여금 옥을 다듬게 하는 것을 집주에서는 '감히 스스로 다듬지 못하고 유능한 자에게 맡기니, 몹시 아끼기 때문이다. 국가를 다스리는 데에는 현자를 등용하지 않고 사욕을 따르니, 이는 국가를 아끼는 것이 옥을 아끼는 것만 못한 것이다.'라고 하였으니, 이는 부수적인 뜻이 아닙니까. 주된 뜻은 무엇입니까?"라고 하니, 주자가 대답하기를 "주된 뜻은 '옥공이 스스로 옥을 다듬는 법을 이해하니, 어찌 굳이 가르칠 필요가 있겠는가. 현자는 스스로 배운 것이 있으니, 어찌 그로 하여금 배운 것을 버리게 하겠는가.'라는 말이니, 뒤의 비유는 앞의 비유를 거듭 풀이한 것이다." 하였다. 어떤 이가 말하기를[52] "전후의 두 비유가 또 서로 비슷하지 않은 듯한데 무엇 때문에 이렇게 말을 많이 한 것인지 모르겠습니다." 하였다.

52 어떤 이가 말하기를 : 대본에는 '兩譬' 앞에 '왈(曰)'이 빠져 있어 모두 주자의 말인 것처럼 되어 있는데, 《주자어류(朱子語類)》 권51에 의거하여 '왈(曰)'을 첨가하여 어떤 이의 말로 번역하였다.

제인벌연승지장
齊人伐燕勝之章

대그릇에 밥을 담고 병에 음료를 담아 왕의 군대를 환영한 것이 어찌 다른 이유가 있겠습니까.〔簞食壺漿, 以迎王師, 豈有他哉?〕

살펴보건대 제 선왕(齊宣王)은 연(燕)나라를 취하는 것은 사람의 힘으로 할 수 있는 일이 아니니, 이는 반드시 하늘의 뜻이라고 여겨 질문하였다. 그런데 맹자는 "여기에 어찌 다른 이유가 있겠습니까. 연나라의 학정을 피하여 제나라의 구원을 바란 것에 불과합니다. 연나라를 취할지 말지는 단지 인심을 살펴서 결정하는 것이 옳으니, 인심이 기뻐하면 하늘의 뜻이 따를 것이고 만일 그저 하늘의 뜻을 핑계대고 인정(仁政)을 시행하지 않으면 연나라 백성이 기뻐하지 않고 옮겨갈 것입니다."라고 말한 것이니, 제왕(齊王)에게 해준 경계의 말이 깊고 절실하다.

만일 물이 더욱 깊어지며 불이 더욱 뜨거워진다면〔如水益深如火益熱〕

채청이 말하기를 "여기의 '여(如)' 자는 '만일〔假如〕' 의 여'(如)'의 뜻이지 '같다〔如似〕'의 여'(如)'의 뜻이 아니니, 바로 집주에서 "만일 다시 포악한 짓을 한다면〔若更爲暴虐〕"의 '약(若)' 자의 뜻이다. 위 문장의 "물과 불을 피한 것이다.〔避水火〕"에는 모두 '여(如)' 자가 없는데 반드시 여기에서 비로소 '여(如)' 자를 썼기 때문에 '약(若)' 자의 뜻으로 쓴 것이 분명하다." 하였다.

제인벌연취지장
齊人伐燕取之章

단비가 내린 듯하다.〔若時雨降〕

살펴보건대 위에서 "구름과 무지개를 바라듯이 한다.〔望雲霓〕"라고 말했기 때문에 여기에서 "단비가 내린 듯하다."라고 말하여 호응한 것이니, 큰 가뭄에 구름과 무지개를 바라다가 단비가 시원하게 내린다면 그 기쁨을 알 만하다.

예(霓)는 홍(虹)이다.〔霓虹也〕-주-

《이아(爾雅)》에 "'운(雲)'은 하늘에서 나오는 올바른 기운이고, '예(霓)'는 땅에서 나오는 올바른 기운이다. 수컷을 '홍(虹)'이라 하고, 암컷을 '예(霓)'라고 한다. 운(雲)은 양(陽)의 성질을 지닌 물건이니, 음양이 조화를 이루어 비를 내리고 나면 운(雲)이 흩어지고 예(霓)가 보이는 것이다." 하였다.[53]

왕께서 속히 명령을 내려 노약자들을 돌려보내고, 중요한 기물들을 옮기는 것을 중지하며, 연나라 백성과 상의하여 군주를 세워준 뒤에 떠나면 그래도 전란을 중지시킬 수 있을 것입니다.〔王速出令, 反其旄倪, 止其重器, 謀於燕衆, 置君而後去之, 猶可及止.〕

53 《이아(爾雅)》에……하였다 : 이는 《악서(樂書)》 권54에 나오는 《이아(爾雅)》의 내용을 요약한 것이다.

살펴보건대 위의 문장에서 “부형을 죽이고 자제를 구속한다.〔殺其父兄, 係累子弟.〕”라고 말했기 때문에 여기에서 “노약자들을 돌려보낸다.”라고 말하였다. 위 문장에서 “중요한 기물들을 옮겨온다.〔遷其重器〕”라고 말했기 때문에 여기에서 “중요한 기물들을 옮기는 것을 중지한다.”라고 말하였다. 위의 문장에서 “종묘를 부순다.〔毁其宗廟〕”라고 말했기 때문에 여기에서 “연나라 백성과 상의하여 군주를 세워준다.”라고 말한 것이다. 위의 문장에서 “천하의 군대를 움직인다.〔動天下兵〕”라고 말했기 때문에 여기에서 “그래도 전란을 중지시킬 수 있다.”라고 말하였으니, 모두 구절구절 위 문장과 연결된다. ○채청이 말하기를 “위의 조목으로 보자면 백성들이 제나라를 기뻐하는 모습을 보지 못했고, 백성들이 제나라를 기뻐하지 않는 모습도 보지 못했기 때문에 인정(仁政)을 시행하면 그래도 제나라를 차지할 수 있다고 권한 것이다. 제나라가 인정을 시행하지 않고 다시 포학한 정치를 하여 번거롭게 제후의 군대를 불러들이자, 맹자가 연나라에 군주를 세워준 뒤에 떠나라고 가르침을 바꾸었으니, 이때는 이미 연나라 백성들의 인심을 잃어 더 이상 할 수 있는 일이 없었던 것이다.” 하였다.

추여노홍장

鄒與魯鬨章

목공은 추(鄒)나라 군주이다.〔穆公鄒君也〕-주-

목공은 성(姓)이 조(曹)이고 자작(子爵)이니, 그 선대(先代)는 전욱(顓頊)의 후예이다. 무왕(武王)이 상(商)나라를 정벌할 때에 주(邾)를 봉하여 부용국(附庸國)으로 삼았는데, 목공 때에 이르러 주(邾)를 추(鄒)로 바꾸었다.

죽이자니 이루 다 죽일 수가 없고, 죽이지 않고 살려 두자니 자기 상관이 죽어가는 것을 빤히 보고서도 구하지 않을 것이다.〔誅之則不可勝誅, 不誅則疾視其長上.〕

살펴보건대 목공의 질문은 세 개의 '주(誅)' 자에서 벗어나지 않는다. 그런데 맹자의 대답은 단지 윗사람이 태만하여 아랫사람을 해쳤다고 먼저 말하여 상관이 죽어가는 것을 빤히 보고서도 구하지 않은 이유를 말하고, 이어 군주가 인정(仁政)을 시행해야 한다고 말하여 윗사람을 친애하여 상관을 위해 죽는 도리를 말하였으나, '주(誅)' 자에 대해서는 다시 답변하지 않았다.

군주가 인정(仁政)을 시행하면 이 백성들이 윗사람을 친애하여 상관을 위해 죽을 것입니다.〔君行仁政, 斯民親其上死其長矣.〕

살펴보건대 윗사람이 태만하여 아랫사람을 해쳤으니, 상관이 죽어가는 것을 빤히 보고서도 구하지 않는 것은 "너에게서 나온 것은 너에게로 돌아간다.〔出乎爾者反乎爾者〕"는 일이고, 군주가 인정(仁政)을 시행하면 백성들이 윗사람을 친애하여 상관을 위해 죽는 것도 "너에게서 나온 것은 너에게로 돌아간다."는 일이니, 돌아가는 일은 다르지만 돌아가는 의미는 동일하다.

등문공문왈등소국장

滕文公問曰滕小國章

등 문공(滕文公)

《춘추좌씨전》에 "등나라의 성(姓)은 희(姬)로, 문왕(文王)의 14번째 아들 숙수(叔繡)의 후예이다." 하였다.[54]

54 춘추좌씨전에……하였다 : 이 내용은 《춘추명지록(春秋明志錄)》에 나온다.

등문공문왈제인장축설장

滕文公問曰齊人將築薛章

설은 나라 이름이다.〔薛國名〕-주-

《춘추좌씨전》에 “설(薛)나라의 성(姓)은 임(任)으로, 황제(黃帝)의 먼 후예인데, 해중(奚仲)이 설후(薛侯)에 봉해졌다. 지금 노(魯)나라 설현(薛縣)이 이곳이다.”[55] 하였다.

기업을 창건하고 전통을 드리워서 계승할 수 있게 한다.〔創業垂統, 爲可繼也.〕

채청이 말하기를 “이 장(章)은 ‘나라를 옮기는 설〔遷國說〕’을 결단해 말한 것이니, 이른바 ‘가려서 취한 것이 아니다. 부득이해서이다.〔非擇而取之, 不得已也.〕’와 맞아떨어지는 것을 볼 수 있다. 그렇지 않다면 맹자가 특별히 태왕(太王)의 일[56]을 거론한 이유가 무엇이겠는가. 또 아래 문장과 어떻게 이어지겠는가.” 하였다. ○또 말하기를 “도읍을 옮기는 일은 어떻게 해야 선(善)을 행하는 것이 되는가. 남의 침략과 핍박을 받아 그와 지혜와 힘을 겨루느라 백성을 피폐하게 만들지 않고 멀리 떠나서 스스로 보존을 도모하니 이보다 더 선을 행하는

55 춘추좌씨전에……이곳이다 : 이 내용은 《춘추좌전요의(春秋左傳要義)》에 나온다.

56 태왕(太王)의 일 : 태왕은 주 태왕(周太王) 고공단보(古公亶父)로, 그가 빈(邠) 땅에 있을 때 적인(狄人)이 쳐들어오자 백성을 해치지 않기 위해 빈을 버리고 기산(岐山) 아래로 옮겨 갔다는 고사를 말한다.

일이 있겠는가. 다만 마땅히 해야 할 일을 하는 것이 바로 선(善)을 행하는 것이다." 하였다.

성공으로 말하면 천운이니, 군주가 저들에게 어찌하시겠습니까. 선(善)을 행하기를 힘쓸 뿐입니다.〔若夫成功則天也, 君如彼何哉? 強爲善而已矣.〕

살펴보건대 이는 성공은 천운에 달려있지만 선을 하는 것은 나에게 달려 있으니, 천운에 달린 것은 기필할 수 없으나 나에게 달려 있는 것은 힘쓰지 않을 수 없음을 말한 것이다.

등문공문……갈력이사대국장

滕文公問……竭力以事大國章

영토는 선인이 받은 것이다.〔土地乃先人所受〕-주-

살펴보건대 제후가 천자에게 토지를 받아 대대로 지키니, 이른바 '선인이 받은 것'이란 바로 등나라에 처음 봉해진 군주가 받은 영토이다. ○이 한 장은 이전 두 장의 뜻을 합하여 총괄해서 말하였다.

노평공장출장
魯平公將出章

노평공(魯平公)

《사서휘고(四書彙考)》에 "평공(平公)의 이름은 숙(叔)이니, 경공(景公)의 아들이다. 평공 5년에 악정자(樂正子)[57]를 등용하여 정치를 하였다. 평공 6년에 맹자가 제나라에서 돌아가는 길에 노나라에 들렀는데, 평공이 악정자를 통해 맹자를 만나보려고 하였다." 하였다.

악정자가 들어가서 평공을 뵙고 말하기를 "주군은 어찌하여 맹가(孟軻)를 만나보지 않으십니까."라고 하였다.〔樂正子入見曰 君奚爲不見孟軻也〕

《광문선(廣文選)》에 "악극(樂克 악정자)이 평공에게 맹자를 소개하기를 '맹자는 중니(仲尼 공자)를 사숙(私淑)[58]하여 덕(德)은 세상을 돕고 백성을 기를 수 있으며, 도(道)는 정치를 펴고 인(仁)을 베풀 수 있는데, 주군께서는 어찌 만나보지 않습니까?'" 하였다.

관곽(棺槨)과 수의(壽衣)와 이불이 아름답다.〔棺槨衣衾之美也〕

57 악정자(樂正子) : 맹자의 제자로, 노 평공(魯平公)에게 맹자를 만나 보라고 권유하한 인물이다.

58 사숙(私淑) : 직접적인 가르침을 받지는 않았으나 마음속으로 사모하여 도나 학문을 닦는 것을 말한다.

살펴보건대 〈공손추 하〉에 충우(充虞)가 말하기를 "관에 쓴 재목이 너무 아름다운 듯하였습니다."라고 하였으니, 이 사실로 보자면 맹자가 후상(後喪 모친상)에 쓴 관곽이 전상(前喪 부친상)에 쓴 것보다 더 좋은 물건임을 짐작할 수 있다.

후재집

제 26 권

차기 箚記

맹자 孟子

공손추문왈부자당로어제장
公孫丑問曰夫子當路於齊章

증서는 증자의 손자이다.〔曾西, 曾子之孫也.〕-주(註)-

《경전서록(經傳序錄)》[1]에 "증신(曾申)의 자(字)는 자서(子西)이다. 자하(子夏)는 《시경》을 증신에게 전하였고, 좌구명(左丘明)은 《춘추좌전》을 지어 증신에게 주었다."라고 하였으니, 증서의 학문을 여기에서 볼 수 있다. ○살펴보건대 《경전서록》에서 말한 내용은 증신의 자가 자서라는 점으로 인하여 드디어 자서를 증서로 간주하였는데, 옳은지 모르겠다. 《예기》 〈단궁(檀弓)〉 주에 "증신은 증자의 아들이다."라고 하고, 또 그의 자를 말하지 않았으니, 역시 상고할 곳이 없다. 사계(沙溪 김장생(金長生))가 말하기를 "선군자(先君子)[2]께서 증서는 증자의 손자가 아니라 증자의 아들 증신의 자(字)라고

1 경전서록(經傳序錄) : 대본에는 《경전차록(經傳次錄)》으로 되어 있는데, 書名에 의거하여 '序'를 '次'로 수정하여 번역하였다. 이하도 동일하다. 경전서록은 당(唐)나라 육덕명(陸德明)이 지은 《경전석문서록(經典釋文序錄)》을 말한다.

2 선군자(先君子) : 김장생의 부친 김계휘(金繼輝, 1526~1582)를 말한다.

하셨다. 춘추시대 자서(子西)의 이름도 신(申)이었으니[3], 그럴듯하다." 하였다.

경원 보씨(慶源輔氏 보광)가 말하기를 "자로(子路)는 자신의 수레를 법도대로 몰아서 왕을 만나지 못했기 때문에 짐승을 잡지 못한 것이다……짐승을 많이 잡은 것이다."라고 하였다.〔慶源輔氏曰 子路是範我驅馳而不遇王者, 故不獲……得禽多.〕-소주-

채청(蔡淸)이 말하기를 "'자신의 수레를 법도대로 모는 것〔範我驅馳〕'은 자로가 성인 문하의 법도로 행동한 것을 비유한다. 짐승을 잡지 못한 것은 자로가 겨우 천승(千乘)의 나라에서 군대를 다스릴 수는 있지만, 제후들을 규합하여 한 번 천하를 바로잡는 데는 미치지 못한다는 점을 비유한다. '부정한 방법으로 짐승을 만나게 하는 것〔詭遇〕'은 관중(管仲)이 패도(霸道)를 시행한 것을 비유한다. '짐승을 잡은 것〔獲禽〕'은 관중이 제후들을 규합하여 한 번 천하를 바로잡은 공로를 비유한다. 이 뜻이 너무나 분명하다. 그런데 보씨는 자로는 자신의 수레를 법도대로 몰아서 왕자(王者)를 만나지 못했기 때문에 짐승을 잡지 못하였고, 관중은 부정한 방법으로 짐승을 만나게 하여 제 환공(齊桓公)을 만났기 때문에 짐승을 많이 잡았다고 하였다. 요씨(饒氏)도 그렇게 말하였으니, 모두 이해할 수 없다." 하였다.

3 춘추시대……신(申)이었으니 : 자서(子西)는 초나라의 공자이다. 《논어》〈헌문(憲問)〉10장의 집주(集註)에 "자서(子西)는 초나라 공자 신(申)이니, 초나라를 사양하고 소왕을 세워서 정치의 기강을 다시 세웠으니, 또한 어진 대부이다."라는 말이 나온다.

관중(管仲)과 안자(晏子)도 해 볼 만하지 않습니까?〔管仲晏子, 猶不足爲歟?〕

살펴보건대 공손추가 이미 맹자의 "그대가 나를 위해서 원한단 말인가.〔子爲我願之乎〕"라는 말을 들었는데도 오히려 또 재차 "관중과 안자도 해 볼 만하지 않습니까?"라고 질문하였으니, 진실로 두 사람의 공열(功烈)을 깊이 흠모하여 그들의 일은 할 만한 일이 못 된다는 것을 몰랐다는 사실을 알 수 있다.

제나라를 가지고 왕노릇하는 것은 손을 뒤집는 것처럼 쉬운 일이다.〔以齊王猶反手也〕

어떤 이가 질문하기를 "제나라를 가지고 왕노릇하는 것이 손을 뒤집는 것처럼 쉬운 일이라면 주왕(周王)은 어떤 위치에 두어야 할지 모르겠습니다."라고 하니, 주자가 대답하기를 "이는 말하기 어렵지만 마음으로 이해할 수 있으니, 탕왕(湯王)과 무왕(武王)의 일이 이 경우에 해당한다. 춘추시대 정공(定公)과 애공(哀公) 연간에도 주나라 왕실이 여전히 존귀했는데, 맹자의 시대에 이르러서는 천명(天命)과 인심(人心)이 이미 떠났다." 하였다.

그렇다면 제자의 의혹이 더욱 깊어집니다.〔若是則弟子之惑滋甚〕

채청이 말하기를 "관중(管仲)과 안자(晏子)도 해 볼 만하지 않다고 하였기에 제자가 이미 의혹스러워졌는데, 지금 또 제나라로 왕노릇하는 것은 손을 뒤집는 것처럼 쉬운 일이라고 하였으니, 의혹이 더욱 깊어진 것이다." 하였다.

지금 왕노릇 하는 것을 쉬운 것처럼 말씀하십니다.〔今言王若易然〕

살펴보건대 여기의 '연(然)' 자는 본래의 토(吐)에 따르면 위의 '이(易)' 자와 연결하여 읽는데, 어떤 이는 아래의 '즉(則)' 자와 연결하여 읽는다. 다만 아래 문장의 "지금 시기는 그렇게 하기가 쉽다.〔今時則易然〕"로 보자면 본래의 토에 의거하여 위의 '이(易)' 자와 연결하여 읽는 것이 나을 듯하다.

"문왕이 어찌 감당하실 수 있었겠는가."라고 하였다.〔曰文王何可當也〕

살펴보건대 본래 토(吐)에는 "문왕이〔刂〕 어찌 감당하실 수 있었겠는가.〔㇏寸曰五〕"[4]라고 되어 있는데, 어떤 이는 "문왕을〔乙〕 어찌 감당하겠는가.〔㇏曰五〕"라고 하니, 어느 쪽이 옳은지 모르겠다. ○채청이 말하기를 "'당(當)'은 대적한다는 말과 같으니, 그의 덕(德)으로 당해낼 수 없다는 것이다. 누가 문왕이 본받기에 부족하다고 말하겠는가. 다만 문왕이 만난 시세(時勢)가 어려웠을 뿐이다. '탕왕(湯王)에서 무정(武丁)에 이르기까지……오랜 세월이 지난 뒤에 잃었다.〔由湯至於武丁……久而後失之也.〕'라는 부분은 그 시기의 어려움을 말한 것이고, '한 자의 땅도 그의 소유 아님이 없었으며……이 때문에 어려웠던 것이다.〔一民莫非其臣也……是以難也.〕'라는 부분은 그 형세의 어려움을 말한 것이다." 하였다.

4 문왕이……있었겠는가 : 본래 토(吐)를 따라 관본언해(官本諺解)의 퇴계(退溪 이황)의 설대로 풀이하면 '문왕(文王)은 은(殷)나라를 대적하지 못한다.'는 뜻으로 해석된다.

미자, 미중, 비간, 기자, 교격은 모두 현인이었다.〔微子微仲比干箕子膠鬲皆賢人也.〕

《여씨춘추(呂氏春秋)》에 "주(紂)의 모친이 미자 계(微子啓)와 중연(仲衍)을 낳았는데, 그 당시에는 여전히 첩(妾)이었으며, 처(妻)로 신분이 바뀐 뒤에 주(紂)를 낳았다. 주(紂)의 부친이 계(啓)를 세워 태자로 삼으려고 하였는데, 태사(太史)가 '처의 아들이 있는 경우에 첩의 아들을 세울 수 없습니다.'라고 하였기 때문에 주(紂)를 후사로 세웠다." 하였다. ○《사기》〈송세가(宋世家)〉에 "기자(箕子)는 주(紂)의 친척이다." 하였는데, 정현(鄭玄)과 왕숙(王肅)은 모두 주(紂)의 숙부라고 하였다. 두예(杜預)는 주(紂)의 서형(庶兄)이라 하였고, 《공자가어(孔子家語)》에는 "비간(比干)은 주(紂)의 숙부이다." 하였다. ○《휘고(彙考)》[5]에 "교격(膠鬲)은 은나라의 현인이다. 은나라 말기의 난리를 만나 생선과 소금 장사를 하였는데, 문왕이 은(殷)에서 그를 등용하였다. 무왕(武王)이 제위에 오르자 숙단(叔旦)[6]으로 하여금 사내(四內)-지명이다.-에 나오게 하여 그와 맹약을 맺었다. 무왕이 은나라를 정벌하려고 유수(鮪水)에 이르자, 은나라 사자인 교격이 주나라 군대를 염탐하였는데, 무왕이 그를 만나보았다. 교격이 말하기를 '군대는 어디로 가는 것입니까. 저를 속이지 마십시오.'라고 하니, 무왕이 말하기를 '은나라로 가는 길이오.'라고

5 휘고(彙考) : 휘고가 어떤 서적인지 알 수 없으나, 이 내용은 휘고가 아니라《상사(尙史)》 권24에 나오는 내용이다.

6 숙단(叔旦) : 주공(周公)을 가리킨다. 주공은 무왕(武王)의 동생이자 성왕(成王)의 숙부였기 때문에 숙단(叔旦)이라 호칭한 것이다.

하였다. 교격이 말하기를 '언제 도착하겠습니까?'라고 하니, 무왕이 말하기를 '갑자일에 은나라 교외에 도착할 것이니, 그대는 이 날로 보고하시오.'라고 하였다. 교격이 떠나고 하늘에서 비가 내려 밤낮으로 그치지 않았는데도 무왕은 행군 속도를 빨리하여 멈추지 않으니, 군사들이 모두 행군을 중지하라고 간청하였다. 그러자 무왕이 말하기를 '내가 이미 교격에게 갑자일에 도착할 것이라고 기약하였으니, 자신의 군주에게 보고하였을 것이다. 갑자일에 도착하지 못하면 그의 군주가 반드시 그를 죽일 것이니, 나는 빨리 가서 교격을 죽음에서 구할 것이다.' 하였다." 하였다.

자기(鎡基)

《운서(韻書)》에 "기(基)는 본래 '기(錤)'로 쓰니, 자기(鎡錤)는 '호미〔鋤〕'이다." 하였다.

지금 시기는 그렇게 하기가 쉽다.〔今時則易然〕

살펴보건대 '그렇게 하기가 쉽다.〔易然〕'는 것은 위 문장의 이른바 '손을 뒤집는 것〔反手〕'이니, 이 '이(易)' 자는 '이 때문에 어려웠던 것이다.〔是以難也〕'의 '난(難)' 자를 반대로 맺은 것이다.

제나라가 그만한 땅을 소유하고 있으며, 제나라가 그만한 백성을 가지고 있다.〔而齊有其地矣, 而齊有其民矣.〕

살펴보건대 '제나라가 그만한 땅을 소유하고 있다.'는 말은 위 문장의 '한 자의 땅도 그의 소유 아님이 없다.〔尺地莫非其有〕'와 호응하며, '제나라가 그만한 백성을 가지고 있다.'는 말은 위 문장의 '한 사람의 백성도 그의 신하가 아닌 자가 없다.〔一民莫非其臣〕'와 호응한다. 문왕(文王)이 주(紂)의 시대를 만나 한 자의 땅과 한 사람의 백성도 주(紂)의 소유가 아님이 없었다. 그러나 문왕이 사방 백 리의 땅으로 일어났으니, 그래서 어려웠던 것이다. 그런데 지금 제나라는 상황이 그렇지 않으니, 이미 그만한 영토를 소유하였고 또 그만한 백성을 소유하였다. 만일 넓은 영토와 많은 백성을 가지고 인정(仁政)을 시행한다면 천하에 왕노릇하는 것은 손을 뒤집는 것처럼 쉽다. 이것이 문왕의 입장에서 어려웠던 까닭이자 제나라의 입장에서 쉬운 까닭이다. 그러나 문왕은 덕을 소유했기 때문에 시세가 어려워도 결국 사방 백 리의 땅으로 일어났고, 제나라는 그런 덕이 없기 때문에 시세가 비록 쉽지만 결국 왕노릇 하지 못하였다.

밥이 되기가 쉽고 음료 되기가 쉽다.〔易爲食易爲飮〕

살펴보건대 두 '이(易)' 자는 위의 '지금 시기는 그렇게 하기가 쉽다.〔今時則易然〕'의 '이(易)' 자와 호응한다. 더구나 초췌한 백성에게는 은덕이 되기가 쉽다는 것이다.

덕의 유행〔德之流行〕

살펴보건대 위 문장에서 '인정(仁政)'을 말하고 여기에 이르러 '덕(德)'이라고 바꾸어 말하였으며, 아래 문장에서는 또다시 '인정'이라고 말하였다. '인정'이란 덕을 베푸는 것이므로 여기에서 '덕의 유행'을 인용하여 위아래 문장의 '인정'과 호응한 것이니, 덕과 인정은 두 가지 일이 아니다.

'치'는 역이고, '우'는 역마이다.〔置驛也, 郵馹也.〕-주-

《단연총록(丹鉛總錄)》[7]에 "역(驛)과 일(馹)은 어떻게 구별하는가. '역'은 '기(騎)'를 위주로 하니 말〔馬〕을 말하고, '일'은 전(傳)을 위주로 하니 수레〔車〕를 말한다. 한(漢)나라 때에는 '승전(乘傳)'이라 하였다. 서현(徐鉉)은 전(傳)은 일거(馹車)라고 하였다." 하였다.

지금과 같은 시기에……지금만이 그러하다.〔當今之時……惟此時爲然.〕

살펴보건대 여기에서는 비록 '시기〔時〕'만을 말하였지만, '형세〔勢〕' 역시 그 속에 포함되어 있다. ○채청이 말하기를 "'지금과 같은 시기'는 시기가 쉬운 것이고, '만승의 나라'는 형세가 쉬운 것이다. '인정을 베푼다면 백성들이 거꾸로 매달린 것을 풀어주는 것처럼 기뻐할 것이다.'는 말은 덕의 유행이 빠르다는 의미이다." 하였다. ○이패림(李霈霖)이 말하기를 "덕의 유행은 원래 시세가 쉬워지기를 기다린 뒤에 빨리 퍼지는 것이 아니다. 그러나 시세가 쉬우면 덕의 유행이 더욱 빨라짐을 볼 수 있다." 하였다.

신안 진씨(新安陳氏 진력)가 말하기를 "공손추(公孫丑)가 관중(管仲)과 안자(晏子)를 함께 논하였는데, 맹자가 관중만을 말하고 안자를 언급하지 않았으니, 안자의 재주가 관중에게 미치지 못하고 그 사람이 조금 올바르며 그에게 비방할 만한 점은 없지만, 그의 일 중에 말할 만한 것이 없어서이다."라고 하였다.〔新安陳氏曰 丑幷論管晏, 孟子

7 단연총록(丹鉛總錄) : 명(明)나라 양신(楊愼, 1488~1459)의 저술이다.

只及管仲而不及晏者，晏才不及於管，其人稍正，其人無可議，其事無可言.]-소주-

살펴보건대 맹자가 천리(天理)를 즐거워하는 자와 천리를 두려워하는 자를 논하고서 아래 문장에서는 천리를 두려워하는 자만을 말하고 천리를 즐거워하는 자는 말하지 않았다. 제 선왕(齊宣王)은 탕왕(湯王)이 걸(桀)을 추방한 일과 무왕(武王)이 주(紂)를 정벌한 일을 질문하였는데, 맹자는 '독부(獨夫)[8] 주(紂)'라고만 말하고 걸은 언급하지 않았으니, 《맹자》에 이런 곳이 한두 군데가 아니다. 공손추가 관중과 안자를 함께 질문하였는데, 맹자가 관중만을 말한 것 역시 한 가지 예이다. 지금 진씨는 안자가 제나라의 정치를 담당한 적이 없다고 하고, 또 비방할 만한 내용이 없고 말할 만한 일이 없다고 말했는데 어떤지 모르겠다.

8 독부(獨夫) : 임금이면서 하늘과 백성에게 버림받은 외로운 통치자를 지칭하는 말인데, 보통 은나라 주(紂)를 가리킨다.

공손추왈부자가제지경상장
公孫丑曰夫子加齊之卿相章

부자(夫子)가 제나라 경상의 지위에 오르시어〔夫子加齊之卿相〕

동양 허씨(東陽許氏 허겸(許謙))가 말하기를 "이 한 장(章)은 다섯 절(節)로 나누어 보아야 한다. 하나는 '부자가 제나라 경상의 지위에 오르시어〔夫子加齊之卿相〕'부터 '또 증자의 지킴이 요약함만 못하다.〔又不如曾子之守約也〕'까지이니, 대체로 맹자가 부동심(不動心)을 할 수 있다는 점을 말하였으나 부동심이 되는 까닭은 상세히 말하지 않고 단지 그 단서만 대략 드러내었다. 하나는 '감히 묻노니, 부자의 부동심과〔敢問夫子之不動心〕'부터 '이는 기(氣)이지만 도리어 그 마음을 동요시킨다.〔是氣也而反動其心〕'까지이니, 맹자의 부동심이 고자(告子)의 부동심과는 차이가 있음을 말하였으며, 모두 양기(養氣)의 측면에서 말한 것이다. 하나는 '감히 묻노니, 부자는 어떤 점에 뛰어나십니까?〔敢問夫子惡乎長〕'부터 '성인이 다시 나오셔도 반드시 내 말을 따르실 것이다.〔聖人復起必從吾言〕'까지이니, 맹자의 마음이 부동심이 되는 까닭을 상세히 말하고, 지언(知言)과 양기(養氣) 두 가지를 겸하여 말하였다. 하나는 '재아와 자공은 말을 잘한다.〔宰我子貢善爲說辭〕'부터 '원하는 것은 공자를 배우는 것이다.〔乃所願學孔子也〕'까지이니, 모두 공자를 배우기를 바라는 뜻이다. 언외(言外)의 의미를 음미하면 또 맹자가 비록 감히 자신을 성인이라 여기지는 않았지만, 말을 알고〔知言〕 호연지기를 길러〔養氣〕학문이 이미 성인의 경지에 이르렀으니, 공자를 계승하고 있다는 뜻을 담았다. 하나는 '백이와 이윤이 공자에 대해서 이와 같이 동등합니까?〔伯夷伊尹於孔子若是班〕'부터 '공자보다 더 훌륭한 분은 없었다.〔未有盛於孔子〕'까지이니, 모두 공자의 훌륭함이 어느 왕보다 탁월하다고 성대히 칭찬하여 맹자가 배우기를 원했던 것을 드러내었다.

역시 두려워하고 의혹하는 점이 있어서 마음을 동요하겠습니까.〔亦有所恐懼疑惑而動心〕-주-

살펴보건대 이치에 밝지 못하기 때문에 의혹이 생기고 기운이 충만하지 않기 때문에 두려움이 생긴다. 큰 임무를 담당하고 큰 책임을 지고 있는 사람이 이치가 밝지 못하여 의혹이 생기고 기운이 충만하지 못하여 두려움이 생기면 저절로 마음이 동요하지 않을 수 없다. 집주에 이른바 "공구의혹(恐懼疑惑)" 네 글자는 "부동심(不動心)" 세 글자와 가장 밀접하다.

《주역》에 이른바 "그 행동을 의심하지 않는다."이다.〔易所謂不疑其行.〕-소주-

《주역》〈곤괘(坤卦) 문언전(文言傳)〉에 "'정직하고 방정하며 위대하여 배우지 않아도 모든 일이 순리대로 되지 않음이 없다.'는 자신이 행하는 것을 의심하지 않는다는 것이다." 하였다.

맹분(孟賁)[9]보다도 훨씬 뛰어납니다.〔過孟賁遠矣〕

9 맹분(孟賁) : 전국 시대 제(齊)나라의 역사(力士)로, 매우 용맹하다는 명성이 있었다. 물속에서는 교룡(蛟龍)을 피하지 않았고 뭍에서는 호랑이를 피하지 않았다고 한다.

살펴보건대 공손추가 여기에서 특별히 맹분을 거론하여 맹자의 부동심이 어려움을 칭찬하였기 때문에 맹자가 북궁유(北宮黝)와 맹시사(孟施舍)의 용맹을 말한 것이다.

"이는 어렵지 않으니, 고자도 나보다 먼저 부동심을 하였다."라고 하였다.〔曰是不難告子先我不動心〕

살펴보건대 군자는 도(道)가 이루어지고 덕(德)이 확립된 뒤에 부동심을 할 수 있으니, 이것이 어찌 어려운 일이 아니겠는가. 그런데 맹자가 어렵지 않다고 한 것은 무엇 때문인가. 그 뜻은 고자가 도를 몰랐지만 맹자보다 먼저 이미 부동심을 하였으니, 여기에서 그것이 어려운 것이 아님을 알 수 있다. 그렇다면 이른바 "이는 어렵지 않다.〔是不難〕" 세 글자는 오로지 고자를 두고 말한 듯하다. 혹자는 이는 어려운 것이 아님을 개괄적으로 말한 것이라고 하였는데, 어떤지 모르겠다.

"부동심에 방법이 있습니까?" 하고 물으니, 있다고 대답하였다.〔不動心有道乎? 曰有.〕

살펴보건대 여기에서 공손추는 부동심에 방법이 있는지 개괄적으로 질문한 것이지, 맹자와 고자의 부동심을 직접 질문한 것은 아니다. 그러므로 맹자도 북궁유와 맹시사와 증자의 용맹으로 답변하여 부동심에 세 가지가 있음을 보여주었다. 아래 문장의 "감히 부자의 부동심과 고자의 부동심을 묻습니다."에 이르러 비로소 맹자와 고자

《天中記 卷27》

를 직접 거론하여 질문하였기 때문에 맹자가 역시 아래와 같이 답한 것이다.

정자(程子)가 말하기를 “마음에 주장이 있으면 움직이지 않을 수 있다.”라고 하였다.〔程子曰心有主則能不動〕-주-

살펴보건대 “주장함이 있다.〔有主〕”는 아래 문장에 이른바 “북궁유는 반드시 승리하는 것을 주장하였다.”와 “맹시사는 두려움이 없는 것을 주장하였다.”와 “증자는 이치를 따르는 것을 주장하였다.”는 따위가 이것이다.

관박은 헐렁하고 큰 옷이니, 천한 사람의 의복이다.〔寬博, 寬大之衣, 賤者之服也.〕-주-

채청이 말하기를 “거친 베옷〔褐〕이 천한 사람의 의복이라는 것은 그래도 괜찮지만, 헐렁하고 큰 옷이 어찌하여 천한 사람의 의복인가. 몸에 닿는 옷감이 적고 또 수시로 빨고 손질하지 않아 자연스레 가볍고 부드러워져서 헐렁하고 커진 것이다.” 하였다.

험담하는 소리가 들리면 반드시 보복하였다.〔惡聲至必反之〕

살펴보건대 북궁유라는 인물은 털끝만큼이라도 남에게 모욕을 당하면 마음속으로 부끄러워하였다. 지금 만일 험담하는 소리가 들리는데 보복하지 않으면 이는 바로 털끝만큼 남에게 모욕을 당하는 것이기에 남이 자신을 험담하는 소리를 하면 반드시 보복한 것이다. ○채청이 말하기를 “북궁유와 맹시사가 혈기로 한 시대에 강한 사람이 될 수 있었지만, 결국 도의(道義)를 주장하여 힘을 집중하지 못하였으니, 어찌 끝내 마음의 동요가 없었겠는가. 내가 기운으로 남을 능멸하면 남도 기운으로 나를 이길 수 있고, 내가 남에게 힘을 쓰면 남도 힘으로 나를 제어할 수 있으니, 중대한 도의(道義)만이 절로 왕공(王公)으로 하여금 귀함을 잃게 만들고, 맹분(孟賁)과 하육(夏育)으로 하여금 용맹을 잃게 만들 수 있다." 하였다.

맹시사는 증자와 유사하고, 북궁유는 자하와 유사하다.〔孟施舍似曾子, 北宮黝似子夏.〕

살펴보건대 북궁유와 맹시사는 증자와 자하에 대해 진실로 감히 대등하게 비교할 수 없다. 다만 두 사람이 용맹을 기르는 기상과 의미에서 유사한 점을 찾아 비교하자면 맹시사는 자기를 지키는 것을 위주로 하여 힘을 쓰는 것이 내부에 있었으니, 증자가 자신의 몸에 돌이켜 구하여 실제에 힘쓴 점과 유사하며, 북궁유는 남을 이기는 것을 위주로 하여 힘을 쓰는 것이 외부에 있었으니, 자하가 독실하게 성인을 믿고서 의심하지 않았던 점과 유사하다.

북궁유가 용맹을 기른 것은……, 맹시사가 용맹을 기른 것은……, 증자가 자양에게 말하기를 "그대는 용맹을 좋아하는가? 내가 예전에 큰 용맹을 부자에게 들었다." 하였다.〔北宮黝之養勇也, 孟施舍之所養勇也, 曾子謂子襄曰吾嘗聞大勇於夫子.〕

살펴보건대 맹자가 공손추의 질문에 대해 의리에서 나온 부동심만 말해야 하는데, 무엇 때문에 북궁유와 맹시사의 용맹을 함께 말한 것인가. 먼저 북궁유와 맹시사의 경우를 말하여 그들의 부동심이 한 가지가 아니라는 점을 보여준 뒤에 증자의 경우를 말하여 부동심이 이와 같아야 한다고 말한 것이지, 애초에 북궁유와 맹시사의 용맹을 귀하게 여겨서 말한 것은 아니다.

맹시사의 지킴은 기(氣)이다.〔孟施舍之守氣〕

살펴보건대 여기의 '기(氣)' 자는 아래 문장에 나오는 수많은 '기(氣)' 자의 장본(張本)이다. 그러나 수많은 '기(氣)' 자도 각각 정밀하고 거친 차이가 있으니, 상세히 음미해야 알 수 있다.

고자(告子)가 말하기를 "말에서 이해가 되지 않으면 마음에서 구하지 말고, 마음에서 터득하지 못하면 기(氣)에서 구하지 말라."라고 하였다.〔告子曰 不得於言, 勿求於心, 不得於心, 勿求於氣.〕

살펴보건대 이 네 구는 바로 고자가 부동심을 할 수 있었던 이유이다. ○고자의 "말에서 이해가 되지 않으면 마음에서 구하지 말라."는 말은 맹자의 '지언(知言)'과 상반되고, 고자의 "마음에서 터득하지 못하면 기에서 구하지 말라."는 맹자의 양기(養氣)와 상반된다. ○어떤 이가 질문하기를 "고자는 '말에서 이해가 되지 않으면 마음에서 구하지 말라.'라고 하였는데, 이는 자기의 말입니까, 다른 사람의 말입니까. 만일 뒤에 지언(知言)을 말한 곳과 서로 의미가 통하려면 이는 다른 사람의 말입니다."라고 하니, 주자가 대답하기를 "이 한 단락은 전후가 모두 서로 통하니, 마찬가지 말이다. 고자는 이를 이해하지 못하면 다시 그 이치를 마음에 돌이켜 구하지 않았다." 하였다. ○채청이 말하기를 "'말에서 이해가 되지 않으면 마음에서 구하지 않은 것은 바로 마음이 동요될까 두려워한 것이고, '마음에서 터득하지 못하면 기(氣)에서 구하지 않은 것은 또 기(氣)가 거꾸로 마음을 동요시킬까 두려워하였기 때문이다. 이것이 그가 마음을 굳게 지켜 동요하지 않은 까닭이니, 이런 부동심을 하는 것은 진실로 역시 어렵지 않다." 하였다.

기(氣)는 몸에 꽉 차 있는 것이다.〔氣體之充也〕

어떤 이가 질문하기를 "혈기(血氣)의 기(氣)와 호연지기(浩然之氣)의 기(氣)가 다른 것입니까?"라고 하니, 주자가 대답하기를 "기(氣)는 바로 하나의 기(氣)이니, 이른바 '몸에 꽉 차있다.'는 것이 바로 이것이다." 하였다.

지(志)가 지극하고, 기(氣)가 그 다음이다.〔志至焉氣次焉〕

어떤 이가 질문하기를 "'지(志)가 지극하고, 기(氣)가 그 다음이다.'라는 것은 지(志)와 기(氣)의 대소(大小)를 말한 것입니까? 아니면 지(志)와 기(氣)의 선후(先後)를 말한 것입니까?"라고 하니, 주자가 대답하기를 "선후도 아니고 대소도 아니니, 이는 일개 완급의 뜻이다. 지(志)가 비록 지극하지만 기(氣) 역시 그 다음이니, 저 지(志)가 나은 점이 역시 많지 않다. 이는 고자가 기(氣)를 내세워서 말했기 때문에 이런 말을 한 것이다." 하였다.

그러므로 "지(志)를 지키면서 기(氣)를 해치지 말아야 한다."라고 한 것이다.〔故曰 持其志, 無暴其氣.〕

살펴보건대 여기의 토(吐)는 "그러므로 지(志)를 지키면서 기(氣)를 해치지 말아야 한다."라 하노라〔亽丷又亽〕로 고쳐야 하니, 이와 같이 보면 의미가 나은 듯하다. '라 하니라(亽丷匕亽)'라는 토(吐)로 보면 이는 맹자가 옛사람의 말을 인용한 것이고, '라 하노라'라는 토(吐)로 보면 이는 바로 맹자의 말이 되니, 지금 맹자의 말로 보는 것이 나을 듯하다. 또 아래 문장의 공손추가 다시 질문한 내용으로 보면 '지가 지극하고〔志至焉〕'부터 '기를 해치지 말아야 한다.〔無暴其氣〕'까지를 모두 맹자의 말로 간주하는 것이 그 의미가 또 분명한 듯하다. ○이 두 구는 바로 맹자가 부동심을 하는 방법이니, "기를 해치지 말아야 한다."는 이른바 "정직함으로 기르고 해치는 일이 없다.〔以直養而無害〕"는 것이다. ○어떤 이가 질문하기를 "지(志)를 지키는 것과 기(氣)를 해치지 않는 것 중에 어느 것이 더 중요합니까?"라고 하니, 채청이 대답하기를 "이치로 논하자면 지(志)를 지키는 것이 더 중요하고, 《맹자》의 이 구절의 뜻을 논하자면 기를 해치지 않는 것이 더 중요하다. '지(志)는 기(氣)의 장수이다.〔志氣之帥〕'부터 '기(氣)를 해치지 말아야 한다.〔無暴其氣〕'까지는 모두 고자의 '기(氣)에서 구하지 말라.〔勿求於氣〕'는 주장을 깨트린 것이고, 아래 구절의 '지(志)가 한결같으면 기(氣)를 움직이고, 기(氣)가 한결같으면 지(志)를 움직인다.〔志壹則動氣, 氣壹則動志.〕'라는 말 역시 기(氣)의 측면을 중시한 것이다."라고 하였다.

굳이 다시 기(氣)에 도움을 구할 것이 없다.〔不必更求其助於氣〕

살펴보건대 집주에서 '구(求)' 자 아래에 다시 하나의 '조(助)' 자를 보탠 것은 어째서인가. 아래 문장에 '그 기(氣)가 의(義)와 도(道)에 배합된다.'라고 하였으니, '배합〔配〕'이란 합쳐서 돕는다는 뜻이다. 그러므로 여기의 '조(助)' 자는 아래 문장의 '배(配)' 자에서 미루어 나온 말이다.

주자(朱子)가 말하기를 "이치가 궁해지고 말이 부족해……조용히 명백하게 분별하여 마음에 돌이키지 못한 것이다."라고 하였다.〔朱子曰理窮辭屈……不能從容明卞, 反之於心.〕-소주-

살펴보건대 '이치가 궁해지고 말이 부족하다'는 이른바 "말을 이해하지 못한다.〔不得於言〕"는 것이고, '마음에 돌이키지 못한다'는 이른바 "마음에서 구하지 말라.〔勿求於心〕"는 것이다.

자연히 동요되지 않은 대략이다.〔自然不動之大略也〕-주-

채청이 말하기를 "지(志)를 지키고 기(氣)를 기르는 것이 바로 맹자가 부동심을 할 수 있었던 까닭인데, 단지 부동심의 대략이라고 말한 것은 어째서인가. 부동심은 두 가지 단서가 있으니, 하나의 단서는 지언(知言)이고, 지금 여기에서 말한 것은 단지 양기(養氣)의 단서이다." 하였다.

지(志)가 한결같으면 기(氣)를 움직이고 기(氣)가 한결같으면 지(志)를 움직이니, 넘어지고 달리는 것은 바로 기(氣)이지만 도리어 그 마음을 동요시킨다.〔志壹則動氣, 氣壹則動志, 蹶者趨者是氣也, 而反動其心.〕

살펴보건대 여기의 토(吐)는 '지가 한결같으면 기를 움직이나〔那〕, 기가 한결같으면 지를 움직이니〔尼〕'로 고쳐야 하니, 이와 같이 보는 것이 본뜻에 맞을 듯하다. 집주에 있는 하나의 '연(然)' 자를 보면 알 수 있다. 위의 문장에서는 고자가 부동심을 한 이유를 말하였고, 이 단락에서는 지기(志氣)를 개괄적으로 말하였으니, 고자를 가리켜 말한 것은 아니다. ○주자가 말하기를 "'지를 지키면서 기를 해치지 말아야 한다.'는 것은 안팎을 서로 기르는 것이다. 이는 이미 지(志)를 지키면서도 또 기(氣)를 해치지 말아야 하니, 두 가지 공부 중에 한쪽을 그만두어서는 안 된다. 기(氣)가 한결같으면 지(志)를 움직이고, 지(志)가 한결같으면 기(氣)를 움직인다는 말을 보면 서로 길러주는 이치를 알 수 있다." 하였다. ○사계(沙溪 김장생)가 말하기를 "지(志)가 한결같으면 기(氣)를 움직이고 기(氣)가 한결같으면 지(志)를 움직인다는 말은 모두 선악을 겸하여 말한 것이니, 예컨대 음식남녀(飮食男女)[10] 따위 역시 이것이다." 하였다.

나는 말을 알며, 나는 나의 호연지기(浩然之氣)를 잘 기른다.〔我知言, 我善養吾浩然之氣.〕

살펴보건대 "나는 말을 안다.〔我知言〕" 세 글자는 위에 있는 고자(告子)의 "말에서 이해하지 못하면〔不得於言〕" 네 글자에 호응하여 나온 것이며, "나는 나의 호연지기를 잘 기른다.〔我善養吾浩然之氣〕"는 일곱 글자는 위에 있는 고자의 "기에서 구하지 말라.〔勿求於氣〕" 네 글자에 호응하여 나온 것이다. 고자의 부동심은 단지 '말에서 이해하지 못하면……기에서 구하지 말라.〔不得於言……勿求於氣.〕'에 있고, 맹자의 부동심은 오로지 지언(知言)과 양기(養氣)에 있다. 말을 알기 때문에 도의(義道)를 밝혀 천하의 말에 의심이 없고, 기(氣)를 기르기 때문에 도의에 배합하여 천하의 일에 두려움이 없으니, 고자

10 음식남녀(飮食男女) : 《예기》 〈예운(禮運)〉의 "음식과 남녀 간의 일에는 사람의 큰 욕구가 존재한다.〔飮食男女, 人之大欲存焉.〕"라는 문구에서 따온 말로, 인간의 기본적이고 절실한 욕구를 이른다.

의 '말에서 이해하지 못하면……기에서 구하지 말라.'는 말과는 일일이 상반된다. ○지언(知言)은 《대학》의 격물치지(格物致知) 공부이고, 양기(養氣)는 《대학》의 성의(誠意), 정심(正心), 수신(修身)의 일이다. 지금 고자는 "말에서 이해하지 못하면"이라고 하였으니, 이는 말을 모르는 것이니, 격물치지의 공부가 없음을 알 수 있고, '기(氣)에서 구하지 말라.'고 하였으니, 이는 기(氣)를 기르지 못한 것이니, 성의, 정심, 수신의 일이 없음을 알 수 있다. 그러므로 맹자가 먼저 "말에서 이해하지 못하면〔不得言〕"과 "기(氣)에서 구하지 말라.〔勿求氣〕"는 고자의 말을 언급하고 이어서 자신이 말을 잘 알고 기(氣)를 잘 기른다고 말한 것이다.

경원 보씨(慶源輔氏 보광)가 말하기를 "성대함은 그 본체를 말한 것이고, 유행은 그 작용을 말한 것이다."라고 하였다.〔慶源輔氏曰 盛大言其體, 流行言其用.〕-소주-

살펴보건대 보씨의 이 설은 집주의 본뜻이 아니다. 주자가 말하기를 "호연(浩然)은 성대하게 유행하는 모양이다."라고 하였고, 또 말하기를 "호연지기(浩然之氣)는 본래의 체재(體裁)를 가리켜 말한 것이다."라고 하였다. 이른바 "성대유행(盛大流行)"이란 기(氣)의 본래 체제가 저절로 성대하게 유행함을 형용하여 말한 것이지, 성대함이 본체이고, 유행이 작용이라는 말은 아니다. 지금 보씨가 구분하여 본체와 작용으로 간주하였으니, 어떤지 모르겠다.

경원 보씨가 말하기를 "한 가지 일이 오면 한 가지 이치로 응한다."라고 하였다.〔慶源輔氏曰 一事來, 則以一理應之.〕-소주-

살펴보건대 한 가지 일이 있으면 한 가지 일에 해당하는 이치가 있기 때문에 그 일에 나아가 그 이치를 궁구하여 그 일을 처리한다. 지금 "한 가지 일이 오면 한 가지 이치로 응한다."는 보씨의 말은 일은 저기에 있는데 이치는 나에게 있는 문제점이 있는 듯하니, 말에 병폐가 있음을 면하지 못할 듯하다.

운봉 호씨(雲峯胡氏 호병문(胡炳文))가 말하기를 "먼저 두려워하고 뒤에 의심한다는 것에서 두려움은 마음이 동요한 것이고, 의심은 마음으로 말미암아 동요한 것이다."라고 하였다.〔雲峯胡氏曰 先懼而後疑者, 懼者心之動, 疑者心之所由而動也.〕-소주-

살펴보건대 지금 "마음이 동요한다.〔心之動〕"와 "말미암아 동요한다.〔所由以動〕"는 설로 보자면 먼저 의심한 뒤에 두려워해야 할 듯하다. 그런데 지금 호씨는 이를 먼저 두려워한 뒤에 의심한다고 해석하였으니, 뒤집어 말한 것을 면하지 못할 듯하다.

주자가 말하기를 "승패의 형세와 득실의 계산이 분명히 가슴속에 있으니……끓는 물과 치솟는 불길에 뛰어들어 죽어도 후회하지 않는다."라고 하였다.〔朱子曰 勝敗之形, 得失之算, 判然於胸中……蹈湯赴火, 有死無二.〕-소주-

살펴보건대 이는 맹자의 부동심을 비유한 것이다. 이른바 "승패의 형세와 득실의 계산이 분명히 가슴속에 있다."는 지언(知言)을 비유한 것이고, "맹수처럼 용맹한 백만의 군사가 지휘 깃발을 바라보고 북소리와 징소리를 따라 끓는 물과 치솟는 불길에도 뛰어들어 죽어도 후회하지 않는다."는 양기(養氣)를 비유한 것이다.

주자가 말하기를 "애초부터 승리를 거두고 적을 헤아릴 계책도 없이 한갓 용기만 믿고 냉큼 나서서 적에게 달려간다."라고 하였다.〔朱子曰 初無制勝料敵之謀, 徒恃其勇而挺身赴敵.〕-소주-

살펴보건대 이는 고자의 부동심을 비유한 것이다. 이른바 "애초부터 승리를 거두고 적을 헤아릴 계책도 없다."는 말을 알지 못하는 것을 비유한 것이고, 이른바 "한갓 용기만 믿고 냉큼 나서서 적에게 달려간다."는 기(氣)를 기르지 못함을 비유한 것이다.

기의 속성이 지극히 크고 지극히 강하니, 정직함으로 기르고 해치는 일이 없으면, 천지 사이에 가득 찬다.〔其爲氣也, 至大至剛, 以直養而無害, 則塞于天地之間.〕

살펴보건대 호연지기는 실로 형용하기가 어렵기 때문에 맹자가 "말하기 어렵다.〔難言〕"라고 대답하였다. 그러나 여기에서 "지극히 크고 지극히 강하니, 정직함으로 기르고 해치는 일이 없으면, 천지 사이에 가득 찬다."라고 하였으니, 호연지기를 잘 형용했다고 할 만하다. 이른바 "말하기 어렵다."는 것이 결국 말하기 어렵지 않았으니, 역시 잘 말했다고 할 만하다. ○'직(直)' 자는 위 문장의 "스스로 돌이켜서 정직하다면〔自反而縮〕"과 호응하고, 아래 문장의 "의를 축적하여 생겨나는 것이다.〔集義所生〕"의 장본(張本)이 되니, "정직함으로 기른다."는 바로 의(義)를 축적하는 일이지 의를 축적하는 이외에 또 정직함으로 기르는 공부가 존재하는 것은 아니다. ○어떤 이가 질문하기를 "명도(明道 정호(程顥))는 '직양이무해(直養而無害)'에서 구두(句讀)를 끊었고, 이천(伊川 정이(程頤))은 '지대지강이직(至大至剛以直)'에서 구두를 끊으면서 선형(先兄 정호)은 이런 설을 말한 적이 없다고 말한 것은 어째서입니까?"라고 하니, 주자가 대답하기를 "명도가 한 말이 진실로 맹자의 본뜻을 얻은 것이니, 이천은 사람됨이 고집스러워 선형이 이런 말을 한 적이 없다고 말한 것이다." 하였다.

경원 보씨(慶源輔氏 보광)가 말하기를 "작용을 말하지 않은 것은 본체를 거론했으니 포괄하기 충분하기 때문이다."라고 하였다.〔慶源輔氏曰 不言用者, 擧體則足以該之矣.〕-소주-

살펴보건대 호연지기는 그 체단(體段)이 본래 지극히 크고 지극히 강하기 때문에 집주에서 "그 체단이 본래 이와 같다."라고 말한 것이니, 이른바 '체단'이란 '체용(體用)'의 '체(體)'가 아니라 이 기(氣)의 체단을 거론한 것이다. 만일 '체용'으로 말한 것이라면 '체'와 '용'이 대립하고, 만일 '체단'으로 말한 것이라면 기(氣)의 본체를 전체적으로 거론하여 '체용'이 그 속에 포함되어 있다. 지금 보씨는 '체단'의 '체'를 '체용'의 '체' 자로 간주하였으니, 본뜻을 잃은 듯하다.

또 작위적인 행동으로 이것을 해치는 일이 없다.〔又無所作爲以害之〕-주-

살펴보건대 이는 아래 문장의 조장(助長)의 해와 호응하여 말한 것이다.

쑥 꺼져서 굶주리다.〔欿然而餒〕-주-

《운서(韻書)》에 "'감(欿)'은 본래 '담(窞)'으로 쓴다."라고 하였다. 서(徐)[11]가 말하기를 "구덩이 속에 다시 구덩이가 있는 것이다."라고 하였다. 《주역》 〈감괘(坎卦) 초육(初六)〉에 "감담으로 들어간다.〔入于坎窞〕" 하였다.

기의 속성이 의와 도에 배합되니, 이것이 없으면 굶주리게 된다.〔其爲氣也, 配義與道, 無是, 餒也.〕

살펴보건대 위 문장의 "기(氣)의 속성이 지극히 크고 지극히 강하다.〔其爲氣也至大至剛〕"는 기의 본래 체단(體段)을 말한 것이고, "정직함으로 기르고 해치는 일이 없다.〔以直養而無害〕"는 기를 기르는 공부를 말한 것이다. "천지 사이에 가득 차게 된다.〔塞于天地之間.〕"는 기를 기르는 효과이며, 여기에서 "기의 속성이 의와 도에 배합된다."라고 말한 것은 기의 공용(功用 작용)이다. "이것이 없으면 굶주리게 된다."는 이 기가 없으면 본체가 충만하지 못하여 굶주리게 된다는 말이다. 이른바 "굶주린다〔餒〕"는 위의 "천지에 가득 찬다."라는 말과 상반된다. ○주자가 여자약(呂子約 여조검(呂祖儉))에게 답한 편지에 말하기를 "맹자의 뜻은 이 기가 도와 의에 배합되니, 만약 이 기가 없으면 본체가 충만하지 못하여 굶주리게 된다고 말한 것에 불과할 뿐입니다. 여기에서는 빈주(賓主)의 향배(向背)와 조리(條理)의 분합(分合)에 조금도 의심할 만한 점이 없습니다. 만일 몸에 돌이켜 증험해 보면 기(氣)는 몸을 위주로 하고 도와 의는 마음을

11 서(徐) : 서개(徐鍇)를 말하는 것으로 보인다. 남당(南唐) 시대 광릉(廣陵) 사람으로, 자는 초금(楚金)이다. 형 서현(徐鉉)과 함께 문장으로 이름이 났고, 《설문계전(說文繫傳)》, 《설문해자운보(說文解字韻譜)》 등의 책을 저술하였다.

위주로 합니다. 기(氣)는 형이하(形而下)에 속하고, 도와 의는 형이상(形而上)에 속합니다. 비록 그 구분은 다르지만, 기가 몸속에 있고 도와 의가 몸 밖에 있다는 말은 아니니, 또 어찌 이것을 가지고 저것에 배합하는 것을 꺼려 난해하게 왜곡하여 "도와 의는 본래 혈기에 있지만, 도와 의가 없으면 이 기는 곧 굶주려 혈기의 사사로움이 되는데 그칠 뿐이다. 그러므로 반드시 의와 도에 배합한 뒤에야 호연(浩然)하게 굶주림이 없을 수 있다."라고 말하겠습니까. 만약 과연 이와 같다면 맹자가 마땅히 여기에 별도로 온당한 글자를 써서 이 뜻의 곡절을 다 말했을 것이니, 하나의 '배(配)' 자를 써서 본래 하나로 합쳐진 형태의 둘을 분리하고, 또 기를 위주로 하여 두 가지가 손님과 주인이 되는 일정한 형세를 도치시키지는 않았을 것입니다. 게다가 그 위에서 이미 "기의 속성이〔其爲氣也〕"라고 말을 시작하고, 그 아래에서 다시 "이것이 없으면 굶주리게 된다."라 하여 말을 받았으니, 이른바 '이것〔是〕'이란 진실로 이 기를 가리켜 말한 것이고, 만약 이 기가 없으면 본체가 충만하지 못하여 굶주리게 된다는 것입니다. 만약 보내주신 편지에서 말한 대로 '이것〔是〕'이 도와 의를 가리켜 말한 것이어서 이 도와 의가 없으면 기가 그로 인해 굶주리게 되는 것이라면 맹자가 마땅히 여기에 별도로 몇 마디 말을 하여 이 뜻의 곡절을 다 말했을 것이고, 또 이와 같이 그 문장을 도치시켜 그 뜻을 뒤집어 후세에 이 글을 읽는 자가 지금 말한 것처럼 의심하게 만들지는 않았을 것입니다." 하였다.

배(配)는 합하여 돕는다는 뜻이다.〔配者合而有助之意〕-주-

주자가 말하기를 "주장(主將)이 있는데, 또 일개 부장(副將)을 세워 그의 짝으로 삼는 것과 같으니, 그를 돕기 위해서이다. 당연한 것은 의(義)이고, 총체적인 명칭은 도(道)이다. 도와 의를 위주로 삼되 이 호연지기(浩然之氣)가 가서 도와야 용감하고 과감하게 결단하여 나아간다. 예컨대 한 가지 일을 합당하게 하는 것이 의(義)이다. 스스로 용감하고 과감하게 결단하여 가서 하면 호연지기가 가서 돕는다. 어떤 사람이 합당하게 해야 하는 줄 분명히 알면서도 부끄럽고 위축되어 감히 가서 하지 못하면 이는 굶주리는 것이니, 이 호연지기가 없기 때문이다." 하였다. ○또 말하기를 "만일 기(氣)가 배합되지 못하면 도와 의는 도움을 받을 곳이 없다."라고 하였다. 또 말하기를 "기는 절로 기가 되고, 도와 의는 절로 도와 의가 되니, 만일 이 기가 없으면 도와 의는 역시 볼 수가 없다. 세상의 이치가 곧은데도 스스로 그것을 밝히지 못하는 것은 바로 그 기가 없기 때문이니, 비유하자면 날카로운 칼이 진실로 베고 자를 수 있지만, 힘이 있는 자라야 그것을 사용할 수 있는 것과 같다. 만일 자기가 힘이 없으면 날카로운 칼이 무슨 소용이 있겠는가." 하였다.

이는 의(義)를 축적하여 생겨난다.〔是集義所生〕

살펴보건대 여기의 '시(是)' 자는 호연지기(浩然之氣)를 가리켜 말한 것이니, 이 호연지기가 의(義)를 축적하여 생겨난다는 말이다. 위 문장의 '이것이 없으면 굶주리게 된다.'〔無是餒之〕의 '시(是)' 자를 보면 알 수 있다.

고자(告子)는 의(義)를 알지 못했으니, 의를 외면에 있다고 여겼기 때문이다.〔告子未嘗知義, 以其外之也.〕

채청이 말하기를 "의(義)에 합치하면 마음이 만족스럽고, 마음이 만족스러우면 기(氣)가 완전해진다. 마음이 만족스러운지 여부가 의의 득실과 관계되니, 의가 외면에 있지 않은 것이 분명하다." 하였다.

쌍봉 요씨(雙峯饒氏 요로)가 말하기를 "먼저 기(氣)가 의(義)와 도(道)에 배합된다고 말하고서 뒤에는 의를 축적한다고 말했고 도에 대해서는 언급하지 않았다. 도는 본체이고 의는 작용이니, 호연지기에 본체가 있고 작용이 있어 본체는 도에 배합되고 작용은 의에 배합된다. 본체와 작용은 하나이니, 작용을 말하면 본체는 그 속에 존재하는 것이다."라고 하였다.〔雙峯饒氏曰 先說氣配義與道, 後說集義而不及道者, 蓋道是體義是用, 浩然之氣有體有用, 其體配道, 其用配義, 體用一也, 言用則體在其中.〕-소주-

살펴보건대 주자가 말하기를 "도(道)는 체통(體統)을 들어 말한 것이고, 의(義)는 한 가지 일을 처리하는 데 나아가 말한 것이다. 예컨대 아버지는 자애로워야 하며, 자식은 효도해야 하고, 군주는 인자해야 하며 신하는 공경해야 하는 것이 의이고, 자애롭고 효도하며 인자하고 공경하는 이유가 도이다. 그러므로 뒤에서 다만 '집의(集義)'라고만 말하였다."라고 하였으니, 지금 이 설을 보면 여기에서 단지 '집의'만 말한 뜻을 알 수 있다. 도(道)는 본체를 들어 총괄하여 말한 것이니, 예컨대 효도, 자애, 인자함, 공경은 총괄하여 도라고 말할 수 있다. 의(義)는 한 가지 일을 처리하는 데 나아가 말한 것이니, 예컨대 효도하고 자애롭고 인자하고 공경하는 것을 일마다 의에 부합하기를 구하는 것이 바로 집의이다. 그러므로 도에 나아가 말한다면 체통에서 '십(集)' 자를 쓸 수 없고, 의에 나아가 말한다면 일마다 의에 부합하는 곳이라야 '집(集)' 자를 쓸 수 있다. 또 위에서 이른바 "의와 도에 배합된다.〔配義與道〕"는 것은 기를 이미 양성한 곳에 나아가 기(氣)의 공용(功用)이 이와 같음을 총괄해서 말한 것이다. 그러므로 도와 의를 겸하여 말한 것이다. 그런데 여기에서 이른바 '집의'는 기(氣)를 기를 때 처음 공부해야 할 곳만을 말하였기 때문에 단지 집의만 말한 것이다. 작용을 말하였으니 본체가 그 가운데 있기 때문에 단지 '집의'만 말한 것은 아니며, 역시 본체의 범주에서는 공부할 곳이 없기 때문에 단지 '집의'만 말한 것도 아니다. 주자의 집주에 "기가 비록 도와 의에 배합될 수 있지만, 처음 기를 기르는 것은 일마다 모두 의에 합당하여 스스로 돌이켜봄에 항상 정직함에서 말미암는다." 하였으니, 그 뜻이 아주 분명하다. 그런데 지금 요씨는 본체와 작용으로 나누어 말하고는 마침내 "작용을 말했으니 본체는 그 가운데 있다." 하였다. 본뜻을 몹시 잃었으니, 어떤지 모르겠다.

쌍봉 요씨(雙峯饒氏 요로)가 말하기를 "두 '뇌(餒)' 자를 구분하면 "이것이 없으면 굶주리게 된다."는 기(氣)가 없으면 도(道)와 의(義)가 굶주리는 것이고, "행동할 때 마음에 부족하게 여기는 일이 없으면 굶주리게 된다."는 도와 의가 없으면 기(氣)가 굶주리게 된다는 것이니, 가리키는 것이 다르다."라고 하였다.〔雙峯饒氏曰 二餒字之分, 無是餒也, 是無氣則道義餒, 行有不慊則餒, 是無道義則氣餒, 所指不同.〕-소주-

살펴보건대 요씨의 설은 옳지 않다. 호연지기(浩然之氣) 한 장(章)은 처음부터 여기에 이르기까지 모두 오로지 '기(氣)' 자를 위주로 말하였다. 이른바 "의와 도에 배합된다.〔配義與道〕"는 이 기(氣)가 도(道)와 의(義)에 배합되어 도울 수 있다는 말이고, 이른바 "이것이 없으면〔無是〕"은 이 호연지기가 없다는 말이며, 이른바 "굶주리게 된다.〔餒也〕"는 이 호연지기가 없으면 그 본체가 충만하지 못하여 굶주리게 된다는 말이다. 이른바 "행동할 때 마음에 부족하게 여기는 일이 있다.〔行有不慊則餒〕"는 행동할 때 하나라도 의(義)에 부합되지 않으면 마음으로 부족하게 여겨 부끄러워 한다는 말이고, 이른바 "굶주리게 된다.〔則餒矣〕"는 이미 부끄러운 마음이 들면 본체가 충만하지 않아 굶주리고 부족해진다는 말이다. 그렇다면 이 두 '뇌(餒)' 자는 도와 의가 굶주린다는 말이 아니며, 기가 굶주린다는 말도 아니니, 이는 모두 형체(形體)가 굶주린다는 말이다. 그런데 지금 요씨는 두 항목으로 구분하여 하나는 도와 의가 굶주리는 것이라 하고 하나는 기가 굶주리는 것이라 하였으니, 본뜻을 잃은 듯하다. 주자가 집주에서 이미 "뇌(餒)는 굶주리고 결핍되어 기가 몸에 충만하지 못한 것이다.〔餒, 飢乏而氣不充體.〕" 하였고, 또 "그 몸에 충만하지 못한 바가 있으면〔其體有所不充〕"이라고 하였으니, 몸이 굶주리는 것이 분명하다. 더구나 도와 의에 대해서 '굶주림〔餒〕'이라는 말은 온당하지 않다. ○사계(沙溪 김장생)가 말하기를 "요씨의 설은 집주와 같지 않다. 《주자대전》에서 주자가 이르기를 '이는 바로 호연지기이다. 굶주림은 형체가 굶주리는 것이다. 마치 사람이 오랫동안 먹지 않으면 형체가 굶어 결핍되어 굶주리는 것과 같다.' 하였다." 하였다.

반드시 호연지기(浩然之氣)를 기르는 데 종사하되 효과를 미리 기대

하지 말아서……또 해치는 것이다.〔必有事焉而勿正……而又害之.〕

살펴보건대 “필유사(必有事)”는 반드시 의를 축적하는 데 종사한다는 말이고, “물정(勿正)”은 반드시 의를 축적하는 데 종사하되, 미리 그 효과를 기대하지 말아야 한다는 말이다. “물망(勿忘)”은 반드시 의(義)를 축적하는 데 종사하되, 종사하는 일이 있음을 잊지 말아야 한다는 말이고, “물조장(勿助長)”은 반드시 의를 축적하는 데 종사하되, 함부로 행동하여 기를 조장하지 않아야 한다는 말이다. “무익이사지자(無益而舍之者)”는 의를 축적하는 데 종사하지 않는 것이고, “조지장자(助之長者)”는 의가 갑자기 엄습하여 취해지는 것을 비유한다. “불운묘자(不耘苗者)”는 종사하는 것을 잊는 병통이니, 위의 “물망(勿忘)” 두 글자와 상반된다. “알묘자(揠苗者)”는 조장하는 병통이니, 위의 “물조장(勿助長)” 세 글자와 상반된다. “우해지자(又害之者)”는 위의 “기르고 해침이 없다.〔養而無害〕”는 한 구와 반대로 호응한다. ○“물망(勿忘)”은 “반드시 종사함이 있다.〔必有事〕”는 세 글자의 뜻을 포함하고, “물조장(勿助長)”은 “기대하지 말라〔勿正〕”는 두 글자의 뜻을 포함한다. ○“마음에서 잊지 말라.〔心勿忘〕”는 위의 “지를 지킨다.〔持其志〕”는 세 글자와 호응하고, “조장하지 말라.〔勿助長〕”는 위 문장의 “기를 해치지 말아야 한다.〔無暴其氣〕”는 네 글자와 호응한다.○채청이 말하기를 “기(氣)를 기르는 공부를 한 마디로 다 말하면 ‘집의(集義)’이고, 두 마디로 다 말하면 ‘정직함으로 기르고 해치는 일이 없다.〔以直養而無害〕’이고, 네 마디로 말하면 ‘반드시 호연지기를 기르는 일에 종사하되, 효과를 미리 기대하지 말아서 마음에 잊지도 말며 억지로 조장하지도 말라.〔必有事焉而勿正, 心勿忘, 勿助長.〕’이니, 실제로는 하나이다. 종사함이 있으면 본디 이것이 '집의(集義)'이고 '물정(勿正)', '물망(勿忘)', '물조장(勿助長)'은 모두 '집(集)' 한 글자를 벗어나지 않으니, 기를 기르는 공부는 단지 의(義)에 힘을 쏟아야지 기(氣)에 힘을 쏟을 필요는 없다. 기에 힘을 쏟으면 바로 이것이 조장(助長)이다." 하였다. ○또 말하기를 "종사하되 잊지 않는 것이 '정직함으로 기르는 일〔直養〕'의 조목이고, 기대하지 않고 조장하지 않는 것이 '해를 끼치지 않는 일〔無害〕'의 조목이다." 하였다.

벼 싹을 뽑다〔揠苗〕

《소이아(小爾雅)》에 "중심을 뽑는 것이 '알(揠)'이고, 뿌리를 뽑는 것이 '탁(擢)'이다." 하였다. ○채청이 말하기를 "송나라 사람을 인용하여 역시 고자(告子)를 비판하였다." 하였다.

주자가 말하기를 "집의(集義)는 기를 기르는 단두(丹頭)이니……집의(集義)의 화법(火法)이다."라고 하였다.〔朱子曰 集義, 是養氣之丹頭……集義之火法.〕-소주-

선사(先師 박세채(朴世采))가 말하기를 "단(丹)에는 내단(內丹)과 외단(外丹)이 있으니, 노가(道家)에서는 금석(金石)을 솥에 넣고 달이는 것을 외단이라 하고, 토고납신(吐故納新)[12]을 내단이라 한다. 퇴계(退溪 이황)가 말하기를 '《참동계(參同契)》에 「사람의 신체는 오직 화(火)와 수(水)이니, 《주역》의 감수(坎水)와 이화(离火)로 만

12 토고납신(吐故納新) : 묵은 탁한 기운을 몸 밖으로 뱉어내고 맑은 새 기운을 몸 안으로 들이마시어 장수하는 호흡법이다. 《莊子 外篇 刻意》

물을 삼고, 건(乾)과 곤(坤)으로 정기(鼎器)[13]를 삼는다. 60괘(卦)를 30일에 나누어 배정하여 하루마다 각각 2괘씩 배정한다. 또 2괘(卦) 12효(爻)를 12진(辰)에 나누어 배정하여 해당되는 괘와 만나는 효를 잊지 말고 유념하여 조금도 어긋남이 없게 한다. 하늘의 기(氣)를 나의 기(氣)에 합해지도록 하고, 달〔月〕의 차고 비는 것으로 빼거나 더하되, 달이 차면 더하고 달이 비면 뺀다. 더하고 빼서 굳건한 하늘의 운행에 구차히 어긋남이 없게 하고, 화(火)로 수(水)를 단련하여 단전(丹田)에 응결되어 모이게 한다. 3년이 지나면 몸이 가벼워지고 뼈가 깨끗해져 한낮에 하늘로 날아오르게 되는데, 이것이 내단을 단련하는 법이다.」 하였다.' 하였다. 이 내용으로 미루어보면 단두(丹頭)는 연단(煉丹)의 대체(大體)를 말한 것과 같고, 화법(火法)은 단(丹)을 완성하는 중요한 기술을 말한 것과 같다. 다만 이른바 단두(丹頭)와 화법(火法)은 필시 도가(道家)의 수련 방법일 것인데, 자세히 알 수가 없다. 또 《통고(通考)》에 황씨(黃氏) 사여(四如)[14]에 '맹자의 공부는 오로지 기를 기르는 데서 집의(集義)를 위주로 하는데 있다. '물망(勿忘)'은 공부를 느슨히 해서는 안 된다는 뜻이고, '물조장(勿助長)'은 또 급히 해서는 안 된다는 뜻이니, 마치 연단(煉丹)에 문무화(文武火)[15]가 있어 불이 식으면

13 정기(鼎器) : 단약(丹藥)을 달이는 솥 그릇으로, 여기서는 사람의 몸을 말한다.

14 통고(通考)에 황씨(黃氏) 사여(四如) : 황씨는 송(宋)나라의 학자 황중원(黃仲元, 1231~1312)을 말한다. 사여(四如)는 그의 호이다. 본문의 《통고(通考)》가 어떤 책인지 알 수 없으나, 본문의 황중원의 말은 《사여강고(四如講稿)》 권2에 실려 있다.

15 문무화(文武火) : 문은 약하다는 뜻이고 무슨 억세다는 뜻인데, 이를 비유해서 약하게 타는 불과 세차게 타는 불을 문무화라고 한다.

재가 되어 죽고, 불이 맹렬해지면 붉게 타오르는데, 오직 만화(慢火 문화(文火))는 늘 화로 속에 있어 20~30년 뒤에 불로 변하여 연단(鍊丹)을 만들 수 있는 것과 같다. 맹자가 공부에 착수하는데 절도(節度)가 있는 것이 이와 같다.' 하였다. 이는 외단을 말한 듯하나 어느 것이 옳은지는 상세하지 않다." 하였다.[16]

주자가 말하기를 "수행에 힘쓰라고 말한 것과 같다."라고 하였다.〔朱子曰 如說打硬修行一般〕-소주-

선사(先師 박세채(朴世采))가 말하기를 "가부(可否)를 따지지 말고 오직 수행에 힘쓰라는 뜻인 듯하니, 고자(告子)를 위해 말한 것이다." 하였다.[17]

쌍봉 요씨(雙峯饒氏 요로)가 말하기를 "의(義)가 축적되어 생겨난다는 것은 길러서 이루는 효과이다."라고 하였다.〔雙峯饒氏曰 集義所生, 是養之之成功.〕

살펴보건대 주자가 말하기를 "처음에 공부에 착수할 때에는 의(義)를 축적한 뒤에 호연지기가 생겨난다." 하였다. 그런데 지금 요씨는 "길러서 이루는 효과이다."라고 하여 '처음에 공부에 착수할 때'라는

16 선사(先師)가……하였다 : 이 내용은 박세채(朴世采)의 《남계집(南溪集)》 44권 답문(答問), 〈답김직경문(答金直卿問) 호연장(浩然章)○을축팔월칠일(乙丑八月七日)〉에도 보인다.

17 선사(先師)가……하였다 : 이 내용은 박세채(朴世采)의 《남계집(南溪集)》 44권 답문(答問), 〈답김직경문(答金直卿問) 호연장(浩然章)○을축팔월칠일(乙丑八月七日)〉에도 보인다.

주자의 설과 상반되니, 어떤지 모르겠다.

한쪽으로 치우친 말에서 마음이 가려 있음을 알며, 지나친 말에서 마음이 빠져 있음을 알며, 부정한 말에서 마음이 도(道)와 멀리 떨어져 있음을 알며, 회피하려는 말에서 논리가 궁함을 알 수 있다.〔詖辭知其所蔽, 淫辭知其所陷, 邪辭知其所離, 遁辭知其所窮.〕

살펴보건대 말의 병폐로 말하자면 치우친〔詖〕데에서 시작하여 회피하는〔遁〕데에서 끝이 나니, 네 가지는 서로 연결된다. '피(詖)'는 한쪽으로 치우친다는 뜻으로, 그 병폐가 그래도 작지만 한쪽으로 치우치고 나면 점점 지나친 데에 이른다. '음(淫)'은 방탕하다는 뜻으로, 그 병폐가 한쪽으로 치우치는 것에 비해 조금 심하다. 방탕해지고 나면 점점 부정함에 이른다. '사(邪)'는 부정하고 편벽되다는 뜻으로, 그 병폐가 방탕함에 비해 더 심하다. 부정하고 편벽하게 되면 결국 회피하는데 이른다. '둔(遁)'은 도망치고 피한다는 뜻으로, 그 병폐가 부정하고 편벽된 것에 비해 더욱 심하다.

마음의 잘못으로 말하면 가려지는〔蔽〕데에서 시작하여 궁해지는〔窮〕데에서 끝이 나니, 네 가지가 역시 서로 연결된다. '폐(蔽)'는 가려지고 막힌 뜻이니, 그 잘못이 오히려 작다. '함(陷)'은 깊이 빠진다는 뜻으로, 가려지고 막히고 나면 점점 깊이 빠져 깊숙한 곳으로 들어가니, 그 잘못이 가려지고 막히는 것에 비해 조금 크다. '이(離)'는 배반하여 떠난다는 뜻으로, 깊이 빠지고 나면 점점 올바른 것을 등지고 배반하여 떠나는 데 이르니, 그 잘못이 깊이 빠지는 것에 비해 더욱 크다. '궁(窮)'은 곤궁하고 비굴하다는 뜻으로, 배반하여 떠나고 나면 결국 이치가 궁해져서 곤궁하고 비굴한 데 이르니, 그 잘못이 배반하여 떠나는 것에 비해 더욱 크다. 말〔言〕과 마음〔心〕을 합쳐서 말하여 각각 한 구에 나아가 한 구를 풀이해보면 다음과 같다. 치우치는 병폐는 가려지는 잘못에서 생기니, 그 마음이 가려지고 막히기 때문에 단지 한쪽 편만 보고 다른 한쪽 편을 보지 못하여 그 말이 한쪽으로 치우치는데, 치우친 것은 그래도 한쪽 편의 도리(道理)가 있다. 지나친 병폐는 빠지는 잘못에서 생기니, 그 마음이 가려진 뒤에는 마치 물에 빠진 사람이 깊이 빠져드는 것과 같기 때문에 그 말이 방탕하고 지나치게 된다. 지나친 것은 치우침이 심해져 날마다 점점 방자해진다. 부정함의 병통은 떨어지는 잘못에서 생기니, 그 마음이 빠지게 된 뒤에 점점 배반하여 떨어지는 데에 이른다. 올바른 길에서 떨어져 등지고 떠나 더욱 멀어지니, 그 말이 부정하고 치우치게 된다. '사(邪)'는 '정(正)'의 반대이다. 회피하는 병통은 궁해지는 잘못에서 생기니, 도(道)에서 떨어져 멀어지고 나면 이치가 궁해지고 말이 비굴해지기 때문에 그 마음이 곤궁하고 비굴해져 그 말이 사리에 맞지 않는다. 이 때문에 결국 곤궁해져 도피하기에 이른다. 총괄해서 말하자면 그 마음에 가려지고 빠지며 떠나고 궁해지는 잘못이 있기 때문에 그 말에 치우치고 지나치며 부정하고 회피하는 병통이 생기는 것이다.

마음이 올바른 이치에 밝아서 가려짐이 없어진 뒤에야 말이 공평하고 올바르며 통달하여 병통이 없게 된다.〔其心明乎正理而無蔽, 然後其言平正通達而無病.〕-주-

살펴보건대 맹자가 '가려짐〔蔽〕', '빠짐〔陷〕', '떠남〔離〕', '궁해짐〔窮〕' 네 가지 잘못을 말했는데, 장구(章句)는 여기에서 특별히 '가려짐〔蔽〕'한 글자만을 집어내어 말한 것은 어째서인가. 이는 '빠짐〔陷〕', '떠남〔離〕', '궁해짐〔窮〕' 세 가지 잘못이 모두 '가려짐〔蔽〕'에서 비롯되기 때문이다. 만일 당초에 가려짐이 없었다면 자연스레 이런 '빠짐〔陷〕', '떠남〔離〕', '궁해짐〔窮〕'의 잘못이 없으므로 특별히 '가려짐〔蔽〕'한 글자를 거론한 것이다. ○채청이 말하기를 "'명(明)' 자는 '폐(蔽)' 자와 서로 짝이 되고, '평정통달(平正通達)'은 '피음사둔(陂淫邪遁)'과 서로 반대가 된다." 하였다.

쌍봉 요씨(雙峯饒氏 요로)가 말하기를 "'피음(詖淫)'은 양(陽)에 속하고 '사둔(邪遁)'은 음(陰)에 속한다."라고 하였다.〔雙峯饒氏曰詖淫屬陽邪遁屬陰〕-소주-

살펴보건대 사(邪)와 정(正)을 대비하여 말했으니, 정(正)은 양(陽)이고, 사(邪)는 음(陰)이다. '피음사둔(詖淫邪遁)'은 모두 음(陰)에 소속시켜야 한다. 그러나 단지 '피음사둔(詖淫邪遁)' 네 가지만 가지고 말한다면 피음(詖淫)의 병통은 얕고 사둔(邪遁)의 병통은 깊으니, 얕은 것은 당연히 양(陽)에 소속시켜야 하고, 깊은 것은 음(陰)에 소속시켜야 한다.

저 고자(告子)는 말이 이해가 되지 않으면 마음에서 찾으려 하지 않았다.〔彼告子者, 不得於言, 而不肯求之於心.〕-주-

살펴보건대 고자는 말에서 이해되지 않았기 때문에 '피음사둔(詖淫邪遁)'의 병통이 있었고, 마음에서 찾으려 하지 않았기 때문에 '폐함이궁(蔽陷離窮)'의 잘못이 있었다.

쌍봉 요씨(雙峯饒氏 요로)가 말하기를 "말을 아는 것은 바로 도(道)를 아는 것이니, 맹자가 자신이 도를 안다고 말하고 싶지 않아서 단지 말을 안다고 말한 것이다."라고 하였다.〔雙峯饒氏曰 知言便是知道, 孟子不欲以知道自謂, 所以只說知言.〕-소주-

살펴보건대 "말을 안다〔知言〕"는 두 글자는 위의 "고자는 말에서 이해가 되지 않으면〔告子不得於言〕"에서 나온 것이다. 고자의 병통은 말에서 이해하지 못하는 데에 있었으니, 바로 말을 알지 못한 것이다. 그러므로 맹자가 스스로 '나는 말을 잘 안다.'고 한 것이다. "말을 안다."는 것은 격물치지의 일로, 바로 고자가 말에서 이해가 되지 않는 것과 상반되니, 길러서 기(氣)를 얻어 도(道)와 의(義)에 배합되는 것이다. 이것이 바로 맹자의 일이기 때문에 "나는 말을 안다."라고 한 것이지, 애초에 맹자가 자신이 도를 안다고 말하고 싶지 않았기 때문에 "말을 안다."고 말한 것은 아니다.

재아(宰我)와 자공(子貢)은 말을 잘 하였고, 염우(冉牛), 민자(閔子), 안연(顔淵)은 덕행을 잘 말하였다.〔宰我子貢, 善爲說辭, 冉牛閔子顔淵, 善言德行.〕

살펴보건대 염우와 안연은 모두 이름을 호칭하였는데, 유독 민자만을 '자(子)'라고 호칭한 것은 역시 다른 뜻이 있어서인가. 선사(先師 박세채)가 말씀하기를 "《논어》 〈선진(先進)〉편제(篇題)에 '그 중 하나는 곧바로 민자라고 일컬었으니, 아마도 민자건의 문인이 기록한 듯하다.' 하였다. 염우와 안연은 일찍 세상을 떠나 미처 문인에게 학업을 전수하지 못했는데, 민자만은 남의 스승이 되어 그에 해당하는 호칭이 있었기 때문에 맹자 역시 따라서 호칭한 것일 뿐이다."

하였다.[18]

나는 사명(辭命)에는 능숙하지 못하다.〔我於辭命則不能〕

손씨(孫氏 손석)의 《맹자정의》에 "말로 사람에게 명령하기 때문에 사명이라고 한다." 하였다.

전체를 소유하였으나 다만 넓지 못할 뿐이다.〔有其全體, 但未廣耳.〕-주-

사계(沙溪 김장생)가 말하기를 "다른 본(本)에는 '광(廣)' 아래에 '대(大)' 자가 있다."라고 하였다.

"우선 이분은 놓아두라."라고 하였다.〔曰姑舍是〕

살펴보건대 아래 문장에 "원하는 것은 공자를 배우는 것이다.〔乃所願則學孔子〕"라고 하였으니, 그렇다면 여기에서 이른바 "우선 이분은 놓아두라."는 안자(顔子)를 부족하게 여기는 뜻이 있는 것은 아닌 듯하다. 맹자의 뜻은 공자를 배우기를 원하는 데 있었기 때문에 "우선 이분은 놓아두라."라고 말한 것이니, 여기의 '고(姑)' 한 글자를 보면 알 수 있다.

"백이(伯夷)와 이윤(伊尹)은 어떻습니까?"라고 하니, "도가 같지 않다."라고 하였다.〔曰 伯夷伊尹何如? 曰 不同道.〕

18 선사(先師)가……하였다 : 이 내용은 박세채(朴世采)의 《남계집(南溪集)》 44권 답문(答問), 〈답김직경문(答金直卿問) 맹자(孟子) ○신유육월이일辛酉六月二日)〉에도 보인다.

사계(沙溪 김장생)가 말하기를 "두 성인의 수준이 어떤지 질문한 것은 맹자가 편안히 여기는 뜻을 은미하게 관찰하려고 해서인데, 지금 사람들은 곧바로 '부자(夫子 공자)와 비교해 어떠한가.'로 해석하니 온당하지 못하다." 하였다. 또 말하기를 "'도(道)가 같지 않다.'는 말도 두 성인이 같지 않은 곳을 거론하여 치우친 병통을 은미하게 드러낸 것이고, 이어 완전한 공자를 배우려 한다고 말하였으니, 두 성인을 편안히 여기지 않는 뜻을 알 수 있다." 하였다.

백이(伯夷)는 섬길 만한 군주가 아니면 섬기지 않았으며, 부릴 만한 백성이 아니면 부리지 않았다.〔伯夷非其君不事非其民不使〕

살펴보건대 혹자가 말하기를 "기군(其君)과 기민(其民)은 백이(伯夷)의 군주와 백이의 백성이니, 여기에서 '기(其)' 자는 백이 자신의 입장에서 본 것이다." 하였고, 혹자는 말하기를 "기군과 기민은 《중용》에서 이른바 '그 사람이 있으면 그 정사가 거행된다.〔其人存則其政擧〕'의 '기(其)' 자이니, 여기에서 '기' 자는 어진 임금과 어진 백성을 가리켜 말한 것이다." 하였으니, 두 설 중에 어느 것이 옳은지 모르겠다. 다만 아래 장(章)의 "벗으로 삼을 만한 사람이 아니면 벗으로 삼지 않았다.〔非其友不友之〕"의 '기' 자로 증명해보자면 어진 이를 말한 것이 의미상 나을 듯하다.

노재 왕씨(魯齋王氏 왕백(王柏))가 말하기를 "'원하는 것은 공자를 배우는 것이다.'라는 말에 뒤에 나오는 네 단락이 모두 이 구절에 존재한다." 라고 하였다.〔魯齋王氏曰 乃所願則學孔子, 後四段盡在此句.〕-소주-

선사(先師 박세채)가 말하기를 "네 단락은 '감히 그 차이를 묻습니다.

〔敢問其所以異〕'이하 네 단락을 가리켜 말한 것이다." 하였다.[19]

모두 제후들을 조회 오도록 하여 천하를 소유할 수 있다.〔皆能以朝諸侯有天下〕

어떤 이가 질문하기를 "백이(伯夷)와 유하혜(柳下惠)가 백 리의 땅을 얻는다면 과연 제후들을 조회 오도록 하여 천하를 소유할 수 있습니까?"라고 하니, 주자가 대답하기를 "맹자가 이와 같이 말하였으니, 아마도 이와 같을 것이다. 그러나 두 사람은 필시 그런 일을 하지 않았을 것이다." 하였다. ○양씨(楊氏 양시(楊時))는 말하기를 "단지 안자(顏子)가 누추한 거리에 살았지만, 우왕(禹王)과 후직(后稷)의 사업(事業)을 이룰 수 있었을 것[20]이라는 내용으로 본다면 백이와 유하혜가 제후들을 조회 오도록 하여 천하를 소유할 수 있었음을 알 수 있다." 하였다.

재아(宰我)가 말하기를 "내가 부자(夫子 공자)를 보건대 요(堯)임금과 순(舜)임금보다 훨씬 낫다."라고 하였다.〔宰我曰 以予觀於夫子, 賢

19 선사(先師)가……하였다 : 이 내용은 박세채(朴世采)의 《남계집(南溪集)》 44권 답문(答問), 〈답김직경문(答金直卿問) 호연장(浩然章) ○을축팔월칠일(乙丑八月七日)〉에도 보인다.

20 안자(顏子)가……것 : 《맹자》 〈이루 하(離婁下)〉에 우왕(禹王)과 후직(后稷)은 태평한 세상을 만나 자기 집 문 앞을 세 차례나 지나가면서도 들어가지 않을 정도로 천하의 일에 부지런하였던 반면, 안자(顏子)는 혼란한 세상을 당하여 누추한 골목에서 거처하였다고 전제한 뒤에, "우왕과 후직 그리고 안자가 서로 입장이 바뀐다면 모두 상대방처럼 행동하였을 것이다.〔禹稷顏子, 易地則皆然.〕"라고 말한 내용이 나온다.

於堯舜遠矣.〕

살펴보건대 언해(諺解)에는 '이여(以予)'의 '여(予)' 자를 '내' 자로 풀이하였는데, 내 생각에는 그렇지 않은 듯하다. '여(予)'는 바로 재아(宰我)의 이름이니, 재아가 자기의 이름을 스스로 호칭하여 "여(予)가 부자를 보건대 요임금과 순임금보다 훨씬 낫다."라고 한 것이다. 이렇게 보면 의미가 언해보다 나은 듯한데, 어떤지 모르겠다. 이 구절을 우장(尤丈 송시열)에게 질정하였는데, 우장이 말씀하기를 "이름으로 보는 것이 갑절은 더 나을 듯하다." 하였다.[21]

신안 진씨(新安陳氏 진력)가 말하기를 "재여(宰予)의 이 말은 공자를 깊이 안 것이니, 이것이 맹자가 자공(子貢)과 유약(有若)의 말에 앞서 드러낸 까닭이다."라고 하였다.〔新安陳氏曰 宰予此言, 深知孔子, 此孟子所以表而出之於子貢有若之言之先也.〕-소주-

살펴보건대 위 문장에서 "재아와 자공과 유약은 그 지혜가 성인을 알기에 충분하다.〔宰我子貢有若智足以知聖人〕"라고 말하였기 때문에 여기에서 그 차례에 따라 먼저 재아를 말하고, 다음으로 자공을 말하고, 다음으로 유약을 말한 것이다. 그런데 지금 진씨는 재아가 공자를 깊이 알았기 때문에 자공과 유약에 앞서 드러내었다고 하였으니, 어떤지 모르겠다.

21 우장이……하였다 : 이 내용은 송시열(宋時烈)의 《송자대전부록(宋子大全附錄)》 권15, 어록(語錄), 〈김간록(金幹錄)〉에도 보이는데, 거기에는 "以名看" 뒤에 "其意長, 比之諺解."라는 구절이 더 있다.

맹자왈이력가인자패장
孟子曰以力假仁者霸章

힘으로 인을 빌린 자는 패자(霸者)가 되니, 패자는 반드시 대국을 소유한다.〔以力假仁者霸, 霸必有大國.〕

살펴보건대 '대국'은 위의 '역(力)' 자와 호응하니, 힘〔力〕은 영토와 군사의 힘이다. 대국을 소유했기 때문에 이런 영토와 군사의 힘을 소유한 것이다. 이미 이런 힘이 있고 또 이런 인(仁)을 빌렸기 때문에 백성들을 속여서 복종시킬 수 있다.

덕으로 인을 시행하는 자는 왕노릇한다.〔以德行仁者王〕

살펴보건대 덕과 인은 두 가지의 일이 아니다. 덕은 내가 마음에 터득한 것이니, 만일 내가 마음에 터득한 것을 미루어 시행하면 이것이 인이다. ○"힘으로 인을 빌리다〔以力假仁〕"와 "덕으로 인을 시행하다〔以德行仁〕"의 두 '인(仁)' 자는 비록 같지만, '역(力)'과 '덕(德)'은 다르고, '가(假)'와 '행(行)'도 다르다.

원도도(轅濤塗)[22]를 잡아 가둔 것은 조나라를 침공하고 위나라를 정벌했을 때의 일이다.〔執轅濤塗侵曹伐衛之事〕-소주-

살펴보건대 원도도(轅濤塗)를 잡아 가둔 것은 제 환공(齊桓公) 때의 일이고, 조나라를 침공하고 위나라를 정벌한 것은 진 문공(晉文公) 때의 일이다.

22 원도도(轅濤塗) : 춘추시대 진(陳)나라의 대부(大夫)이다.

맹자왈존현사능준걸재위장
孟子曰尊賢使能俊傑在位章

현자를 높이고 능력이 있는 자를 부려서 뛰어난 인물들이 지위에 있다.〔尊賢使能俊傑在位〕

살펴보건대 현자는 "높인다〔尊〕"고 하였고, 능력 있는 자는 "부린다〔使〕"고 하였으니, 군주가 현자와 능력 있는 자를 대우하는 차이를 알 수 있다.

시장에서는 자릿세만 받고 세금을 징수하지 않는다.〔市, 廛而不征.〕

《예기》〈왕제(王制)〉에 "시장에서는 자릿세만 받고 세금을 징수하지 않는다."라고 하였는데, 정현(鄭玄)의 주(註)에 "전(廛)은 시장의 물건을 저장해 두는 집이니, 그 집의 자릿세만 받고 물건에 대해서는 세금을 징수하지 않는 것이다." 하였다.

차(次)와 서(序)로 땅을 나누어 시장을 경계 짓는다.〔以次序分地而經市〕-소주-

살펴보건대 차서(次序)는 《주례》〈지관(地官) 사시(司市)〉에 "차서(次敍)"로 되어 있는데, 본주(本註)에 "차(次)는 관리가 일을 보는 공간이고, 서(敍)는 가게가 늘어선 줄이며, 경(經)은 경계이다."라고 하였다.

가게를 늘어세워 물건을 분별하여 시장의 물가를 고르게 한다.〔以陳

肆辨物而平市〕-소주-

본주에 "진(陳)은 늘어세운다는 말과 같다. 변물(辨物)은 물건이 가게를 달리하는 것이니, 가게를 달리하면 시장의 물가를 고르게 안정시킬 수 있다." 하였다.

정령(政令)으로 사치스러운 물건을 금지시켜 시장의 물가를 고르게 한다.〔以政令禁物靡而均市〕-소주-

본주에 "사치스러운 물건은 쉽게 팔리지만 쓸모가 없으니, 금지하면 시장의 물가가 고르게 된다. 정 사농(鄭司農 정중(鄭衆))이 이르기를 '미(靡)'는 사치스러움을 말한다.' 하였다." 하였다.

상인과 점포로 재화를 성대하게 하여 돈을 돌게 한다.〔以商賈阜貨而行布〕-소주-

본주에 "물건을 유통하는 것을 '상(商)'이라 하고, 한 자리에서 물건을 파는 것을 '고(賈)'라고 한다. '부(阜)'는 성대하다는 말과 같다. 정 사농(鄭司農)이 이르기를 '포(布)'는 돈〔泉〕을 말한다.' 하였다." 하였다.

재량하여 가격을 매기고 구매할 사람을 부른다.〔以量度成賈而徵價〕-소주-

본주에 "징(徵)은 부른다는 뜻이고, 육(價)은 구매한다는 뜻이다. 물건에 정해진 가격이 있으면 구매할 사람이 온다. ○'가(賈)'의 음은 가(稼)이다." 하였다.

질제(質劑)로 신용을 맺어 송사(訟事)를 그치게 한다.〔以質劑結信而止訟〕-소주-

본주에 "질제는 하나의 간찰(簡札)에 양쪽을 써서 나누어 갖는 것이다. 지금의 하수서(下手書 수결(手決))와 같으니, 물건을 보증하여 돌려주기를 요구하는 것을 말한다. 정현(鄭玄)이 '질제'는 문서를 만들어 보관하는 것이다.' 하였다." 하였다.

고민(賈民)을 시켜 거짓을 금지하게 하고 사기를 치지 못하게 한다.〔以賈民禁僞而除詐〕-소주-

본주에 "고민은 서사(胥師)[23]이니, 고사(賈師)[24]의 부류이다. 반드시 고민에게 맡기는 것은 물건의 진위 및 사실과 속임수를 알기 때문이다."라고 하였다.

형벌을 시행하여 포악한 짓을 금지하고 도적을 제거한다.〔以刑罰禁虣而去盜〕-소주-

본주에 "형벌은 '헌(憲)'과 '순(徇)'과 '박(扑)'이다. ○'헌벌(憲罰)'은 시장에 알리는 것이다. '순(徇)'은 들어서 그곳 사람들에게 보이는 것이다. '박(扑)'은 매질하는 것이다. ○포(虣)는 박(薄)과 보(報)의 반절(反切)이다."라고 하였다.

천부(泉府)[25]에서는 물품을 공유하여 거두어 사들이기도 하고 빌려주

23 서사(胥師) : 고대에 시장의 물가를 관리하던 하급 관원을 말한다.

24 고사(賈師) : 옛날에 시장을 관리하고 물가를 조절하던 사람을 말한다.

기도 한다.〔以泉府同貨而斂賖〕-소주-

본주에 "'동(同)'은 함께한다는 뜻이니, '동'은 백성의 물품이 팔리지 않으면 거두어 사들이고, 백성에게 물품이 없으면 빌려주기도 하는 것을 말한다." 하였다.

대시(大市)는 해가 기울었을 때에 시작하는 것으로 백성을 위주로 하며……남녀 장사꾼을 위주로 한다.〔大市日 , 百族爲主……販夫販婦爲主.〕

본주에 "'일측(日)'은 해가 기울었다는 뜻이다. '시(市)'는 온갖 물건이 모여드는 곳이다. '위주〔主〕'라고 말한 것은 많은 것을 말한 것이다. 백성이 반드시 오가도록 용납하며, 상인은 성시(城市)에 집을 마련한다. 남녀 장사꾼은 아침에 밑천을 마련하고 저녁에 판매하니, 그들의 편의에 따라 세 차례로 나누어 시장을 연다.[26] 정 사농(鄭司農)이 이르기를 '백족(百族)은 백성이다.'하였다. ○측( )은 음이 측(側)이니, 본래는 또 '측(昃)'으로 쓴다." 하였다.

지금 사람들의 임포면과 비슷하다.〔如今人賃鋪面相似〕-소주-

'임포면'은 자세하지 않다. ○채청이 말하기를 "치우(置郵)[27]는 지금

25 천부(泉府) : 주대(周代)의 관직으로, 저자에서 세금을 거두어들이고, 잘 매매되지 않는 물건을 공비(公費)로써 사들여 간직했다가 그 물건이 쓰일 때에 원가로 내다 파는 일을 맡았다.

26 세……연다 : 대시(大市), 조시(朝市), 석시(夕市)를 말한다. 대시는 오후에 여는 시장으로 백성을 위주로 하고, 조시는 새벽에 여는 시장으로 상인을 위주로 하고, 석시는 하오에 여는 시장으로 남녀 장사꾼을 위주로 한다. 《周禮 地官 司市》

의 포정(鋪亭)[28]이다."라고 하였다. 또 말하기를 "지금의 공문서를 평상시에는 포체(鋪遞)[29]로 보내고, 급한 경우는 역마(驛馬)로 보낸다. 이 내용으로 보자면 '포(鋪)'도 문서를 전송하는 곳이었던 듯하다. 생각건대 주자 때에는 다만 포(鋪)에 약간의 세금을 거두고 시전(市廛)과 마찬가지로 파는 물건에는 다시 세금을 거두지 않았던 듯하다." 하였다.

朝市圖

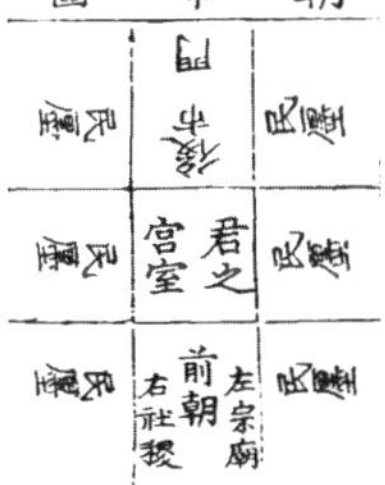

살펴보건대 주자가 말하기를 "국도(國都 도읍)에는 정전(井田)[30]의 모양처럼 9개의 구역으로 나누니, 조정〔朝〕이 앞에 있고 저자〔市〕는 뒤에 있으며, 왼쪽에는 종묘〔祖〕가 있고 오른쪽에는 사직〔社〕이 있

27 치우(置郵) : 문서와 소식을 전달하는 역참(驛站)이다.

28 포정(鋪亭) : 치우(置郵)와 마찬가지로 문서와 소식을 전달하는 장소를 가리키는 듯하나 미상이다.

29 포체(鋪遞) : 역체(驛遞)의 일종으로, 관문서(官文書) 등을 체송(遞送)하던 기관이었다.

30 정전(井田) : 정전법(井田法)을 말한다. 하(夏)·은(殷)·주(周) 시대 실시했던 전제(田制)이다. 사방 1리의 농지를 정자(井字) 모양으로 9등분하여 중앙 한 구역을 공전(公田), 주위의 8구역을 사전(私田)이라 하며, 8농가에 나누어 사유(私有)로 맡기고 8가에서 공동으로 공전을 경작하여 그 수확을 국가에 바치게 하였다.

다. 가운데 한 구역에 임금의 궁실(宮室)이 있고, 좌우 각각 세 구역은 모두 백성들이 거주하는 곳이다." 하였다. 지금 이 설에 의거하여 대략 내 견해대로 그림을 완성하였다.

관문에서는 기찰만하고 세금을 거두지 않는다.〔關, 譏而不征.〕

《주례》〈지관(地官) 사관(司關)〉에 "사관(司關)은 국화(國貨)의 절(節)[31]을 관장하는데, 나라에 흉년이 들었거나 질병이 유행하면 관문에서 세금을 거두지 않지만 여전히 기찰을 한다.〔司關掌國貨之節, 國凶札, 則無關門之征, 猶幾.〕" 하였고, 그 주에 "'흉(凶)'은 흉년을 말하고, '찰(札)'은 질병으로 사망하는 것을 말한다. '무관문지정(無關門之征)'은 관문을 출입할 때 세금을 거두지 않는 것이다. '유기(猶幾)'는 여전히 엄정하게 기찰하여 간악한 사람이 출입하지 못하도록 한다는 말이다." 하였다.

전은 지금의 각인(脚引)과 같다.〔傳, 如今脚引.〕-소주-

《주례》〈지관 사관〉의 주에 "전(傳)은 지금의 통행증명서와 같다." 하였다. ○각인(脚引)은 자세하지 않다. 아마도 지금의 '노인(路引)[32]' 따위인 듯하다. 노인은 세속에서 '행장(行狀)'이라고 하니, 행

31 국화(國貨)의 절(節) : '화절(貨節)'이 고대에 상인이 관문을 통과할 때 사용하던 증명서이므로, '국화(國貨)의 절(節)'은 국가의 재화를 취급하는 허가증을 말하는 것으로 보인다.

32 노인(路引) : 관(關)이나 진(津)의 통행 증표이다. 군(軍)·민(民)이 향리를 떠날 때 100리 밖으로 나가는 자는 그곳의 관사에 보고하여 노인을 발급받는데, 왕복할 때 지니고 있으면 관·진을 통과할 수 있다.《大明律例諺解 권13》

인의 증명서를 말한다.

《주례》에 이른바 "절전(節傳)으로 출납을 한다."는 것은〔周禮所謂以節傳出納〕

《주례》〈지관 사관〉에 "사관은 국화(國貨)의 절(節)[33]을 관장하여 국문(國門 성문(城門))과 시장에 연락을 취한다.-화절(貨節)은 상인(商人)이 본래 사시(司市)[34]에게 발급받은 통행허가증〔璽節〕이다. 외부에서 들어오는 경우에는 통행허가증을 검사하여 그 물건의 수량을 기록하고 국문에 통지하고, 국문에서는 사시(司市)에게 통지하였다. 국문 안에서 나가는 경우에는 사시가 통행허가증을 만들어서 국문에 통지하면 국문에서는 관문(關門)에 통지하였는데, 세 곳이 서로 연락을 취하여 교활한 상인을 단속하였다.- 내외의 송령(送令)이 있으면 통행허가증〔璽節〕과 전언(傳言)으로 내보내고 들인다.-'송령이 있다〔有送令〕'는 것은 공물을 바치거나 문서를 전할 때에 상사(常事 관원)로 왕래하는 것이다. 환인(環人)[35]의 직무는 전송하고 맞이하여 빈객(賓客)을 통과시키는 일이어서 그들이 관문에 이르면 통행허가증과 전언(傳言)을 만들어 통과시킨다.-

전(廛)에서 부포(夫布)[36]와 이포(里布)[37]를 없애면〔廛無夫里之布〕

33 국화(國貨)의 절(節) : 139쪽 주31 참조.

34 사시(司市) : 시관(市官)의 장(長)으로 시장의 치교(治敎)·정형(政刑)과 도량(度量)·금령(禁令)을 관장한다.

35 환인(環人) : 《수례(周禮)》에 나오는 관직명으로, 빈객(賓客)을 맞이하고 전송하며 규찰하는 일을 담당하였다.

36 부포(夫布) : 고대 중국의 부세(賦稅)의 일종으로, 신역을 대신해 돈을 납부하던 제도이다. 《주례(周禮)》〈지관(地官) 여사(閭師)〉에 "무릇 직업이 없는 자는 부포를

《주례》〈지관(地官) 재사(載師)〉에 "국중(國中) 지역은 전리(廛里)로 맡긴다."라고 하였는데, 그 주에 "'전(廛)'은 백성이 거주하는 구역이다. '이(里)'는 거처이다." 하였다. ○하씨(何氏)가 말하기를 "저자〔市〕에 있는 집이 '전(廛)'이고, '이(里)'에 있는 집이 이(里)이다."[38] 하였다. ○채청이 말하기를 "'전이부정(廛而不征)'의 '전(廛)'은 저자〔市〕에서 자릿세를 거두기 때문에 '전(廛)'이 저자에 있는 건물이라고 한 것이며, '전(廛)에서 부포(夫布)와 이포(里布)를 없애면〔廛無夫里之布〕'의 '전(廛)'은 '바라건대 전(廛) 하나를 얻어서 백성이 되고자 합니다.〔願受一廛而爲氓〕'의 '전(廛)'이다. 앞에서는 상인(商人)을 위주로 말한 것이고, 여기에서는 백성을 위주로 말한 것이다." 하였다.

지금 전국시대에는 일체 이것을 취하였다.〔今戰國之時一切取之〕-주-
살펴보건대 부포(夫布)와 이포(里布)는 백성들 중에 유랑하고 게으른 자를 벌주려는 것이지, 본래 늘 걷는 세금이 아니었다. 그런데

낸다.〔凡無職者出夫布.〕"라고 하였는데, 가공언(賈公彦)의 소(疏)에 "부포를 낸다는 것은 또한 장정 한 사람의 인구세(人口稅)를 내게 하는 것이다."라고 하였다.

37 이포(里布) : 집터의 공지(空地)에 뽕나무나 삼을 심지 않을 경우 그에 대한 벌로 한 마을 25가(家) 몫의 세포(稅布)를 징수하는 것을 말한다. 《주례》〈지관사도 재사(載師)〉에 이르기를 "택지(宅地)에 불모(不毛)한 자는 이포가 있고, 전지를 경농(耕農)하지 않는 자는 옥속이 있으며, 모든 백성 가운데 직사(職事)가 없는 자는 부가지정(夫家之征)을 낸다." 하였다.

38 하씨(何氏)가……이(里)이다 : 이 내용은 《주례정의(周禮訂義)》에 소(疏)에 나오는데, 하씨(何氏)의 말이 아니라 설씨(薛氏 설계선(薛季宣))의 설(說)로 되어 있다.

지금 전국시대에 이미 늘 걷는 세금을 거두고 또 부포와 이포를 걷었으니, 선왕이 백성을 벌하는 법의 폐단이 이 지경에 이른 것이다. "일체 이것을 취하였다.〔一切取之〕"는 별로 부과하는 세금과 늘 거두는 세금을 아울러 일체 취한 것을 말한다.

맹자왈인개유불인인지심장
孟子曰人皆有不忍人之心章

각기 천지(天地)가 만물을 낳는 마음을 얻음으로 인해……사람이 모두 사람을 차마 해치지 못하는 마음을 가지고 있는 것이다.〔各得夫天地生物之心……人皆有不忍人之心〕-주-

살펴보건대 사람이 사람을 차마 해치지 못하는 마음은 천지(天地)가 만물을 낳는 마음이다. 이는 천지에 있으면 만물을 낳는 마음이 되고, 사람이 얻으면 차마 사람을 해치지 못하는 마음이 된다. 천지가 만물을 낳는 마음은 천지의 인(仁)이고, 사람이 차마 해치지 못하는 마음은 사람의 인(仁)이다. ○주자가 말하기를 "천지가 만물을 낳을 때는 본디 따뜻하고 온화하니 이것이 바로 인(仁)이다. 그래서 사람과 동물이 그것을 얻어 모두 자애롭고 측은히 여기는 마음을 가진다." 하였다.

선왕이 사람을 차마 해치지 못하는 마음을 지녀서 사람을 차마 해치지 못하는 정치를 시행하였으니……손바닥 위에 놓고 움직일 수 있을 것이다.〔先王有不忍人之心, 斯有不忍人之政……可運之掌上.〕

살펴보건대 이 한 구절은 처음의 구절을 이어서 말하였다. 처음의 구절에서는 사람이 모두 사람을 차마 해치지 못하는 마음을 가지고 있음을 범범하게 말하였고, 이 구절에서는 선왕이 사람을 차마 해치지 못하는 마음을 미루어 사람을 차마 해치지 못하는 정치를 시행하였음을 말하였다.

사람이 모두 사람을 차마 해치지 못하는 마음을 가지고 있다고 말하는 까닭은……잔인하다는 소리를 듣기 싫어해서 그러한 것도 아니다.〔所以謂人皆有不忍人之心者……非惡其聲而然也.〕

살펴보건대 이 한 구절은 사람이 모두 사람을 차마 해치지 못하는 마음을 가지고 있다는 일을 가리켜서 처음 한 구절의 말을 실증하였다. 이는 지금 어린아이가 우물에 빠지려 할 때 그 모습을 목격한 사람은 자신도 모르는 사이에 깜짝 놀라고 측은해 하는 마음을 가지지 않는 경우가 없으니, 이를 보면 사람이 모두 사람을 차마 해치지 못하는 마음을 가지고 있음을 알 수 있다고 말한 것이다. ○여기의 '사(乍)' 한 글자는 지극히 의미가 있다. 사람이 어린 아이가 우물에 빠지려 하는 모습을 언뜻 보면 안배와 계획을 기다리지 않고서 이 마음에 놀라고 측은히 여기는 감정이 드니, 이때에 어찌 교분을 맺고, 명예를 구하고, 잔인하다는 소리를 듣기 싫어하는 따위의 일에 생각이 미칠 겨를이 있겠는가. 여기에서 사람이 본래 이렇게 사람을 차마 해치지 못하는 마음을 가지고 있어 자연히 외면으로 발현된다는 사실을 알 수 있다. ○언뜻 보고서 측은한 마음이 드는 것은 의도하지 않고도 그렇게 된 것이며, 교분을 맺고 명예를 구하고 잔인하다는 소리를 듣기 싫어서 그렇게 하는 것은 의도가 있어서 그렇게 한 것이니, 이것이 천리(天理)와 인욕(人欲)의 구분이다.

몸에 가득한 것이 측은지심이다.〔滿腔子是惻隱之心〕-주-

주자가 말하기를 "이 몸의 껍데기를 '강자(腔子)'라고 하니, 지금 사람이 온 몸에 아픈 곳을 아는 데에서 볼 수 있다."라고 하였다. 또 말하기를 " '강자'는 낙양(洛陽) 지방의 속어이니, 이는 단지 몸속에 있는 것이다."라고 하였다. 또 말하기를 "'강자(腔子)'는 '부곽(郛郭 외성(外城))'이라는 말과 같으니, 이는 방언으로 사람의 몸에 가득 찬 것을 가리켜 말한 것이다." 하였다.

질문하기를 "상채(上蔡 사양좌(謝良佐))가 명도 선생(明道先生 정호(程顥))을 만나……." 오래 있다가 주자가 말하기를 "……."〔問上蔡見明道先生……久之朱子曰〕-소주-

살펴보건대 여기의 '문(問)' 자는 주자가 문인(門人)에게 질문한 것이다. "오래 있다가 주자가 말하기를〔久之朱子曰〕"은 대답하는 문인이 없었기 때문에 오래 있다가 주자가 다시 이와 같이 말한 것이다.

측은지심(惻隱之心)은 인(仁)의 단서이고……지(知)의 단서이다.〔惻隱之心, 仁之端……知之端也.〕

살펴보건대 위의 구절에서 이미 측은지심을 논한 계기로 네 가지를 하나하나 열거하였다. 그러므로 이 단락에서 또 이 네 가지가 모두 인의예지(仁義禮智)의 성(性)에서 비롯되어 그 단서가 드러난다고 말하였다. ○측은(惻隱)은 정(情)이고, 인(仁)은 성(性)인데, 중간에 '심(心)' 한 글자를 놓았으니, 심(心)이 성(性)과 정(情)을 거느림을 알 수 있다. ○주자가 말하기를 "네 가지의 경계가 분명하지만 역시 일에 따라 이어져서 나타나는 경우가 있다. 예컨대 부모를 효도로 섬기는 것은 사랑의 이치이고, 효도를 하면 형을 공경하니 이것은 의(義)이며, 질문하는데 절도가 있는 것이 예(禮)이며, 그렇게 되는 이유를 아는 것은 지(智)이다."라고 하니, 질문을 한 사람이[39] "그렇습니다."하고 대답하였다. 또 말하기를 "맹자가 드러내어 밝힌 사단

(四端)[40]은 공자가 미처 드러내어 밝히지 못한 부분이다. 양주(楊朱)와 묵적(墨翟)을 물리친 것[41]은 변경(邊境)을 방어한 공에 해당하고, 사단을 밝게 드러낸 것은 사직(社稷)을 편안하게 한 공에 해당한다."라고 하였다.

신안 진씨(新安陳氏 진력)가 말하기를 "심(心)은 이 성(性)을 함양하니, 심(心)은 성(性)을 거느린다. 심(心)은 이 정(情)을 절제하니, 심(心)은 정(情)을 거느린다."라고 하였다.〔新安陳氏曰 心涵養此性, 心統性也, 心節制此情, 心統情也.〕-소주-

살펴보건대 성(性)은 심(心) 속에 갖추어진 이치이고, 정(情)은 성(性)이 사물에 감응하여 겉으로 드러난 것이다. 심(心)은 이 성(性)을 저장하여 이 정(情)을 운용한다. 그러므로 심(心)이 성(性)과 정(情)을 거느린다고 말한 것이다.[42] 그런데 지금 함양(涵養), 절제

39 질문을 한 사람이 : 대본에는 빠져 있는데, 문맥의 이해를 위해《주자어류(朱子語類)》 권53을 참고하여 질문을 한 문인(門人)을 주어로 첨가하여 번역하였다.

40 사단(四端) : 인(仁)에서 우러나오는 측은지심(惻隱之心), 의(義)에서 우러나오는 수오지심(羞惡之心), 예(禮)에서 우러나오는 사양지심(辭讓之心), 지(智)에서 우러나오는 시비지심(是非之心)을 가리킨다.《孟子 公孫丑上》

41 양주(楊朱)와……것 : 양주(楊朱)는 개인주의를 역설하였고, 묵적(墨翟)은 박애주의를 주장하였다. 이 일은 맹자가 "양주는 자신만을 위하니, 이것은 군주를 무시하는 주장이다. 묵적은 모두 사랑하자고 하니, 이것은 부모를 무시하는 주장이다. 부모와 군주가 없다면 이것은 금수와 다를 바가 없다.〔楊氏爲我, 是無君也. 墨氏兼愛, 是無父也. 無父無君是禽獸也.〕"라고 비판한 일을 가리킨다.《孟子 滕文公 下》

42 심(心)이……것이다 : 심통성정설(心統性情說)을 말한다.《주자어류(朱子語類)》 권5 〈성리(性理) 2〉에 "성은 아직 동하지 않은 상태이고 정은 이미 동한 상태인데,

(節制)라고 말한 것은 말뜻이 치우친 듯하니, 원만하지 않은 듯하다.

어떤 이가 질문하기를 "인의예지(仁義禮智)는 감응을 통해 발현되니 차례가 없습니까?"라고 하니, 주자(朱子)가 대답하기를 "발현될 때에는 차례가 없지만, 생길 때에는 원래 차례가 있다."라고 하였다.〔問 仁義禮智, 由感而發則無次第? 朱子曰 發時無次第, 生時自有次第.〕-소주-

살펴보건대 측은(惻隱), 수오(羞惡), 사양(辭讓), 시비(是非) 네 가지는 각기 눈앞에 만나게 되는 일에 따라 즉시 발현되기 때문에 발현될 때에는 차례가 없다고 말한 것이다. 인(仁)이 있은 뒤에야 측은(惻隱)이 생기고, 의(仁)가 있은 뒤에야 수오(羞惡)가 생기며, 예(禮)가 있은 뒤에 사양(辭讓)이 생기고, 지(智)가 있은 뒤에 시비(是非)가 생기기 때문에 생길 때는 차례가 있다고 말한 것이다.

잠실 진씨(潛室陳氏 진식(陳埴))가 말하기를 "성(性)은 태극(極渾)의 혼연한 전체이고……단서가 발현되면 징험할 수 있다."라고 하였다.〔潛室陳氏曰 性是太極渾然之全體……端緒之發則可驗.〕-소주-

《주자대전》을 살펴보건대 이는 주자가 〈옥산강의〉에 대한 잠실 진씨의 질문에 답한 편지의 내용인데,[43] 《맹자집석(孟子輯釋)》에서 곧

심은 이미 동한 상태와 아직 동하지 않은 상태를 포괄한다. 심이 아직 동하지 않을 때가 성이고 이미 동하면 정이니, 이른바 '심이 성과 정을 통합한다'는 것이다." 하였다.

43 주자가……내용인데 : 〈옥산강의〉는 주자가 옥산(玉山)에 머물 때에, 정공(程珙)의 '《논어》에서는 인(仁)을 말하였고, 《맹자》에서는 인의(仁義)를 겸하여 말한 것'에 대한 물음에 답한 내용이며, 잠실 진씨가 〈옥산강의〉에 대해 질문한 답한 편지는 〈답진기지(答陳器之)〉이다. 주자는 이 편지에서 인(仁)은 부분적으로 말을 하면 하나의 일

바로 잠실 진씨의 설이라고 하였으니, 그 이유를 모르겠다.

나에게 있는 사단(四端)을 모두 넓혀서 채울 줄을 알면……부모도 섬길 수 없을 것이다.〔凡有四端於我者, 知皆擴而充之矣……不足以事父母.〕

살펴보건대 이 한 구절은 위의 여섯 구절의 뜻을 총괄하여 결론 지은 것이다. 위에서 말한 "모두 넓혀서 채울 줄을 알면〔知皆擴而充之〕"에서 '지(知)' 한 글자를 보면 단지 앎〔知〕에 대해서만 말한 것이니, 사단을 모두 넓혀서 채울 줄을 알아야 함을 말한 것이다. 아래에서 말한 "만일 이를 채울 수 있다면〔苟能充之〕"에서 '능(能)' 한 글자를 보면 오로지 실행〔行〕에 대해서만 말하였으니, 알고 난 뒤에 또 그 국량을 가득 채울 수 있어야 함을 말한 것이다. '확충(擴充)'은 점점 채워나간다는 뜻이다. 그러므로 불이 처음 타오르며 샘물이 처음 나오는 것과 같다고 말한 것이다. '능충(能充)'은 이미 가득 채운 것이다. 그러므로 그 효과가 사해(四海)를 보전하는데 이르니, '확' 자와 '능' 자(字)를 보면 알 수 있다. ○측은히 여기는 마음이 없으면 필시 잔인하여 은혜가 적고, 부끄러워하고 미워하는 마음이 없으면 뻔뻔스러워 염치가 없으며, 사양할 줄 모르면 마음에 공손한 뜻이

이지만, 전체적으로 말을 하면 사단(四端)을 모두 포함하고 있어, "인은 인의 본체(本體)이고, 예(禮)는 인의 절문(節文)이고, 의(義)는 인의 단제(斷制)이고, 지(智)는 인의 분별(分別)이다."라고 말하였다.《朱子大全 卷58 答陳器之》《朱子大全 卷74 玉山講義》

없고, 시비를 분별하지 못하면 필시 이치에 어긋나는 행동을 많이 하게 된다. 이런 사람이 자식이 되면 반드시 은혜를 상하게 하고 의리를 해치며, 뜻을 거스르고 이치에 어긋나는 우환이 있으니, 부모와 자식 사이가 반드시 어그러져 보전할 수가 없다. 그러므로 부모도 섬길 수 없다고 말한 것이다. ○주자가 말하기를 "인(仁)의 단서란 단지 인(仁)이 싹트는 곳이니, 요컨대 미루어 넓혀서 자기 본연의 국량을 가득 채워야 하니, 다만 어린아이가 우물에 빠질 때만 이와 같은 것은 아니고, 다른 일도 모두 이와 같다. 수오(羞惡), 사양(辭讓), 시비(是非)와 같은 경우도 다만 한 가지 일에만 이와 같은 것이 아니라, 요컨대 일마다 모두 그렇게 해야지 비로소 충만하고 흡족해져 조금도 모자라지 않는다. '지(知)' 자는 '시연시달(始燃始達)' 자와 서로 호응하며, '충(充)' 자는 '보사해(保四海)' 자와 서로 호응하니, 알게 되면 스스로 그만두지 못하여 마치 불이 처음 타오르며 샘물이 처음 나오는 것과 같다.

모두 이에 나아가 미루어 넓혀서……이로 말미암아 마침내 채운다면〔知皆卽此推廣……能由此而遂充之.〕-주-

채청이 말하기를 "즉차(卽此)의 '차(此)' 자는 위 문장의 '사단(四端)이 나에게 있어 곳곳마다 발현된다.〔四端在我隨處發見〕'를 가리켜 말하였고, '유차(由此)'의 '차(此)' 자는 또 '모두 이에 나아가 미루어 넓혀서 그 본연의 국량을 가득 채울 줄 안다면 날로 새롭고 또 새롭게 하여 스스로 그만두지 못하게 될 것이다.〔知皆卽此推廣而充本然之量, 則其日新又新, 將有不能自已.〕'를 가리켜 말하였으니, 두 '차(此)' 자가 가리키는 것이 다르다." 하였다.

본연이 온전히 갖추어져 있으면서 각기 조리가 있다.〔本然全具而各有條理〕-주-

살펴보건대 "본연이 온전히 갖추어져 있다.〔本然全具〕"는 본체가 속에 존재하는 것이고, "각기 조리가 있다〔各有條理〕"는 작용이 겉으로 드러난 것이다.

맹자왈시인기불인어함인장
孟子曰矢人豈不仁於函人章

화살 만드는 사람이 어찌 갑옷 만드는 사람보다 어질지 못하겠는가마는……기술을 삼가지 않으면 안 된다.〔矢人豈不仁於函人……術不可不愼.〕

살펴보건대 이는 위 장(章)에서 논한 측은지심(惻隱之心)을 이어서 말하였다. 이력가인장(以力假仁章)[44]에서 이 네 장에 이르기까지 아울러 모두 인(仁)을 논하였으니, 그 사이에 조금 차이가 있지만 대체로 모두 같은 뜻이다. ○이 단락의 뜻은 다음과 같다. 사람은 당초에 기술을 선택할 때에 삼가지 않아서는 안 된다. 저 화살을 만드는 사람과 갑옷을 만드는 사람은 그 마음이 애당초 다르지 않다. 다만 한 명은 화살을 만드는 기술을 배웠기 때문에 사람을 다치게 하기를 원하여 '불인(不仁)'이 되고, 한 명은 갑옷을 만드는 기술을 배웠기 때문에 사람을 다치게 하지 않기를 원하여 '인(仁)'이 된다. 기술에 이미 차이가 있기 때문에 마음도 그에 따라 차이가 생기니, 기술을 삼가지 않을 수 있겠는가.

공자가 말씀하기를 "어진 풍속이 있는 마을이 아름다우니……이는

44 이력가인장(以力假仁章) : 위의 "힘으로 인을 빌린 자는 패자(霸者)가 되니, 패자(霸者)는 반드시 대국을 소유한다.〔以力假仁者霸, 霸必有大國.〕"로 시작하는 장을 말한다.

지혜롭지 못한 것이다.〔孔子曰 里仁爲美……是不智也.〕

살펴보건대 이 단락은 어진 풍속이 있는 마을을 선택해야 한다는 공자의 가르침을 인용하여 '어진 기술〔仁術〕'을 선택하는 뜻을 증명하였다. 위 단락은 기술의 선택으로 '인(仁)'의 선택을 비유하였고, 이 단락은 '어진 마을〔仁里〕'의 선택으로 '어진 기술〔仁術〕'의 선택을 비유하였다. ○이른바 '존작(尊爵)'은 지극히 귀하다는 말이고, 이른바 '안택(安宅)'은 지극히 편안하다는 말이다. 지금 '인(仁)'을 작위에 비유하면 이는 높은 작위이고, 집에 비유하면 이는 편안한 집이다. ○"막는 사람이 없는데도 인(仁)하지 못하다.〔莫之禦而不仁〕"는 위의 "거처할 곳을 선택하되 인(仁)에 거처하지 않으면〔擇不處仁〕"을 맺은 것이고, "이는 지혜롭지 못한 것이다.〔是不智〕"는 "어찌 지혜롭다 하겠는가.〔焉得智〕"를 맺은 것이다. ○어진 풍속이 있는 마을을 선택하지 못하면 공자가 지혜롭지 않다고 여겼는데, 더구나 스스로 인(仁)을 하지 않으면 몹시 지혜롭지 않은 것이다.

인의예지(仁義禮智)는 모두 하늘이 부여한 양귀(良貴)이다……그러므로 존작(尊爵)이라 말한 것이다.〔仁義禮智, 皆天所與之良貴……故曰尊爵.〕-수-

살펴보건대 '양귀(良貴)'의 '귀(貴)' 한 글자는 '작(爵)' 자의 뜻을 풀이한 것이고, '겸통선장(兼統善長)' 네 글자는 '존(尊)' 자의 뜻을 풀이한 것이다.

사람은 항상 그 가운데에 있어야 하고, 잠시라도 떠나서는 안 된다.〔人當常在其中而不可須臾離也〕-주-

살펴보건대 이는 '안택(安宅)' 두 글자를 풀이한 것이다.

서산 진씨(西山眞氏 진덕수(眞德秀))가 말하기를 "인(仁)하지 못하면 지혜롭지 못하고, 아래 문장에서는 지혜롭지 못하면 인(仁)하지 못하다고 하였으니 바로 이것이다."라고 하였다.〔西山眞氏曰 不仁斯不智, 下文言之, 不智斯不仁, 此是也.〕-소주-

살펴보건대 이 단락과 아래 문장은 모두 인(仁)하지 못하면 지혜롭지 못하다고 말한 것이지, 지혜롭지 못하면 인(仁)하지 못하다고 말한 적이 없다. 지금 본문(本文)의 뜻으로 보건대 이 단락에서 "막는 사람이 없는데도 스스로 인(仁)하지 못한 행동을 하니, 이것이 지혜롭지 못한 것이다."라고 하였으니, 그 뜻은 막는 사람이 없는데도 사람이 스스로 인(仁)하지 못한 행동을 하니, 이는 지혜롭지 못한 것이다. 아래 문장에서 이 단락을 이어 "인(仁)하지 못하여 지혜롭지 못하다."라고 말하는데, 집주에서는 "인(仁)하지 못하므로 지혜롭지 못하다."라고 하였으니, 위아래의 문세가 하나로 관통하여 내려가니, 달리 보아서는 안 된다. 그런데 지금 서산은 이렇게 말하였으니, 그 이유를 모르겠다.

인(仁)하지 못하여 지혜롭지 못하다……남에게 부림을 받는다.〔不仁不智……人役也.〕

살펴보건대 이 단락은 위 단락의 "인(仁)하지 못하면 지혜롭지 못하다.〔不仁是不智〕"를 이어서 말한 것이다. 인(仁)하지 못하기 때문에 지혜롭지 못하고, 지혜롭지 못하기 때문에 예(禮)와 의(義)를 모른다. 이미 인(仁)하지 못하고 지혜롭지 못하며 또 예(禮)와 의(義)가 없으면 남에게 부림을 받는 것은 필연적인 일이다.

인(仁)하지 못하기 때문에 지혜롭지 못하고, 지혜롭지 못하기 때문에 예(禮)와 의(義)를 모른다.〔以不仁故不智, 不智故不知禮義.〕-주-

살펴보건대 여기에서 위아래의 두 '고(故)' 자를 보면 이른바 "인하지 못하고 지혜롭지 못하며 예와 의가 없다.〔不仁不智無禮無義〕"에 차례가 있어 다른 설을 용납하지 않음을 알 수 있다.

인(仁)을 하는 자는 활을 쏘는 것과 같으니……자신에게 돌이켜 찾을 뿐이다.〔仁者如射……反求諸己而已矣.〕

살펴보건대 이 단락은 위의 "인(仁)을 하는 것만 못하다.〔莫如爲仁〕"를 이어서 말하여 인(仁)을 하는 요점을 분명히 보이고 활을 쏘는 자를 끌어다 비유하였으니, 그가 자신을 바로잡고 발사하고서 자신에게 돌이켜 찾는 것은 자신에게 돌이켜 인(仁)을 하는 일과 같다.

맹자왈자로인고지이유과즉희장
孟子曰子路人告之以有過則喜章

선(善)을 남과 함께하여……남에게서 취하여 선을 하는 것을 좋아하였다.[45]〔善與人同……取於人以爲善.〕

살펴보건대 "자신을 버리고 남을 따른다.〔舍己從人〕"는 자기의 선하지 않은 점을 버리고 남의 선한 점을 따른다는 말이고, "남에게서 취하여 선을 하는 것을 좋아하였다.〔樂取於人以爲善〕"는 남의 선을 취하여 자기의 선으로 삼았다는 말이다. 이 두 가지가 모두 이른바 "선을 남과 함께 한다〔善與人同〕."이니, '선여인동(善與人同)' 네 글자는 총괄해서 말한 것이다.

주자가 말하기를 "이 두 구는 본래 한 가지 일이다."라고 하였다.-소주-〔朱子曰 此二句本一事〕

살펴보건대 이는 "자신을 버리고 남을 따른다.〔舍己從人〕"와 "남에게서 취하여 선을 하는 것을 좋아하였다.〔樂取於人以爲善〕"가 본래 한 가지 일인데, 다만 번갈아 말한 것일 뿐이라는 말이다.

쌍봉 요씨(雙峯饒氏 요로)가 말하기를 "순(舜)이 요(堯)를 칭송하기를 '자신을 버리고 남의 선을 따랐다.'"라고 하였다.〔雙峯饒氏曰 舜之

45 좋아하였다 : 본문에는 생략되어 있으나 문맥의 이해를 위해 《맹자》〈공손추 상(公孫丑上)〉에 의거하여 '좋아하였다〔樂〕'를 첨가하여 번역하였다.

稱堯 方以舍己從人〕-소주-

살펴보건대 '방이(方以)'는 '내이(乃以)'의 잘못인 듯하다.

밭 갈고 곡식을 심으며 질그릇 굽고 물고기 잡을 때부터……남에게서 취하였다.〔自耕稼陶漁……取於人者〕

살펴보건대 어떤 이가 말하기를 "이는 순(舜)임금이 밭 갈고 곡식을 심으며 질그릇 굽고 물고기 잡을 때부터 제위(帝位)에 오를 때까지 모두 남에게서 취하여 선(善)을 하였음을 범범하게 말한 것이니, 미천할 때부터 제위에 오를 때까지 이와 같았다는 말이다."라고 하였다. 어떤 이는 말하기를 "이미 밭 갈고 곡식을 심으며 질그릇 굽고 물고기 잡았다고 하였으니, 남에게서 취한 것 중에 밭 갈고 곡식을 심으며 질그릇 굽고 물고기 잡는 일 역시 그 속에 포함되어 있다."라고 하였다.

순(舜)임금이 역산(歷山)에서 밭을 가니 역산 사람들이 모두 밭두렁을 양보하였고, 뇌택(雷澤)에서 물고기를 잡으니 뇌택(雷澤) 사람들이 모두 낚시터를 양보하였다.〔舜耕歷山, 歷山之人皆讓畔, 漁雷澤, 雷澤之人皆讓居.〕-소주-

살펴보건대 여기 문세로 보자면 이른바 밭두렁을 양보하고 낚시터를 양보한 것은 모두 순(舜)임금에게 양보한 듯하다. 다만 한자(韓子 한비자(韓非子))가 말하기를 "역산(歷山)에서 농사짓는 사람은 남의 밭두렁을 침범하여 점유하기를 잘하였으나, 순임금이 가서 농사를 지은 지 1년 만에 이랑과 두둑이 바르게 되었고, 하빈(河濱)에서 물고기 잡는 사람들이 낚시터를 다투었는데, 순임금이 가서 물고기를 잡은 지 1년 만에 물고기 잡는 사람이 나이 많은 사람에게 낚시터를 양보하였다. 동이(東夷)의 질그릇 굽는 사람이 만든 그릇이 조악하였는데, 순임금이 가서 그릇을 구운 지 1년 만에 그릇이 모두 단단해졌다. 중니(仲尼 공자)가 감탄하여 말하기를 '밭 갈고 물고기 잡고 질그릇을 굽는 일은 순임금의 일이 아니지만, 순임금이 가서 그 일을 하였으니 잘못을 바로잡기 위해서였다.'하였다."[46]라고 하였다. 이 내용으로 보자면 이른바 밭두렁을 양보하고 낚시터를 양보하였다는 것은 사람들이 모두 순임금의 덕에 감화되어 저절로 서로 밭두렁을 양보하고 낚시터를 양보하였다는 말이다.

46 한자(韓子)가……하였다 : 이 내용은 《한비자(韓非子)》15권 〈난일(難一)〉에 보인다.

후재집

제27권

차기 箚記

맹자 孟子

맹자왈천시불여지리장
孟子曰天時不如地利章

천시(天時)는 시일의 간지에 대한 고허왕상[1]따위를 말한다.〔天時謂時日干支孤虛旺相之屬〕-주-

> 인산 김씨(仁山金氏 김이상(金履祥))가 말하기를 "천시는 십간(十干) 십이지(十二支)[2]로, 오행(五行) 사이의 상생(相生)과 상극(相剋)[3]

1 고허왕상(孤虛旺相) : 술법가에서 날과 계절의 길흉을 따지는 방법. 고허는 육갑(六甲)에서 갑자(甲子)로 시작된 열흘 속에는 지지(地支)에 술해(戌亥)가 없는데 이것을 고(孤)라 하고, 열흘의 중간인 5, 6일에 해당하는 지지인 진사(辰巳)가 허(虛)라고 하는 것과 같은 경우이고, 왕상(旺相)은 오행(五行) 기운의 성쇠에서 기운이 성한 것을 말하는데, 이를테면 봄에는 나무의 기운이 왕성하여 목왕(木旺)이고 화상(火相)이며, 여름에는 불의 기운이 왕성하여 화왕(火旺)이고 토상(土相)인 것과 같은 경우이다.

2 십간(十干) 십이지(十二支) : 갑을병정무기경신임계(甲乙丙丁戊己庚辛壬癸)는 천(天)의 십간(十干)이며, 자축인묘진사오미신유술해(子丑寅卯辰巳午未申酉戌亥)는 지(地)의 십이지(十二支)이니, 이것이 합하여 육갑(六甲)이 된다.

3 상생(相生)과 상극(相剋) : 상생은 서로 낳는 것으로 나무는 불을 낳고 불은 흙을 낳고 흙은 금을 낳고 금은 물을 낳고 물은 나무를 낳는 것〔木生火, 火生土, 土生金, 金生水, 水生木.〕이며, 상극은 서로 이기는 것으로 금은 나무를 이기고 나무는 흙을

의 수와 천덕(天德)[4], 천형(天刑)[5]의 구별을 태사(太史)가 점을 친다. 고(孤)를 등지고 허(虛)를 공격하며〔背孤擊虛〕, 왕(旺)을 의지하고 상(相)을 타며〔依旺乘相〕, 바람이 남북으로 불면 사(死)의 소리임을 알고,[6] 달이 기성(箕星)과 익성(翼星)에 머무르면 물이 수(囚)가 되는 것을 아는 것[7]과 같은 예이다." 하였다. ○채청이 말하기를 "때를 타는 것은 '왕(旺)'이고, 낳아주는 것은 '상(相)'이고, 나를 낳아주는 것은 '휴(休)'이며, 나를 이기는 것은 '수(囚)'이고, 나를 이기는 것은 '사(死)'이다.[8] 예컨대 목(木)은 금(金)이 이기는 것을

이기고 흙은 물을 이기고 물은 불을 이기고 불은 금을 이기는 것〔金剋木, 木剋土, 土剋水, 水剋火, 火剋金.〕을 말한다.

4 천덕(天德) : 길한 날과 길한 방위를 말한다.

5 천형(天刑) : 흉한 날과 흉한 방위를 말한다.

6 바람이……알고 : 《춘추좌씨전》 양공(襄公) 18년 조에 초나라 군사가 쳐들어온다는 말을 듣고 진(晉)나라에서 근심하였다. 이에 사광(師曠)이 "아무 문제 없다. 내가 얼른 북풍으로 노래해 보고, 또 남풍으로 노래해 보니, 남풍은 굳세지 못하고 죽은 소리가 많다. 초나라는 틀림없이 성공하지 못할 것이다."라고 하였다. 북풍은 진의 음악, 남풍은 초(楚)의 음악을 말한다. 이때 진과 초가 전쟁을 하였는데, "남풍은 강하지 아니하여 사성(死聲)이 많다."라고 한 것은 초가 패배한다는 뜻이다.

7 기성(箕星)과……것 : 기성(箕星)은 28수(宿)의 제 7절〔夏至節〕의 별이고, 익성(翼星)은 제 27절〔驚蟄節〕의 별로, 본문의 내용은 별의 변화로 어떤 현상을 예측하는 것을 가리키는 듯하나 미상이다.

8 때를……사(死)이다 : 왕(旺)·상(相)·휴(休)·수(囚)·사(死)는 오행의 기운이 변화하는 양상을 말한다. 왕(旺)은 자신과 동일한 오행을 만나서 왕성해지는 것이고, 상(相)은 자신을 낳은〔生〕 오행을 만나서 지원(支援)을 받는 것이고, 휴(休)는 자신이 낳는〔生〕 오행을 만나서 쉬게 되는 것이고, 수(囚)는 자신이 이기는〔克〕 오행을 만나서 갇히는 것이고, 사(死)는 자신을 이기는〔克〕 오행을 만나서 죽는 것이다.

두려워하고 화(火)는 금(金)을 이길 수 있으니, 목(木)은 화(火)를 얻어 금(金)을 제압한다. 금(金)은 화(火)가 이기는 것을 두려워하고 수(水)는 화(火)를 이길 수 있으니, 금(金)이 수(水)를 얻어 화(火)를 제압한다." 하였다. 또 말하기를 "왕(旺)에 다음가는 것이 상(相)이니, 그 도움을 얻는다. 왕(旺)에게 대적하는 것이 고(孤)이니, 상극이기 때문이다. 왕(旺)을 낳으면 허(虛)가 되니, 자식이 실(實)하면 어미가 허(虛)하게 된다." 하였다. ○또 말하기를 "춘추시대에 세성(歲星)[9]이 월(越)나라에 있어 오(吳)나라가 정벌하였는데, 36년 만에 월나라가 결국 오나라를 멸망시켰고,[10] 진(晉)나라 때에는 부견(符堅)이 세성을 범한 일을 들어 진나라를 정벌하였다가 결국 패망하였으니,[11] 천시도 이처럼 명백하지 않은 경우가 있다. 그러니 천시는 결국 인화(人和)만 못하다. 세성이 월나라에 있어

9 세성(歲星) : 목성(木星)으로, 이 별이 궤도대로 잘 운행하면 임금에게 복이 있고, 그렇지 않으면 백성들에게 질병이 많거나 병란이 일어난다고 한다.《史記 卷27 天官書注》

10 춘추시대에……멸망시켰고 : 사묵(史墨)은 춘추 시대 진(晉)나라의 태사(太史)로 예언을 잘하였다. 오나라가 월나라를 침범하는 것을 보고는 40년 뒤에 월나라가 오나라를 멸망시킬 것이라고 예언하였는데, 그대로 맞았다.《春秋左氏傳 昭公 32年》

11 부견(符堅)이……패망하였으니 : 부견은 전진(前秦)의 임금으로, 남쪽으로 동진(東晉)을 정벌하려고 할 때 신하들이 만류하자 부융(苻融)에게 의견을 물었는데, 부융이 세성(歲星)과 진성(塡星)이 두우(斗牛)를 지키고 있어 복덕이 오(吳)에 있으므로 불가하다고 만류하였다. 그러자 부견은 주(周)나라 무왕(武王)이 은(殷)나라 주왕(紂王)을 칠 때도 세성(歲星)을 거스르며 침범한 일이 있다고 하면서 90만 군대를 이끌고 동진을 공격하였으나 비수(淝水)에서 패배하여 멸망을 앞당겼다.《晉書 卷114 載記第十四 苻堅下》

오나라가 정벌하였는데 결국 멸망을 당한 것은 천시가 불리하였을 뿐만이 아니라 월나라는 죄가 없고 오나라는 덕이 없었는데, 강성함을 믿고 큰 것을 좋아하였기 때문에 패망한 것이다. 한 고조(漢高祖)가 관중(關中)에 들어간 해에 세성이 동정(東井)에 있었으니,[12] 진나라의 분야(分野)이지만 진나라는 멸망을 당하였다. 진나라는 실로 무도하였기 때문에 세성이 도리어 재앙이 된 것이다. 또 예컨대 주나라는 갑자일에 승리하였고, 주왕(紂王)도 갑자일에 패배하였으며,[13] 송(宋)나라 유유(劉裕)[14]가 남연(南燕)을 정벌할 때에 왕망일(往亡日)[15]인데도 승리하였다. 그러므로 "천관(天官)의 시일(時日)을 훌륭한 장수는 본받지 않고 어리석은 장수는 구애된다."[16] 하였다.

12 세성이 동정(東井)에 있었으니 : 동정은 28수의 하나로, 진(秦)나라가 속한 분야이다. 오성(五星)은 수(水)·화(火)·금(金)·목(木)·토(土) 다섯 행성(行星)을 가리키는데, 오성이 한 곳에 모이는 현상은 좋은 징조로 여겨졌다. 《한서(漢書)》 권32 〈장이진여전(張耳陳餘傳)〉에 "한왕이 진나라에 들어갔을 때 오성이 동정에 모였다.〔漢王之入關, 五星聚東井.〕"라고 하였다.

13 주나라는……패배하였으며 : 《태공금궤(太公金匱)》에 "무왕(武王)이 주(紂)를 정벌하자 십여 일 동안 대설이 쏟아졌다. 갑자일 아침에 다섯 대의 수레가 궁궐의 문에 이르니, 태사(大師) 상보(尙父)가 이르기를, '남해, 북해, 동해, 서해, 하백의 신이 명을 받으러 온 것이다.' 하였다."라고 하였다.

14 송(宋)나라 유유(劉裕) : 송(宋)은 중국 남북조 시대의 송나라를 말한다. 동진(東晉)이 망하자 유유(劉裕)가 나라를 건국하여 국명을 송(宋)이라 하였다.

15 왕망일(往亡日) : 천지(天地) 사이에 있는 기(氣)가 맺혀서 통하지 않는다는 날로, 출행(出行)·이사(移徙)·부임(赴任)·가취(嫁娶) 등을 시행하면 패망하는 날이라 하여 꺼리는 날이다. 《山林經濟 卷4 選擇 往亡日》

16 천관(天官)의……구애된다 : 당(唐)나라 장수 이정(李靖)의 말로, 《이위공문대(李衛公問對)》 〈하권(下卷)〉에 보인다.

채씨(蔡氏)가 말하기를 "시는 사시이다."라고 하였다.〔蔡氏曰 時, 四時也.〕-소주-

살펴보건대 시는 사시뿐만이 아니니, 십이시(十二時)[17] 역시 그 속에 있다.

백성의 경계를 짓되 국경의 경계로써 하지 않으며……천하가 순종한다.〔域民不以封疆之界……天下順之.〕

살펴보건대 이 한 구절은 오로지 민심을 얻는 것이 중요함을 말하였다. 민심을 얻고 나면 천하의 사람들이 모두 기뻐하여 백성이 되기를 바랄 것이니, 국경의 경계를 한계로 삼을 필요가 없다. 비록 3리 되는 성(城)과 7리 되는 곽(郭)이라도 견고히 지킬 수 있으니, 계곡과 산악의 험준한 지형으로 견고함을 삼을 필요가 없다. 덕교(德敎)와 형정(刑政)이 천하에 미치면 백성들이 저절로 두려워하니, 갑옷의 견고함과 무기의 예리함으로 위엄을 보일 필요가 없다. 도를 얻은 자는 이른바 민심의 화합을 얻은 자이고, 도를 잃은 자는 민심의 화합을 잃은 자이니, 민심의 화합과 불화 이외에 별도로 득실의 도가 있는 것은 아니다. 민심의 화합을 얻은 자는 도와주는 이가 많으니 그 효과를 지극히 하면 천하의 사람들이 순종하는 데 이르고, 민심의 화합을 잃은 자는 도와주는 이가 적으니 그 효과를 지극히 하면 비록 친척이라도 배반한다.

17 십이시(十二時) : 하루를 열두 등분하여 십이지(十二支)의 이름을 각각 붙여 일컫는 열두 시를 말한다.

맹자장조왕장

孟子將朝王章

주자(朱子)가 말하기를 "일이 있으면 왕이 직접 와서 만나보고, 혹은 스스로 가서 알현한다."라고 하였다.〔朱子曰 有事則王自來見, 或自往見.〕-소주-

살펴보건대 '왕자래견(王自來見)'은 왕이 직접 와서 현자(賢者)를 만나보는 것이고, '혹자왕현(或自往見)'은 현자가 스스로 가서 왕을 알현하는 것이다.

다음날 나가서 동곽씨(東郭氏)를 조문하려 하니……어찌 조문하지 않겠는가.〔明日出弔於東郭氏……如之何不弔?〕

살펴보건대 맹자가 나가서 동곽씨를 조문하는 데 어찌 다른 날이 없었겠는가마는 반드시 다음날에 간 것은 공자가 유비(孺悲)를 만나보지 않고 슬(瑟)을 가져다 노래를 부른 일[18]과 동일하니, 그 뜻이 은미하다고 하겠다. 그런데 공손추는 이 뜻을 알지 못하고 어제 병을 핑계로 사양하고 오늘 나가서 조문하는 것은 혐의가 있다고 여겨 '어쩌면 불가할 듯하다.'고 말한 것이다. 그러므로 맹자가 여기

18 공자가……일 : 만나기를 요청한 것에 대해 병을 핑계로 거절한 뒤에 병 때문이 아니라 방문자에게 잘못이 있었기 때문에 만나지 않는다는 것을 넌지시 깨우친다는 뜻이다. 《논어(論語)》〈미자(微子)〉에 "유비(孺悲)가 공자를 뵙고자 하였는데, 공자는 병이 있다고 거절하시고 명령을 전달하는 자가 문밖으로 나가자, 슬(瑟)을 가져다 노래를 부르시어 그로 하여금 듣게 하셨다."라고 하였다.

에서 자신의 은미한 뜻을 분명히 말하지 않고, 단지 "어제는 병이 있었고 오늘은 나았으니, 어찌 조문하지 않겠는가."라고 대답하였다. 그 말이 온화하고 함축적이니, 진실로 성인의 말이라고 할 만하다. 그러다가 경추씨(景丑氏)가 질문하자 또 명확히 말하여 깨우쳐 주지 않을 수 없었기 때문에 비로소 증자(曾子)의 말을 인용하여 말한 것이다.[19]

왕이 사람을 시켜 병을 묻고 의원을 보내오자……"반드시 돌아오시지 말고 조정에 나아가소서." 하였다.〔王使人問疾醫來……請必無歸而造於朝〕

살펴보건대 맹중자(孟仲子)는 맹자의 은미한 뜻을 몰랐기 때문에 도리어 맹자가 병을 핑계대고는 조문을 하러 나간 행적을 감추려고 해서 이처럼 임시변통의 말을 하였다. 또 길목에서 지키고 있다가 조정에 나아가라고 청하였으니 맹자로 하여금 부득이하여 경추씨(景丑氏)에게 가도록 만든 것이다. ○살펴보건대 《맹씨보(孟氏譜)》에 "중자(仲子)의 이름은 역(睪)이고, 맹자의 아들이다." 하였다. 《삼천지(三遷志)》에 "맹자가 전씨(田氏)에게 장가들어 아들을 낳았으니, 이름이 중자(仲子)이다." 하였다. 이 두 가지 설은 조씨(趙氏

19 경추씨(景丑氏)가……것이다 : 맹자가 병을 핑계로 제 선왕(齊宣王)을 만나러 나가지 않자, 이 일에 대해 경추씨(景丑氏)가 왕은 맹자를 공경하는데 맹자는 왕을 공경하지 않는 것 같다고 하였다. 그러자 맹자가 "진나라와 초나라의 부유함은 미칠 수 없으나 저들이 부유함으로써 하면 나는 나의 인(仁)으로 하고 저들이 작위로써 하면 나는 나의 의(義)로 한다. 내가 무슨 부족할 것이 있겠는가."라고 했던 증자(曾子)의 말을 인용하여 자신의 뜻을 말하였다.

조기)의 설[20]과 다르다.

부득이하여 경추씨(景丑氏)에게 가서……나처럼 왕을 공경하는 이가 없다.〔不得已而之景丑氏……莫如我敬王也.〕

살펴보건대 "왕께서 선생을 공경함은 보았다.〔見王之敬子〕"는 위의 문장에서 이른바 "과인이 나아가 만나보려고 하였다.〔寡人如就見〕"와 "사람을 시켜 병을 묻고 의원을 보내왔다.〔使人問疾醫來〕" 등의 일이고, "왕을 공경하는 것은 보지 못하였다.〔未見所以敬王〕"는 아래 문장에서 이른바 "진실로 조회하려다가 왕명을 듣고서 마침내 결행하지 않았다.〔固將朝也, 聞王命而遂不果.〕"는 일이다. 위에서 인의(仁義) 두 글자를 말하고 아래에서 또 요순(堯舜)의 도로 바꾸어 말한 것은 어째서인가. 요순의 도는 인의를 벗어나지 않을 뿐이기 때문이다. ○경자(景子 경추씨)는 이미 맹자가 왕을 공경하지 않는다고 여겼다. 그러므로 맹자가 "제나라 사람 중에 왕에게 인의를 말하는 자가 없으니, 이보다 큰 불경(不敬)이 없다."라고 말한 것이다. 이른바 '제인(齊人)' 두 글자가 비록 오로지 경자를 가리켜 말한 것은 아닌 듯하나 경자를 억누르는 뜻이 분명히 그 안에 내포되어 있다. ○채청이 말하기를 "돌아가려고 해도 맹중자의 요청이 있었기 때문에 형세상 그렇게 하지 못하고, 나아가려도 해도 제왕(齊王)의 부름이 있었기 때문에 의리상 할 수 없으니, 이것이 부득이한 경우이다." 하였다.

20 조씨(趙氏)의 설 : 집주(集注)에 "조기(趙岐)는 맹중자(孟仲子)는 맹자의 종형제로 맹자에게 배운 자라고 하였다."라고 하였다.

경자(景子)가 말하기를 "이것을 말한 것이 아닙니다."라고 하였다.〔景子曰非此之謂〕

살펴보건대 '비차(非此)'의 '차(此)'는 위 문장의 '인의'와 '요순의 도' 등의 일을 가리켜 말한 것이다.

"어찌 이것을 말한 것이겠는가?"라고 하였다.〔曰豈謂是歟〕

살펴보건대 '시(是)' 자는 경자(景子)가 인용한 예설(禮說)을 가리킨다. 경자는 다만 군주를 섬길 적에 소명(召命)을 받으면 달려가는 예만 알았지, 이 외에 또 별도의 도리가 있는 줄은 몰랐다. 그러므로 맹자가 증자(曾子)의 말을 인용하여 알려준 것이다.

동양 허씨(東陽許氏 허겸(許謙))가 말하기를 "부(富)는 다만 저들에게 있고, 관작〔爵〕은 나에게 가해질 수 있기 때문에 '인(仁)' 자와 '의(義)' 자의 쓰임이 다르다."라고 하였다.〔東陽許氏曰 富只在彼, 爵可加我, 故用仁義字不同.〕-소주-

살펴보건대 증자, 자사, 맹자 세 명의 부자(夫子)가 평소에 한 말은 모두 인의이다. 그러므로 증자가 여기에서 역시 "저들이 부를 가지고 나를 대하면 나는 내 인을 가지고 대하며, 저들이 그 관작을 가지고 나를 대하면 나는 내 의를 가지고 대할 것이다〔彼以其富, 我以吾仁, 彼以其爵, 我以吾義.〕"라고 하였으니, 부에 대해서 인을 말하고 관작에 대해서 의를 말한 것은 범범하게 말한 것 뿐이다. 비록 서로 바꾸어 말하더라도 옳으니, 애초에 부가 저들에게 있기 때문에 인을 말하고, 관작이 나에게 가해질 수 있기 때문에 의를 말한 것은 아니다. 허씨의 설은 본뜻을 잃은 듯하다.

진진문왈장
陳臻問曰章

내가 경계하는 마음을 품고 있었다.〔予有戒心〕

살펴보건대 '계(戒)'는 경계하여 대비한다는 뜻이니, 이른바 '계엄(戒嚴)'과 같다.

제나라에 있어서는 해당사항이 있지 않았다.〔若於齊則未有處也〕

살펴보건대 '무처(無處)' 두 글자는 제왕(齊王)의 경우로 보자면 제왕이 보낸 물건이 해당사항이 없다는 말이고, 맹자의 경우로 보자면 맹자가 해당사항이 없는 물건이기 때문에 사양했다는 말이다. 그러나 이 두 가지 설은 단지 한 가지 뜻이니, 한 쪽으로 치우쳐 소속시켜서는 안 된다. 제왕이 해당사항이 없는 물건을 보냈기 때문에 맹자도 해당사항이 없다는 이유로 받지 않았다. 집주에 "먼 길을 떠나거나 경계하는 마음을 품은 일이 없으니, 이는 해당사항이 없는 것이다." 하였으니, 먼 길을 떠나거나 경계하는 마음을 품은 일이 없는데 물건을 보냈다면 그 물건이 해당사항이 없는 것이고, 먼 길을 떠나거나 경계하는 마음을 품은 일이 없는데 받으면 이는 받는 행위 역시 해당사항이 없는 것이다.

어찌 군자이면서 재물로 오게 할 수 있겠는가.〔焉有君子而可以貨取乎〕

살펴보건대 집주에 "취(取)는 '치(致)'의 뜻과 같다." 하였다. 지금 만약 해당사항이 없는데 군자에게 물건을 보내면 이는 재물로 매수하는 것이니, 이는 군자로 군자를 오게 하는 것이 아니라 재물로 군자를 오게 하는 것이다. 어찌 재물로 오게 할 수 있는 군자가 있겠는가.

맹자지평륙장
孟子之平陸章

대부(大夫)는 읍재(邑宰)[21]이다.〔大夫邑宰也〕-주-

《책부원귀(冊府元龜)》[22]에 "노나라에서는 '재(宰)'라고 하였으니, 중니(仲尼 공자)가 중도재(中都宰)가 된 것이 이 경우이다. 제나라에서는 '대부(大夫)'라고 하였으니, 위왕(威王)이 즉묵대부(卽墨大夫)를 봉하고 아대부(阿大夫)를 삶아 죽인 것이 이 경우이다. 초나라에서는 '윤(尹)'이라고 하였으니, 심윤수(沈尹戍)가 방성(方城) 외곽의 현윤(縣尹)이 된 것이 이 경우이다.

그렇다면 그대가 대오(隊伍)를 이탈한 것 역시 많다.〔然則子之失伍也, 亦多矣.〕

살펴보건대 "그대가 대오(隊伍)를 이탈하였다.〔子之失伍〕"는 아래 문장에 이른바 "노약자들은 굶어죽어서 시신이 구렁에 뒹굴고, 장성한 자들은 사방으로 흩어져 가 버렸다."이다. ○"이는 거심(距心)[23]이 할 수 있는 일이 아닙니다.〔此非距心之所得爲〕"는 그 의도가 왕에

21 읍재(邑宰) : 현(縣)이나 고을의 우두머리를 말한다.

22 책부원귀(冊府元龜) : 송(宋)나라 진종(眞宗) 때 양억(楊億)과 왕흠약(王欽若) 등이 명을 받들어, 육경(六經)과 자사(子史)의 자료를 주로 취해서 역대 군주의 사적을 1000권으로 집대성한 책인데, 《태평어람(太平御覽)》과 함께 송대(宋代)의 대표적인 유서(類書)로 꼽힌다.

23 거심(距心) : 제나라 대부인 공거심(孔距心)을 말한다.

게 책임을 전가하려는 것이니, 장(章)의 말미에 "이것은 과인의 책임입니다.〔此則寡人之罪〕"라는 한 구와 호응한다.

목장과 꼴을 구할 것이다.〔求牧與芻〕

채청이 말하기를 "목장은 초장(草場 풀밭)이니, 땅에 나가서 풀을 먹이는 것이다. 추(芻)는 베어온 풀이다. 봄과 여름에는 목장에 나가서 기르고, 가을과 겨울에는 베어온 풀을 필요로 한다." 하였다.

맹자위경어제장
孟子爲卿於齊章

맹자가 제나라에서 경(卿)이 되어 나가서 등나라에 조문할 적에 왕이 합대부(蓋大夫) 왕환(王驩)을 보행(輔行 보좌하는 사람)으로 삼았다.〔孟子爲卿於齊, 出弔於滕, 王使蓋大夫王驩爲輔行.〕

채청이 말하기를 "앞 장(章)의 주에 '맹자가 제나라에서 빈사(賓師)[24]의 지위에 있었다.' 하였는데, 아래에 주자가 '당시에 이른바 객경(客卿)[25]이 이것이다.'라고 하였다. 그런데 지금 여기에서 '제나라에서 경이 되어〔爲卿於齊〕'라고 하였으니, 온전히 객경이라 말하기가 어렵다. 또 뒷장의 주에 '내가 이전에 경이 되었을 때에 10만 종(鍾)의 녹봉을 사양한 적이 있다.〔我前日爲卿, 嘗辭十萬之祿.〕'라고 하였으니, 실제로 경이 되었고 다만 그 녹봉을 받지 않았을 뿐이다. 만일 온전히 객경이었다고 한다면 직분에 있으면서 일을 맡은 것이 아니니, 하물며 왕이 자기를 위해 조문하러 가게 할 수 있겠는가. 불러도 가지 않았는데, 하물며 실제 사신으로 보낼 수 있었겠는가. 다만 다른 경과는 결국 같지 않아 녹봉을 받지 않은 것이다." 하였다. ○이패림(李霈霖)이 말하기를 "'왕이 맹자로 하여금 등나라

24 빈사(賓師) : 제후나 군주에게 빈객 또는 스승으로서의 대우를 받는 학문 덕행을 갖춘 사람을 이른다.

25 객경(客卿) : 타국 출신으로 본국에서 벼슬살이 하던 사람을 말한다. 지위는 경(卿)이고, 객례(客禮)로 대우하기 때문에 객경(客卿)이라 하였다.

에 조문하러 가게 하였다.〔王使孟子出弔於滕〕'고 말하지 않고, 아래에 '합대부왕환(蓋大夫王驩)' 위에 비로소 '왕사(王使)' 자를 두었으니, 맹자가 나가서 조문을 하게 된 것은 역시 제왕(齊王)이 큰 현인을 내세워 나라를 무겁게 하려는 의도가 있었음을 알 수 있다. 특별히 보좌하는 사람을 두고 또 제나라의 경으로 삼은 데서 모두 맹자를 존중하고 예우하는 면을 볼 수 있으니, 맹자가 다만 객경이었다는 사실을 알 수 있다."라고 하였다.

이미 혹자가 그것을 다스렸으니, 내 어찌 말할 것이 있겠는가.〔夫旣或治之, 予何言哉.〕

채청이 말하기를 "유사(有司)는 왕환을 가리킨 것이 아니니, 만일 왕환이라면 주자가 무엇 때문에 또 유사라고 했겠는가. 또 왕환을 이미 제나라의 경이라고 하였으니, 또 유사로 지목하기가 어렵다." 하였다. 또 말하기를 "'이미 혹자가 그것을 다스렸다.〔夫旣或治之〕'는 다스릴 사람이 따로 있으니 왕환과 이야기할 필요는 없다는 말이다. 주자는 실제 '혹(或)' 자 위에 '유사(有司)' 자를 만들어 넣었다." 하였다.

맹자자제장어노장
孟子自齊葬於魯章

충우(充虞)로 하여금 목수 일을 맡게 하셨는데……나무가 너무 아름다운 듯하였습니다.〔使虞敦匠事……木若以美然.〕

살펴보건대 충우의 뜻은 관에 쓰이는 나무가 너무 아름다워 보기에 아름답게 하려고 제도를 넘은 듯하다고 여겼다. 그러므로 맹자가 아래 문장에 "보기에 아름답게 하기 위해서만이 아니다.〔非直爲觀美〕"와 "할 수 없으면 마음에 흡족할 수 없다.〔不得不可以爲悅〕"는 등의 말로 대답하였다.

장(牆)과 삽(翣)의 장식〔牆翣之飾〕-소주-

살펴보건대 《예기》〈단궁(檀弓)〉에 "주인(周人)은 장(牆)을 두르고 삽(翣)[26]을 둔다.〔周人牆置翣〕" 하였는데, 정현(鄭玄)의 주에 "장(牆)은 유의(柳衣)[27]이다〔牆, 柳衣也〕" 하였다. 《완씨도(阮氏圖)》에

26 삽(翣) : 관(棺)을 장식하는 제구(諸具) 중의 하나이다. 《가례(家禮)》 권5 〈상례(喪禮) 치장(治葬)〉의 "삽"에는 "나무로 틀을 짜서 네모꼴 부채처럼 만드는데, 양쪽 모서리가 높고 너비는 2자, 높이는 2자 4치로 하여, 흰 삼베를 씌우며, 자루의 길이는 5자로 한다. 보삽(黼翣)은 보(黼)를, 불삽(黻翣)은 불(黻)을, 화삽(畫翣)은 구름을 그리며, 가장자리에는 모두 구름무늬를 그려 넣는데, 모두 붉은 색깔로 준격을 삼는다." 라고 한 내용이 보인다.

27 유의(柳衣) : 유(柳)라는 것은 모은다는 뜻으로, 여러 가지 꾸밈을 모은 것이다. 이것으로 마치 담장으로 집을 가리는 것처럼 영구(靈柩)를 가린다.

"유(柳)는 유거(柳車)[28]이니, 바퀴가 네 개이고, 끌채가 하나이다.〔柳, 柳車也, 四輪一轅.〕" 하였다. 《예기》〈상대기(喪大記)〉에 "임금의 관을 장식하는데 보(黼) 무늬를 그린 삽(翣)이 둘이고, 불(黻) 무늬를 그린 삽이 둘이며, 구름무늬를 그린 삽이 둘이고, 용무늬를 그린 삽이 둘이다.〔君飾棺, 黼翣二, 黻翣二, 畫翣二, 龍翣二.〕" 하였다. 《예기》〈예기(禮器)〉에 "천자는 삽이 여덟 개이고, 대부는 삽이 네 개다.〔天子八翣, 大夫四翣.〕" 하였다.

내가 들으니……부모에게 검소하게 하지 않는다.〔吾聞之也……儉其親.〕

살펴보건대 '천하 때문에 부모에게 검소하게 하지 않는다.〔不以天下儉其親〕'는 옛말인 듯하니, '내가 들으니〔吾聞之也〕' 네 글자를 보면 알 수 있다. 군자는 천하를 위해 검소함을 숭상하려고 한다. 그러나 천하를 위해 검소함을 숭상하느라 부모의 상을 검소하게 하여 관곽(棺槨)의 비용을 아끼지는 않는다.

28 유거(柳車) : 장례식에 사용하는 상거(喪車)를 말한다. 여기에서의 유는 모은다는 뜻으로, 여러 가지 장식물로 장식한 수레를 말한다.

연인반장
燕人畔章

알고 시켰다면 이는 어질지 못하고……지혜롭지 못하다.〔知而使之, 是不仁也……不智也.〕

살펴보건대 진가(陳賈)의 뜻[29]은 주공(周公)이 관숙(管叔)과 채숙(蔡叔)[30]이 반란을 일으킬 줄 모르고 그들에게 은(殷)나라를 감독하게 한 것은 왕이 연나라 사람들이 배반할 줄을 모르고 정벌한 것과 다름이 없으니, 주공 같은 성인도 관숙과 채숙이 반란을 일으킬 줄 모르고 은나라를 감독하게 하였는데, 지금 왕이 연나라 사람들이 반란을 일으킬 줄 모르고 정벌한 것은 진실로 해롭지 않다는 것이다. 이는 왕의 부끄러운 마음을 위로하고 이 내용으로 맹자에게 가서 해명하려고 하였기 때문이다. 또 진가의 뜻은 오로지 '부지(不智)' 두 글자에 있었기 때문에 아래 문장에 다만 "반란을 일으킬 줄 알면서 시키

29 진가(陳賈)의 뜻 : 진가는 제(齊)나라 대부(大夫)이다. 진가가 맹자에게, 성인(聖人)인 주공이 관숙이 배반할 것을 알면서도 은나라를 감독하게 했다면 이는 주공의 허물이라고 문제를 제기한 데 대해, 맹자가 "주공은 아우이고 관숙은 형이니, 주공의 허물이 또한 당연하지 않은가."라고 하였다. 《孟子 公孫丑下》

30 관숙(管叔)과 채숙(蔡叔) : 주(周)나라 무왕(武王)의 아들로 주공(周公)의 서형(庶兄)이다. 주공이 어린 성왕(成王)을 도와 섭정하였는데, 관숙과 채숙이 주공을 모함하여 장차 성왕에게 불리할 것이라는 유언비어를 퍼뜨리고 은왕(殷王) 주(紂)의 아들 무경(武庚)을 부추겨 함께 반란을 일으키자, 성왕이 주공을 시켜 그들을 정벌하게 하였다. 《書經 大誥》

셨습니까?〔知其將畔而使之歟〕"라고 거론하여 질문하였다.

지금의 군자들은 허물이 있으면 그것을 이루어준다.〔今之君子過則順之〕

살펴보건대 집주에 이른바 "진가가 군주에게 개과천선하라고 권면하지 못하고, 그릇된 행동을 이루고 허물을 꾸미는 것을 가르친 일을 꾸짖었다.〔責賈不能勉其君以遷善改過, 而敎之以遂非文過.〕" 등의 말로 보면 "지금의 군자들은 허물이 있으면 그것을 이루어준다."는 진가를 가리켜 말한 듯하다. 그 아래의 "어찌 다만 이루어줄 뿐이겠는가. 또 따라서 변명을 하는구나.〔豈徒順之? 又從而爲之辭.〕"에 이르러서는 진가를 몹시 질책한 것이 더욱 분명하다.

그 허물이 일식과 월식 같아서 백성들이 모두 보았고, 허물을 고치고 나서는 백성들이 모두 우러러보았다.〔其過也, 如日月之食, 民皆見之, 及其更也, 民皆仰之.〕

살펴보건대 '기과야(其過也)' 아래에 이미 '여일월지식(如日月之食)' 다섯 글자가 있으니, '급기경야(及其更也)' 아래도 '일월의 밝음과 같아서〔如日月之明〕'의 뜻으로 보면 더욱 분명할 듯하다.

맹자치위신이귀장
孟子致爲臣而歸章

맹자가 벼슬을 내놓고 돌아가다.〔孟子致爲臣而歸〕

살펴보건대 '치(致)' 자는 치사(致仕)[31]의 '치(致)'와 뜻이 같다. 맹자가 이미 제나라에서 경(卿)이 되었으니, 지금 벼슬을 내놓고 돌아간다고 말한 것은 경의 지위를 도로 내놓은 것이다.

다른 날에 왕이 시자(時子)에게 말하였다.〔他日王謂時子曰〕

살펴보건대 '다른 날〔他日〕'은 오랜 뒤를 말한 것이 아니다. 만일 제왕(齊王)이 나아가 맹자를 만나본 날이 아니라면 비록 다음날이라도 '다른 날'이라고 말할 수 있으니, 예컨대 위 장(章)에서 '어제 병이 났던 것〔昨日疾〕'을 '석자(昔者)'라고 말한 따위이다.

맹자가 말하기를 "그렇구나. 저 시자(時子)가 어찌 그 불가함을 알겠는가."라고 하였다〔孟子曰 然, 夫時子惡知其不可也?〕

살펴보건대 여기의 '연(然)' 자는 맹자가 제왕(齊王)이 집을 지어주고 제자들을 녹봉으로 길러주려는 뜻이 있는 줄 몰랐다가 진자(陳子)가 시자의 말을 전해준 뒤에야 알았기 때문에 "그렇구나."라고 한 것이다. 이른바 "그렇구나〔然〕"는 이런 일이 있었음을 그렇다고 여긴 것이다.

31 치사(致仕) : 늙거나 병들어 정당한 이유로 벼슬을 내놓고 물러나는 것을 말한다.

십만 종(鍾)을 사양하고 만 종을 받는 것이 부자가 되고자 하는 것이겠는가.〔辭十萬而受萬, 是爲欲富乎?〕

살펴보건대 맹자는 우선 이 말을 하여 자신의 뜻이 부(富)에 있지 않음을 밝혔을 뿐이다. 비록 도(道)가 행해지지 않기 때문에 떠난다는 뜻을 드러내놓고 말하지는 않았지만, 여기의 '시위욕부호(是爲欲富乎)' 다섯 글자를 보면 도가 행해지지 않기 때문에 떠난다는 뜻이 분명히 그 속에 존재한다.

맹자거제숙어주장
孟子去齊宿於晝章

맹자가 제나라를 떠났다.〔孟子去齊〕

역사서에는 맹자가 두 번 제나라를 떠났다고 일컬었는데, 먼저 제나라를 떠난 것은 제 선왕 9년(B.C. 334)이었고, 뒤에 벼슬을 내놓고 돌아간 것은 제 민왕(齊湣王)이 왕위를 계승한 초기였다.

어떤 이가 말하기를 "'획(晝)' 자로 읽어야 하니, 음이 획(獲)이다."라고 하였다.〔或曰 當作晝音獲〕-소주-

《사기》〈전단열전(田單列傳)〉에 "연나라가 처음 제나라로 들어갔을 때 획읍(晝邑) 사람 왕촉(王蠋)[32]이 어질다는 소문을 들었다."라고 하였는데, 유희(劉熙)[33]의 주에 "제나라 서남쪽의 가까운 고을이다. 음이 '획(獲)'이다." 하였다.

노 목공(魯繆公)

《공총자(孔叢子)》에 말하기를 "노 목공의 이름은 현(顯)이니, 원공

32 왕촉(王蠋) : 전국 시대 제(齊)나라의 충신이다. 연(燕)나라 장수 악의(樂毅)가 제나라를 쳐서 함락할 때 왕촉이 훌륭하다는 말을 듣고 "장수로 삼고 만가(萬家)의 고을을 봉해 주겠다."라고 제의했으나, 왕촉은 "충신은 두 임금을 섬기지 않고 정녀(貞女)는 두 남편을 섬기지 않는다."라며 거절하고 목매어 죽었다.

33 유희(劉熙) : 후한(後漢) 말기의 훈고학자로, 자는 성국(成國)이며, 정현(鄭玄)의 제자라고 알려져 있으나 분명하지 않다.

(元公)의 아들이며, 도공(悼公)의 손자이다." 하였다.

설류(泄柳)와 신상(申詳)[34]은 목공(繆公)의 곁에 보좌할 만한 사람이 없으면〔泄柳申詳無人乎繆公之側〕

《예기》〈단궁(檀弓)〉에 "설류의 자는 자류(子柳)이니, 노나라 중숙피(仲叔皮)의 아들이다."라고 하였다. ○손씨(孫氏 손석)의 《맹자정의(孟子正義)》에 "자사(子思)가 목공에 대해 스승의 도가 있었기 때문에 목공이 자사의 곁에 사람이 없으면 자사의 마음을 편안하게 할 수 없었고, 설류와 신상이 목공에 대해 신하의 도가 있었기 때문에 목공의 곁에 보좌할 만한 사람이 없으면 제 몸을 편안히 하지 못했다. 지금 맹자가 이런 말을 한 것은 제나라의 사(士)가 제왕(齊王)을 위해 맹자가 떠나기 전에 편안하게 해주지 못하고, 주(晝)로 나간 뒤에야 비로소 떠나는 것을 만류하였으니, 이것이 맹자가 안석에 기대어 누운 채 대답하지 않은 까닭이다." 하였다.

그대가 어른을 위하여 생각해 준다는 것이……어른인 내가 자네를 끊은 것인가?〔子爲長者慮……長者絶子乎?〕

채청이 말하기를 "전체의 뜻이 '어른을 위하여 생각해 준다는 것이 자사에게 미치지 못한다.〔爲長者慮不及子思〕'는 한 구에 있으니, 바로 목공은 스스로 다른 사람을 시켜 자사의 곁에 있게 하였는데, 지금 제왕(齊王)은 그대가 오도록 시키지 않았고 그대가 스스로 왕을 위하여 내가 떠나는 것을 만류하려고 한다. 그렇다면 나를 자사처

34 설류(泄柳)와 신상(申詳) : 노나라 목공(穆公) 때의 현인(賢人)이다.

럼 대우하는 것이 아니니, 나를 박하게 대우하는 것이 아닌가. 역시 내가 그대를 끊는 것이 마땅하다는 의미가 된다." 하였다. ○살펴보건대 이른바 "그대가 어른인 나를 끊은 것인가, 어른인 내가 자네를 끊은 것인가?〔子絶長者乎? 長者絶子乎?〕"는 의심하는 말인 듯하지만, 그 뜻은 실제 그대가 나를 끊은 것이라고 몹시 질책하는 것이다. 그런데 지금 채씨는 "내가 그대를 끊는 것이 마땅하다."라고 하였으니, 본뜻을 잃은 듯하다.

맹자거제윤사어인왈장

孟子去齊尹士語人曰章

맹자가 제나라를 떠날 적에 윤사(尹士)[35]가 사람들에게 말하기를 "……어찌 이리도 오랫동안 체류한단 말인가. 사(士)는 이를 기뻐하지 않노라."라고 하였다.〔孟子去齊, 尹士語人曰……是何濡滯也? 士則玆不悅.〕

채청이 말하기를 "윤사가 맹자를 비난한 것은 세 부분이니, 첫째는 '이는 지혜가 밝지 못한 것이다.〔是不明也〕'이고, 둘째는 '이는 은택을 요구한 것이다.〔是干澤也〕'이며, 셋째는 '어찌 이리도 오랫동안 체류한단 말인가.〔是何濡滯也〕'이다. 그런데 지금 맹자가 '어찌 이리도 오랫동안 체류한단 말인가.' 한 구절만 변론하고 위의 두 구절에 대해 변론하지 않은 것은 어째서인가. '왕을 만나러 천리 먼 길을 온 것은 내가 원한 것이다.〔千里而見王, 是予所欲也.〕'라고 하였는데, 이 말과 같다면 감히 제왕(齊王)이 탕왕(湯王)과 무왕(武王) 같은 성군이 될 수 없다고 미리 생각하지 않았음을 알 수 있고, 또 은택을 요구하는 뜻이 아님이 더욱 분명하다." 하였다.

윤사가 이 말을 듣고 말하기를 "사(士)는 진실로 소인이구나."라고 하였다.〔尹士聞之曰 士誠小人也.〕

35 윤사(尹士) : 맹자가 제나라를 떠날 때 단번에 결행하지 않고 3일을 기다린 것을 비난했던 사람이다.

채청이 말하기를 "윤사는 맹자에게 가장 큰 공로가 있다. 당시에 만일 윤사의 비난이 없었다면 맹자의 본심을 드러낼 수 없었을 것이다. 《맹자》 7편에 실린 여러 사람이 맹자와 서로 논변한 내용은 모두 윤사의 넉넉하고 부드러우며 깊고 간절하며, 의리를 위주로 하고 형세와 이익을 주장하지 않은 말만 못하다. 그의 인품이 유독 고상하였기 때문이다. 또 맹자의 말을 듣고 드디어 태도를 바꾸어 자신을 질책하며 '사(士)는 진실로 소인이구나.'라고 하였다. 아, 윤사는 참으로 군자다운 사람이다." 하였다.

맹자거제 충우로문왈장
孟子去齊充虞路問曰章

맹자가 제나라를 떠날 적에 충우(充虞)가 도중에서 묻기를 "부자(夫子)께서는 기쁘지 않은 기색이 있는 듯합니다."라고 하였다.〔孟子去齊, 充虞路問曰 夫子若有不豫色然.〕

살펴보건대 아래 문장의 "내 어찌하여 기뻐하지 않겠는가?〔吾何爲不豫〕"라는 맺음말로 보면 맹자가 실제 기뻐하지 않은 적이 없었다는 것을 알 수 있다. 그러나 "그때는 그때이고 지금은 지금이다.〔彼一時此一時〕"라는 뜻으로 보면 맹자가 이때 역시 기뻐하지 않는 마음이 없을 수 없었다. 맹자가 혼란한 전국시대를 만나 세상에 드러난 경세제민(經世濟民)의 역량을 지니고 다행히 충분히 선을 할 수 있는 자질을 지닌 제 선왕을 만났으니, 도를 시행하여 백성을 구원할 것 같았다. 그런데 지금 또 기회를 얻지 못해 떠났으니, 맹자 역시 기뻐하지 않는 마음이 어찌 없었겠는가. 그렇다면 맹자가 기뻐하지 않은 것은 다만 기회를 만나지 못한 것을 기뻐하지 않은 것이 아니라, 도가 시행되지 않았기 때문에 기뻐하지 않은 것이다.

"그때는 그때이고 지금은 지금이다."라고 하였다.〔曰 彼一時此一時也〕

살펴보건대 "그때는 그때이다.〔彼一時〕"는 원망하지 않던 때이고, "지금은 지금이다.〔此一時〕"는 기뻐하지 않는 기색이 있는 때이다. 만난 때가 다르니, 대처하는 도 역시 그에 따라 다른 것이다.

만일 천하를 편안히 다스리고자 한다면 지금 세상에서 나를 제외하고 그 누가 하겠는가.〔如欲平治天下, 當今之世, 舍我其誰也?〕

살펴보건대 맹자가 여기에 이르러 세상에 이름난 자로 대놓고 자처하면서 더 이상 겸양하는 말이 없었다. 이는 위 장(章)의 "왕이 만일 나를 등용하신다면 어찌 다만 제나라 백성만 편안할 뿐이겠는가. 천하의 백성이 모두 편안할 것이다.〔王如用予, 則豈徒齊民安? 天下之民擧安.〕"는 말과 뜻이 같다.

맹자거제거휴장
孟子去齊居休章

경원 보씨(慶源輔氏 보광)가 말하기를 "예에는 상도(常道)가 있고, 의에는 권도(權道)[36]가 있다."라고 하였다.〔慶源輔氏曰 禮則有常, 義則有權.〕-소주-

살펴보건대 예의 이외에 별도로 이른바 '의의 권도'가 있는 것이 아니라, 다만 상도에 나아가 의에 맞게 조처하는 것이다. 예컨대 임금의 명으로 부르면 수레가 준비되기를 기다리지 않는 것[37]이 상도이지만, 부르지 못하는 신하〔不召之臣〕가 있기 때문에 맹자가 제왕(齊王)을 알현하러 가지 않고 병으로 핑계를 대었다. 이는 예에 나아가 의에 맞게 조처하여 예의 마땅함을 얻게 한 것이다.

36 권도(權道) : 임시방편으로 시의(時宜)에 맞게 조처하는 것을 말한다. 경도(經道)는 상도(常道)라고도 하는데, 정도(正道)를 지켜서 조치하는 것을 말한다.

37 수레가……것 : 군주가 부르면 신하가 급히 달려간다는 뜻이다. 《예기》〈옥조(玉藻)〉에 "군주가 부를 때에는 3절로써 하니 2절을 가지고 부를 때에는 달려가고, 1절을 가지고 부를 때에는 바쁜 걸음으로 가며, 관청에 있을 때에 군주가 부르면 신발을 신기를 기다리지 않고, 밖에 있을 때에 군주가 부르면 수레에 멍에하기를 기다리지 않는다." 하였다.

등문공위세자장
滕文公爲世子章

등 문공이 세자 시절에〔滕文公爲世子〕

살펴보건대 어떤 이는 "천자의 아들은 태자(太子)라 하고 제후의 아들은 세자(世子)라 한다."라고 한다. 그러나 주공(周公)이 세자를 가르치는 법을 세웠을 때, 성왕(成王)을 역시 세자라고 호칭하였으니, 옛날에는 세자와 태자가 통용되는 명칭이어서 구별이 없었다. 한(漢)나라 때부터 구별하여 천자의 아들을 태자라 하고, 제후의 아들을 세자라 하였다.

맹자가 사람의 본성은 착하다고 말하였다.〔孟子道性善〕

살펴보건대 맹자가 양 혜왕을 만나 인의(仁義)를 말하였고, 등 세자를 만나 성선(性善)을 말하였다. 인의와 성선은 원래 한 가지 일이니, 성선이 바로 인의이다.

정자가 말하기를 "선악을 말할 적에……시(是)를 먼저 말하고 비(非)를 뒤에 말한다."라고 하였다.〔程子曰 凡言善惡……先是後非.〕-주-

살펴보건대 정자의 이 말은 대략적인 설이다. 예컨대 음양(陰陽)은 음을 먼저 말하고 양을 뒤에 말하며, 화복(禍福)은 화를 먼저 말하고 복을 뒤에 말하며, 우락(憂樂)은 우를 먼저 말하고 낙을 뒤에 말하며, 사생(死生)은 사를 먼저 말하고 생을 뒤에 말한다. 이로 말하자면 정자의 말을 융통성 없이 보아서는 안 될 듯하다.

주자가 말하기를 "도리어 무너진 뒤에 닦는 것은 아니다."라고 하였다. 〔却不是壞了著修〕-소주-

살펴보건대 본성이 본래 착하지만, 인욕(人欲)에 가려지기 때문에 잃어버린다. 그러나 본래 착한 본체는 없어진 적이 없고 원래 그대로 있으니, 애초에 이 본성이 무너진 뒤에 다시 닦는 것은 아니다.

도(道)는 하나일 뿐이다. 〔夫道一而已矣〕

살펴보건대 위의 문장에서는 성(性)을 말하고 여기에 와서는 갑자기 바꾸어 도(道)를 말하였다. 성과 도는 애초에 두 가지 사물이 아니니, 사람이 부여받아 얻은 것으로 말하자면 성이고, 사람이 공통으로 말미암는 것으로 말하자면 도이다. 예컨대 인(仁)은 성이지만 효제(孝悌)의 도는 인에서 미루어 나가고, 의(義)는 성이지만 군주에게 충성하는 도는 의에서 미루어 나가니, 성과 도는 두 가지 사물이 아니다. 부여받은 성이 이미 동일하니, 말미암는 도가 어찌 두 가지가 될 수 있겠는가. 그러므로 맹자가 여기에서 "도는 하나일 뿐이다."라고 하였다. 이른바 '도는 하나이다.〔道一〕'는 이전에 말했던 '본성이 착하다.〔性善〕' 이외에 다시 다른 도가 없으니, 세자로 하여금 힘써 이 도를 구하여 만일 아래 문장의 세 사람[38]의 설과 같이 한다면 도에 이를 수 있다고 말한 것이다.

성간과 공명의〔成覵公明儀〕

《설문해자》에 "성간은 제 경공(齊景公)의 무신이다." 하였다. ○공명의는 노(魯)나라 남무성(南武城) 사람이다. 자장(子張)의 문인으로, 스승을 몹시 존경하였다. ○《예기》〈곡례(曲禮)〉에 "자장이 부친의 상(喪)을 당했을 때 공명의가 도왔다." 하였다. ○《예기》〈단궁(檀弓)〉에 "자장이 죽자 공명의가 지(志) 지는 기록하는 것이니 예를 돕는 것이다. 를 만들었다." 하였다. ○사계(沙溪 김장생)의 《경서변의(經書辨疑)》[39]에 "《맹자》 7편 안에 공명의가 네 번 보이는데, 첫 번째는 '문왕은 나의 스승이다.〔文王我師也〕'이고, 두 번째는 '석 달 동안 군주가 없으면 위문했다.〔三月無君則弔〕'이며, 세 번째는 푸줏간에 살찐 고기가 있다.〔庖有肥肉〕'이며, 네 번째는 '아마도 죄가 없을 듯합니다.〔宜若無罪〕'이다. 율곡(栗谷 이이)이 말하기를 '공명의는 옛날의 현인으로, 맹자와 동시대 사람이 아니다. 이른바 「아마도 죄가 없을 듯합니다.」는 역시 공명의가 한 말을 맹자가 인용한 것으로 보인다. 만약 그렇지 않다면 두 명의 공명의가 있었고, 한 사람은 맹자와 동시대 사람이었을 것이다.' 하였다." 하였다.

38 세 사람 : 성간(成覵), 안연(顔淵), 공명의(公明儀)를 가리킨다.

39 경서변의(經書辨疑) : 김장생이 71세에 완성한 저작으로, 《소학》과 사서(四書), 《서경》, 《주역》, 《예기》를 공부하면서 그에 대한 의문점과 자신의 생각, 다른 학자들과의 논의를 기록하였다.

그래도 선한 나라가 될 수 있다.〔猶可以爲善國〕

이패림(李霈霖)이 말하기를 "자신의 본성을 다하면 자기가 선하지 않음이 없고, 자기의 본성을 미루어 가면 국가가 선하지 않음이 없다. '선(善)' 자는 바로 '성선(性善)' 자와 서로 조응한다."라고 하였다.

등정공훙장

滕定公薨章

삼년상에 자소(齊疏)의 상복[40]을 입으며 미음과 죽을 먹는다.〔三年之喪, 齊疏之服, 飦粥之食.〕

살펴보건대 전국시대에는 제후가 단상(短喪)[41]을 하였으니, '삼년상에 자소의 상복을 입으며 미음과 죽을 먹는다.'는 등의 예(禮)의 큰 절목은 모두 폐지되어 시행되지 않은 지가 오래였다. 그러므로 맹자는 연우(然友)가 와서 질문하였을 때 먼저 이 세 가지를 거론하였다. ○양웅(揚雄)의 《방언(方言)》에 "진한 것이 '전(饘)'이고, 묽은 것이 '전(饘)'이다." 하였다.

옛 기록에 "상례(喪禮)와 제례(祭禮)는 선조를 따른다고 하였으니, 우리들이 전수받은 바가 있다." 하였다.〔志曰 喪祭從先祖, 曰吾有所受之也.〕

《직해(直解)》[42]에 "또 기록에 쓰인 말은 상례는 선조를 따라야 한다는 말이니, 우리 선조가 시행했던 예는 전수받은 바가 있다는 말이

40 자소(齊疏)의 상복 : 거친 베로 지은 상복을 말한다. 주희(朱熹)는 "자(齊)는 옷의 아랫단을 꿰맨 것이다. 꿰매지 않은 것을 참최(斬衰)라 하고, 꿰맨 것을 자최(齊衰)라 한다. 소(疏)는 거칠다는 뜻이니, 거친 삼베를 말한다." 하였다.

41 단상(短喪) : 상기(喪期)를 짧게 하는 것을 말한다.

42 직해(直解) : 어떤 책을 가리키는지 미상이다.

다." 하였다. '왈오(曰吾)'의 '왈(曰)' 자는 기록을 지은 사람의 말로 본 것이고, '오(吾)' 자는 선조를 가리키는 말이다. ○살펴보건대 아래의 '왈(曰)' 자는 부형과 백관(百官)이 말했다는 것이 아니다. 기록한 자가 '선조가 시행했던 상례와 제례는 반드시 전수받은 바가 있다.'라고 말한 것이니, 《직해》의 설이 옳은 듯하다.

상세 이후로 전수받은 바가 있기 때문이니……고쳐서는 안 된다.〔蓋爲上世以來有所傳受……不可改也.〕-주-

살펴보건대 상세(上世)는 선조를 가리켜 말한 것이다. 선조가 시행한 상례와 제례는 반드시 전수받은 바가 있을 것이니, 비록 다른 경우가 있더라도 지금 가벼이 고쳐서는 안 된다.

그러나 기록의 말은 본래 선왕 세대의……말한 것이고, 후세에 심하게 예를 잃은 경우를 말한 것은 아니다.〔然志所言, 本謂先王之世……不謂後世失禮之甚者.〕-주-

살펴보건대 기록의 본래 뜻으로 미루어보면 애초에 이 때문에 말한 것은 아니다. 상례와 제례는 선조를 따라야 한다고 범범하게 말한 것뿐이니, 등(滕)나라의 부형과 백관이 인용하여 삼년상을 시행하지 않는 것이 바로 선조를 따르는 것이라 말했다고 여기는 것은 잘못이다. 그러므로 집주의 설이 이와 같은 것이니, 이른바 "심하게 예를 잃었다."는 삼년상을 시행하지 않는 것을 가리켜 말한 것이다.

연우(然友)에게 말하기를 "내가 지난날에 학문을 하지 않았다."라고 하였다.〔謂然友曰吾他日未嘗學問〕

살펴보건대 등 문공이 여기에서 "내가 지난날에 학문을 하지 않았다."라고 말하였으니, 스스로 책망하고 후회하는 뜻이 현저하게 드러났다. 그러므로 '이것은 세자에게 달려있다.〔是在世子〕'는 맹자의 한 마디 말을 듣고는 마음에 자연스레 감동이 일어나 드디어 결단하여 시행하고 머뭇거리거나 의심하지 않았다.

이것은 세자에게 달려있다.〔是在世子〕

살펴보건대 위의 문장에서 "부모의 상에는 진실로 스스로 극진히 해야 한다.〔親喪固所自盡〕"라고 하였고, 여기에서는 "다른 데서 찾을 것이 없다.〔不可他求〕"라고 하였으며, 또 말하기를 "이것은 세자에게 달려있다.〔是在世子〕"라고 하였으니, 모두 등 문공 본인을 질책하였고 말단적인 절차에 급급하지 않았다. 이것이 등 문공을 쉽게 감동시킬 수 있었던 까닭이니, 역시 맹자가 남을 잘 깨우친 부분이다. ○'시재세자(是在世子)' 네 글자가 아주 좋으니, 등 문공이 감동하여 분발한 것은 오로지 이 때문이다. 등 문공이 이 말을 듣고 감동하여 깨달았기 때문에 바로 "이것은 진실로 나에게 달려 있다.〔是誠在我〕"라고 한 것이다.

연우(然友)가 돌아와서 아뢰자, 세자가 말하기를 "그렇다. 이것은 진실로 나에게 달려 있다."라고 하였다.〔然友反命, 世子曰 然, 是誠在我.〕

살펴보건대 당시에 등 문공이 방금 등 정공의 상을 당하여 슬프고 애통한 감정이 자연스레 마음에서 일어나 차마 억누르지 못하였다. 그러므로 한 번 맹자의 말을 듣자 환히 깨달아 두려워하고 감동하여 결국 부형과 백관의 논의를 물리치고 마음에 결단하여 드디어 삼년상을 거행하였다. 만약 평상시에 맹자가 범범하게 말을 하고 등 문공이 범범하게 들었다면 꼭 이처럼 쉽게 감동하여 분발하지는 않았을 것이다.

다섯 달 동안 여막(廬幕)에 거처하였다.〔五月居廬〕

살펴보건대 천자는 7개월 만에 장사지내기 때문에 7개월 동안 여막에 거처하고, 제후는 5개월 만에 장사지내기 때문에 5개월 동안 여막에 거처한다. ○《예기》〈상대기(喪大記)〉에 "부모의 상에는 의려(倚廬)에서 거처한다." 하였는데, 소(疏)에 "의려(倚廬)는 중문(中門) 밖 동쪽 담장 아래에 나무에 기대어 여막을 만드는 것이다." 하였다.

명령과 경계를 내리지 않았다.〔未有命戒〕

살펴보건대 "명령과 경계를 내리지 않았다."는 위의 "총재(冢宰)에게 명령을 듣는다.[43]〔聽於冢宰〕"는 한 구와 호응한다.

거상(居喪) 중에는 말하지 않는다.〔居喪不言〕-주-

《예기》〈상복사제(喪服四制)〉에 "삼년상 동안 군주는 말을 하지 않으니, 《서경》에 '고종(高宗)이 양암(諒闇)에서 말을 하지 않았다.'는

43 총재(冢宰)에게 명령을 듣는다 : 총재(冢宰)는 육경(六卿)의 수장으로, 태재(太宰)라고 부르기도 한다. 《논어》〈헌문(憲問)〉에 공자가 "임금이 죽었을 때에는 백관들이 자기의 직책을 총괄하여 3년 동안 총재의 명을 듣는다.〔君薨, 百官總己, 以聽於冢宰三年.〕"라고 하였다.

이를 말한 것이다." 하였다. 또 "참최복(斬衰服)을 입는 상에는 응답만 할 뿐 대답하지 않고〔唯而不對〕, 자최복(齊衰服)을 입는 상에는 대답은 하되 다른 말은 하지 않으며〔對而不言〕, 대공복(大功服)을 입는 상에는 말은 하지만 의논하지는 않고〔言而不議〕, 시마복(緦麻服)과 소공복(小功服)을 입는 상에는 의논은 하지만 즐기는 데에는 이르지 않는다.〔議而不及樂〕" 하였다.

등문공문위국장

滕文公問爲國章

현명한 군주는 반드시 공손하고 검소한 자세로 아랫사람을 예우하며 백성에게 세금을 거두는 데 일정한 제도가 있다.〔賢君必恭儉禮下, 取於民有制.〕

살펴보건대 위의 한 단락은 《시경》을 인용하여 다만 백성의 일을 느슨히 해서는 안 된다는 것을 말하였고, 이 한 단락은 위의 문장을 이어 백성의 일을 소홀히 해서는 안 되는 정치를 말하였다. ○공손함과 검소함 두 가지 일은 현명한 군주 자신에 대해 말한 것이고, 아랫사람을 예우하며 백성에게 세금을 거두는 데 일정한 제도가 있는 두 가지 일은 현명한 군주가 공손함과 검소함을 미루어 정치에 시행하는 것에 대해 말한 것이다. ○채청이 말하기를 "위에서는 어진 사람이 백성의 생업을 제정해주는 일을 시급하게 하는 것은 다만 '검소한 덕〔儉德〕'이라고 하고, 아래에 다시 공손함과 검소함을 함께 말하였다. 이는 공손한 사람은 반드시 검소하고 검소한 사람은 반드시 공손하며, 또 토지를 나누어주고〔分田〕녹봉을 정하는〔制祿〕두 가지는 서로 필요로 하니, 녹봉을 정하는 것은 아랫사람을 예우하는 일이고 토지를 나누어주는 것은 백성의 생업을 제정해주는 일이기 때문에 여기에서 겸하여 말한 것이다." 하였다.

양화(陽貨)[44]가 말하기를 "부자가 되는 일을 하면 인(仁)하지 못하고, 인(仁)을 행하면 부자가 되지 못한다."라고 하였다.〔陽貨曰爲富不仁

爲仁不富〕

살펴보건대 "부자가 되는 일을 하면 인(仁)하지 못하게 된다.〔爲富不仁〕"는 한 구는 위 문장의 "어찌 어진 사람이 지위에 있으면서 백성을 그물질하는 짓을 할 수 있겠습니까.〔焉有仁人在位罔民而可爲〕"라는 한 단락과 호응하고, "인(仁)을 행하면 부자가 되지 못한다.〔爲仁不富〕"는 한 구는 위 문장의 "현명한 군주는 공손하고 검소한 자세로 아랫사람을 예우하며 백성에게 세금을 거두는 데 일정한 제도가 있다.〔賢君恭儉禮下，取民有制.〕"는 한 단락과 호응한다.

하후씨(夏后氏)는 50묘(畝)에 공법(貢法)을 썼고……그 실제는 모두 10분의 1이다.〔夏后氏五十而貢……其實皆什一.〕

살펴보건대 이 단락은 삼대(三代) 시대에 백성의 생업을 제정해 주고 백성에게 세금을 거두는 데 일정한 제도가 있던 법을 인용하여 위 문장의 백성의 일을 느슨히 해서는 안 된다는 뜻을 맺었다. 또 "현명한 군주는 공손하고 검소한 자세로 아랫사람을 예우하며 백성에게 세금을 거두는 데 일정한 제도가 있었다.〔賢君恭儉禮下，取民有制.〕"는 한 단락과 호응한다. ○하후씨는 50묘에 공법을 썼으니, 이는 한 명의 가장(家長)이 받는 토지 50묘 안에서 5묘의 수입을 계산하여 세금으로 바치는 것이다. 그 법은 10묘에서는 1묘를 세금으로 바치니, 이는 10분의 1에 해당한다. 은(殷)나라 사람은 70묘에 조법(助法)을 썼으니, 이는 한 명의 가장이 받는 토지 70묘 외에 7묘의 수입을 계산하여 공전(公田)으로 삼은 것이다. 그 법은 630묘의 토

44 양화(陽貨) : 춘추 시대 노나라 대부인 양호(陽虎)이다.

지를 아홉 구역으로 구획하여 각 구역이 70묘가 되고, 중간의 70묘를 공전(公田)으로 삼아 공전 70묘 안에서 14묘를 밭을 경작할 때 쓰는 여사(廬舍 농막)로 만들었으니, 나머지는 56묘이다. 7에서 8을 곱하면 56이니,-8가(家)가 각기 7묘를 경작하니, 56묘의 수를 가득 채운다.- 여덟 명의 가장이 나머지 공전을 7묘씩 경작하였다. 그렇다면 한 명의 가장이 받는 사전(私田)이 70묘이고, 경작하는 공전이 7묘이니, 이는 11분의 1에 해당한다. 주(周)나라 사람들은 100묘에 철법(徹法)을 썼으니, 이는 한 가장이 받는 100묘 이외에 각기 중간에 10묘를 계산하여 공전(公田)으로 삼았다. 그 법은 토지 900묘를 '우물 정〔井〕' 모양으로 구획하여 아홉 구역을 만드니, 구역은 각기 100묘이고 중간의 100묘를 공전으로 삼는다. 공전 100묘 중에서 20묘는 밭을 경작할 때 쓰는 여사(廬舍)로 만들었으니, 나머지는 80묘이다. 여덟 집이 나머지 공전을 10묘씩 경작하였다. 그렇다면 한 집이 받는 사전이 100묘이고, 경작하는 공전이 10묘이니, 이 역시 11분의 1에 해당한다. 이로 보자면 조법과 철법은 모두 11분의 1에 해당하고, 오직 공법만 10분의 1에 해당한다. 그러나 지금 '실제로는 모두 10분의 1이다.'라고 한 것은 대략적인 말인 듯하니, '기실(其實)' 두 글자로 보면 알 수 있다. ○재청이 말하기를 "주자의 주에 '경작할 때에는 힘을 합쳐 함께 경작하고, 수확할 때에는 이랑을 계산하여 나누는 것이 바로 철법의 의미이니, 이른바 고르다〔均〕는 뜻이며, 통한다는 뜻이다.' 하였다." 하였다. 원명선(袁明善)이 말하기를 "'청컨대 교외(郊外)에는 9분의 1의 세법을 써서 조법을 시행하고, 도성에는 10분의 1의 세법을 써서 스스로 세금을 바치게 하라.〔請野九一而助, 國中什一, 使自賦.〕' 하였다. 이것이 주나라에서 두 시대의 세법을 통용하여 철법을 만든 까닭인데, 후세 사람들이 따라쓰면서 공법과 조법을 통용한 것이 철법이라고 잘못 말하고 있으니, 오류이다." 하였다.

향(鄕)과 수(遂)[45]에는 공법을 써서 10부(夫)에 구(溝)가 있었고, 도비(都鄙)[46]에는 조법을 써서 여덟 집이 정(井)을 함께하였다.〔鄕遂用貢法, 十夫有溝, 都鄙用助法, 八家同井.〕-주-

살펴보건대 이 주는 아래 문장의 "청컨대 교외에는 9분의 1의 세법을 써서 조법을 시행하고, 도성에는 10분의 1의 세법을 써서 스스로 세금을 바치게 하라.〔請野九一而助, 國中什一, 使自賦.〕" 아래의 집주와 참고해 보아야 한다. ○《문헌통고》에 "교외에는 9분의 1의 세법을 써서 조법을 시행하고, 도성에는 10분의 1의 세법을 써서 스스로 세금을 바치게 하라는 맹자의 설이 있은 뒤로 정 강성(鄭康成 정현)이 《주례》의 주를 내면서 '주나라의 제도에는 향(鄕)과 수(遂)에 공법을 사용하였다.' 하였으니, 《주례》〈지관사도(地官司徒) 수인(遂人)〉에 이른바 '10부(夫)마다 구(溝)를 둔다.〔十夫有溝〕'가 이것이고, '도비(都鄙)에는 조법을 썼다.' 하였으니, 《주례》〈동관고공기(冬官考工記) 장인(匠人)〉에 이른바 '9부(夫)가 정(井)이 된다.〔九夫爲井〕'가 이것이니, 원래 두 가지 세법이다. 회암(晦菴 주자(朱子))은 〈수인(遂人)〉에서는 10을 단위로 삼았고, 〈장인(匠人)〉에서

45 향(鄕)과 수(遂) : 지방의 고을을 말한다. 주(周)나라 제도에, 왕성(王城)에서 50리 이상 떨어진 지역을 향(鄕)이라 하여 6향으로 나누고 왕성에서 100리 이상 떨어진 지역을 수(遂)라 하여 6수로 나누었다. 《周禮 地官司徒》

46 도비(都鄙) : 주나라의 공경대부와 왕의 자제들의 채읍(采邑)을 말한다.

는 9를 단위로 삼아 결코 합쳐질 수 없으니, 정현(鄭玄)의 분주(分註)[47]에서 두 가지 항목으로 간주한 것이 옳다고 여기며, 근세의 여러 유학자들이 두 가지를 합쳐서 하나의 법으로 만든 것은 잘못이라 하였다. 그러나 내[48]가 예전에 고찰해보니, 《맹자》에 이른바 '교외에는 9분의 1을 쓴다.〔野九一〕'는 전지(田地)를 받는 제도이고, '도성에는 10분의 1을 쓴다.〔國中什一〕'는 백성에게 세금을 거두는 제도이다. 조법에는 공전(公田)이 있는 까닭에 그 단위를 반드시 9로 하니, 사방에 있는 여덟 구역은 사전(私田)이고 중앙에 있는 한 구역은 공전이다. 이것이 구부(九夫)[49]이니, 많고 적음이 모두 합쳐질 수 없다. 공법에는 공전이 없으니, 맹자가 '십일(什一)'이라 한 것은 다만 거두어들이는 수를 말한 것일 뿐이다. 〈수인(遂人)〉의 10부(夫)라는 것도 다만 그 성수(成數)를 들어서 말한 것일 뿐이다. 9부의 경우에는 절로 9부의 공법이 있고, 10부에는 절로 10부의 공법이 있기에 애초에 10이라는 단위에 얽매여야 공법을 시행할 수 있는 것은 아니다. 그런데 지금 다만〈장인(匠人)〉에 '9부가 정(井)이 된다.'는 글만 보고〈수인〉에 이른바 '10부(夫)마다 구(溝)를 둔다.'는 것도 10을 단위로 삼았다고 여기니, 너무 얽매인 듯하다. 수(遂)에서 구(溝)에 이르기까지, 구(溝)에서 혁(洫)에 이르기까지, 혁(洫)

47 분주(分註) : 분주(分注)로도 표기하는데, 본문 아래에 작은 글자를 두 줄로 써서 기록한 주(註)를 말한다.

48 내:《문헌통고》의 저자인 마단림(馬端臨)을 가리킨다.

49 구부(九夫) : 정전법(井田法)을 말한다. 정전제도에 의해 여덟 집〔八家〕에서 각기 사전(私田) 1백 묘씩을 받아 농사를 짓는데, 여기에다 공전(公田) 1백 묘를 합해서 구부가 된다.

에서 회(澮)에 이르기까지, 회(澮)에서 천(川)에 이르기까지[50] 이 두 가지 법이 동일한 까닭이다." 하였다. ○채청이 말하기를 "교외와 도비(都鄙)의 지역은 평원의 너른 들판이니, 만 부(夫)의 정(井)을 구획할 수 있다. 그러므로 나누어 구획하여 9부를 만들어 가운데를 공전으로 삼고 8부의 사전으로 주위를 둘러 '정(井)' 자 모양으로 배열하고 바둑판 모양으로 정리하였다. 이른바 '구혁(溝洫)'은 다만 전지의 많고 적음을 제한하여 경계를 만들려고 한 것이다. 도성과 향(鄕)과 수(遂)는 산림을 포함하고 동산과 언덕이 그 안에 있어 밭을 '정(井)' 자 모양으로 가지런히 구획하여 나누기가 어려우니, 다만 긴 곳을 잘라 짧은 곳에 보태주는 것으로 계산하여 100묘의 전지를 한 명의 가장에게 주기로 약속하였다. 이른바 '구혁'은 땅의 높고 낮음에 따라 저장하고 흘려보내는 것이니, 이것이 두 가지 법이 다른 까닭이다. 이 때문에 〈장인(匠人)〉에서 수(遂)를 말할 때에는 반드시 2척(尺)이라 하였고, 구(溝)를 말할 때에는 반드시 4척이라 하였으며, 혁(洫)을 말할 때에는 반드시 8척이라 하였고, 회(澮)를 말할 때에는 반드시 2심(尋)이라 하였다. 평원의 너른 들판 지역은 9부의 전지를 구획하여 '정(井)' 자 모양으로 만들어 각기 동일하게 아홉 구역으로 나눈다. 그 사이에 이른바 수(遂)와 구(溝)와 혁(洫)은 좁으면 물을 저장하기에 부족하고 넓으면 또 전지에 해가 되기

50 구(溝)에서……이르기까지 : 《주례》에 "무릇 들을 다스리는 데는, 부(夫)의 사이에 수(遂)를 두고 수의 가에는 경(徑)을 두며, 10부마다 구(溝)를 두고 구의 가에는 진(畛)을 두며, 100부마다 혁(洫)을 두고 혁의 가에는 도(涂)를 두며, 1000부마다 회(澮)를 두고 회의 가에는 도(道)를 두며, 1만부마다 천(川)을 두고 천의 가에는 로(路)를 두어 기내(畿內)로 통하게 한다."라고 하였다. 《周禮 地官 司徒下》

때문에 반드시 일정한 규격을 두어 제한을 넘을 수 없으니, 〈수인〉에 '부(夫) 사이에 수(遂)를 두고, 10부마다 구(溝)를 두고, 100부마다 혁(洫)을 두며, 1000부마다 회(澮)를 둔다.'는 것과 같다. 산골짜기와 늪 지역에는 지세에 따라 전지를 만드는데, 평평하거나 기울어지거나 넓거나 좁거나 모두 개간할 수 있으므로, 구와 혁도 그 규격을 말하지 않았다. 이른바 '부(夫) 사이에 수(遂)를 두고, 수의 가에는 경(徑)을 두며, 1만 부마다 천(川)을 두고, 천의 가에는 노(路)를 두는 데 이른다.〔夫間有遂, 遂上有徑, 以至萬夫有川, 川上有路.〕'는 우선 대략적으로 말한 것이지, 〈장인〉에서처럼 전지는 반드시 9부로 제한하고, 구혁은 반드시 얼마의 규격으로 제한하는 것은 아니다." 하였다.

《주례》 〈지관사도(地官司徒) 수인(遂人)〉에 "들을 다스리는 데는 ……기내(畿內)로 통하게 한다."라고 하였다.〔周禮地官司徒遂人凡治野……以達于畿.〕-소주-

본주에 "수(遂), 구(溝), 혁(洫), 회(澮)는 모두 천(川)으로 물길을 통하게 하는 것이다. 수는 넓이와 깊이가 2척이고, 구는 두 배이며, 혁은 구의 두 배이며, 회는 넓이가 2심(尋)이고 깊이가 2인(仞)이다. 경(徑), 진(畛), 도(涂), 도(道), 노(路)는 모두 수레와 수레를 이끄는 무리를 도성에 통하도록 하는 것이다. 경(徑)에는 소와 말이 다닐 수 있고, 진(畛)에는 큰 수레가 다닐 수 있으며, 도(涂)에는 승거(乘車) 한 대가 지날 수 있고, 도(道)에는 두 대가 지날 수 있으며, 노(路)에는 세 대가 지날 수 있다." 하였다.

공법은 모두 10분의 1을 일정한 수로 삼았다.〔貢法皆以十分之一爲常數〕-주-

살펴보건대 이는 공법에서 전지(田地)를 나누고 세금을 거둘 때 모두 10분의 1을 일정한 수로 정한다는 말이다. 오직 조법만은 그렇지 않아 전지를 나눌 때는 9분의 1로 하고, 세금을 거둘 때는 11분의 1로 한다.

오직 조법만은 9분의 1로 한다.〔惟助法乃是九一〕-주-

살펴보건대 이는 전지(田地)를 나누는 수를 말한 것이지, 세금을 거두는 수를 말한 것은 아니다.

순로(淳鹵)의 땅〔淳鹵之地〕-소주-

살펴보건대 진작(晉灼)이 말하기를 "순(淳)은 다한다는 뜻이니, 소금기가 있는 땅을 다한다는 것을 말한다."라고 하였다. ○《서경》〈우공(禹貢)〉의 '해빈광척(海濱廣斥)' 주에 "허신(許愼)이 말하기를 '동방(東方)에서는 척(斥)이라 하고, 서방(西方)에서는 노(鹵)라 하니, 척로(斥鹵)는 염분이 있는 땅으로, 소금을 구울 수 있는 곳이다.' 하였다." 하였다.

석로(舃鹵)의 땅〔舃鹵之田〕-소주-

살펴보건대 '석(舃)'은 '척(斥)' 자와 동일한 듯하다. ○《한서(漢書)》〈형법지(刑法志)〉 '제산천심척(除山川沈斥)'[51]의 주에 "척(斥)은 염

51 제산천심척(除山川沈斥) : 본문에는 '沈'이 '池'로 되어 있으나 《한서(漢書)》〈형

분기가 있는 논이다." 하였다.

이는 역시 11분의 1에 지나지 않는다.〔是亦不過十一〕-주-

살펴보건대 여기의 '십일(十一)'은 위의 '10분의 1보다 가볍다〔輕於十一〕'의 '십일'과는 다르다. 위에서 이른바 '십일'은 10분의 1이고, 여기에서 이른바 '불과십일(不過十一)'은 11등분을 말한 것이니, 집주의 본뜻으로 보면 알 수 있다.

선주(先疇)의 농토에 종사하지 못한다.〔不得服先疇之田畝〕-소주-

살펴보건대 선주(先疇)는 선대로부터 물려받은 경작지인 듯하다.

용자(龍子)

《열자(列子)》에 이르기를 "용자의 이름은 목(穆)이니, '용숙(龍叔)'으로 불리기도 하였다." 하였다.

몇 년의 중간치를 비교하여 일정한 수를 정한다.〔校數歲之中以爲常〕

살펴보건대 풍년과 흉년 두 해를 비교하여 풍년이 들지 않고 흉년이 들지 않은 중간의 해를 기준으로 공법이 일정한 법식으로 정하는 것이다. 그러므로 그 아래에서 비록 풍년이 들더라도 많이 취하지 않고, 비록 흉년이 들더라도 반드시 일정 수량을 취한다고 나누어 말한 것이다. ○주공천(朱公遷)[52]이 말하기를 "용자(龍子)의 말이

법지(刑法志)〉에 의거하여 '池'를 '沈'으로 수정하여 번역하였다.

52 주공천(朱公遷) : 원(元)나라의 학사・문신으로, 경전백가(經傳百家)와 예악율

이와 같으니, 공법은 너무나 좋지 않다. 다만 생각건대 처음의 제도는 꼭 그렇지는 않았을 것이니, 시행한 지가 오래되어 폐단이 없을 수 없었을 뿐이다. 향(鄕)과 수(遂)에 공법을 쓰는 것은 주나라에서도 폐지한 적이 없고, 맹자도 '도성에는 10분의 1의 세법을 써서 스스로 세금을 바치게 한다.〔國中什一使自賦〕'라고 하였다. 손해와 이익을 짐작하여 공법과 조법을 겸하여 시행한 것이 왕제(王制)의 대략이니, 선왕의 법을 무엇 때문에 사용하지 않겠는가." 하였다. ○사계(沙溪 김장생)가 말하기를 "율곡(栗谷 이이)은 '몇 년의 중간치를 비교한다.〔校數歲之中〕'를 풀이하여 풍년이 들지 않고 흉년이 들지 않은 중간 해라고 하였는데, 나는 몇 년간 수확한 양의 많고 적은 수를 통틀어 계산해서 일정한 법식으로 정한 것이라고 생각한다.

농토에 거름을 주는데도 부족하다.〔糞其田而不足〕

채청이 말하기를 "그 소득으로 농토에 거름을 주는 비용을 제공하는 데에도 오히려 넉넉하지 못한 것이니, 밭에 거름을 주는 일에도 반드시 미곡을 비용으로 제공했던 것이다."라고 하였다. ○살펴보건대 채청의 이 설은 만약 흉년을 만나면 비록 농토에 거름을 주는 일을 하려고 해도 힘이 부족하다는 말이니, 그 말이 정밀한 듯하지만 옳지 않은 듯하다. 이른바 '분전부족(糞田不足)'은 흉년에는 비록 그 농토에 거름을 주더라도 수확량이 부족하다는 뜻이다.

분(糞)은 북돋는다는 뜻이다.〔糞, 壅也.〕-주-

력(禮樂律曆) 등 다방면에 정통하였다.

옹(壅)은 《운서(韻書)》에 "흙은 보충하여 농토를 북돋는 것이다."하였다. 사계(沙溪 김장생)가 말하기를 "반록장(班祿章)의 '백묘의 분〔百畝之糞〕'과는 같지 않다. 그곳에서는 '거름을 주는데, 거름이 많고 부지런히 힘쓰는 사람〔加之以糞, 糞多而力勤者.〕'이라고 하였으니,[53] 바로 분예(糞穢 거름)의 분(糞)이다." 하였다.

상서학교(庠序學校)[54]를 설치하여 백성들을 가르쳤다.〔設爲庠序學校以敎之〕

살펴보건대 등 문공이 나라를 다스리는 방도를 물었는데, 맹자가 "백성의 일을 느슨히 해서는 안 된다.〔民事不可緩〕"라고 말했기 때문에 먼저 백성의 일정한 생업을 제정해주는 일과 세금을 거두는 일정한 제도를 거론하여 말하였다. 그러나 이미 백성을 길렀으면 또 가르치지 않을 수 없기 때문에 여기서 또 삼대의 상서학교의 일을 말하여 맺으며 "모두 인륜을 밝히는 것이었습니다.〔皆所以明人倫也〕"라고 하였다. 맹자가 예전에 "배불리 먹고 따뜻하게 옷을 입고서 편안히 거처하기만 하고 가르침이 없으면 금수에 가까워진다. 성인이 이를

53 반록장(班祿章)의……하였으니 : 《맹자》 〈만장 하(萬章下)〉의 글로 '반작록(班爵祿)' 장이라고도 한다. 북궁의(北宮錡)와 맹자가 주나라 왕실의 작위와 녹봉을 반열하는 것에 대해서 문답하는 내용이다. 그 글에 "경작하는 자의 소득은 한 가장이 100묘를 받으니, 100묘를 가꾸어 거름을 주는데 상농부는 9명을 먹일 수 있다.〔耕者之所獲, 一夫百畝, 百畝之糞, 上農夫食九人.〕라고 하였는데, 주자(朱子)의 주에 "한 지아비와 한 지어미가 토지 100묘를 가꾸어서 거름을 주는데, 거름이 많고 힘이 부지런한 자는 상농부가 된다.〔一夫一婦, 佃田百畝, 加之以糞, 糞多而力勤者爲上農〕" 하였다.

54 상서학교(庠序學校) : 중국 고대의 교육기관으로, 상은 주(周)나라, 서는 상(商)나라, 교는 하(夏)나라, 학은 삼대(三代)가 모두 동일했다. 《孟子 滕文公上》

근심하여 설(契)을 사도(司徒)로 삼아 인륜을 가르치게 하였다."고 한 말도 이 뜻이다. ○강릉 항씨(江陵項氏)[55]의 〈송자현학기(松滋縣學記)〉에 "책에서 볼 수 있는 학제(學制)는 오제(五帝) 때부터 시작한다. '성균(成均)'이라는 명칭은 해설하는 자가 '성(性)을 이루는 것이다.' 하였다. 유우씨(有虞氏) 때에 비로소 학(學)에 나아가 곡식을 보관해 두고는 학궁(學宮)에 쌀을 보관해 두는 것을 말하니, 역시 효(孝)를 가르치는 뜻이다. '상(庠)'이라 명명(命名)하고 또 '미름(米廩)'이라 하였으니, 여기서 효의(孝義)의 마음이 나온다. 하후씨(夏后氏)는 활쏘기로 사(士)를 성취시켜-활쏘기로 덕(德)을 관찰하여 선후의 차례를 두었다.- 〈행위(行葦)〉[56]와 확상(矍相)에서 말한 것[57]처럼 하여 '서(序)'라고 명명하였으니, 행동을 검속한 것이다. 상(商)나라는 음악으로 선비를 성취시켰으니, 기(夔)에게 말한 것[58]과 대사악(大師樂)에서

55 강릉 항씨(江陵項氏) : 항안세(項安世, 1129~1208)를 말한다. 자는 평보(平父), 호는 평암(平庵)으로, 송대의 경학자이다. 경원(慶元) 연간에 당금(黨禁)이 일어나 주희(朱熹)가 위학(僞學)으로 배척받을 때 상소하여 변호하다가 위당(僞黨)으로 몰려 강릉(江陵)에 좌천되었다.

56 행위(行葦) : 《시경》 〈대아(大雅)〉의 편명이다. 부형(父兄)과 친족들이 모여서 정답게 연회를 베푸는 것이 그 주된 내용인데, 그 가운데 활쏘기와 관련하여 "화살을 발사하자 모두 적중되니, 화살을 맞힌 데 따라 손님의 차례를 정한다.〔舍矢旣均, 序賓以賢.〕"라는 내용이 있다.

57 확상(矍相)에서 말한 것 : '확상'은 산동성(山東省) 곡부(曲阜) 궐리(闕里) 서쪽의 지명이다. 공자가 확상에서 향사례(鄕射禮)를 행할 적에 활쏘기가 끝나고 서점(序點)으로 하여금 술잔을 들고 "배우기를 좋아해서 게을리 하지 않고, 예를 좋아해서 변치 않으며, 80~90의 나이가 되도록 도를 받들어 행해 이단에 빠지지 않을 자만 이 자리에 있으라."라고 하니 남아 있는 사람이 얼마 없었다. 《禮記 射義》

58 기(夔)에게 말한 것 : 순 임금이 신하인 기(夔)에게 "너를 전악의 관직에 임명하니,

말한 것[59]처럼 하여 '학(學)'이라 명명하고 또 '고종(瞽宗)'이라고 하였으니, 악사(樂師)는 고복(瞽僕)이 종주(宗主)로 여기는 대상이다. 그 덕을 성취시킨 것이다. 선왕이 가르치는 방법이 완비되어 주나라 사람들이 닦아서 정비하고 겸하여 사용하였다. 내부에는 근교(近郊)에 모두 사학(四學)을 건립하여 우상(虞庠)은 북쪽에, 하서(夏序)는 동쪽에, 상교(商校)는 서쪽에 두었으며, 당대의 학(學)은 중앙에 두고 남쪽을 바라보게 하여 삼학(三學)[60]이 둘러싸게 하고는 '교(膠)'라 명명하고 또 '벽옹(辟雍)'이라 하였다. '교(郊)'는 그 땅을 말한 것이고, '벽(璧)'은 그 형상을 말한 것이니, 모두 옛사람이 뜻을 빌려 쓴 글자이다. 외부에도 사학의 제도를 두어 참작하여 시행하였다. 제후의 봉지(封地)마다 모두 당대의 '학(學)'을 세웠는데, 제도를 반포하여 '반궁(泮宮)'이라 하였으며, 향(鄕)마다 모두 우상(虞庠)을 세웠고, 주(州)마다 모두 하서(夏序)를 세웠으며, 당(黨)마다 모두 상교(商校)를 세웠으니, 당시에 사대(四代)의 '학(學)'이 천하에 퍼졌다. 사람들이 어려서부터 익숙히 들었기 때문에 지금 백가(百家)가 기록한 것이 어긋나고 뒤섞여 차이가 있는 것은 모두 주나라의

주자를 가르치도록 하라. 그 방법은 곧으면서도 온화하게 하고, 너그러우면서도 엄격하게 하고, 굳세면서도 사납지 않게 하고, 간략하면서도 오만하지 않게 해야 할 것이다."라고 하였다. 《書經 舜典》

59 대사악(大師樂)에서 말한 것 : 《주례》 〈춘관종백 하(春官宗伯下)〉 대사악조(大師樂條)에서 "무릇 도가 있는 이와 덕이 있는 이는 교육을 담당하게 하고, 그들이 죽으면 악조로 삼아 고종(瞽宗)에서 제사한다.〔凡有道者, 有德者, 使敎焉死, 則以爲樂祖, 祭於瞽宗.〕"라고 하였다.

60 삼학(三學) : 상(庠), 서(序), 교(校)를 말한다.

제도에서 뒤섞여 가리키고 호언(互言)[61]을 했기 때문이다." 하였다.

왕자(王者)가 나오면 반드시 와서 그 법을 본받을 것이다.〔有王者起, 必來取法.〕

살펴보건대 '반드시 와서 그 법을 본받는다.〔必來取法〕'는 정지(井地 정전법)와 학교 등의 일을 가리켜 말한 것이다. 등나라 영토가 좁지만 만일 등 문공이 정지와 학교 등의 일을 시행할 수 있다면 그 효험이 왕자의 스승이 되는 데 지나지 않을 뿐이니, 스스로 왕자가 될 수 없다는 점을 알 수 있다.

역시 그대[62]의 나라를 새롭게 할 수 있을 것입니다.〔亦以新子之國〕

살펴보건대 등나라가 비록 소국이지만, 만일 정전법과 학교의 가르침을 힘써 시행하여 예전의 잘못된 습속을 한번 쇄신할 수 있다면 이것이 바로 '새롭게 하는 것〔新〕'이니, 역시 날마다 강대해져서 문왕(文王)이 그 명(命)을 새롭게 한 것[63]을 기대할 수 있다.

61 호언(互言) : 글을 지을 적에 뜻이 같은 다른 말을 교차해서 사용함으로써 같은 글자가 중복되는 것을 피하는 수법을 말한다.

62 그대 : '자(子)'는 등문공을 가리킨다. '자(子)'는 주자(朱子)의 집주(集註)에 제후(諸侯)로 선후(先侯)가 죽은 지 1년을 넘지 않은 자의 칭호라고 하였다.

63 문왕(文王)이……것 : 스스로를 새롭게 하고 이를 미루어 백성까지 새롭게 한 결과 마침내 나라의 명운도 새롭게 하는 효과를 말한 것이다. 《시경》〈대아(大雅) 문왕(文王)〉의 "주나라는 비록 오래된 나라지만, 그 명이 오직 새로웠도다.〔周雖舊邦, 其命維新.〕"라고 하였다.

군자(君子)[64]가 없으면 농민을 다스릴 수 없고……군자를 봉양할 수 없다.〔無君子, 莫治野人……莫養君子.〕

살펴보건대 군자가 없으면 농민을 다스릴 수 없기 때문에 녹봉을 제정하는 법이 있고, 농민이 없으면 군자를 받들 수 없기 때문에 전지(田地)를 나누어 주는 법이 있는 것이다.

청컨대 교외에는 9분의 1의 세법을 써서 조법을 시행하고……스스로 세금을 바치게 하라.〔請野九一而助……使自賦.〕

살펴보건대 '구일(九一)'은 정전법이며, '십일(什一)'은 세금으로 바치는 수량이다. ○채청이 말하기를 "앞에서는 다만 토지를 다스리는 데에는 조법(助法)보다 좋은 것이 없고, 심지어 주나라도 조법을 시행했다고 말하여 절실하게 등나라가 조법을 시행하기만 요구하고 공법은 전혀 언급하지 않았다. 그런데 필전(畢戰)에게 대답할 때에는 '청컨대 교외에는 9분의 1의 세법을 써서 조법을 시행하고, 도성에는 10분의 1의 세법을 써서 스스로 세금을 바치게 하라.'라고 하여 도리어 또 공법을 겸하여 말하였다. 이는 등나라가 당시에 공법만을 시행하였으니, 세록(世祿)[65]을 이미 시행하고 있다는 것은 바로 공법으로 바친 곡식으로 세록을 충당한 것이다. 오직 조법은 아직 시행하지 않았기 때문에 처음에는 조법에 대해 말하였고, 뒤에 필전에게

64 군자(君子) : 본문의 군자는 일반적인 군자가 아니라 관직이 있는 위정자(爲政者)를 말한다.

65 세록(世祿) : 대대로 벼슬을 하여 녹봉(祿俸)을 받는 집안으로, 전지(田地)를 주어 공전(公田)에서 들어오는 수입을 먹게 하는 것이다.

말해줄 때는 공법과 조법을 겸하여 말하지 않을 수 없었으니, 방략(方略)과 형세를 전수한 것이다." 하였다.

향(鄕)과 수(遂)의 법[66]의 편제는 1가(家)에서 1인의 병사를 차출하고, 정목(井牧)의 법[67]의 편제는 30가에서 사(士) 10인과 도(徒) 10인을 차출한다.〔鄕遂之法次第, 是一家出一人兵, 井牧之法次第, 是三十家方出得士十人徒十人.〕-소주-

살펴보건대 이는 첫 권의 '만승지국(萬乘之國)'과 '천승지가(千乘之家)'의 아래에 있는 소주에서 '512가(家)에서 사졸(士卒) 75인을 차출한다.'라고 말한 내용과는 다르다.

경(卿) 이하는 반드시 규전이 있으니, 규전은 50묘이다.〔卿以下必有圭田, 圭田五十畝.〕

《예기》〈왕제(王制)〉에 "규전에는 세금을 거두지 않는다.〔夫圭田無征〕"라고 하였는데, -정씨(鄭氏 정현)는 "부(夫)는 다스린다는 뜻이고, 정(征)은 세금을 거둔다는 뜻이니, 규전을 다스리는 자에게 세금을 거두지 않는 것은 현자를 후하게 대우하는 것이다."라고 하였다.- 그 주에 "규전은 녹봉 이외의 전지(田地)로 제사를 받들기 위한 것이니, 세금을 거두지 않는 것은

66 향(鄕)과 수(遂)의 법 : 192쪽 주45 참조.

67 정목(井牧)의 법 : 토질에 따라 전지(田地)를 구획(區劃)하여 경작하거나 목축하도록 하여 부세를 받기 편리하도록 한 제도이다. 《주례(周禮)》 지관(地官) 소사도(小司徒)에 "토지를 경영하여 그 전야(田野)를 정목(井牧)하였다. 9부(夫)가 정(井)이 되고, 4정이 읍(邑)이 되며, 4읍이 구(丘)가 되고 4구가 전(甸)이 되며, 4전이 현(縣)이 되고 4현이 도(都)가 된다." 하였다.

현자를 후하게 대우하는 것이다. '규(圭)'라고 말한 것은 결백하다는 뜻이다. 《주관제도(周官制度)》[68]에 '규전은 경(卿)에서 사(士)에 이르기까지 모두 50묘이니, 이는 오로지 제사를 주관하는 전지이므로 세금을 거두지 않는 것이다.' 하였다. 그러나 〈왕제〉에는 '대부(大夫)와 사(士)가 종묘의 제사를 지낼 때 전지가 있으면 제사를 지내고 전지가 없으면 천신(薦新)[69]한다.' 하였고, 《맹자》에도 '사(士)가 전지가 없으면 역시 제사지내지 않는다." 하였으니, 이미 모두 "전지가 있다.'고 말하였으면 무슨 까닭으로 또 '전지가 없으면 천신한다.'라고 하였겠는가. 이러한 사실로 규전을 하사하는 일도 제후가 공덕이 있으면 규찬(圭瓚)[70]을 하사하는 일과 비슷하다는 것을 알 수 있다." 하였다. ○예서(禮書)에 "규전은 녹봉 이외의 전지이고, 여부(餘夫)[71]는 부(夫) 이외의 전지이다. 녹봉 이외의 전지는 100묘의 절반이고, 부(夫) 이외의 전지는 또 절반이니, 이는 100묘로부터 차등을 두어 그런 것이다. 옛날에는 경에서 사에 이르기까지 규전이 동등하였으니, 각기 정성과 공경을 다하기를 원했을 뿐이다. 그런데 후대에는 전지를 나눌 적에 귀천(貴賤)을 기준으로 제정하였으니, 예의

68 주관제도(周官制度) : 미상이다.

69 천신(薦新) : 희생(犧牲)이 없이 시물(時物)만 올리는 것을 말한다. 봄에는 부추를, 여름에는 보리를, 가을에는 기장을, 겨울에는 벼를 올렸다.

70 규찬(圭瓚) : 옥찬(玉瓚)이라고도 한다. 천신(天神)이나 종묘에 제사 지내며 강신할 때에 쓰던 술잔으로, 옥이나 구리로 만들기도 하고 은으로 만들어 안을 도금하기도 하였다.

71 여부(餘夫) : 법적으로 전지를 받을 수 있는 인구 이외의 사람으로, 한집안에서 정부(正夫)를 제외한 나머지 장정들을 말한다.

취지가 아니다." 하였다. ○살펴보건대 예서의 설은 〈왕제〉의 주와는 다르다.

여부(餘夫)는 25묘를 준다.〔餘夫二十五畝〕

예서(禮書)에 "선왕의 백성이 비록 균등하게 100묘의 전지를 받았지만 자제가 많아 식량이 부족하고 인력이 남는 경우에는 또 여부(餘夫)를 주었다. 그러나 여부의 전지가 25묘에 지나지 않았던 것은 그 집안이 이미 100묘의 전지를 받았는데 또 100묘를 주면 저들의 힘이 감당하지 못하기 때문에 한 명의 농부에게 주는 전지를 4등분한 것뿐이다. 반고(班固)가 말하기를 '그 집안에 여러 남자에게는 역시 인구에 따라 이처럼 전지를 준다.' 하였고, 정 사농(鄭司農 정중(鄭衆))은 말하기를 '집마다 부(夫) 한 명과 부(婦) 한 명을 헤아려서 전지를 주는데, 여부도 이 전지를 받는다.'라고 하였으니, 그 설이 맹자와 부합하지 않는다." 하였다. ○이패림(李霈霖)이 말하기를 "군자를 봉양하면서 군자의 조종(祖宗)에까지 생각이 미치고, 농민을 다스리면서 농민의 자제에까지 생각이 이르렀으니 군자를 후하게 대우하고 농민을 후하게 대하는 방법이며, 인정(仁政)을 독실하고 자세하게 시행한 것을 여기에서 볼 수 있다." 하였다.

사방 1리가 1정이니, 1정은 900묘이다.〔方里而井, 井九百畝.〕

《예기》〈왕제(王制)〉에 "사방 1리는 전지 900묘이다.〔方一百里者, 爲田九百畝.〕" 하였는데, 그 주에 "100보를 '묘(畝)'라고 하니, 이는 길이가 100보에 너비가 1보이다. 100묘를 '부(夫)'라고 하니, 이는 1경(頃)으로, 길이와 너비가 100보이다. 3부를 '옥(屋)'이라 하니,

이는 3경으로, 너비가 300보에 길이가 100보이다. 3옥을 '정(井)'이라 하니, 900묘로, 길이와 너비가 1리이다." 하였다.

신안 진씨(新安陳氏 진력)가 말하기를 "상례에는 절문이 있고, 경계의 법에는 제도가 있다."라고 하였다.〔新安陳氏曰 喪禮有節文, 經界之法有制度."〕-소주-

살펴보건대 집주에 "예법이 무너진 뒤에 제도와 절문을 다시 상고할 수 없다.〔當禮法廢壞之後, 制度節文, 不可復考.〕" 하였으니, 이는 위의 상례장(喪禮章)[72]과 경계장(經界章)[73] 두 장의 여섯 글자를 이어 총괄하여 말한 것이다. 또 '제도절문(制度節文)'의 위에 '예법폐괴(禮法廢壞)'라고 하였으니, 예(禮)는 상례이고, 법(法)은 경계의 법이다. 이 사실로 보면 이른바 '제도절문'은 상례와 정지(井地 정전법) 두 가지 일을 통틀어 가리켜 말한 듯하니, 상례 속에 제도와 절문이 있고, 정지 속에 제도와 절문이 있는 것이다. 그런데 지금 진씨는 나누어 소속시켰으니, 어떤지 모르겠다.

곧장 무너지다〔索性壞却〕-소주-

색성(索性)은 《어록(語錄)》에 "곧장〔白直〕이라는 말과 같고, 또 곧장 결정하는 것〔直截〕과 같다." 하였다.

72 상례장(喪禮章) : 《맹자(孟子)》 〈등문공 상(滕文公上)〉의 '등 정공(滕定公)이 죽자〔滕定公薨〕'로 시작하는 단락에서 '연우가(然友)가 복명을 하자〔然友反命〕'로 시작하는 단락까지를 말한다.

73 경계장(經界章) : 《맹자(孟子)》 〈등문공 상(滕文公上)〉의 '등 문공이 나라를 다스리는 것에 대해 묻자〔滕文公問爲國〕'로 시작하는 단락에서 '이것이 그 대략이니 〔此其大略也〕'로 시작하는 단락까지를 말한다.

유위신농지언자장

有爲神農之言者章

신농씨(神農氏)의 학설을 주장하는 사람이 있다.〔有爲神農之言者〕

《사서휘고(四書彙考)》에 "신농(神農)의 성(姓)은 이기(伊祈)이고 이름은 궤(軌)이며, 또다른 이름은 석년(石年)이다. 백성을 가르쳐 처음으로 농사를 지어 '선색(先嗇)'이라 하고, 그의 농업을 신성시하여 '신농(神農)'이라 한다." 하였다. ○《사기》에 "염제 신농씨(炎帝神農氏)는 강수(姜水)에서 자랐기 때문에 그로 인해 성(姓)으로 삼았다. 화덕(火德)으로 왕이 되었기 때문에 염제(炎帝)라고 한다. 120년 동안 제위에 있다가 세상을 떠났다. 신농(神農)이 본래 열산(烈山)에서 일어났기 때문에《춘추좌씨전》에 '열산씨(烈山氏)의 아들'이라고 일컬었으며, 역시 '여산씨(厲山氏)'라고 하였다.《예기》〈제법(祭法)〉-편명이다.-에 "여산씨가 천하를 소유했을 때, 그 아들 농(農)이 온갖 곡식을 심어 농사에 뛰어났다." 하였다.

자기가 배운 것을 다 버리고 그에게 배웠다.〔盡棄其學而學焉〕

살펴보건대 맹자가 여기에서 "자기가 배운 것을 다 버리고 그에게 배웠다."는 한 단락을 먼저 말한 것은 만약 이 한 단락이 없다면 아래 문장에 이른바 "그대의 형제가 그를 섬기기를 수십 년 하다가 스승이 죽자 마침내 배반하는구나.〔子之兄弟事之數十年, 師死而遂倍之.〕"와 인용한 자공(子貢)과 증자(曾子) 등의 말이 아울러 조응하지 못해서이다.

등나라 군주는 진실로 현명한 군주이다.〔滕君則誠賢君也〕

살펴보건대 진상(陳相)[74]이 여기에서 진실로 현명한 군주라고 먼저 말한 것은 등나라 군주가 정지(井地 정전법)와 인정(仁政)을 시행하였기 때문에 진실로 현명한 군주라고 한 것이다. 다음으로 말한 현자(賢者)의 '현(賢)'은 신농(神農)의 부류를 가리키니, 옛날의 현인 중 신농의 도(道)를 다했던 자를 인용하여 증명한 것이다. 마지막의 "어찌 현명한 군주라 하겠는가.〔惡得賢〕"라는 말은 등나라에는 창름(倉廩)과 부고(府庫)가 있어 백성들을 괴롭혀 자신을 봉양하였으니, 이전에 이른바 "진실로 현명한 군주이다."는 실제로는 현명한 군주가 아니라는 말이다. 세 개의 '현(賢)' 자가 각각 가리키는 바가 있다.

"흰 비단으로 만든 관이다."〔曰冠素〕

《예기》〈잡기(雜記)〉에 "소(素)로 필(韠)을 만든다." 하였는데, 정현(鄭玄)의 주에 "소(素)는 흰 비단〔生帛〕이다." 하였다.

"아닙니다. 곡식을 주고 바꿉니다." "허자(許子 허행(許行))는 어찌하여 스스로 짜지 않는가?" "농사일에 방해되기 때문입니다."〔曰 否, 以粟易之. 曰 許子奚爲不自織? 曰 害於耕.〕

살펴보건대 허행(許行)은 필부 신분인데도 직접 흰 비단으로 관을

74 진상(陳相) : 본래 유학자인 진량(陳良)에게 유가 학설을 배웠지만, 농가(農家)인 허행(許行)을 만나 그의 제자가 된 인물이다.

짜는 일을 오히려 농사에 방해가 된다고 여겼다. 더구나 군주는 직접 사해(四海)를 다스리고 몸소 온갖 일을 총괄하는데 백성과 함께 농사를 짓는다면 유독 다스림에 방해가 되지 않겠는가. 이는 아래 문장의 허다한 분변하는 말을 기다릴 필요 없이 단지 이 한 구에서 진상(陳相)의 설이 이미 오류임이 탄로났다는 것을 알 수 있고, 역시 그의 설이 시행될 수 없음을 알 수 있다.

이 말은 여덟 번 되물은 것이다.〔此語八反〕-주-

살펴보건대 맹자가 말하기를……"그렇습니다."까지가 한 번 되물은 것이고, "허자는 반드시 베를 짠 뒤에 ……갈옷을 입습니다."까지가 두 번 되물은 것이고, "허자(許子)는 관을 쓰는가?"……"관을 씁니다."까지가 세 번 되물은 것이며, "무슨 관을 쓰는가?"……"흰 비단으로 만든 관입니다."까지가 네 번 되물은 것이다. "스스로 그것을 짜는가?"……"곡식을 주고 바꿉니다."까지가 다섯 번 되물은 것이고, "허자(許子)는 어찌하여 스스로 짜지 않는가?"……"농사일에 방해되기 때문입니다."까지가 여섯 번 되물은 것이며, "허자는 가마솥과 시루로 밥을 지으며……"그렇습니다."까지가 일곱 번 되물은 것이고, "스스로 그것을 만드는가?"……"곡식을 주고 바꿉니다."까지가 여덟 번 되물은 것이다.

농부가 곡식을 가지고 농기구와 기물로 바꾸는 것이 도공이나 대장장이에게 해가 되지 않듯이……진실로 농사지으면서 할 수 없는 일입니다.〔以粟易械器者, 不爲厲陶冶……固不可耕且爲也.〕

살펴보건대 허자(許子)는 등나라에서 창름(倉廩)과 부고(府庫)를 두어 백성들을 괴롭혀 자신을 봉양하였다고 생각하였다. 그러나 허자도 곡식을 가지고 농기구와 기물을 바꿀 수밖에 없으니, 이 역시 도공이나 대장장이를 괴롭히는 일이 아닌가. 사람이 곡식을 가지고 농기구와 기물로 바꾸는 것이 이미 도공과 대장장이를 괴롭히는 일이 아니고, 도공과 대장장이가 농기구와 기물을 가지고 곡식으로 바꾸는 것도 농부를 괴롭히는 일이 아니니, 지금 등나라 군주가 창름과 부고를 두는 것이 어찌 유독 백성들을 괴롭히는 일이 되겠는가. "도공과 대장장이를 해치지 않는다.〔不爲厲陶冶〕"와 "어찌 농부를 해치겠는가?〔豈爲厲農夫〕" 두 구는 모두 위의 "백성들을 괴롭혀 자신을 봉양한다.〔厲民以自養〕"의 '여(厲)' 자를 공격한 것이다.

○허자가 농사를 지으면서 도공의 일과 대장장이의 일을 할 수 없는 것은 바로 군주가 농사를 지으면서 백성을 다스릴 수 없는 일과 같으니, 그가 등나라 군주에게 바라는 것은 실로 자기가 하는 것과는 상반되기 때문에 맹자는 허자가 도공과 대장장이의 일을 하지 않는 것으로 논란거리를 만들어 질문하여 진상의 답변이 어떤가를 들으려고 하였다. 그런데 진상이 과연 백공(百工)의 일은 진실로 농사지으면서 할 수 없다고 대답하였기 때문에 그의 말을 바탕으로 굴복시키며 "천하를 다스리는 일을 유독 농사지으면서 할 수 있는가?"라고 하였다. 여기에 이르러 맹자가 허자를 공격한 것이 비로소 명백하고 통쾌해졌다.

그렇다면 천하를 다스리는 일은 유독 농사지으면서 또 할 수 있는가.〔然則治天下獨可耕且爲歟〕

살펴보건대 여기의 11자는 위의 진량이 이른바 "백공(百工)의 일은 진실로 농사지으면서 할 수 없다."는 말을 이어받아 이치가 순하고 말이 명백하니, 진상을 굴복시킬 수 있었고 진상의 회피하는 말도 여기에 이르러 모두 오류임이 탄로났다. 이 아래에 맹자가 분변한 말이 많지만 요컨대 역시 이 한 단락의 뜻에서 벗어나지 않는다.

대인의 일이 있고 소인의 일이 있다〔有大人之事, 有小人之事.〕
살펴보건대 대인의 일은 군주가 정치를 하는 일을 가리키고, 소인의 일은 농부와 백공(百工)의 일을 가리킨다. 아래 문장의 '마음을 쓰는 것'은 대인의 일이고, '힘을 쓰는 것'은 소인의 일이다.

이 네 구는 모두 옛말인데,[75] 맹자가 인용한 것이다.〔此四句皆古語, 孟子引之也〕-주-

살펴보건대 집주에 이른바 "'치어인(治於人)'은 남에게 다스림을 받는 것이고〔治於人者見治於人〕에서 '사어인(食於人)'은 남에게 얻어먹는 것이다.〔食於人者見食於人〕"까지는 훈고(訓詁)에서 범범하게 뜻이 통하도록 풀이하는 격식이지, 아래의 '차사구(此四句)' 세 글자

75 이……옛말인데 : 《맹자》 〈등문공 상(滕文公上)〉의 "그러므로 옛말에 이르기를 '혹은 마음을 수고롭게 하며 혹은 힘을 수고롭게 하니, 마음을 수고롭게 하는 자는 남을 다스리고 힘을 수고롭게 하는 자는 남에게 다스려진다.' 하였으니, 남에게 다스려지는 자는 남을 먹여주고, 남을 다스리는 자는 남에게 얻어먹는 것이 천하의 공통된 의리이다.〔故曰 "或勞心, 或勞力, 勞心者治人, 勞力者治於人", 治於人者食人, 治人者食於人, 天下之通義也.〕"라고 한 부분을 가리킨다. '고왈(故曰)……사어인(食於人)'에 대하여, 율곡언해(栗谷諺解)에는 '사어인(食於人)'까지 고어(古語)로 보았고, 김장생(金長生)도 '고왈(故曰)'을 '사어인(食於人)'까지 이어진 것으로 보았다.

와 이어서 말한 것이 아니다. 지금 본문의 문세와 말뜻으로 보면 "남에게 다스려지는 자는 남을 먹여준다.〔治於人者食人〕"이하는 분명 맹자의 말이다. 그러므로 "힘을 수고롭게 하는 자는 남에게 다스려진다〔勞力者治於人〕" 아래의 토(吐)는 '라 하니〔㫆ソ匕〕'이다. 그렇다면 '힘을 수고롭게 하는 자는 남에게 다스려진다〔勞力者治於人〕' 이상의 네 구는 옛말이라는 것을 알 수 있다. 또 그 아래 "남에게 다스려지는 자는 남을 먹여준다.〔治於人者食人〕"까지 통틀어 옛말로 본다면 이는 여섯 구이지 네 구가 아니다. 또 그 아래 "천하의 공통된 의리이다.〔天下之通義也〕" 여섯 글자 역시 어세(語勢)가 고립되며 문맥의 뜻이 통하지 않는다. ○사계(沙溪 김장생)가 말하기를 "'치어인(治於人)' 이상을 네 구로 간주하여 옛말이라 하였으니, 옳지 않다. '혹노심(或勞心)'이 한 구가 되고 '혹노력(或勞力)'이 한 구가 되며, '노심자치인(勞心者治人)'과 '노력자치어인(勞力者治於人)'이 한 구가 되고, '치어인자사인(治於人者食人)'과 '치인자사어인(治人者食於人)'이 한 구가 되어야 할 듯하니, 집주의 뜻으로 보면 알 수 있다." 하였다. ○살펴보건대 '노심자치인(勞心者治人)'과 노력자치어인(勞力者治於人)은 분명히 두 구이고, '치어인자사인(治於人者食人)'과 '치인자사어인(治人者食於人)'이 또 분명히 두 구이니, 사계의 설이 어떤지 모르겠다.

요(堯)임금 때에 천하가 아직도 다스려지지 않아서……비록 농사를 지으려 해도 할 수 있었겠는가.〔當堯之時, 天下猶未平……雖欲耕得乎?〕

살펴보건대 이는 위 문장의 '대인의 일〔大人之事〕'과 '마음을 쓰는 사람〔勞心者〕'을 이어서 말하였다. '천하가 아직도 다스려지지 않아서〔天下猶未平〕'부터 '중국 안에 뒤섞여 있었다.〔交於中國〕'까지는 다만 당시 중국에서 이처럼 곡식을 먹을 수 없었다는 말이니, 아래 문장의 순(舜), 우(禹), 익(益)이 다스림을 펼쳐 소통한 장본(張本)이다. 중간의 "오곡이 익지 못하였다.〔五穀不登〕" 네 글자는 아래 문장의 "그런 뒤에 중국에서 곡식을 먹을 수가 있었다.〔然後中國可得而食〕"와 조응한다. "요임금이 홀로 근심하였다.〔堯獨憂之〕"에서 "농사를 지으려 해도 할 수 있었겠는가.〔雖欲耕得乎〕"까지는 비로소 대인(大人)이 마음을 수고롭게 한 일을 말하였으니, 예컨대 요임금이 근심한 일, 순임금이 다스림을 펼친 일, 익이 산택(山澤)을 태운 일, 우가 치수사업을 하느라 집 문 앞을 지나면서도 들어가지 못한 일은 모두 대인이 마음을 수고롭게 하여 사람들을 다스린 일이다. 마지막의 "수욕경득호(雖欲耕得乎)" 다섯 글자가 실로 주된 뜻이니, 위 문장의 "천하를 다스리는 일은 유독 농사지으면서 할 수 있는가.〔治天下獨可耕且爲歟〕"와 서로 조응한다.

구하(九河)를 소통시키다〔疏九河〕

《서경》〈우공(禹貢) 연주(兗州)〉의 "구하(九河)가 물길이 났다.〔九河旣道〕"의 주(註)에 "《이아》에 첫째는 도해(徒駭), 둘째는 태사(太史), 셋째는 마협(馬頰), 넷째는 복부(覆鬴), 다섯째는 호소(胡蘇), 여섯째는 간결(簡潔), 일곱째는 구반(鉤盤), 여덟째는 격진(鬲津)이며, 남은 하나는 황하(黃河)의 큰 물줄기라고 하였다. 그런데 선유(先儒)는 황하의 큰 물줄기를 알지 못하여 마침내 간(簡)과 결(潔)을 나누어 둘이라 하였다." 하였다. ○《이아》의 소(疏)에 이순

(李巡)이 "도해(徒駭)는 우(禹)가 구하를 소통시킬 적에 무리가 많았기 때문에 '도해'라고 하였고, 태사(太史)는 우가 크게 무리들을 부려 물길을 통하게 했기 때문에 '태사'라고 하였으며, 마협은 황하의 형세가 위는 넓고 아래는 좁아 모양이 말의 뺨과 같아서이다. 복부는 물길에 많은 모래톱이 군데군데 있는데, 모양이 마치 가마솥을 뒤집어 놓은 것 같아서이다. 호소는 그 물길이 아래로 흐르기 때문에 '호소'라고 한 것이니, 호(胡)는 아래〔下〕의 뜻이고, 소(蘇)는 흐르다〔流〕의 뜻이다. 간(簡)은 크다〔大〕는 뜻이니, 황하가 깊고 큰 것이다. 결(潔)은 황하에 산석(山石)[76]이 많아서 물길을 다스리기 고생스러움을 말한 것이다. '결'은 고(苦)의 뜻이다. 구반은 황하가 갈고리처럼 굽어 있어 서려 있는 용[77]처럼 구불구불한 것을 말한 것이다. 격진은 황하의 폭이 협소하여 막아서 나루터를 만들 수 있어서이다" 하였다. ○《초사(楚辭)》〈이소(離騷)〉의 주(註)에는 "구하는 도해, 태사, 마협, 복부, 호소, 간, 결, 구반, 격진이다." 하였다. ○살펴보건대 이상의 몇 가지 설로 보자면 《이아》와 《초사》〈이소〉의 설이 모두 집주(集註)와 동일하고, 〈우공〉의 주(註)만 조금 다르다.

제수와 탑수를 틔워 바다로 흐르게 하였으며, 여수와 한수를 틔우고

76 산석(山石) : 대본에는 '山石'이 '止石'으로 되어 있는데, 《상서주소(尙書註疏)》 권5에 의거하여 '止'를 '石'으로 바로잡아 번역하였다.

77 서려 있는 용 : 대본에는 '龍'이 없는데, 일반적인 용례에 의거하여 반룡(盤龍)의 의미로 번역하였다.

회수와 사수를 틔워 양자강으로 흐르게 하였다.〔瀹濟漯而注諸海, 決汝漢排淮泗而注之江.〕

《서경》〈우공 연주〉의 "제수와 탑수에 띄워 황하에 도달한다.〔浮于濟漯, 達于河.〕"의 주에 "탑(漯)은 황하의 지류이다. 《한서》〈지리지(地理志)〉에 '탑수는 동군(東郡) 동무양(東武陽)에서 나와서 천승현(千乘縣)에 이르러 바다로 들어간다.' 하였다." 하였다. ○《서경》〈우공〉의 "연수(沇水)를 인도하되 동쪽으로 흘러 제수가 된다.〔導沇水, 東流爲濟.〕"의 주에 "연수는 제수이니, 발원한 물줄기가 '연수'이고, 동쪽으로 흘러간 물줄기가 '제수'이다. 《한서》〈지리지〉에 '제수는 하동군(河東郡) 원곡현(垣曲縣) 왕옥산(王屋山)에서 나온다.' 하였다." 하였다. ○《수경주(水經註)》에 "여수(汝水)는 노양현(魯陽縣)의 대우산(大盂山) 황백곡(黃柏谷)에서 나와 상채현(上蔡縣), 서평현(西平縣), 여양현(汝陽縣)을 거쳐 회수로 들어간다." 하였다. ○《서경》〈우공〉의 "파총산에서 양수(漾水)를 인도하여 동쪽으로 흘러 한수가 된다.〔嶓冢導漾, 東流爲漢.〕"의 주에 "수원(水源)이 파총산에서 발원하여 양수가 되고, 무도(武都)에 이르러 한수(漢水)가 된다." 하였다.

○《서경》〈우공 서주(徐州)〉의 "회수(淮水)와 기수(沂水)가 다스려진다.〔淮沂其乂〕"의 주에 "회(淮)와 기(沂)는 두 물줄기의 이름이다. 증씨(曾氏)가 말하기를 '회수의 근원은 예주(豫州)의 경내에서 나와 양주(揚州)와 서주사이에 이르러 비로소 커진다.' 하였다." 하였다. ○《서경》〈우공〉에 "회수(淮水)를 동백산(桐柏山)에서 인도해서 동쪽으로 사수(泗水)와 기수에 모여 동쪽으로 바다에 들어가게 한다.〔導淮自桐柏, 東會于泗沂, 東入于海.〕" 하였다. ○《수경주》에 "양자

강은 민산(岷山)에서 나오니, 그 근원이 마치 항아리 주둥이와 같아 잔을 띄울 만하다. 익주(益州)의 건녕군(建寧郡) 만강현(滿江縣)에 있는데, 보이지 않게 지하로 몇 리를 흐르다가 초도(楚都)에 이르러 드디어 10리로 넓어지니, 이름이 남강(南江)이다." 하였다. ○인산 김씨(김이상(金履祥))가 말하기를 "구하를 소통할 때에 제수와 탑수를 틔우고 회수와 양자강을 틔워 바다로 흐르게 하였는데, 여수와 사수를 틔워 회수로 흐르게 하고, 한수를 틔워 양자강으로 흐르게 하였다." 하였다.

후직이 백성에게 곡식을 심고 거두는 법을 가르쳐……어느 겨를에 경작을 하겠는가.〔后稷教民稼穡……而暇耕乎?〕

살펴보건대, 여기에서 후직이 백성에게 곡식을 심고 거두는 법을 가르쳐 오곡을 심고 가꾸게 했다고 하였으니, 이는 백성과 함께 경작하는 것과 비슷한 점이 있다. 그러나 백성과 곡식을 심고 거두었다고 말하지 않고, 백성에게 곡식을 심고 거두는 법을 가르쳤다고 말하였으니, 이는 가르친 것이지 함께 경작을 한 것이 아니다. 이 '교(教)' 한 글자를 보면 알 수 있다. ○위의 단락에서는 홍수가 났을 때에 초목이 무성하고 금수가 번식하였기 때문에 요가 근심하여 익과 우를 등용하여 다스리게 하는 일을 시급하게 여겼다고 말하였으니, 이것이 경작할 겨를이 없었던 이유이다. 이 단락에서는 수토(水土)가 이미 다스려진 뒤에 오곡이 익게 되었는데, 편안히 거처하며 가르침이 없으면 금수에 가까워지기 때문에 순이 또 근심하여 설을 시켜 가르치는 일을 시급하게 여겼다고 말하였으니, 이것이 경작할 겨를이 없었던 이유이다. 그렇다면 요와 순의 근심이 경작보다 큰 것이 있어 실로 경작할 겨를이 없었던 것이다. ○《설문해자》에 "심는 것이 가(稼)이고, 거두는 것이 색(穡)이다."하였다.

위로하고 오게 하다.〔勞之來之〕

사계(沙溪 김장생)가 말하기를, "'노(勞)'와 '래(來)'는 인륜을 이어 말하였으니, 인륜을 부지런히 행하고 배반하지 않는 자를 위로하고 오게 하는 것이다. 혹자는 《한서(漢書)》의 '왕성(王成)이 위로하고 권면하여 맞이하기를 게을리 하지 않았다.'[78]는 뜻으로 보니, 옳지 않다." 하였다.

요는 순을 얻지 못하는 것을 자신의 근심으로 삼았고……자신의 근심으로 삼는 자는 농부이다.〔堯以不得舜爲己憂……爲己憂者, 農夫也.〕

살펴보건대, 이 단락은 또 위 문장의 '요가 홀로 이를 근심하였다.〔堯獨憂之〕'와 '성인이 이를 근심하였다.〔聖人有憂之〕'와 '성인이 백성을 근심하는 것이 이와 같았다.〔聖人之憂民如此〕'를 이어서 말하였다. 요와 순이 근심하는 바는 대인이 마음을 수고롭게 하는 일이고, 농부가 근심하는 바는 소인이 힘을 수고롭게 하는 일인데, 지금 허행(許行)이 농부의 근심을 천자의 근심으로 삼고자 하니, 역시 잘못이 아닌가.

78 왕성(王成)이……않았다 : 《한서(漢書)》 《순리전(循吏傳)》에 보이는 내용으로 안사고(顔師古)의 주(註)에 "'노래(勞來)'는 위로하고 권면하여 맞이하는 것이다."라고 하였다.

공자가 말씀하기를, '위대하다, 요임금의 임금 노릇하심이여……역시 경작하는 데에는 쓰지 않았다.〔孔子曰"大哉! 堯之爲君……亦不用於耕耳.〕

살펴보건대, 이 단락은 위 문장을 이어 특별히 요와 순 두 성인을 집어내어 '요와 순의 임금 노릇이 이처럼 성대하였으니, 그 마음을 쓰지 않은 곳이 없었겠지만 역시 백성과 함께 경작하여 먹지 않았다.'고 말하였다. 만약 허행의 말처럼 백성과 함께 경작하는 것을 '도를 들었다.〔聞道〕'고 말한다면 천하를 다스리는데 마음을 쓰지 않은 곳이 없었던 요순으로서 어찌 이것을 하지 않았겠는가. 이를 말하여 백성과 함께 경작한다는 허행의 설을 몹시 배척한 것이다.

나는 중화의 문화로 오랑캐를 변화시켰다는 말은 들었지만, 중화가 오랑캐에게 변화되었다는 말은 듣지 못하였다……스승이 죽자 마침내 배반하는구나.〔吾聞用夏變夷, 未聞變於夷者……師死而遂倍之.〕

살펴보건대, '오문(吾聞)' 두 글자로 보자면 '중화의 문화로 오랑캐를 변화시켰다.'는 필시 옛말이다. ○이상의 내용은 허행의 도를 몹시 배척한 것이고, 이후의 내용은 위 문장의 '자기가 배운 것을 다 버리고 그에게 배웠다.〔盡棄其學而學之〕'는 한 단락을 이어 단지 진상(陳相)이 스승을 배반한 죄를 질책한 것이니, 아래의 《시경》《노송(魯頌)》에 이르기까지 모두 동일한 뜻이다.

목이 쉰 뒤에 돌아갔다.〔失聲然後歸〕

조씨(趙氏 조기)의 구주(舊註)에 "실성(失聲)은 슬퍼서 목소리가 나오지 않는 것이다." 하였다.

돌아와 묘소의 마당에 여막을 지었다.〔反築室於場〕

손석(孫奭)의 《맹자정의(孟子正義)》에 "《사기》를 살펴보건대, 공자(孔子)는 노나라 도성의 북쪽 사수(泗水) 가에 묻혔다. 도성과의 거리가 1리로, 무덤의 규모가 100묘이다. 남북의 폭은 10보이고, 동서의 폭은 13보이다. 무덤 앞에 부벽(瓴甓)으로 사단(祠壇)을 만들어 놓았는데, 사방이 6척이다." 하였다. ○《사서휘고(四書彙考)》에 "자공(子貢)이 무덤가에 여막을 짓고 총 6년을 머물다가 떠났는데, 제자와 노나라 사람들이 따라 가서 그 곳에 가서 집을 짓고 살았던 자들이 100여 실(室)이었다. 그로 인해 '공리(孔里)'라고 이름을 붙였다." 하였다.

유약이 성인의 모습과 닮았다고 여겨 공자를 섬기던 예로 그를 섬기고자 하였다.〔以有若似聖人, 欲以所事孔子事之.〕

《사기》 〈중니제자열전(仲尼弟子列傳)〉에 "유자(有子 유약(有若))는 공자보다 43세가 적었는데, 공자가 세상을 떠난 뒤에 제자들이 공자를 그리워하여 유약의 모습이 공자와 닮았다고 여겨 함께 추대하여 스승으로 삼아 그를 스승으로 섬겼다." 하였다. ○《공자가어(孔子家語)》에 "유약은 기억력이 뛰어나고 옛 것을 좋아하였으며 예악(禮樂)을 익혔는데, 공자가 세상을 떠난 뒤에 제자들이 유약의 언어와 모습, 기상이 공자와 닮았다고 여겨 함께 추대하여 스승으로 삼았다." 하였다. ○주자(朱子)가 말하기를, "유종원(柳宗元)이 '공자가 세상을 떠나자 여러 제자들이 유자의 모습이 공자와 닮았다고 여겨 그를 스승으로 삼았으나, 그 뒤에 질책을 받고 스승의 자리를 피해 물러났으니, 진실로 그는 스승의 호칭을 받은 적이 있었을 것이다.’[79] 하였으니, 사씨(史氏 사마천)가 비루하여 황당무계하건만 유씨(柳氏 유종원)가 그의 설에 현혹되었다. 《맹자》의 내용으로 상고해보면, 당시에 이미 증자(曾子)가 불가하다고해서 그 논의가 중지되었으니,[80] 유자가 어찌 공자의 지위에 있으면서 스승의 호칭을 받은 적이 있었겠는가.” 하였다. ○살펴보건대, 주자의 설로 보자면 《사기》의 ‘그를 스승으로 섬겼다.’와 《공자가어》의 ‘함께 추대하여 스승으로 삼았다.’는 내용은 오류이다.

언행과 기상이 공자와 닮은 점이 있었던 것이다.〔蓋其言行氣像有似之者〕-주-

살펴보건대, 이 집주(集註)의 말은 필시 《공자가어》의 ‘언어와 모습, 기상이 공자와 닮았다.’는 설에 근원을 두고 말한 것이다.

지금 남쪽 오랑캐 땅의 때까치처럼 떠드는 사람이……역시 증자와는 다르구나.〔今也南蠻鴃舌之人……亦異於曾子矣.〕

살펴보건대, ‘금야(今也)’ 두 글자는 위 문장의 ‘석자(昔者)’ 두 글자와 대비해서 한 말이다. 위 문장에서 이미 “스승이 죽자 마침내 배반하는구나.〔師死遂倍〕”는 말을 이어 자공(子貢)과 증자(曾子)의 일을

79 공자가……것이다 : 이 내용은 《당송팔대가문초(唐宋八大家文鈔)》 권24 〈논어변이편(論語辯二篇)〉에 보인다.

80 맹자의……중지되었으니 : 자하(子夏), 자장(子張), 자유(子游)가 유약을 공자와 외모가 흡사하다 하여 공자를 섬기듯이 모시려고 하여 증자(曾子)에게 동참하도록 하였다. 이때 증자가 “안 될 일이다. 강수(江水)와 한수(漢水)에 빨고 가을볕에 말린 듯하여 더할 나위 없이 깨끗하신 분이다.” 하였다. 《孟子 滕文公上》

인용하여 성인 문하의 제자들이 스승을 배반하지 않은 뜻을 밝혔고, 여기에서 결론을 지어 "역시 증자와는 다르구나." 하였으니, 진상(陳相)을 심하게 질책한 것이다.

《시경》〈노송(魯頌)〉에 '융적(戎狄)을 응징하고……역시 잘 변화하지 못한 것이다.〔魯頌曰戎狄是膺……亦爲不善變矣.〕

살펴보건대 '깊은 골짜기에서 나와 높은 나무로 옮겨간다.〔出自幽谷, 遷于喬木.〕'는 잘 변화하는 것이다. 지금 진상이 처음에는 북쪽으로 중국에 와서 공부한 진량(陳良)에게 배웠으나, 결국 남쪽 오랑캐 땅의 때까치처럼 떠드는 허행(許行)에 의해 변화되었으니, 이는 잘 변화하지 못한 것이다. 여기의 '불선변(不善變)' 세 글자는 다만 '융적(戎狄)을 응징하고〔戎狄是膺〕'라는 한 단락만 가지고 보아서는 안 되니, 위 문장의 '높은 나무에서 내려와 깊은 골짜기로 들어간다.〔下喬木入幽谷〕'는 한 구절부터 한 꿰미로 쭉 이어보면 문세(文勢)가 이어져 의미가 좋다. ○'나는 중화(中華)의 가르침으로 오랑캐를 변화시켰다는 말은 들었고〔吾聞用夏變夷〕'부터 시작하여 이어 '남쪽 오랑캐 땅의 때까치처럼 떠든다.〔南蠻鴃舌〕'까지 말하고, 결론을 지어 "역시 증자와는 다르구나." 하였으며, '나는 깊은 골짜기에서 나와 높은 나무로 옮겨간다는 말은 들었고〔吾聞出於幽谷遷于喬木〕'부터 시작하여 이어 '융적(戎狄)을 응징하고〔戎狄是膺〕'까지 말하고, 결론을 지어 "역시 잘 변화하지 못한 것이다." 하였으니, 여기 두 곳의 '오문(吾聞)' 두 글자를 보면 별개의 단락이 되어 뜻이 절로 분명해진다.

이 시는 희공의 송(頌)인데, 맹자가 주공(周公)이라고 말하였다.〔此詩爲僖公之頌, 而孟子以周公言之.〕-주-

살펴보건대, 아래의 호변장(好辯章)[81]에도 이 시를 인용하여 결론지어 말하기를 "아비를 아비로 여기지 않고 임금을 임금으로 여기지 않는 것은 주공이 응징한 바이다."라고 하여 역시 주공이라고 말하였으니, 그 뜻이 이와 동일하다.

허자(許子)의 도를 따르면……신발의 크기가 같으면 값이 서로 같습니다.〔從許子之道……屨大小同則價相若.〕

살펴보건대, 허행의 도는 사람들을 놀라게 할 만한 다른 기이한 것이 없이 단지 "베와 비단의 길이가 같으면 값이 서로 같다."는 등의 말만 하였으니, 그 말이 사리에 맞지 않고 말이 되지 않아 비록 몹시 어리석은 사람이라도 시행할 수 없는 일인 줄 알 수 있다. 그런데 지금 진상(陳相) 형제는 크게 기뻐하며 배웠으니, 진상의 사람됨이 평범하고 견식이 낮음을 알 수 있다.

쌍봉 요씨(요로(饒魯))가 말하기를 "모두 싸잡아 똑같이 취급한 것이 군주도 함께 경작을 해야 한다는 설과 비슷하니, 바로《장자(莊子)》〈제물론(齊物論)〉의 '말〔斗〕을 부숴버리고 저울대를 꺾어 버려

81 호변장(好辯章) :《맹자》〈등문공 하(滕文公下)〉의 "공도자(公都子)가 '사람들이 모두 선생님께서 변론으로 남을 이기기를 좋아한다고 하니, 감히 묻거니와 무슨 까닭입니까?' 하니, 맹자가 '내 어찌 말로 남 이기기를 좋아하겠는가. 부득이해서 그런 것이다.' 하였다."로 시작하는 장(章)을 가리킨다.

야 백성들이 다투지 않는다.'[82]는 설이다." 하였다.〔雙峯饒氏曰 皆是比而同之, 與共耕相似, 便是齊物剖斗折衡而民不爭之說.〕-소주-

살펴보건대, 허행이 거친 베와 가는 베의 값을 같게 하려고 하였으니, 이는 위 문장의 '군주와 농부가 함께 밭을 간다.'는 말과 동일한 맥락이다. ○'말〔斗〕을 부숴버리고 저울대를 꺾어 버려야 백성들이 다투지 않는다.'는 《장자》〈제물론〉에 나오는 말이다.

큰 신발과 작은 신발의 값이 같다면 사람들이 어찌 큰 신발을 만들려고 하겠는가.〔巨屨小屨同價, 人豈爲之哉?〕

살펴보건대, 허자의 도로 보면 거친 베와 가는 베를 따지지 않고 길이가 같으면 값이 서로 같고, 신발의 품질이 좋은지와 나쁜지에 관계없이 크기가 같으면 값이 서로 같다. 그러므로 맹자가 그의 설로 인해 공격하기를, "만일 신발의 품질과 크기를 따지지 않고서 값을 같게 하면 사람들이 다투어 작고 품질이 나쁜 물건을 만들 것이니, 어찌 크고 품질이 좋은 물건을 만들려 하겠는가."한 것이다. 그러므로 집주에서 '지금 품질을 따지지 않고 값을 같게 한다면, 이는 천하 사람들로 하여금 모두 품질이 좋은 물건을 만들려 하지 않고, 다투어 조잡하고 품질이 나쁜 물건을 만들어서 서로 속이게 할 뿐이다.' 하였다. ○사계(沙溪 김장생)가 말하기를, "허자는 물건의 크기가 다른 줄만 알고, 품질의 차이가 있는 줄은 몰랐다. 그러므로 맹자가 그가 알고 있는 점을 가지고 밝혀준 것이다." 하였다.

82 말을……않는다 : 본문에서는 《장자(莊子)》〈제물론(齊物論)〉의 내용이라고 하였으나, 실제로는 《장자》〈거협(胠篋)〉에 나오는 말이다. 작자 김간의 오류인 듯하다.

허자의 도를 따른다면 서로 이끌어 거짓을 조장할 것이다.〔從許子之道, 相率而爲僞.〕

살펴보건대, 여기의 '위(僞)' 자는 위의 '국중무위(國中無僞)' 자를 이어서 말한 것이다. 진상이 "허자의 도를 따른다면 온 나라 안에 거짓이 없을 것이다."고 하였기 때문에 맹자가 여기에서 그의 말을 뒤집어 공격하여 "허자의 도를 따른다면 서로 이끌어 거짓을 조장할 것이다."고 한 것이다

비는 나란히 한다는 뜻이다.〔比, 次也.〕-주-

살펴보건대, 허자가 베, 비단, 삼, 실의 품질을 따지지 않고 단지 길이와 무게만으로 나란히 하여 동일하게 한 것이다. ○《시경》〈위풍(衛風)〉석인편(碩人篇)에 '치아가 박씨와 같다.〔齒如瓠犀〕' 하였는데, 주(註)에 '호서(瓠犀)는 박의 씨로, 똑바르고 희고 깨끗하며 나란히 있어 정돈되고 가지런하다.' 하였으니, 이를 보면 '비차(比次)' 두 글자의 뜻을 알 수 있다.

묵자이지장

墨者夷之章

묵자인 이지가 서벽을 통하여 맹자를 만나기를 청하자……이자는 오지 말라.〔墨者夷之因徐辟而求見……夷子不來.〕

살펴보건대, 이른바 "내가 진실로 만나보기를 원했는데, 지금은 내가 아직 병중에 있다.〔吾固願見, 至今吾尙病〕"는 말은 맹자가 핑계를 대어 거절한 것이다. "내가 만나러 갈 것이니, 이자는 오지 말라.〔我且往見, 夷子不來.〕"는 말은 만나고자 하지 않는 뜻이 엄정하다고 하겠다. 그러나 이치에 맞고 말이 유순하여 흔적이 보이지 않으니, 진실로 성인의 말이다.

다른 날에 또 맹자를 만나기를 원하자……지금은 만날 수 있다.〔他日又求見……今則可以見矣.〕

살펴보건대, 이자(夷子)가 이전에 만나려 할 때에는 맹자가 이미 병을 핑계대어 거절하였는데, 지금 또 와서 만나기를 원하니 그가 만나 보려고 하는 마음이 정성스럽다고 하겠다. 이것이 맹자가 지금은 만날 수 있다고 말한 까닭이다.

묵자는 상을 치르는 데 검소하게 하는 것을 도리라고 여긴다.〔墨之治喪, 以薄爲道〕

살펴보건대, 이자는 묵자를 배운 자이다. 이른바 '상을 치르는데 검소하게 한다.'는 묵자의 도리 중에 하나인데, 지금 맹자가 다른 일을 거론하지 않고 반드시 이 일을 거론한 것은 이자가 자신의 부모를 후하게 장사지낸 일로 인해 그의 학술을 공격하여 감발시키려고 한 것이다. 그러므로 반드시 상을 치르는 한 가지 일로 말한 것이다.

이자는 자신의 부모를 후하게 장사지냈으니, 이는 자신이 천하게 여기는 것으로 부모를 섬긴 것이다.〔夷子葬其親厚, 則是以所賤事親也.〕

살펴보건대, 이자는 검소하게 장사지내는 묵자의 도리를 규범으로 삼았는데, 지금은 반대로 부모를 후하게 장사지낸 것은 어째서인가? 이는 이자가 부여받은 천리(天理)가 아직 사라지지 않아 한 점의 밝은 부분이 있어서이다. 그러므로 맹자가 이 한 점의 밝은 부분을 말미암아 공격하였다. 이자도 이 한 점의 밝은 부분으로 인하여 결국 맹자의 말에서 깨달은 점이 있었다. ○듣건대 근세의 어떤 재신(宰臣)이 졸곡(卒哭)을 한 뒤에 아침저녁으로 상식(上食)하는 예(禮)를 폐기해야 한다고 문도들에게 가르쳤는데,[83] 문도들이 모두 그 설을 존숭하였으나 자신이 행할 때에는 모두 스승의 설을 따르지 않고 모두 상식을 하였다고 한다. 이는 이자가 자신의 부모를 후하게 장사지낸 장사지낸 것과 똑같으니 세상에 그들이 밝게 알고 있는 것을 가지고 깨우쳐줄 맹자와 같은 사람이 세상에 없는 것이 애석하다.

83 근세의……가르쳤는데 : 박세당(朴世堂, 1629~1703)의 일을 말한다. 심여경(沈餘慶)이 장령 최도문(崔道文)에게 박세당(朴世堂)의 문도(門徒)로서 사법(師法)을 잘못 지켜서 처상(妻喪)을 박하게 치르고 졸곡(卒哭) 후에 상식(上食)의 절차도 폐지하는 등 예법(禮法)과 풍화(風化)에 악영향을 끼친다는 이유로 탄핵을 받은 일이 있다. 《承政院日記 英祖 1年 7月 1日》

이자가 말하기를, "유자의 도에 '옛사람이 마치 어린애를 보호하듯 하였다.' 하였으니……사랑에는 차등이 없고 베풂은 부모에서부터 시작한다."〔夷子曰儒者之道, 古之人若保赤子……愛無差等, 施由親始〕

살펴보건대, 이자가 '마치 어린애를 보호하듯이 하였다.'의 본래 의미를 잘못 알아 드디어 이로 인해 미루어 사랑에는 차등이 없고 베풂은 부모에게서 시작한다는 주장을 하였다. 그의 생각에는 "다른 사람의 자식을 사랑하기를 마치 나의 어린 자식을 사랑하듯이 하는 것이 바로 사랑에 피차의 구분이 없는 것이다. 그러나 다른 사람의 자식을 사랑하는 마음은 나의 자식을 사랑하는 마음에서 시작하는 것이 바로 사랑을 베풀 적에는 내 자식에서부터 시작한다는 것이다."라고 여긴 것이다. '약보적자(若保赤子)' 네 글자는 '사랑에 차등이 없다.〔愛無差等〕'는 말과 비슷하고, '약보(若保)' 두 글자는 '베풂은 부모에서부터 시작한다.'는 말과 비슷하다. 이러한 점에서 이자가 유자의 도를 빌려서 도피할 말을 지어내고 인용해서 증거로 삼아 억지로 끌어다 붙여 자신의 변명거리로 삼은 것이니, 어찌 잘못이 아니겠는가.

하늘이 만물을 낼 적에 한 근본이게 하였는데, 이자는 근본이 둘이기 때문이다.〔天之生物也, 使之一本, 而夷子二本故也〕

살펴보건대 인물(人物)이 때어날 때 모두 부모에 근본을 둔다. 그러므로 부모를 근본으로 삼지 않음이 없으니, 이것이 이른바 '근본이 하나〔一本〕'라는 말이다. 예컨대 나무의 가지와 잎이 비록 많지만 모두 하나의 뿌리에 근본을 둔 것과 같다. 오직 묵씨는 똑같이 사랑하고 차등을 두지 않았으니 이는 자신의 부모를 친애할 뿐 아니라,

또 길가는 사람의 부모를 친애하는 것이다. 이것이 이른바 '근본이 둘〔二本〕'이라는 말이니, 하늘을 만물을 낼 적에 한 근본이게 한 것과는 상반된다.

유자를 끌어 묵자로 들어간다.〔援儒而入於墨〕-주-

살펴보건대, '마치 어린애를 보호하듯이 한다.〔若保赤子〕'는 유자의 설인데 지금 이자가 끌어다 묵자의 겸애설과 동일시하려고 하였다. 그러므로 '유자를 끌어 묵자로 들어간다.' 고 한 것이다.

묵자를 미루어 유자에게 붙는다.〔推墨而附於儒〕-주-

살펴보건대, 사랑에 차등이 없는 것은 묵자의 도리이고, 베풂을 부모에서부터 시작하는 것은 유자의 도리와 비슷하다. 그런데 이자는 사랑에 차등이 없다는 묵자의 도리를 가지고 유자의 도리와 비슷한 베풂을 부모에서부터 시작한다는 말과 혼합시키려고 하였다. 그러므로 '묵자를미루어 유자에게 붙는다.'고 한 것이다.

경원 보씨(보광(輔廣))가 말하기를 "이것이 인과 의가 서로 쓰임이 되는 까닭이다." 하였다.〔慶源輔氏曰: 此仁義所以相爲用也.〕-소주-

살펴보건대, 묵자의 도는인(仁)만 행하고자 하고 의(義)로 제재함이 없었으니 이는 인과 의가 서로 쓰임이 되지 못하는 것이다.

마치 하늘이 그렇게 시킨 것과 같다.〔若天使之〕-주-

살펴보건대, 이른바 '하늘이 시켰다.〔天使〕'는 인위적으로 하려고 하지 않아도 그렇게 되는 것이다. 천사(天使)와 자연(自然)은 같은 뜻이다.

상고시대에 부모의 장례를 치르지 않은 자가 있었다.〔上世嘗有不葬其親者〕

살펴보건대, 이 단락은 위 글의 검소하게 장례하는 묵자의 도를 이어 말하여 이자를 경계한 것인데, 말한 내용이 애통하고 절박하여 마치 침으로 찌르는 것처럼 사람을 감동시킬 만하다. 그러므로 이자가 듣고 바로 두려워하면서 깨달았던 것이다.

집으로 돌아와서 삼태기와 들것에 흙을 담아 쏟아부어서 시신을 덮었다.〔蓋歸反虆梩而掩之〕

살펴보건대, 이마가 땀에 흥건히 젖은 것과 삼태기와 들것에 흙을 담아 시신을 덮은 것은 어째서인가? 근본이 하나이기 때문이다. 만약 사랑에 차등이 없다면-근본이 둘이다.- 부모를 길가는 사람과 동일하게 볼 것이니, 어찌 이마가 땀에 흥건히 젖고 삼태기와 들것으로 흙을 옮기는 일이 있겠는가. ○퇴계(이황(李滉))가 말하기를, "귀(歸)는 자신의 집으로 돌아간다는 뜻이다. 반(反)은 뒤집는다는 뜻이니, 기물에 흙을 담아서 뒤집어 땅에 쏟아 붓는 것을 말한다." 하였다. ○사계(沙溪 김장생)가 말하기를, "귀(歸)는 시체가 있는 곳으로 다시 돌아간다는 뜻인 듯하다." 하였다.

이자가 멍하니 한참 있었다.〔夷子憮然爲間〕

살펴보건대, 이자가 맹자의 말을 듣고는 바로 생각을 바꾸어 깨달았으니, 비록 자연스러운 천리(天理)의 발동으로 이처럼 된 것이지만, 이자 또한 범상한 사람은 아닌 듯하다.

후재집

제28권

차기 箚記

맹자 孟子

진대왈불견제후의약소연장
陳代曰不見諸侯宜若小然章

주자(朱子)가 말하기를, "'잊지 않는다.〔不忘〕'는 두 글자는 활구이다." 하였다.〔朱子曰: 不忘二字是活句.〕-소주(小註)-

채청(蔡淸)이 말하기를, "'잊지 않는다.'는 활구이다.'라는 것은 버려두고 이해(利害)를 돌아보지 않을 수 있다는 말이지, 꼭 구렁에서 죽어 그 머리를 잃는다는 말이 아니다." 하였다.

왕량(王良)

왕량은 진(晉)나라 대부로, 수레를 잘 몰았다. 구방인(九方歅)의 아들이고, 다른 이름은 우무정(郵無正)이다.

하루 종일 한 마리 짐승도 잡지 못하고……그를 위해 부정한 방법으로 짐승과 마주치도록 해주니 하루아침에 열 마리를 잡았다.〔終日而不獲一禽……爲之詭遇, 一朝而獲十.〕

살펴보건대, 이 단락은 왕량의 일을 인용하여 윗글의 '1자〔尺〕를 굽혀 8자를 펴서는 안 된다.'는 뜻을 거듭 풀이하였다. 종일토록 한 마리 짐승도 잡지 못한 것은 1자를 굽혀 8자 펴는 일을 하지 않았기 때문이고, 하루아침에 열 마리 짐승을 잡은 것은 1자를 굽혀 8자를 폈기 때문이다. 저 왕량은 미부인데도 1자를 굽혀 8자 펴는 일을 하려고 하지 않았다. 그러므로 폐해(嬖奚)와 함께 수레 타기를 사양했던 것이다.

화살을 발사함에 깨뜨리는 듯하다.〔舍矢如破〕

《시경》의 본주(本註)에 "'화살을 발사함에 깨뜨리는 듯하다.'는 재주가 훌륭하면서도 힘이 있는 것이다." 하였다.

사수(射手)는 화살을 발사하여 모두 명중시키고 힘이 있다.〔射者發矢皆中而力〕-주(註)-

살펴보건대, 이 '힘〔力〕' 자는 '화살을 발사함에 깨뜨리는 듯하다.〔舍矢如破〕'의 '파(破)' 자를 풀이한 것이다. '이력(而力)' 두 글자는 다른 본에는 '기적(其的)'으로 되어 있다.

마부도 사수와 한통속이 되는 것을 수치로 여겨, 한통속이 되어 짐승을 산더미처럼 잡는다 해도〔御者且羞與射者比, 比而得禽獸若丘陵〕

살펴보건대, '사수와 한통속이 되다.'는 1자를 굽히는 것이고, '산더미처럼 짐승을 잡다.'는 8자를 펴는 것이다. '한통속이 되어 산더미처럼 짐승을 잡는다.'는 위의 '크게는 왕도(王道)를 이루고 작게는 패도(霸道)를 이룬다.'와 호응한다.

만일 도를 굽혀 상대를 따른다면〔如枉道而從〕·자신을 굽힌 사람이 남을 바로잡을 수 있는 경우는 없다.〔彼枉己者, 未有能直人.〕

살펴보건대, 이른바 '도를 굽힌다.'는 자신의 도를 굽히는 것이다. 그렇다면 '도를 굽히는' 것과 '자신을 굽히는' 것은 똑같은 일일 뿐이다.

경춘왈공손연장의장
景春曰公孫衍張儀章

경춘(景春)

조씨(趙氏 조기(趙岐)) 구주(舊註)에 " 경춘은 맹자(孟子) 때 사람으로, 합종연횡책(合從連橫策)을 쓰는 자이다." 하였다.

어찌 참으로 대장부가 아니겠습니까.〔豈不誠大丈夫哉〕

주(周)나라 제도에[1] 8치〔寸〕가 1자〔尺〕이고, 10자가 1길〔丈〕인데, 사람의 신장이 8자이기 때문에 '장부(丈夫)'라고 한 것이다.

이 어찌 대장부라 할 수 있겠는가.〔是焉得爲大丈夫乎〕· 남자가 관례를 할 때에〔丈夫之冠也〕

살펴보건대, 아래의 '장부(丈夫)'는 남자의 통칭을 범범하게 말한 것이니, 위의 '대장부(大丈夫)'와는 그 뜻이 절로 구별된다.

여자가 시집갈 때에〔女子之嫁也〕

살펴보건대, '남자가 관례를 할 때에는 아버지가 훈계하고, 여자가 시집갈 때에는 어머니가 훈계한다.〔丈夫之冠, 父命之; 女子之嫁, 母命之.〕' 이 두 구는 모두 고례(古禮)이기 때문에 여기에 함께 인용하

1 주(周)나라 제도에 : 대본에는 '周禮'로 되어 있는데, 문맥에 근거하여 '周制'로 바로잡아 번역하였다.

였다. 그러나 실제로 중요한 내용은 아래 구에 있기 때문에 '어머니가 훈계한다.〔母命〕' 이하에 여자의 일만 말하고 더 이상 남자의 일은 말하지 않았다.

주소문왈장
周霄問曰章

주소가 묻기를, “옛날의 군자들은 벼슬하였습니까?” 하였다.〔周霄問曰：古之君子仕乎?〕

살펴보건대, 주소(周霄)가 갑자기 “옛날의 군자들은 벼슬하였습니까?”라고 물은 것은, 그 뜻이 이 질문으로 맹자가 제후에게 벼슬하지 않는 뜻을 시험하려는 것이었다. 그러므로 아래 글에서 “벼슬하기를 이처럼 급하게 여긴다면 군자가 벼슬하기를 어렵게 여기는 것은 무슨 이유입니까?”라고 하였으니, 그 뜻이 비로소 호응한다. 주소의 뜻은 처음부터 군자가 벼슬하기를 어렵게 여기는 이유를 묻고자 하였다. 그러므로 옛날의 군자들이 벼슬하였는지 먼저 물은 것이다.

제후의 부인은 누에를 치고 실을 뽑아〔夫人蠶繅〕

《예기》〈월령(月令)〉에 “봄 3월에 후비가 재계하고서 친히 동쪽을 향하여 직접 뽕잎을 딴다.〔季春之月，后妃齋戒，親東鄕躬桑〕-‘동향(東鄕)’은 때의 기운을 맞이하는 것이고, ‘궁상(躬桑)’은 스스로 뽕잎을 따는 것이다.- 부녀자들을 금하여 모양을 내지 못하게 하며-용모를 내는 꾸밈을 하지 못한다.- 부인들의 일을 줄여서-바느질하고 옷 짓는 일을 줄인다.- 누에치는 일을 권장한다.-누에치는 일에 전력하게 한다.- 누에치는 일이 이루어지면〔蠶事既登〕-‘등(登)’은 이루어짐이다.- 누에고치를 나누어주어-실을 뽑는 여러 아녀자들에게 나누어준다.- 일을 헤아려 공적을 기록하고-뽑은 실의 다과로 공(功)의 상하를 삼는다.- 교(郊)제사와 종묘 제사에 입을 제복(祭

服)을 만들어 올리되 감히 게으르지 않게 한다. 여름 4월에 누에치는 일이 끝나서 후비(后妃)가 누에고치를 받거든-내명부(內命婦)가 바친 고치를 후비가 받는다.- 누에고치의 세를 거두되-외명부가 누에를 기를 적에 또한 도성 북쪽 근교의 공상(公桑)을 사용한다. 근교의 세금이 10분의 1세이므로 또한 그 누에고치의 10분의 일을 세금으로 낸다. 그 나머지는 자신의 수입으로 들여 남편을 위해 제복을 만든다. 뽕잎을 받은 것이 많으면 누에고치에 대한 세금이 많고 뽕잎을 받은 것이 적으면 세금도 적다.- 뽕잎에 따라 고르게 부과하여-모두 뽕잎에 따라 세금을 고르게 부과한다.- 귀천과 장유에게 똑같이 거두어〔貴賤長幼如一〕-'귀(貴)'는 경대부(卿大夫)의 아내이고, '천(賤)'은 사(士)의 아내이다. '장유(長幼)'는 늙고 젊은 부녀자이다. '여일(如一)'은 모두 10분의 1세를 내는 것이다.- 교제와 종묘 제사에 입을 제복을 공급하게 한다." 하였다.

사가 밭이 없으면 또한 제사를 지내지 못한다.〔惟士無田則亦不祭〕

살펴보건대, '전(田)'은 즉 윗글에서 말한 규전(圭田)이다. '유사(惟士)'의 '사(士)'는 즉 윗글에서 말한 벼슬자리를 잃은 사(士)이다.

선고(先古)-소주(小註)-

《예기》〈제의(祭義)〉 본주에 '선조(先祖)'라고 하였다.

부인이 제복을 입고서 받는다.〔夫人副褘受之〕-주(註)-

《예기》〈제의〉 본주에 "부(副)라는 말은 '덮다〔覆〕'는 뜻이다. 부인의 머리장식이니 머리를 덮는 것이다. 위(褘)는 위의(褘衣)이다.[2]"

2 위(褘)는 위의(褘衣)이다 : 대본에는 '褘衣也'로 되어 있는데, 《예기》 본주에 의거

하였다.

○《주례》에 "부(副)와 위(褘)는 모두 제복(祭服)이다." 하였다.

○오정(吳程)이 말하기를, "부(副)는 머리카락을 땋아서 만드는데, 이것으로 머리를 덮어 장식한다. 위의(褘衣)는 휘(翬)[3]와 같으니, 비단에 꿩 모양을 새겨서 채색하고 옷에 꿰맨다." 하였다.

세 차례 동이에 손을 담아 실을 뽑는다.〔繅三盆手〕-주(註)-

살펴보건대, '소(繅)'는 누에고치를 풀어 실을 만드는 것이다. 또한 '조(繰)'로 쓴다.

○방씨(方氏)가 말하기를, "부인이 실을 뽑는데 세 번 동이에 손을 담그고 그만두는 것은 천자가 밭을 가는데 세 번 쟁기를 밀고 그만두는 것과 같다." 하였다.

삼궁의 부인〔三宮之夫人〕-소주(小註)-

《예기》〈제의〉 본주에 "삼궁(三宮)은 천자의 경우에는 세 부인을 말한다. 제후의 부인의 경우는 삼궁(三宮)을 세우니, 왕후의 육궁(六宮)의 반이다." 하였다.

중매쟁이〔媒妁〕

《백호통(白虎通)》에 "작(妁)은 '헤아리다〔酌〕'는 뜻이다. 두 성씨의 사정을 헤아려 짝이 되도록 이루어주는 것이다." 하였다.

하여 '褘, 褘衣也'로 바로잡아 번역하였다.

3 휘(翬) : 《상변통고(常變通攷)》에 "흰 바탕에 오색을 갖추어 무늬를 이룬 것을 휘(翬)라고 한다." 하였다.

팽경문왈장
彭更問曰章

돌아다니며 먹다.〔傳食〕

채청이 말하기를, "전(傳)은 '장(張)'과 '연(戀)'의 반절음으로, '전거(傳車)'의 '전(傳)'과 같다. 운서(韻書)에 역체(驛遞)・역마(驛馬)라고 하였다.

그대가 공을 통하고 일을 바꾸어 남는 것으로 부족한 것을 보충하지 않는다면……그대에게 얻어먹을 것이다.〔子不通功易事, 以羨補不足……得食於子.〕

살펴보건대, 남는 것은 나에게 있는 곡식과 삼베를 가리키고, 부족한 것은 나에게 없는 재장(梓匠)과 윤여(輪輿)의 생산품을 가리킨다. 지금 만약 나에게 남는 것을 가지고 나에게 없는 재장과 윤여의 생산품을 바꾸지 않는다면 곡식과 삼베가 모두 쓸데없는 곳에 쌓여서 남음이 있을 것이다. 만일 혹 공(功)을 통하고 일을 바꾸어 내가 가진 것으로 내게 없는 것을 바꾼다면 저 재장과 윤여의 무리가 모두 나에게서 얻어먹을 것이다. 위에서는 곡식과 삼베를 말하고서 여기에서는 얻어먹는다고만 하고 의복을 말하지 않은 것은 글을 생략한 것이다. 먼저 이 재장과 윤여가 그대에게 얻어먹음을 말함으로써 인의(仁義)를 행하는 자가 그대에게서 얻어먹지 못하는 것을 증명하려는 것이다.

"뜻을 보고서 먹여줍니다." 하였다.〔曰食志〕

채청이 말하기를, "이것은 팽경(彭更)이 자신의 논리를 우기는 말이다. 앞서 물었을 때에는 '선비가 일 없이 밥을 얻어먹는 것은 불가하다.'고 말하였으니, 이는 공(功)을 위주로 밥을 먹이는 것이다. 맹자가 공이 있는 한 부분을 말하는 것을 보고는 팽경이 도리어 '뜻을 위주로 밥을 먹인다.'는 말로 도피하였으니, 이것이 맹자의 이치가 지극한 말에 끝내 격파된 이유이다.

맹자위대불승장

孟子謂戴不勝章

대불승(戴不勝)

《만성통보(萬姓統譜)》에 "대(戴)는 송(宋)나라 대공(戴公)의 후손인데, 시호(諡號)로 씨(氏)를 삼았다." 하였다.

○손씨(孫氏 손석(孫奭))의 〈맹자정의(孟子正義)〉에 "대불승은 자가 영지(盈之)이다." 하였다.

그대는 설거주를 선사라고 여겨서 그로 하여금 왕의 처소에 있게 하였다.〔子謂薛居州善士也, 使之居於王所.〕

《만성통보》에 다음과 같은 내용이 있다. "송왕(宋王) 언(偃)이 음란하고 포학하자, 대불승(戴不勝)이 설거주(薛居州)에게 말하기를, '선(善)을 개진하고 사악함을 막는 것은 선사(善士)만이 할 수 있다. 그대는 선사이니 어찌 왕을 선하게 만들지 못하겠는가.' 하니, 설거주가 '그대는 듣지 못했는가? 임금은 흰색과 같고 신하는 물들이는 색과 같다는 것을. 푸른색에 물들면 푸른 빛이 나고 노란색에 물들면 노란 빛이 나며 흰모래가 진흙 속에 있으면 장차 검게 물들 것이니, 내가 어찌할 수 있겠는가.' 하였다."

공손추문왈불견제후하의장

公孫丑問曰不見諸侯何義章

단간목은 담장을 넘어 피하였고 설류는 문을 닫고 받아들이지 않았다.〔段干木踰垣而避之, 泄柳閉門而不納.〕

《여씨춘추(呂氏春秋)》에 "단간목(段干木)은 복자하(卜子夏)에게 배웠는데, 복자하는 서하(西河) 가에 살았다. 위 문후(魏文侯)가 복자하를 스승으로 섬겼기에 그를 통하여 단간목의 어짊을 알고는 단간목이 사는 마을을 지날 적에는 예를 표하였다. 문후가 단간목을 찾아가자 단간목이 피하였는데, 문후가 서서 기다리면서 아무리 피곤해도 쉬지 않았다." 하였다.

○《설원(說苑)》에 "목공(繆公)이 자유(子柳)의 어짊을 듣고서 찾아갔는데, 자유가 문을 닫고서 받아들이지 않았다. 어떤 이가 말하기를, '그대는 필부로서 과분하게 국왕의 방문을 받았는데 어찌 이러는가?' 하니, 자유가 '내가 들으니, 군자는 도(道)가 행해지면 그 뜻이 즐겁고, 도가 행해지지 않으면 그 몸이 즐겁다고 하였다. 천하에 참으로 잘 다스리고자 하는 임금이 있어 그 도를 행할 수 있다면 비록 걸어가서 조회하더라도 참으로 그렇게 할 것이나, 그렇지 않다면 이는 단지 임금에게 대우받는 영예를 바라는 것일 뿐이다.' 하였다." 하였다.

더럽고 천한데 빠지면서도 부끄러워하지 않는다.〔淪於汚賤而不恥〕-주(註)-

살펴보건대, '불치(不恥)'는 다른 본에 '가치(可恥)'로 되어 있다. 소주(小註)의 경원 보씨(慶源輔氏) 설에도 '부끄러울 만하다〔可恥〕'고 하였으니,[4] 지금 보니 '가(可)' 자가 '불(不)' 자보다 나은 듯하다. 그러나 '불' 자로 보는 것도 좋다. 집주(集註)의 설은 미치지 못한 자를 위주로 말한 것이니, '이 미치지 못하는 자는 더럽고 천한데 빠지면서도 부끄럽게 여기지 않는다.'는 뜻이다. 경원 보씨의 설은 증자(曾子)와 자로(子路)의 말을 위주로 말한 것이니, '증자와 자로가 말한 것은 모두 더럽고 천한데 빠져 부끄러울 만하다.'는 뜻이다. 두 설이 각각 주장하는 바가 있어 문제가 되지 않을 듯하다.

4 경원 보씨(慶源輔氏)……하였으니 : 경원 보씨의 설은 다음과 같다. "공자(孔子)의 일은 예의(禮義)의 중정(中正)이니, 조금이라도 차이나면 잘못된다. 단간목과 설류는 예의의 중정에 지나쳤기 때문에 박절함에 상하여 넓지 못하고, 증자와 자로가 말한 것은 예의의 중정에 미치지 못하기 때문에 더럽고 천한 데에 빠져 부끄러울 만하다."

공도자왈장
公都子曰章

공도자가 말하기를, 외인들이 모두 선생님더러 변론하기를 좋아한다고 칭하니……내 부득이해서이다.〔公都子曰：外人皆稱夫子好辯……予不得已也.〕

살펴보건대, 이 '부득이(不得已)' 세 글자를 깊이 음미해야 한다. 잘 다스려지는 세상에 정도(正道)가 크게 밝아 인심(人心)이 사악함이 없다면 변론을 일삼을 바가 없을 것이다. 만약 어지러운 세상에 이단(異端)이 가득차서 인심이 바르지 않다면 성현(聖賢)이 어찌 묵묵히 좌시하면서 제멋대로 하도록 내버려두고 끝내 변론하지 않을 수 있겠는가. 이것이 부득이 변론하게 된 이유이지, 아무 일도 없는데 변론하기를 좋아하는 것은 아니다. 일반 사람들은 이러한 뜻을 알지 못하고 단지 변론하는 것으로만 맹자를 보았기 때문에 맹자가 변론하기를 좋아한다고 의심한 것이다.

천하에 사람이 살아온 지 오래되었다.〔天下之生，久矣.〕

조씨(趙氏)의 구주(舊註)에 "'천하지생(天下之生)'은 사람이 생겨난 이래이다." 하였다.

강동(洚洞)-주(註)-

살펴보건대, '강동'은 범람하여 드넓다는 뜻인 듯하다.

경원 보씨가 말하기를, "이 한번 다스려짐은 기화와 인사가 서로 조화로운 것이다." 하였다.〔慶源輔氏曰: 此一治, 氣化人事相參者也.〕-소주(小註)-

채청이 말하기를, "우(禹) 때의 한번 다스려짐은 인사(人事)로써 기화(氣化)를 만회한 것이니, 경원 보씨처럼 기화와 인사가 서로 참여하였다고 말할 필요가 없다. 요(堯)와 우는 동시대의 인물이니, 어찌 오늘은 기운이 쇠했다가 내일은 기운이 성하겠는가. 만약 요와 우가 살았던 때를 논한다면 기화가 성대하였으니, 본뜻이 아니다." 하였다.

주의 몸에 미쳐 천하가 또 크게 어지러워졌다.〔及紂之身, 天下又大亂.〕

살펴보건대, 이 장은 구절마다 한번 다스려지고 한번 어지러워짐을 말했는데, 유독 여기에서는 '대란(大亂)'이라는 글자를 놓았다. 이것으로 주왕(紂王) 때의 혼란을 상상할 수 있으니 그 혼란이 극도에 이른 것이다. '요순이 세상을 떠난 뒤에〔堯舜旣沒〕'에서부터 '백성이 의식을 얻을 수 없었다.〔民不得衣食〕'까지는 요순의 도가 쇠하여 포악한 임금이 대대로 나와서 한 번 어지러워짐을 대략 말한 것이다. '부정한 학설과 포학한 행동이 또 일어나〔邪說暴行又作〕'에서부터 '주의 몸에 미쳐서 천하가 또 크게 어지러워졌다.〔及紂之身, 天下又大亂〕'까지는, 이 부분에 와서야 비로소 주왕에 이르러 또 크게 어지러워짐을 말하였다. 그러므로 '대란(大亂)' 자 위에 특별히 '우(又)' 자를 쓴 것이다.

경원 보씨가 말하기를, "이 한번 어지러워짐은 기화와 인사가 서로 부합한 것이다." 하였다.〔慶源輔氏曰: 此一亂, 氣化人事相符者也.〕-소주(小註)-

채청이 말하기를, "어떤 사람은 '이것은 인사(人事)일 뿐이다. 포악한 임금이 백성의 집을 파괴하여 웅덩이와 못을 만들고 백성의 농지를 버려 동산을 만드는 것이 기화(氣化)와 무슨 상관이겠는가.'고 하였다." 하였다.

쌍봉 요씨가 말하기를, "포악한 행실은 상하를 통틀어 말한 것이니, 반드시 부정한 학설이 의리를 모호하게 만든 뒤에야 포악한 행실이 일어난다." 하였다.〔雙峯饒氏曰: 暴行通上下而言, 必有邪說糊塗了箇理義, 然後暴行始作.〕-소주(小註)-

채청이 말하기를, "이 말이 참으로 옳다. 당 고종(唐高宗)이 왕후를 폐하려 할 때 허경종(許敬宗)이 앞장서서 '시골 늙은이도 10곡(斛)의 보리를 더 수확하면 아내를 바꾸고자 한다.'는 설을 주장하여 도운 뒤에야 왕후를 폐하고 무측천(武則天)을 세우는 일이 이루어졌으며, 왕안석(王安石)이 신법(新法)을 시행하여 백성의 이익을 다 긁어모으려 할 때에 반드시 《주례》의 내용을 빌어서 꾸몄으며, 여혜경(呂惠卿)[5]이 '선왕(先王)의 법은 1년에 한번 바꾸는 것이 있으니 대궐문에 법을 게시하는 따위가 이런 것이다.'라고 하였으니, 예로부터 지금까지 대체로 모두 포악한 행실이 있을 경우에는 반드시 부정

5 여혜경(呂惠卿) : 대본에는 '如惠卿'으로 되어 있는데, 《오조명신언행록(五朝名臣言行錄)》에 의거하여 바로잡아 번역하였다.

한 학설로 이를 꾸몄다." 하였다.

경원 보씨가 말하기를, "이 한번 다스려짐은 또 기화와 인사가 서로 조화로운 것이다." 하였다.〔慶源輔氏曰: 此一治, 又氣化人事相參者也.〕-소주(小註)-

채청이 말하기를, "그 실상을 짚어 살펴보면 인사(人事)가 다시 많은 부분을 차지한다." 하였다.

다스림을 이룩하는 법이 만세에 드리워진 것이니, 이 또한 한번 다스려진 것이다.〔致治之法, 垂於萬世, 是亦一治也.〕-주(註)-

살펴보건대, 윗글의 집주(集註)에서 '이는 한번 다스려진 것이다.〔此一治〕'라고 두 번 말하였고, 여기에 이르러선 '이 또한 한번 다스려진 것이다.〔是亦一治〕'라고 말하여 '역(亦)' 자를 첨가하였다. 공자가 군사(君師)의 지위를 얻어 당시에 치화(治化)를 이루지는 못했지만 다스림을 이룩하는 법을 만세에 드리웠으니, 만세에 드리운 것도 한번 다스린 것이다. 그러므로 '또한 한번 다스려진 것이다.'고 한 것이니, 이 '역(亦)' 자를 깊이 음미해야 한다. 아래 글 '내가 이 때문에 두려워〔吾爲此懼〕' 아래 주석에서 말한 '이 또한 한번 다스려진 것이다.' 또한 이러한 뜻이다.

아버지가 없고 군주가 없는 것은 금수이다……금수를 몰아서 사람을 먹게 하다가 사람들이 장차 서로 잡아먹을 것이다.〔無父無君, 是禽獸……率獸食人, 人將相食.〕

살펴보건대, 이 장 처음의 이른바 '내 어찌 변론하기를 좋아하겠는

가. 내 부득이해서이다.'라는 말이 여기에 이르러서야 본론으로 들어가 발명하였으니, '양주(楊朱)와 묵적(墨翟)의 해가 끝내 아버지도 없고 임금도 없어 금수를 몰아서 사람을 먹게 하다가 사람들이 장차 서로 잡아먹는 지경에 이를 것이기에 내가 부득이 이처럼 변론하는 것이지 애초에 변론하기를 좋아하여 그런 것이 아니다.'라는 뜻이다.

○양주의 도가 행해지면 사람들이 모두 자기 자신만 위하니 이는 임금이 없는 것이고, 묵적의 도가 행해지면 사람들이 모두 겸애하니 이는 아버지가 없는 것이다. 아버지가 없고 임금이 없으면 이는 인의(仁義)를 꽉 막는 것이다. 인(仁)을 막음이 극도에 이르면 반드시 자신의 아버지를 죽이는데 이르고, 의(義)를 막음이 극도에 이르면 반드시 자신의 임금을 시해하는데 이른다. 이것이 이른바 '금수를 몰아서 사람을 먹게 하다가 사람들이 서로 잡아먹는다.'는 것이다.

○맹자는 이단(異端)을 이적(夷狄)과 금수(禽獸)에 비유하였다. 그러므로 이 장은 처음부터 끝까지 '이적'과 '금수' 자를 많이 사용하였는데, 이 단락에서는 양주와 묵적을 깊이 배척하여 마침내 '아버지가 없고 임금이 없는 것은 금수이다.'고 하고, 또 '금수를 몰아서 사람을 먹게 한다.'고 하였다. 이는 양주와 묵적의 도를 금수와 다름이 없다고 여겨 전후로 인용한 이적과 금수라는 말을 여기에서 증명하려고 한 것이다.

동진 시대의 청담[6]은……양 무제가 부처를 섬긴 일〔東晉淸談……梁

6 청담 : 노장(老莊) 학파에 속하는 선비들이 세속의 일을 떠나서 청정무위(淸淨無

武帝事佛〕-소주(小註)-

살펴보건대, 동진(東晉) 시대의 청담은 양주의 유폐(流弊)를 말한 것이고, 양 무제(梁武帝)가 부처를 섬긴 일은 묵적의 유폐를 말한 것이다.

경원 보씨가 말하기를, "이것은 공명의(公明儀)가 말한 '금수를 몰아서 사람을 먹게 하다가 사람들이 장차 서로 잡아먹는다.'는 것과 같다." 하였다.〔慶源輔氏曰: 是與所謂率獸食人人將相食者類矣.〕-소주(小註)-

살펴보건대, '사람이 서로 잡아먹는다.'는 맹자의 말이지, 공명의의 말이 아니다. 경원 보씨가 한 말은 오류인 듯하다.

내가 이 때문에 두려워……부정한 말을 추방하여〔吾爲此懼……放淫辭〕

살펴보건대, 이 '구(懼)' 자는 윗글의 이른바 '공자가 두려워하여〔孔子懼〕'의 '구(懼)'와 그 뜻이 같으니, 공자는 신하가 자신의 임금을 죽이고 아들이 자신의 아버지를 죽이는 것을 두려워하였고, 맹자는 양주와 묵적의 아버지도 없고 임금도 없는 도를 두려워하였다.

○맹자가 이미 양주와 묵적을 막으며 부정할 말을 추방하는 것을 자신의 임무로 삼았으니, 어찌 단정하고 과묵하게 있으면서 그들을 막고 추방할 수 있겠는가. 반드시 양주와 묵적의 도가 끝내 아버지도 없고 임금도 없어 금수를 몰아서 사람을 먹게 하는 폐해에 이르게 될 것을 분명히 말해야만 당시 사람들을 깨닫게 하고 후세 사람들에

爲)의 공리공담(空理空談)을 논하던 것을 말한다.

게 분명히 알게 할 수 있었다. 이것이 맹자가 극언하여 밝게 변론할 수밖에 없었던 이유이니 바로 부득이해서 한 일이다. 그런데 알지 못하는 세상 사람들이 마침내 변론을 좋아한다고 의심한 것이다.

불씨와 노자의 폐해가 양주와 묵적보다 심하다.〔佛老之害, 甚於楊墨.〕-주(註)-

인산 김씨(仁山金氏)가 말하기를, "불씨(佛氏)의 적멸(寂滅)이 양주와 비슷하지만 선정(禪定)과 입탈(立脫)[7]의 설은 양주보다 지나치고, 자비(慈悲)와 보시(普施)가 묵적과 비슷하지만 평등(平等)과 무생(無生)[8]의 설은 묵적보다 지나치니, 아버지도 없고 임금도 없는 가르침을 겸하여 짐승을 몰아서 사람을 먹게 하는 환란의 바탕이 되었다. 이 때문에 그 폐해가 더욱 큰 것이다." 하였다.

주공은 이적을 겸병하다.〔周公兼夷狄〕

채청이 말하기를, "엄(奄)나라를 정벌하고 50개국을 멸망시켰다고 하였고, 이적이 있다고 말한 적은 없다. 다만 포악한 행동과 부정한 학설, 아버지도 없고 임금도 없는 것은 모두 이적이니, 멸망시킨 50국 안에 어찌 이적이 없겠는가. 조씨(趙氏)는 엄나라가 회의(淮夷) 북쪽에 있다고 하였으니, 이 또한 이적이다." 하였다.

나 또한 인심을 바로잡아……세 성인을 계승하려는 것이니〔我亦欲正

7 입탈(立脫) : 선 채로 죽는 것을 말한다.

8 무생(無生) : 불생불멸(不生不滅)을 말한다.

人心……以承三聖者〕

살펴보건대, 맹자가 양주와 묵적을 막은 것은 우(禹)가 홍수를 막고 주공(周公)이 이적을 겸병하고 금수를 몰아내고 공자가 춘추를 지은 것을 계승한 것이니, 그 자임(自任)의 무거움을 알 수 있다.

○채청이 말하기를, "'인심을 바로잡고 부정한 학설을 종식시키며 잘못된 행실을 막고 방탕한 말을 추방한다.〔正人心, 息邪說, 距詖行, 放淫辭.〕' 네 구는 또한 순서가 있다. 인심이 바르지 않기 때문에 부정한 학설이 틈을 타서 들어가고, 부정한 학설이 들어간 뒤에는 행동이 따라서 잘못되고, 잘못된 행동이 행해지고 나면 이에 서로 동조하여 또 일종의 방탕한 말이 생겨나 한편의 말과 문자를 이룬다. 그러므로 이렇게 말한 것이다." 하였다.

경원 보씨가 말하기를, "사람들이 그 마음을 살펴서 부정한 학설이 참으로 두려운 것임을 알게 하고자 한 것이다." 하였다.〔慶源輔氏曰: 欲人之察其心, 而知邪說眞可畏也.〕-소주(小註)-

살펴보건대, 이것은 '사람들로 하여금 부득이해서 변론하기를 좋아하는 맹자의 마음을 살펴서 부정한 학설이 참으로 두려운 것임을 알게 하고자 한 것이다.'는 말이다.

"부정한 학설과 잘못된 행동이 어떻게 나뉩니까?"라는 질문에, 쌍봉 요씨가 말하기를, "말이 부정하고 편벽되면 그 행실이 반드시 치우치고 바르지 못하다." 하였다.〔問邪說詖行如何分, 雙峯饒氏曰: 說旣邪僻, 其行必偏詖.〕-소주(小註)-

살펴보건대, 이단의 부정하고 편벽된 도는 마음에 있으면 부정한 마음이 되고, 말에 드러나면 부정한 학설이 되고, 일에 드러나면 잘못된 행동이 된다. 처음에는 마음에서 싹터서 말로 나오고 결국에는 일에 드러나니, 본래 두 가지가 있는 것이 아니라 한 꿰미에 꿰어져있다.

양주와 묵적을 막아야 한다고 말하는 자는 성인의 무리이다.〔能言距楊墨者, 聖人之徒也.〕

살펴보건대, '성인(聖人)'이라고 말하지 않고 '성인의 무리'라고 말한 것은, 이단과 성학(聖學)은 저절로 양쪽으로 나뉘어 있으니 만약 이단을 막아야 한다고 말한다면 이는 또한 성현 쪽의 사람이기 때문이다.

광장왈진중자장

匡章曰陳仲子章

진중자(陳仲子)

《고사전(高士傳)》에 “진중자는 자(字)가 자종(子終)으로, 제(齊)나라 사람이다. 초왕(楚王)이 사람을 보내어 재상으로 초빙하였는데, 중자가 ‘내게 아내가 있으니 들어가 물어보겠다.’ 하였다. 아내에게 말하기를, ‘오늘 재상이 되면 내일은 네 필 말이 끄는 수레를 타고 진수성찬을 먹을 것이오.’ 하니, 아내가 ‘왼편에 거문고를 두고 오른편에 책을 두고 지내는 생활 속에 그 즐거움이 있습니다. 네 필 말이 끄는 수레라도 그 편안함이 무릎 하나 들이는데 불과하고, 진수성찬이라도 그 맛나기는 한 조각 고기에 불과합니다. 지금 겨우 무릎을 들이는 편안함과 한 조각 고기 맛으로 초나라의 근심을 품는다면 선생은 생명을 보전하지 못할 듯합니다.’ 하였다. 중자가 마침내 아내와 함께 도망가서 남의 채마밭에 물주는 일을 하였다.” 하였다.

가서 들고 먹어서〔往將食之〕

살펴보건대, ‘장(將)’은 운서(韻書)에 ‘받들다〔奉〕’는 뜻이고 ‘가지다〔持〕’는 뜻이라고 하였다.

합 땅에서 받는 녹이 만종이었다.〔蓋祿萬鍾〕

살펴보건대, ‘합(蓋)’은 위 편의 이른바 ‘합대부(蓋大夫)’의 ‘합(蓋)’이다. 합은 제(齊)나라 땅이다.

형의 봉록을 의롭지 못한 봉록이라 하여……의롭지 못한 집이라고 하여 살지 않았다.〔以兄之祿, 爲不義之祿……不義之室而不居也.〕

살펴보건대, '형의 봉록을 의롭지 못한 봉록이라 하여 먹지 않았다.'는 위의 '중자(仲子)가 먹은 곡식은 백이(伯夷)가 심은 것인가? 아니면 도척(盜跖)이 심은 것인가?' 세 구와 호응하고, '형의 집을 의롭지 못한 집이라 하여 살지 않았다.'는 위의 '중자가 사는 집은 백이가 지은 것인가? 아니면 도척이 지은 것인가?' 세 구와 호응한다.

어머니가 주면 먹지 않고 아내가 주면 먹으며……지렁이가 된 이후에나 그 지조를 충족시킬 수 있다.〔以母則不食, 以妻則食之……蚓而後充其操者也.〕

살펴보건대, 윗글에서 이미 "중자의 지조를 충족시키려면 지렁이가 된 이후에나 가하다."고 하고서, 여기에 또 "중자와 같은 자는 지렁이가 된 이후에야 그 지조를 충족시킬 수 있다."고 하였으니, 거듭 말하여 끝내 지렁이처럼 될 수 없음을 밝힌 것이다. 중자가 어머니의 음식을 먹지 않고 형의 집에 살지 않은 것을 보면 그 지조가 참으로 보통사람보다 현격히 보과 현격히 다르다. 이것이 반드시 세상에 아무 구하는 것도 없는 지렁이 같아야만 그 지조를 충족시킬 수 있다고 말하는 이유이다. 지금 아내의 음식과 오릉(於陵)의 집이 꼭 어머니의 음식과 형의 집보다 의로운 것이 아닌데도 중자는 아내가 주는 음식을 먹고 오릉에 살고 있으니, 끝내 지렁이와 같지 않아서 그 지조를 충족시키지 못하고 있다. 지렁이처럼 되어 그 지조를 채우고자 한다면 아무리 중자라도 반드시 그렇게 될 수 없고 또한 그렇게 할 수도 없다. 맹자의 뜻은 중자로 하여금 반드시 지렁이처럼 되어 그 지조를 채우게 하고야 말겠다는 것이 아니라, 이는 단지 끝내 지렁이처럼 될 수 없음을 밝힌 것뿐이다.

이루
離婁

조씨(趙氏) 구주(舊註)에 "이루(離婁)는 황제(黃帝) 때 사람이다. 황제가 현주(玄珠)를 잃어버리고 이주(離朱)에게 찾게 하였는데, 그 이주가 바로 이루이다. 백보 밖에서 보아도 가을 터럭의 끄트머리를 볼 수 있었다." 하였다.

요순의 도로도 인정을 쓰지 않으면 천하를 평치할 수 없다.〔堯舜之道, 不以仁政, 不能平治天下.〕

살펴보건대, 이 '도(道)' 자는 인심(仁心)을 가리켜 말한 것이다. 비록 요순(堯舜)과 같은 어진 성인이라도 백성에게 인정(仁政)을 행하지 않아 재성보상(裁成輔相)[9]의 일이 전무하다면 백성이 그 은택을 입지 못할 것이니, 어찌 천하를 평치할 수 있겠는가.

9 재성보상(裁成輔相) : 《주역》 〈태괘(泰卦) 상(象)〉에 "하늘과 땅이 사귀이 태(泰)이니, 임금이 이것을 보고, 천지(天地)의 도(道)를 재성(財成)하고 천지의 의(宜)를 보상(輔相)하여 백성을 돕는다."고 한데서 온 말로, 재성은 임금이 천지가 교태(交泰)하는 도를 체득하여 잘 마름질하여 통치의 방법을 완성한다는 뜻이고, 보상은 임금이 천지가 만물을 화육하는 일을 보조한다는 뜻이다.

6율을 쓰지 않으면 5음을 바로잡을 수 없다.〔不以六律, 不能正五音.〕

채청이 말하기를, "6율(律)과 6여(呂)[10]의 법은 매번 삼분손익(三分損益)하여 격팔상생(八位相生)한다.[11] 이를테면 81수(數)의 황종(黃鍾)을 쓰지 않으면 궁음(宮音)을 바로잡을 수 없고, 54수의 임종(林鍾)을 쓰지 않으면 치음(徵音)을 바로잡을 수 없으니, 이 궁과 치는 반드시 황종율(黃鍾律)을 쓴 뒤에 바르게 된다. 72수의 태주(太簇)를 쓰지 않으면 상음(商音)을 바로잡을 수 없고, 48수의 남려(南呂)를 쓰지 않으면 우음(羽音)을 바로잡을 수 없고, 64수의 고선(姑洗)을 쓰지 않으면 각음(角音)을 바로잡을 수 없으니, 상과 우와 각은 반드시 태주율(太簇律)와 고선율(姑洗律)을 쓴 뒤에 바르게 된다. 1균(均)[12] 이후로 번갈아 서로 궁(宮)이 되어 모두 그렇지 않음이 없은 뒤에야 5음이 비로소 바르게 될 수 있다." 하였다.

10 6율(律)과 6여(呂) : 6율은 12율 가운데 양성(陽聲)에 속하는 황종(黃鍾)·태주(太簇)·고선(姑洗)·유빈(蕤賓)·이칙(夷則)·무역(無射)이고, 6여는 음성(陰聲)에 속하는 대려(大呂)·협종(夾鍾)·중려(中呂)·임종(林鍾)·남려(南呂)·응종(應鍾)이다.

11 삼분손익(三分損益)하여 격팔상생(八位相生)한다 : 삼분손익은 삼분손일(三分損一)과 삼분익일(三分益一)의 준말로, 격팔상생과 함께 12율의 음계를 정하는 방법이다. 삼분손일은 전체의 3분의 1을 덜어서 3분의 2만 쓰는 것을 말하고, 삼분익일은 3분의 1을 더 늘여서 3분의 4로 만드는 것을 말하며, 격팔상생은 12율관의 간격이 여덟 칸이 떨어져야 그다음의 율관이 성립하는 것을 말한다.

12 1균(均) : 대본에는 '均'이 주석으로 되어 있는데, 국립중앙도서관 소재 《후재집》에 의거하여 본문으로 바로잡아 번역하였다. 12율의 각 음을 궁음(宮音)으로 하면 12조(組)의 음계를 이루는데, 그 각 1조를 1균이라 한다.

五音相生之圖

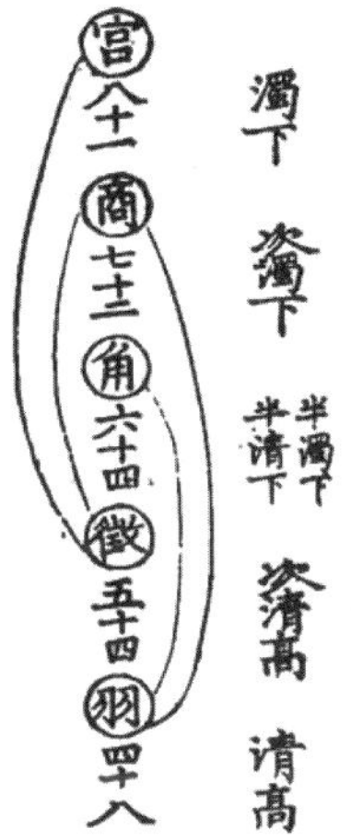

살펴보건대, 세로로 쓴 궁·상·각·치·우는 5음의 청탁(淸濁)의 순서이고, 옆으로 그어 궁·치·상·우·각에 연결시킨 것은 격팔 상생의 순서이다.

○채청이 말하기를, "궁성(宮聲)은 81분(分)이다. 이른바 '분(分)'이란 율관 속을 채운 거서(秬黍)[13]를 가지고 취한 것이다. 거서를 율관 속에 채울 경우 13과 3분의1 거서가 있어야 1분에 차니 90분을 쌓으면[14] 1200거서이다." 하였다.

13 거서(秬黍) : 표준 크기의 기장을 말한다. 황종관의 크기는 기장으로 결정하는데, 이때 사용하는 기장 낱알은 너무 크지도 너무 작지도 않은 중간 크기이다.

14 90분을 쌓으면 : 대본에는 '積九十十分'으로 되어 있는데, 문맥에 따라 '九十十'을 '九十'으로 바로잡아 번역하였다.

三分損益之圖

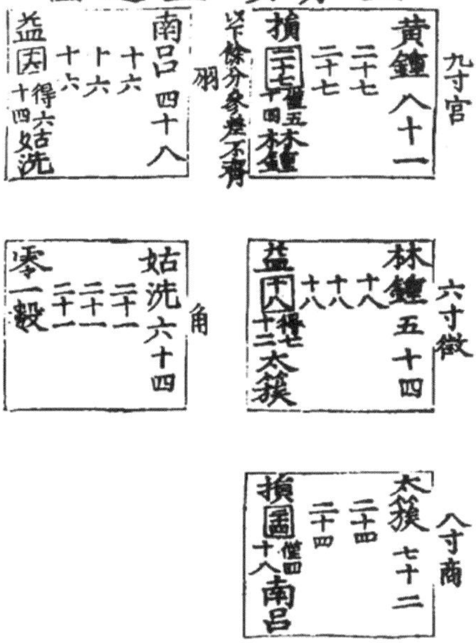

살펴보건대, 삼분손익이란, 양율(陽律)의 경우는 그 수를 3등분하여 1분을 덜어내어 아래로 음(陰)을 낳고, 음률(陰律)의 경우는 그 수를 3등분하여 1분을 보태어 위로 양(陽)을 낳는 것이다. 예를 들어 황종의 수 81[15]이 궁(宮)이 되는데 이것이 5성(聲)의 근본이다. 여기에서 3등분하여 1분인 27일을 덜어내어 아래로 임종(林鍾)을 낳아 치(徵)가 된다. 임종 54수를 3등분하여 1분인 18을 보태어 위로 태주(太簇)를 낳아 상(商)이 된다. 태주 72수를 3등분하여 1분

15 황종의 수 81 : 황종의 율관(律管)은 원통의 길이가 9촌이고, 원통의 둘레는 직경 3푼에 원주율 3을 곱하여 9푼이 되는데, 이 9촌와 9푼을 곱한 81이 양수(陽數)의 극(極)인 황종의 수가 된다.

인 24를 덜어내어 아래로 남려(南呂)를 낳아 우(羽)가 된다. 남려 48수를 3등분하여 1분인 16을 보태어 위로 고선(姑洗)을 낳아 각(角)이 된다. 고선 64수를 3등분하면 21이 셋이고 1의 수가 남는다. 그 1의 수는 매번 3등분해도 끝내 1이 남기 때문에 나누는 것이 끝이 없어 계산을 진행할 수 없다. 이것이 음이 다섯 가지에서 끝나는 이유이다.

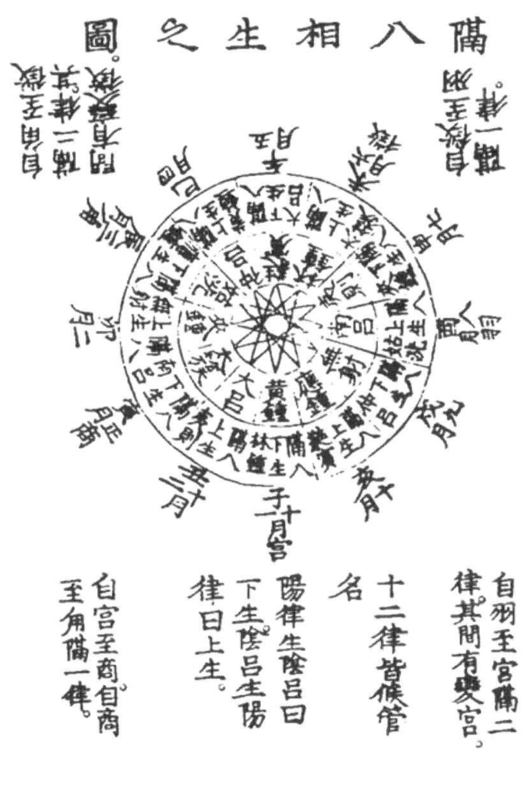

율관의 길이 · 둘레 · 지름의 수

황종은 길이가 9촌(寸)이고 둘레가 9푼(分)이다.-모든 율관은 둘레가

같다.- 율관 가운데 가장 길다.-긴 것이 소리가 탁하다.-

임종은 길이가 6촌이다.

태주는 길이가 8촌이다.

남려는 길이가 5촌3푼이다.

고선은 길이가 7촌1푼이다.

응종은 길이가 4촌6푼6리(釐)이다. 율관 가운데 가장 짧다.-짧은 것이 소리가 맑다.-

유빈은 길이가 6촌2푼8리이다.

대려는 길이가 8촌3푼7리6호(毫)이다.

이칙은 길이가 5촌5푼5리1호이다.

협종은 길이가 7촌4푼3리7호3사(絲)이다.

무역은 길이가 4촌8푼8리4호8사이다.

중려는 길이가 6촌5푼8리3호4사6홀(忽)이다.-3분의2가 남는다.-

살펴보건대, 격팔상생이란, 이를테면 자(子)가 황종의 궁(宮)이 되어 축(丑)·인(寅)·묘(卯)·진(辰)·사(巳)·오(午)를 거쳐 미(未)에 이르러 임종의 치(徵)를 낳는 것이다. 임종은 여덟 자리를 건너 태주의 상(商)을 낳고, 태주는 여덟 자리를 건너 남려의 우(羽)를 낳고, 남려는 여덟 자리를 건너 고선의 각(角)을 낳으니, 바로 황종 하나의 율(律)이 5성(聲)을 갖춘 것이다. 12율이 돌아가며 서로 궁이 되면 12율이 각각 5성을 갖추게 된다.

○서산 채씨(西山蔡氏 채원정(蔡元定))가 말하기를, "황종이 11율을 파생할 적에 자(子)·인(寅)·진(辰)·오(午)·신(申)·술(戌)의 6양진(陽辰)은 모두 아래로 낳고, 축(丑)·묘(卯)·사(巳)·미

(未)·유(酉)·해(亥)의 6음진(陰辰)은 모두 위로 낳는다. 임종·남려·응종의 3음려(陰呂)는 음의 자리에 있어-오(午)부터 해(亥)까지는 음이 된다.- 보태거나 덜어냄이 없지만, 대려·협종·중려의 3음려는 양의 자리에 있어-자(子)부터 사(巳)까지는 양이 된다.- 반드시 배수(倍數)를 쓴다. 그래야 비로소 12달의 기운과 서로 호응하니, 음이 양을 따르는 것이 자연의 이치이기 때문이다.-대려·협종·중려는 반성(半聲)만 얻기 때문에 반드시 배수를 쓴다.-" 하였다.

○《예기》〈예운(禮運)〉의 '5성·6율·12관이 돌아가면서 서로 궁이 된다.' 주석에 "율관 길이의 수는 각각 덜어내거나 보탬이 있고, 또 아내를 취하고 아들을 낳는 예(例)가 있다. 각각 덜어내거나 보탬이 있다는 것은 다음과 같다. 황종은 율관의 길이가 9촌이니 아래로 낳는 것은 3등분하여 1분을 없애기 때문에 아래로 길이 6촌의 임종을 낳으며, 위로 낳는 것은 3등분하여 1분을 보태니 길이 6촌의 임종은 위로 길이 8촌의 태주를 낳는다. 양율(陽律)은 아내를 취하고 음려(陰呂)는 아들을 낳는 것은, 길이 9촌의 황종이 길이 6촌의 임종을 아내로 삼아 여덟 자리를 건너 아들을 낳는 것이니, 임종이 태주를 낳고 이칙이 협종을 낳는 따위이다." 하였다.

12율이 돌아가며 서로 궁이 되는 법은 황종 하나의 율(律)이 궁이 되는 예를 가지고 미루어 배열하면 다음과 같다.

황종 제1궁이 임종의 치를 낳고, 임종이 태주의 상을 낳고, 태주가 남려의 우를 낳고, 남려가 고선의 각을 낳는다.

임종 제2궁이 태주의 치를 낳고, 태주가 남려의 상을 낳고, 남려가 고신의 우를 낳고, 고신이 응종의 각을 낳는다.

태주 제3궁이 남려의 치를 낳고, 남려가 고선의 상을 낳고, 고선이 응종의 우를 낳고, 응종이 유빈의 각을 낳는다.

남려 제4궁이 고선의 치를 낳고, 고선이 응종의 상을 낳고, 응종이 유빈의 우를 낳고, 유빈이 대려의 각을 낳는다.

고선 제5궁이 응종의 치를 낳고, 응종이 유빈의 상을 낳고, 유빈이 대려의 우를 낳고, 대려가 이칙의 각을 낳는다.

응종 제6궁이 유빈의 치를 낳고, 유빈이 대려의 상을 낳고, 대려가 이칙의 우를 낳고, 이칙이 협종의 각을 낳는다.

유빈 제7궁이 대려의 치를 낳고, 대려가 이칙의 상을 낳고, 이칙이 협종의 우를 낳고, 협종이 무역의 각을 낳는다.

대려 제8궁이 이칙의 치를 낳고, 이칙이 협종의 상을 낳고, 협종이 무역의 우를 낳고, 무역이 중려의 각을 낳는다.

이칙 제9궁이 협종의 치를 낳고, 협종이 무역의 상을 낳고, 무역이 중려의 우를 낳고, 중려가 황종의 각을 낳는다.

협종 제10궁이 무역의 치를 낳고, 무역이 중려의 상을 낳고, 중려가 황종의 우를 낳고, 황종이 임종의 각을 낳는다.

무역 제11궁이 중려의 치를 낳고, 중려가 황종의 상을 낳고, 황종이 임종의 우를 낳고, 임종이 태주의 각을 낳는다.

중려 제12궁이 황종의 치를 낳고, 황종이 임종의 상을 낳고, 임종이 태주의 우를 낳고, 태주가 남려의 각을 낳는다.-여기에 이르러 또 다시 황종 제1궁이 생성되니, 이른바 '12율이 돌아가면서 궁이 되어 각각 5성을 갖는다.'는 것이 이것이다.-

변궁과 변치 變宮 變徵

서산 채씨가 말하기를, "5성에서 궁과 상·상과 각·치와 우는 각각 1율관 거리인데, 각과 치·우와 궁의 경우는 2율관 거리이다. 거리가 1율관이면 음절이 조화롭고 거리가 2율관이면 음절이 멀다. 그러므로 치와 각 사이에서는 치 가까이에서 한 소리를 거두는데, 치에 비해 소리가 조금 낮기 때문에 변치(變徵)라고 한다. 궁과 우의 사이에서는 궁 가까이에서 한 소리를 거두는데, 궁보다 소리가 조금 높기 때문에 변궁(變宮)이라고 한다. 각성(角聲)의 수 64는 3등분하면 나머지 3분의1이 끝나지 않아 더 이상 계산할 수 없으니 통분(通分)해야 한다. 소리가 변한 것이 둘이기 때문에 1을 두고 3을 2곱하여 9를 얻는다. 9를 각성 64에 곱하여 576을 얻고 이를 삼분손익하여 다시 변치와 변궁 두 소리를 낳는다. 이것을 9로 나누어 5성의 수를 따르고 그 남는 수를 그대로 두어 강약으로 삼는다.[16] 변치의 수 512에 이르러 3등분하면 또 나머지 3분의2가 남아 더 이상 계산할 수 없다. 이것이 변성(變聲)이 두 가지에서 그친 이유이다. 변궁은 궁이지만 궁성을 이룰 수 없고, 변치는 치이지만 치성을 이룰 수 없다. 옛사람이 말하기를, '5성이 미치지 못한 것을 구제하기 위한 것이다.' 하였다." 하였다. 주자(朱子)가 말하기를, "5성이 서로 낳아 각의 자리에 이르면 여덟 자리를 건너 아래로 낳을 경우 궁 앞의 한 자리를 얻어 변궁(變宮)으로 삼는다. 또

16 이것을……삼는다 : 576에서 삼분손익(三分損一)하여 384가 나오고 이것을 9로 나누면 42와 9분의6이 되니, 이것이 변궁의 수이다. 384에서 삼분익일(三分益一)하여 512가 나오고 이것을 9로 나누면 56과 9분의8이 되니, 이것이 변치의 수이다. 5성의 수는 궁성이 81, 상성이 72, 각성이 64, 치성이 53, 우성이 48이니, 변궁이 42, 변치가 56으로 5성의 수를 따른다는 말이다.

변궁에서 여덟 자리를 건너 위로 낳을 경우 치 앞의 한 자리를 얻어 변치(變徵)로 삼는다. 나머지는 덜어내거나 보탤 수 없고 그 수가 또 끝난다. 그러므로 입균(立均)하는 법이 여기에 이르러 끝나는 것이다." 하였다.-

○또 말하기를, "12율이 돌아가며 서로 궁이 되어 각각 7성(聲)을 가지니 합쳐서 84성이다. 궁성12·상성12·각성12·치성12·우성12 총 60성이 60조(調)가 된다. 변궁12는 우성의 뒤와 궁성의 앞에 있고, 변치12는 각성의 뒤와 치성의 앞에 있으니, 궁이지만 궁성을 이루지 못하고 치이지만 치성을 이루지 못하기에 이 24성은 조(調)가 되지 못한다. 황종의 궁부터 협종의 우까지는 모두 황종으로 조(調)를 일으키고 황종으로 곡을 마친다. 대려의 궁부터 고선의 우까지는 모두 대려로 조를 일으키고 대려로 곡을 마친다. 태주의 궁부터 중려의 우까지는 모두 태주로 조를 일으키고 태주로 곡을 마친다. 협종의 궁부터 유빈의 우까지는 모두 협종으로 조를 일으키고 협종으로 곡을 마친다. 고선의 궁부터 임종의 우까지는 모두 고선으로 조를 일으키고 고선으로 곡을 마친다. 중려의 궁부터 이칙의 우까지는 모두 중려로 조를 일으키고 중려로 곡을 마친다. 유빈의 궁부터 남려의 우까지는 모두 유빈으로 조를 일으키고 유빈으로 곡을 마친다. 임종의 궁부터 무역의 우까지는 모두 임종으로 조를 일으키고 임종으로 곡을 마친다. 이칙의 궁부터 응종의 우까지는 모두 이칙으로 조를 일으키고 이칙으로 곡을 마친다. 남려의 궁부터 황종의 우까지는 모두 남려로 조를 일으키고 남려로 곡을 마친다. 무역의 궁부터 대려의 우까지는 모두 무역으로 조를 일으키고 무역으로 곡을 마친다. 응종의 궁부터 태주의 우까지는 모두 응종으로 조를 일으키고 응종으로 곡을 마친다. 이것이 60조이다. 60조가 즉 12율이고, 12율

이 즉 하나의 황종이다. 황종이 12율을 낳고 12율이 5성(聲)과 2변(變)을 낳는다. 5성이 각각 강기(綱紀)가 되어 60조를 이루니, 60조는 모두 황종에서 삼분손익하여 변한 것이다. 궁・상・각 36조는 노양(老陽)이고, 치・우 24조는 노음(老陰)이니, 조가 이루어져서 음양이 갖추어진다." 하였다.-채청이 말하기를, "12율이 다섯이니 60율이다. 또 각 율에 따라 5음이 되는 경우가 있으니, 이를테면 황종률이 궁이 되면 협종이 우가 되고 중려가 치가 되고 이칙이 각이 되고 무역이 상이 된다. 이것이 황종의 5성이다. 이를테면 〈선천도(先天圖)〉에 8괘(卦)가 있고 또 그 8괘가 각각 낳은 8괘가 있는 것과 같다." 하였다.-

○주자가 말하기를, "황종부터 중려에 이르면 서로 낳는 도가 여기에서 끝나니, 마침내 다시 변하여 위로 황종의 궁을 낳는다. 다시 낳은 황종은 9촌에 미치지 못하고 단지 8촌 남짓이다. 그러나 황종은 임금의 상(象)이니 여러 궁이 부릴 수 있는 바가 아니다. 그러므로 그 정(正)을 비워두고 다시 쓰지 않으니, 쓰는 것은 단지 다시 낳은 변(變)이다. 다시 낳은 변에 나아가서는 또 그 반을 뺀다. 이른바 '그 반을 뺀다.'는 것은 대려가 궁이 되고 황종이 변궁이 될 때[17] 황종의 율관이 가장 길기 때문에 그 반성(半聲)만 쓰는 것이다. 나머지 궁도 모두 이와 같다." 하였다.

○또 말하기를, "5성의 순서는 궁성이 가장 크면서 낮고 탁하며, 우성이 가장 가늘면서 가볍고 맑다. 상성의 크기는 궁성 다음이고, 치성의 가늘기는 우성 다음이고, 각성은 4성의 가운데에 있다. 그런

17 황종이……때 : 대본에는 '黃鍾爲變宮特'으로 되어 있는데, 《주자어류(朱子語類)》에 의거하여 '特'을 '時'로 바로잡아 번역하였다.

데 세상에서 중성(中聲)을 논하는 자들이 각성을 중성으로 삼지 않고 궁성을 중성으로 삼는 것은 어째서인가? 모든 소리는 양(陽)이다. 아래에서 위로 올라가 그 절반에 미치기 전에는 음에 속하여 펴지지 못하기 때문에 쓸 수 없고, 올라가서 절반에 미친 뒤에야 양에 속하여 비로소 조화롭게 이루어진다. 그러므로 그 처음에 쓰는 것을 궁으로 삼는다. 매번 변함에 따라 더욱 올라가면 상이 되고 각이 되고 변치가 되고 치가 되고 우가 되고 변궁이 되어-살펴보건대, 이것은 격팔상생의 순서이다.- 모두 궁의 쓰임이 된다. 이 때문에 궁 한 소리는 오행(五行)에 있어서는 토(土)가 되고 오상(五常)에 있어서는 신(信)이 되고 오사(五事)[18]에 있어서는 사(思)가 된다. 이는 여러 소리의 조화로움과 조화롭지 못함의 정중앙, 쓰임과 쓰이지 못함의 정중앙, 음양이 만나는 정중앙에 해당하기 때문에 성대한 것이다. 각성의 경우는 비록 5성의 한가운데 있지만 여러 소리가 모인 것이 아니다. 또 7균(均)[19]으로 논하면 또 변치가 한가운데 자리에 있지만 또한 5성이 바름을 취할 바가 아니다." 하였다. 또 말하기를, "황종의 궁은 처음의 처음이고 한가운데의 한가운데이다. 10율의 궁은 처음의 다음이고 한가운데에서 조금 지나쳤다. 응종의 궁은 처음의 마지막이고 한가운데가 이미 끝났다. 여러 율의 반성(半聲)이 지나치게 가볍고 맑으면 처음의 밖이고 한가운데의 위이며, 반성

18 오사(五事) : 《서경》의 홍범구주(洪範九疇) 가운데 두 번째 조목으로, 모(貌)·언(言)·시(視)·청(聽)·사(思) 다섯 가지를 말한다.

19 7균(均) : 대본에는 '均'이 주석으로 되어 있는데, 국립중앙도서관 소재 《후재집》에 의거하여 본문으로 바로잡아 번역하였다.

의 밖이 지나치게 가볍고 맑음이 심하면 또 밖의 밖이고 위의 위라서 악(樂)이 수 없다. 이는 자시(子時) 초4각(初四刻)은 앞날에 속하고 자시 정4각(正四刻)은 뒷날에 속하는 것과 같으니, 그 양일 사이가 바로 이른바 '처음의 처음이고 한가운데의 한가운데'라는 것이다. 음을 알기 어려운 것이 소리에 있지 않고 율에 있으며 궁에 있지 않고 황종에 있으니, 12율로 조절하지 않으면 5음의 실제를 드러낼 수 없고, 황종의 바름을 얻지 못하면 11율이 또 받아서 본율(本律)의 궁이 될 수 없기 때문이다.[20]" 하였다.

후기 候氣

서산 채씨가 말하기를, "후기법(候氣法)은 삼중으로 방을 만들어 문을 닫고 빈틈없이[21] 틈을 발라 황적색 비단을 촘촘하게 두른다. 방안에는 나무로 탁자를 만들어 율관마다 탁자[22] 하나씩 두는데, 안은 낮고 밖은 높은 형태로 그 방위에 따라 두고 율관을 그 위에 올려둔다.-12달을 각각 그 12진(辰)에 맞추어 땅 속에 비스듬히 묻는데, 땅에 들어가는 곳은 낮고 땅 위로 나오는 곳은 높게 한다. 황종관(黃鍾管)의 경우는 자위(子位)[23]에

20 11율이……때문이다 : 대본에는 '十二律者又無所管以爲本律之宮也'로 되어 있는데, 주자의 〈성률변(聲律辨)〉에 의거하여 '十二律'은 '十一律'로, '管'은 '受'로 바로잡아 번역하였다.

21 빈틈없이 : 대본에는 '必固'로 되어 있는데, 《율려신서》에 의거하여 '必周'로 바로잡아 번역하였다.

22 탁자 : 대본에는 '按'으로 되어 있는데, 《율려신서》에 의거하여 '案'으로 바로잡아 번역하였다.

23 자위(子位) : 대본에는 '子地'로 되어 있는데, 《예기정의(禮記正義)》에 의거하여

묻고 윗부분을 남쪽으로 향하게 한다.- 갈대 재를 그 끝에 채워서 황적색 비단을 덮어 책력을 살피면서 기다린다. 절기가 이르면 재가 날려 비단을 움직이는데, 조금 움직이면 기후가 조화롭고, 크게 움직이면 임금이 약하고 신하가 강하여 권력을 독단하는 조짐이고, 움직이지 않으면 임금이 엄하고 사나운 조짐이다. 그 승강(升降)의 수는 다음과 같다. 동지(冬至)는 황종 9촌이고,-5푼1리3호 올라갔다.- 대한(大寒)은 대려 8촌3푼7리6호이고,-3푼7리6호 올라갔다.- 우수(雨水)는 태주 8촌이고,-4푼5리1호6사 올라갔다.- 춘분(春分)은 협종 7촌4푼3리7호3사이고,-3푼3리7호3사 올라갔다.- 곡우(穀雨)는 고선 7촌1푼이고,-4푼5호4사3홀 올라갔다.- 소만(小滿)은 중려 6촌5푼8리3호4사6홀이고,-3푼3호4사6홀 올라갔다.- 하지(夏至)는 유빈 6촌2푼8리이고,-2푼8리 올라갔다.- 대서(大暑)는 임종 6촌이고,-3푼3리4호 올라갔다.- 처서(處暑)는 이칙 5촌5푼5리1호이고,-2푼5리5호 올라갔다.- 추분(秋分)은 남려 5촌3푼이고,-3푼4호1사 올라갔다.- 상강(霜降)은 무역 4촌8푼8리4호8사이고,-2푼2리4호8사 올라갔다.- 소설(小雪)은 응종4촌6푼6리이다." 하였다.

황종·태주·고선·유빈·이칙·무역이 양이 된다.〔黃鍾太簇姑洗蕤賓夷則無射爲陽〕-주(註)-

황종(黃鍾)-복괘(復卦)- 양기(陽氣)가 황천(黃泉)을 따라 나오는 것이다. '종(鍾)'은 '뒤따르다〔踵〕'는 뜻이다. 율(律)은 형체가 있고 색이 있는데, 5색 가운데 노란 색이 가장 성대하다. 그러므로 양기가 황천을 따라 만물을 싹틔워 육기(六氣)의 으뜸이 된다. 자방(子方)

'地'를 '位'으로 바로잡아 번역하였다.

에 위치하고 11월에 해당한다.

태주(太簇)-태괘(泰卦)- '태(太)'는 '크다〔大〕'는 뜻이고, '주(簇)'는 '모이다〔湊〕'는 뜻이니, 만물이 양기를 따라 크게 모여 생겨나는 것을 말한다. 인방(寅方)에 위치하고 1월에 해당한다.

고선(姑洗)-쾌괘(夬卦)- '고(姑)'는 '옛〔故〕'의 뜻이고 '선(洗)'은 '새롭다〔鮮〕'는 뜻이다. 만물이 옛 것을 버리고 새 것에 나아가니 가지와 잎을 바꾸어 선명하지 않음이 없다. 진방(辰方)에 위치하고 3월에 해당한다.

유빈(蕤賓)-구괘(姤卦)- 양기(陽氣)가 미약하기 때문에 유약하여 쓸 수 없다. 그러므로 '손님〔賓〕'이라고 한 것이다.[24] 오방(午方)에 위치하고 5월에 해당한다.

이칙(夷則)-비괘(否卦)- '이(夷)'는 '상하다〔傷〕'는 뜻이고 '칙(則)'은 '법(法)'의 뜻이니, 만물이 손상되기 시작하여 형법을 받는 것을 말한다. 신방(申方)에 위치하고 7월에 해당한다.

무역(無射)-박괘(剝卦).- '역(射)'은 '마치다〔終〕'는 뜻이니, 만물이 양기를 따라 다하면 응당 다시 음기를 따라 일어나 끝마침이 없는 것을 말한다. 술방(戌方)에 위치하고 9월에 해당한다.

대려·협종·중려·임종·응종이 음이 된다.〔大呂夾鍾仲呂林鍾南呂應鍾爲陰〕-주(註)-

24 양기(陽氣)가……것이다 : 《사기》 〈율서(律書)〉에는 "음기가 미약하기 때문에 '유'라고 한 것이고, 양기가 위축되어 용사할 수 없기 때문에 '빈'이라고 한 것이다.〔陰氣幼少, 故曰蕤; 痿陽不用事, 故曰賓.〕"고 되어 있다.

대려(大呂)-임괘(臨卦)- '여'는 '돕다〔助〕'는 뜻이니, 양기가 막 생겨남에 음기가 도와 펴는 것을 말한다. 축방(丑方)에 위치하고 12월에 해당한다.

협종(夾鍾)-대장괘(大壯卦)- '협'은 '껍질을 깨고 나오는〔孚甲〕' 뜻이다. 만물이 껍질을 깨고 나와서 종류(種類)가 나뉘어 나오는 것을 말한다. 또 음양이 서로 섞임을 말한다.[25] 묘방(卯方)에 위치하고 2월에 해당한다.

중려(仲呂)-건괘(乾卦)- 만물이 모두 움직여 서쪽으로 가는 것을 말한다. 또 양기가 성대하게 자라남에 음기가 도와서 공을 이루는 것을 말한다. 사방(巳方)에 위치하고 4월에 해당한다.

임종(林鍾)-돈괘(遯卦)- '임(林)'은 '무성하다〔茂〕'·'성대하다〔盛〕'는 뜻이고, 또 '임'은 '많다〔衆〕'는 뜻이니, 만물이 이루어져 불어난 종류가 많고 성대한 것이다. 미방(未方)에 위치하고 6월에 해당한다.

남려(南呂)-관괘(觀卦)- '남(南)'은 '맡다〔任〕'는 뜻이다. 시물(時物)이 모두 결실을 맺어 품어주는 상(象)이 있으니 음이 양의 일을 맡아 양을 도와 공을 이루는 것을 말한다. 유방(酉方)에 위치하고 8월에 해당한다.

응종(應鍾)-곤괘(坤卦)- '응(應)'은 '조화롭다〔和〕'는 뜻이니, 한 해의 일이 모두 조화롭게 이루어져 양이 공을 거두어 모으는 것을 말한다. 또 양기가 응당 용사(用事)하지 못하고 음이 섞여 양기가 막히니 만물이 씨앗을 만든다. 해방(亥方)에 위치하고 10월에 해당한다.

25 말한다 : 대본에는 '當'으로 되어 있는데, 《사기》 〈율서〉의 "협종은 음양이 서로 섞이는 것을 말한다.〔夾鍾者, 言陰陽相夾厠也.〕"에 의거하여 '言'의 의미로 번역하였다.

율로써 기를 거느리고 물을 분류한다.〔律以統氣類物〕-소주(小註)-

살펴보건대, '통기(統氣)'는 음양의 기(氣)를 거느린다는 말이고, '유물(類物)'은 만물이 모두 율(律)로 분류된다는 말이다.

여로써 양을 도와 기를 편다.〔呂以旅陽宣氣〕-소주(小註)-

살펴보건대, '여(旅)'는 '돕다〔助〕'는 뜻이니, 음이 양을 도와 기를 펴는 것을 말한다.

첫 번째는 임종이고……여섯 번째는 중려이다.〔一日林鍾……六曰仲呂.〕-소주(小註)-

살펴보건대, 이 《한서》〈율력지(律歷志)〉에서 논한 6여(呂)의 차례가 집주(集註)와 다른 것은 어째서인가? 6여는 대려를 으뜸으로 삼는다. 그러므로 대려에서 시작하여 다음이 협종, 다음이 중려, 다음이 임종, 다음이 남려, 다음이 응종이 되니, 이것은 대려에서부터 순서대로 센 차례이다. 황종이 첫 번째 궁이 되어 여덟 자리를 건너 아래로 낳을 경우엔 임종을 으뜸으로 삼는다. 그러므로 임종에서부터 시작하여 다음이 남려, 다음이 응종, 다음이 대려, 다음이 협종, 다음이 중려가 되니, 이는 임종에서부터 순서대로 센 차례이다. 〈율력지〉의 설이 집주와 그 차례가 같지 않은 것은 이 때문이다.

삼통의 뜻〔三統之義〕-소주(小註)-

살펴보건대, 《한서》〈율력지〉에 "천통(天統)은 자반(子半)에서 시작하고, 지통(地統)은 축초(丑初)에서 시작을 맞고,[26] 인통(人統)은 인초(寅初)에서 시작을 맞는다." 하였다. 여기서 말한 '삼통'은 천·

지・인의 삼통을 가리킨다.

지금 어진 마음이 있고 어질다는 소문이 있으면서……선왕의 도를 행하기 않기 때문이다.〔今有仁心仁聞……不行先王之道也.〕

살펴보건대, 어진 마음과 어질다는 소문은 즉 윗글의 이른바 '요순의 도'이고, 선왕의 도는 즉 윗글의 이른바 '어진 정사〔仁政〕'이다. 그러나 어진 마음과 어진 정사는 애초에 두 가지 일이 아니니, 마음에 있으면 어진 마음이 되고 정사에 드러나면 어진 정사가 된다. 요순은 어진 마음으로 어진 정사를 행하신 분이다. 다만 후세의 군주 중에는 어진 마음이 있더라도 이를 확충시켜 선왕의 정사를 행하지 못하는 자가 있고, 어진 정사가 있더라도 마음에 근본하지 않고서 말단의 정교(政教)와 법도(法度)만 모방하는 자가 있다. 그러므로 아래 글에 통틀어 말하여 "선한 마음만 가지고는 정사를 행하기 부족하고, 법[27]만 가지고는 저절로 행해질 수 없다."고 한 것이다.

○이장은 대체로 선왕을 본받는 것에 중점을 두었다. 그러므로 장(章)안에서 네 번이나 선왕(先王)을 말하였다.

선한 마음만 가지고는 정사를 행하기 부족하고……저절로 행해질 수 없다.〔徒善不足以爲政……不能以自行.〕

26 지통(地統)은……맞고 : 대본에는 '地統始於丑初'로 되어 있는데, 《한서》〈율력지〉에 의거하여 '地統受之於丑初'로 바로잡아 번역하였다.

27 법 : 대본에는 '政'으로 되어 있는데, 《맹자》에 의거하여 '法'으로 바로잡아 번역하였다.

살펴보건대, 선(善)은 즉 윗글의 '어진 마음'과 '어질다는 소문'이고, 정(政)은 즉 윗글의 '선왕의 도'이다. 비록 어진 마음과 어질다는 소문이 있더라도 선왕의 도를 행하지 않으면 이른바 '어짊'이 그저 선하기만 하여 정사를 행하기에 부족하다. 비록 선왕의 정사가 있더라도 또 어진 마음이 근본이 되지 않으면 그 이른바 '정사'라는 것이 그저 법만 되어 저절로 행해질 수 없다.

주자가 말하기를, "이른바 문장이란 권형(權衡)을 삼가고 도량(度量)을 살피고 법령을 읽어주고 물가를 평정하는 따위를 문식하는 것이다." 하였다.〔朱子曰: 所謂文章者, 便是文飾那謹權審量讀法平價之類.〕-소주(小註)-

사계(沙溪)가 말하기를, "《근사록(近思錄)》 섭씨(葉氏)의 주석에 '문장은 문법(文法 법제)과 장정(章程 규칙)이다.' 하였으니, 이는 주자의 설과 다르다." 하였다.

경원 보씨가 말하기를, "과차는 뜻을 씀이 지나친 곳을 말한다." 하였다.〔慶源輔氏曰: 過差謂用意過當處.〕-소주(小註)-

살펴보건대, 집주(集註)에 '소행이 잘못되지 않다.〔所行不過差〕'고 하였는데, 지금 경원 보씨는 과차(過差)를 '뜻을 씀이 지나친 곳'이라고 하였다. '용의(用意)' 두 자는 '소행(所行)' 두 자와 같지 않은데, 어떨지 모르겠다.

성인이 이미 시력을 다 발휘하시고……인이 천하에 덮였다.〔聖人旣竭目力焉……仁覆天下.〕

살펴보건대, '이미 시력을 다 발휘하다.'는 첫 단락의 '이루의 눈밝음〔離婁之明〕'과 호응하고, '이미 청력을 다 발휘하다.'는 첫 단락의 '사광의 귀밝음〔師曠之聰〕'과 호응하고, '이미 마음을 다 발휘하다.'는 첫 단락의 '요순의 도〔堯舜之道〕'와 호응하니, 여기에서 다시 제기하여 첫 단락의 뜻을 맺었다.

법도를 만들어서 계속하였다.〔制爲法度, 以繼續之.〕-주(註)-

채청이 말하기를, "이 '법도(法度)' 자는 그림쇠・곱자・수준기・먹줄〔規矩準繩〕과 육률(六律)과 사람에게 차마하지 못하는 정사〔不忍人之政〕을 포괄한다." 하였다.

그 쓰임이 무궁하여 인이 입혀짐이 넓다.〔其用不窮, 而仁之所被者廣.〕-주(註)-

살펴보건대, '그 쓰임이 무궁하다.'는 '이루 다 쓸 수 없다.〔不可勝用〕'를 풀이한 것이고, '인이 입혀짐이 넓다.'는 '인이 천하에 덮였다.〔仁覆天下〕'를 풀이한 것이다.

경원 보씨가 말하기를, "귀와 눈에는 '역(力)'이라고 하고……마음의 기능은 생각하는 것이기 때문이다." [28]하였다.〔慶源輔氏曰: 耳目言力……心之官則思也.〕-소주(小註)-

살펴보건대, 집주에 "이미 귀와 눈과 마음의 힘을 다 발휘하다.〔既竭耳目心思之力〕"고 하였으니, 이는 '역(力)' 자를 '이목심사(耳目心

28 귀와……때문이다 : 전체 내용은 다음과 같다. "귀와 눈에는 '역(力)'이라고 하고, 마음에는 '사(思)'라고 한 것은 귀와 눈이 보고 듣는 것은 힘으로써 하고 마음의 기능은 생각하는 것이기 때문이다."

思)' 아래까지 통틀어 말한 것인데, 경원 보씨의 설은 이와 조금 다르다.

쌍봉 요씨가 말하기를, "인정이 비록 성인에서 시작되지만 또한 성인에서 그친다." 하였다.〔雙峯饒氏曰: 仁政雖自聖人, 而亦自聖人而止.〕-소주(小註)-

살펴보건대, '또한 성인에서 그친다.'는 한 구는 말뜻이 명확하지 못하다. 윗글 경원 보씨(慶源輔氏)의 말처럼 '법도를 만들지 않으면 성인의 청력과 시력과 마음이 성인의 몸에서 그칠 뿐, 천하와 후세에 두루 미칠 수 없다.'고 해야만 그 뜻이 비로소 명백해진다.

그러므로 높은 것을 만들 적에 반드시 구릉을 이용하고……선왕의 도를 이용하지 않으면 지혜롭다고 할 수 있겠는가.〔故曰爲高必因丘陵……不因先王之道, 可謂智乎?〕

살펴보건대, 이 단락은 전적으로 윗글 '사람에게 차마하지 못하는 정사로 계속하였다.〔繼之以不忍人之政〕' 한 단락을 위해 말한 것이니, 이미 어진 마음과 어질다는 소문이 있는데다 그 정사에 선왕의 도를 능히 행한다면 높은 것을 만들 적에 구릉을 이용하고 낮은 것을 만들 적에 시내를 이용하는 것처럼 힘은 적게 들이고 공을 이룸은 많다는 말이다. 이는 지혜로운 자가 형세를 이용하고 이치를 따르는 일이니, 이와같지 않으면 지혜롭지 못함이 심하다. 그러므로 '지혜롭다고 할 수 있겠는가.'라는 말로 맺었다.

○이것은 《예기》 〈예기(禮器)〉의 말인데 맹자가 인용하였다. 그러므로 이 '고왈(故曰)' 두 글자가 있는 것이다.

위에서는 도로 헤아림이 없으며……보존되는 것은 요행이다.〔上無道揆…… 所存者幸.〕

살펴보건대, 이 단락은 위에 있는 자가 선왕의 도를 행하지 못함을 말한 것이다. 선왕의 도를 행하지 못하기 때문에 '위에서는 도로 헤아림이 없다.〔上無道揆〕' 이하의 여섯 가지 폐단이 생긴다. 그런데도 그 나라가 보존되는 것은 바로 요행이다.

○채청이 말하기를, "여섯 가지에서 중점은 '위에서는 도로 헤아림이 없다.'이니, 바로 불인(不仁)한 자가 높은 자리에 있는 것이다. '아래에서 법을 지킴이 없는' 지경에 이르면 그 악(惡)을 대중에게 퍼트려 곧 망하게 될 것이다." 하였다.

관리들은 법도를 믿지 않는다.〔工不信度〕

주자가 말하기를, "공(工)은 법도를 지키는 백관(百官)이다." 하였다.

윗사람이 예가 없고 아랫사람이 배움이 없으면……곧 망할 것이다.〔上無禮, 下無學……喪無日矣.〕

살펴보건대, 이 단락 또한 선왕의 도를 행하지 못함을 말한 것이다. 선왕의 도를 행하지 못하기 때문에 윗사람이 예가 없고 아랫사람이 배움이 없으면 난민(亂民)이 일어나 그 나라가 곧 망하게 될 것이다. 윗글에서는 '보존되는 것은 요행이다.'고 하였으니 그 용어가 그래도 여유롭지만, 여기에서는 '곧 망할 것이다.'고 하였으니, 그 뜻이 더욱 간절하다.

추씨가 말하기를, "'이 때문에 오직 인자만이'에서부터 여기까지는 그 군주를 책망한 것이다." 하였다.〔鄒氏曰: 自是以惟仁者至此, 所以責其

君.〕-주(註)-

살펴보건대, 그 군주를 책망한다는 것은 그 군주가 선왕의 도를 행하지 못함을 책망하는 것이다.

《시경》에 이르기를, "하늘이 주(周)왕실을 쓰러뜨리려 하니 그렇게 태만하지 말라." 하였다.〔詩曰: 天之方蹶, 無然泄泄.〕

살펴보건대, 이 시를 인용한 것은 아랫사람이 선왕의 도를 본받지 못함을 말하기 위해서이다.

그러므로 '임금에게 하기 어려운 일을 요구하는 것을 공이라고 하고……우리 임금은 할 수 없다고 포기하는 것을 적이라고 한다.' 했던 것이다.〔故曰責難於君, 謂之恭……吾君不能, 謂之賊.〕

살펴보건대, '임금에게 하기 어려운 일을 요구하는 것을 공(恭)이라고 하고, 선을 개진하여 임금의 사심(邪心)을 막는 것을 경(敬)이라고 한다.'는 선왕의 도를 능히 본받는 일이고, '우리 임금은 할 수 없다고 포기하는 것을 적(賊)이라고 한다.'는 윗글의 말과 상반되니, 선왕의 도를 본받지 못하는 것이다.

추씨가 말하기를, "'《시경》에 말하기를, 하늘이 주왕실을 쓰러뜨리려 하니'에서부터 여기까지는 그 신하를 책망한 것이다." 하였다.〔鄒氏曰: 詩云天之方蹶自至此, 所以責其臣.〕-주(註)-

살펴보건대, 그 신하를 책망한다는 것은 그 신하들이 선왕의 도를 행하지 못함을 책망하는 것이다.

맹자왈규구방원지야장
孟子曰規矩方圓之至也章

맹자가 말씀하기를, "그림쇠와 곱자는 네모와 원의 표준이고……인륜의 표준이다." 하였다.〔孟子曰: 規矩, 方圓之至……人倫之至也.〕

살펴보건대, 이 장은 위 장의 그림쇠·곱자·수준기·먹줄을 이어 말하였으니, 또한 선왕의 도를 행해야 한다는 말이다. 이른바 '성인(聖人)'은 바로 선왕(先王)을 가리켜 말한 것이니, 아래 글에서 인용한 요순(堯舜)의 일을 보면 알 수 있다.

임금이 되고자 한다면 임금의 도리를 다해야 하고, 신하가 되고자 한다면 신하의 도리를 다해야 한다.〔欲爲君, 盡君道; 欲爲臣, 盡臣道.〕

살펴보건대, 요임금은 임금의 도리를 다한 분이고 순임금은 신하된 도리를 다한 분이다. 후세에 인륜의 지극함을 다하고자 하는 자는 응당 요순을 본받아야 하니, 비유하면 네모와 원을 만들려는 사람이 그림쇠와 곱자로 표준을 삼아야 하는 것과 같다.

○위 장의 '인자(仁者)가 높은 지위에 있어야 한다.'에서부터 이하는 임금을 책망한 것이고, '하늘이 주왕실을 쓰러뜨리려 한다.'에서부터 이하는 신하를 책망한 것인데, 이 장에서는 또 합하여 '임금과 신하가 각각 그 도리를 다해야 하는데, 그 도리를 다하는 일은 오직 요순을 본받는데 있을 뿐이다.'고 말하였다.

백성에게 포악하게 구는 것이 심하면 자신은 시해 당하고 나라는 망

한다.〔暴其民甚, 則身弑國亡.〕

살펴보건대, '백성에게 포악하게 군다.〔暴其民〕' 세 글자는 즉 윗글 '백성을 해치다.〔賊其民〕'를 이어 말한 것이다.

경원 보씨가 말하기를, 유왕과 여왕이 비록 자신이 시해 당하고 나라가 멸망함에는 이르지 않았지만〔慶源輔氏曰: 幽厲, 雖未至於身弑國亡〕-소주(小註)-

살펴보건대, 유왕(幽王)과 여왕(厲王)이 나라를 영원히 멸망시킨 걸왕(桀王)과 주왕(紂王)보다는 낫지만, 여왕은 체(彘)로 도망가서 죽고, 유왕은 견융(犬戎)에게 시해 당했으니, 이른바 '시해 당하는데 이르지 않았다.'라는 말이 어떨지 모르겠다.

맹자왈애인불친장
孟子曰愛人不親章

맹자가 말씀하기를, "남을 사랑해도 친해지지 않거든 나의 인을 돌아보고……나의 공경을 돌아봐야 한다." 하였다.〔孟子曰: 愛人不親反其仁……反其敬.〕

살펴보건대, 이 세 구는 모두 '자신을 돌아보는〔自反〕' 것을 중시하니, '반(反)' 자를 잘 보아야 한다.

행하고도 원하는 대로 되지 않거든 모두 자신에게 돌이켜 찾아야 하니, 자신이 바루어지면 천하가 돌아오는 것이다.〔行有不得者, 皆反求諸己, 其身正而天下歸之.〕

살펴보건대, '행유(行有)'의 '행(行)'은 위 단락의 이른바 '남을 사랑한다.〔愛人〕'·'남을 다스린다.〔治人〕'·'남을 예우한다.〔禮人〕'가 이것이다.

《시경》에 이르기를, "천명에 배합하기를 길이 생각함이 스스로 많은 복을 구하는 길이다." 하였다.〔詩云: 永言配命, 自求多福.〕

살펴보건대, 이것은 《시경》의 시를 인용하여 윗글의 뜻을 맺은 것이다. '천명에 배합하기를 길이 생각한다.'는 위 단락의 '자신에게 돌이켜 찾는다.'는 뜻이다. '스스로 많은 복을 구하는 길이다.'는 위 단락의 '천하가 돌아온다.'는 뜻이니, 천하 사람들이 돌아온다면 어찌 많은 복이 아니겠는가.

○채청이 말하기를, "여기의 '명(命)'은 이치로 말한 것이다." 하였다.

경원 보씨가 말하기를, "많은 복은 스스로 구하는 데에 근본한다." 하였다.〔慶源輔氏曰: 多福, 本乎自求.〕-소주(小註)-

살펴보건대, 경원 보씨의 이 말은 아마도 '스스로 구하다〔自求〕'를 '자신을 돌아보다.〔自反〕'의 뜻으로 여긴 듯하다. 그러나 시의 본뜻은 '스스로 많은 복을 구하는 방법은 천명에 배합하기를 길이 생각하는 데에 근본한다.'는 말이니, 스스로 구하는 데 근본하는 것이 아니다.

맹자왈위정불난장

孟子曰爲政不難章

맹자가 말씀하기를, "정사를 하기가 어렵지 않으니……사해에 넘치는 것이다." 하였다.〔孟子曰: 爲政不難……溢乎四海.〕

살펴보건대, '성대한 덕교(德敎)가 사해에 넘친다.'는 것이 윗글에서 말한 '어렵지 않다.'는 뜻이다.

쌍봉 요씨가 말하기를, "집주의 세신대가는 두 항목으로 말한 것이니……높은 벼슬아치의 집이다." 하였다.〔雙峯饒氏曰: 集註世臣大家, 是兩項說……貴官之家.〕-소주(小註)-

살펴보건대, 세신대가(世臣大家)는 대대로 대가(大家)를 이룬 신하를 가리켜 말한 듯하다. 그런데 지금 쌍봉 요씨는 두 항목으로 나누어 세신(世臣)은 한 세대의 신하가 아닌 것으로 여기고, 대가(大家)는 한때의 높은 벼슬아치 집안으로 여겼으니, 집주의 본뜻을 잃은 듯하다.

맹자왈천하유도소덕역대덕장
孟子曰天下有道小德役大德章

맹자가 말씀하기를, “천하에 도가 있을 때에는 소덕이 대덕의 부림을 받고……천리를 거스르는 자는 망한다.” 하였다.〔孟子曰: 天下有道, 小德役大德……逆天者亡.〕

살펴보건대, 도가 있는 세상에서는 소덕(小德)이 대덕(大德)에게 부림을 받고 소현(小賢)이 대현(大賢)에게 부림을 받으니, 이는 자연스런 이치이다. 도가 없는 세상에서는 소국이 대국에게 부림을 받고 약자가 강자에게 부림을 받으니 이것은 당연한 형세이다. 자연스러운 이치는 참으로 천리(天理)라고 말할 수 있거니와 당연한 형세 또한 천리라고 말하지 않을 수 없다. 그러므로 ‘이 두 가지는 천리이다.’고 한 것이다.

○대국과 소국이 모두 덕이 없으면 한때의 강약의 형세로 소국와 약자는 대국과 강자에게 부림을 당하니, 아래 단락에서 인용한 제경공(齊景公)이 오(吳)나라에게 명을 받는 것이 여기에 해당한다. 만약 대국은 덕이 없고 소국은 덕이 있다면 그 어짊과 그 덕이 충분히 세력(勢力)을 이겨서 예전의 강한 대국이 도리어 약한 소국에게 부림을 받으니 아래 단락에서 인용한 ‘문왕(文王)을 본받으면 반드시 천하에 정사를 하게 될 것이다.’는 것이 여기에 해당한다. 이 장의 주된 뜻은 전적으로 ‘문왕을 본받다.〔師文王〕’는 한 단락에 있다. 문왕을 본받아 인정(仁政)을 행하면 소국이 변하여 대국이 되고 약자가 변하여 강자가 되어 사해에 정사를 행하여 천하에 적이 없게 되기

때문이다. 이는 필연적인 이치이니, 그 대소와 강약의 형세는 논할 필요가 없다.

선사에게 명령 받기를 부끄러워한다.〔恥受命於先師〕

살펴보건대, '선사(先師)'의 '선(先)' 자는 의심스러우니, 《의례(儀禮)》〈사혼례(士昏禮)〉의 이른바 '선비를 계승한다,〔先妣之嗣〕'의 '선(先)' 자와 같은 듯하다. 그렇지 않으면 옛사람을 가리켜 말한 듯하니, 아래 단락의 이른바 '문왕을 본받는다.'와 같은 것이다. 여기에서 반드시 '선사'라고 한 것은 위에 '대국을 본받다.〔師大國〕'의 '사(師)' 자가 있기 때문이다.

○채청이 말하기를, "선사는 죽은 자에 대한 칭호가 아니니, 이른바 '선생(先生)'이나 '선배(先輩)'의 '선(先)'과 같다. 그러므로 직접 그 명을 받을 수 있는 것이다. 맹자가 분명히 '이는 제자(弟子)가 선사에게 명을 받기를 부끄러워하는 것과 같다.'고 말하여 제자에 상대하여 말하였으니, 어떻게 죽은 자를 가리킨다고 말할 수 있겠는가." 하였다.

맹자왈불인자가여언재장
孟子曰不仁者可與言哉章

맹자가 말씀하기를, "불인한 자와 더불어 말할 수 있겠는가. 위태로움을 편안하게 여기고 재앙을 이롭게 여겨 망하게 되는 짓을 즐겨한다." 하였다.〔孟子曰: 不仁者, 可與言哉? 安其危利其菑, 樂其所以亡者.〕

살펴보건대, 여기의 '불인(不仁)' 자는 위 장의 '인정을 행하지 않다.〔不以仁〕' 세 자를 이어 말한 것이다.

○위태로움과 재앙 두 가지는 아직은 망함에 이르지 않은 것이다. 그러므로 단지 '위태로움을 편안하게 여기고 재앙을 이롭게 여긴다.'고 한 것이다. 망하는 것은 지극히 불인한 자라도 반드시 싫어할 줄 알 것이다. 그러므로 '망하게 되는 짓을 즐겨한다.〔樂其所以亡〕'고 한 것이다. 이른바 '소이(所以)'란 즉 황음(荒淫)하고 포학(暴虐)하여 패망하게 되는 일이다. 앞으로 필시 패망할 방도지만 아직 시기가 패망에 이르지 않았기 때문에 불인한 자가 알지 못하고 도리어 즐겨하는 것이다. 만약 이미 망함에 이르렀다면 아무리 불인한 자라도 어찌 즐겨하겠는가. '소이' 두 글자를 잘 보아야 한다.

공자가 말씀하기를, "소자들아, 들어보라……스스로 취하는 것이다." 하였다.〔孔子曰: 小子聽之……自取之也.〕

살펴보건대, 이 공자의 말씀을 인용하여 패망을 스스로 취한다는 윗글의 증거로 삼았다. 이장의 요지는 '스스로 취하다.〔自取〕' 두 글자에 있다.

이 장은 마음이 보존되면 득실의 기미를 살필 수 있고……화복이 오는 것이 모두 스스로 취한 것임을 말한 것이다.〔此章言心存則有以審夫得失之幾…… 禍福之來, 皆其自取.〕-주(註)-

살펴보건대, 득실의 기미를 살필 수 있다면 사욕에 가려지지 않아 복이 이에 올 것이니, 이는 복이 오는 것이 나로 말미암아 스스로 취한 것이다. 드러난 존망도 분별할 수 없는 자의 경우는 사욕에 가려져 화가 이에 올 것이니, 이는 화가 오는 것 또한 나로 말미암아 스스로 취한 것이다.

경원 보씨가 말하기를, "득실의 기미는 지극히 은미하고 존망의 실상은 지극히 드러난다. 편안하게 여기고 이롭게 여기고 즐겨하는 것은 득실의 기미이고, 나라와 집안을 패망시키는 것은 존망의 실상이다." 하였다.〔慶源輔氏曰: 得失之幾, 至微也; 存亡之實, 至著也. 安利樂, 得失之幾也; 亡國敗家, 存亡之實也.〕-소주(小註)-

○신안 진씨가 말하기를, "마음이 보존되면 명철하여 득실의 기미를 자세히 살필 수 있으니, 자신을 업신여기고 집안을 망치고 나라를 공격하는 기미를 스스로 취하는 초기에 살피는 것이 이것이다. 마음이 보존되지 못하면 어둡고 가려져서 존망이 이미 드러나도 분별하지 못하니, 위태로움을 편안히 여기고 재앙을 이롭게 여겨 망하게 될 짓을 즐겨하는 것이 이것이다." 하였다.〔新安陳氏曰: 心存則明哲, 得失之幾微, 卽能審察之, 審侮毁伐之幾於自取之初是也. 心不存則昏蔽, 存亡之已著, 亦不能辨, 安其危利其菑, 樂其所以亡是也.〕-소주(小註)-

살펴보건대, '기(幾)'는 움직일 듯 말듯 하는 즈음이고, '저(著)'는 밝게 드러남이다. 인자(仁者)는 그 본심을 잃지 않아 사욕에 가려짐이 없기 때문에 움직일 듯 말듯 하는 득실의 즈음도 능히 자세히 살펴서 위태로움을 편안히 여기고 재앙을 이롭게 여겨 망하게 되는 짓을 즐겨하는 바가 없다. 불인자(不仁者)는 그 본심을 잃어 사욕에 가려지기 때문에 밝게 드러난 존망의 실상도 변별하지 못하여 마침내 위태로운 것을 편안하게 여기고 재앙을 이롭게 여겨 망하게 되는 짓을 즐겨하는 바가 있다. 그 화복(禍福)이 단지 인자와 불인자가 스스로 취하는데 달려있을 뿐이다. 그렇다면 주자(朱子)의 이른바 '득실존망(得失存亡)' 네 자는 '위태로움을 편안히 여기고 재앙을 이롭게 여겨 망하게 되는 짓을 즐겨하는' 세 가지를 포괄하여 상대적으로 말한 것이다. 이외에는 별도로 다른 뜻이 없고, 다만 '기(幾)'[29]와 '저(著)' 두 자에 경중의 구분이 있을 뿐이다. 그런데 지금 경원 보씨와 신안 진씨는 득실의 기미와 존망의 드러남을 나누어 논하여 경원 보씨는 편안하게 여기고 이롭게 여기고 즐겨하는 것을 득실의 기미로 삼고 나라와 집안을 패망시키는 것을 존망의 실상으로 삼았으며, 신안 진씨는 자신을 업신여기고 집안을 망치고 나라를 공격하는 것을 득실의 기미로 삼고 편안하게 여기고 이롭게 여기고 즐겨하는 것을 존망의 드러남으로 삼았다. 이는 모두 그 본뜻을 잃은 듯하니, 어떨지 모르겠다.

29 기(幾) : 대본에는 '微'로 되어 있는데, 《맹자집주》에 의거하여 바로잡아 번역하였다.

맹자왈걸주지실천하야실기민야장
孟子曰桀紂之失天下也失其民也章

백성이 인에 돌아간다.〔民之歸仁〕

살펴보건대, '인자에게 돌아간다.〔歸仁〕'의 '인(仁)'은 윗글에서 말한 '원하는 것을 모아주고 싫어하는 것을 시행하지 말라.'는 것이 이것이다.

오늘날 천하에 왕노릇하고자 하는 자는 7년 된 지병에……종신토록 근심하고 치욕을 당하다가 죽거나 망함에 이를 것이다.〔今之欲王者, 猶七年之病……終身憂辱, 以陷於死亡.〕

살펴보건대, 7년 된 지병은 곤궁하고 고달픈 백성을 비유한 것이고, 3년 묵은 약쑥은 인(仁)에 비유한 것이니, 지금 천하의 임금 가운데 왕노릇하고자 하는 자는 응당 인에 뜻을 두기를 7년 된 지병에 3년 묵은 약쑥을 구하는 것처럼 해야 한다는 말이다. 쑥을 병에 쓰면 오래 된 고질도 차도가 있고, 인을 백성에게 시행하면 극심한 곤궁도 구제할 수 있다.

맹자왈자포자불가여유위장
孟子曰自暴者不可與有爲章

말에 도리가 없다.[30]〔說沒這道理〕-소주(小註)-

살펴보건대, 이 뜻은 아마도 스스로를 해치는 자는 그 말에 전혀 도리가 없다는 말인 듯하다.

30 말에 도리가 없다 : 이것은 주자(朱子)의 말로, 전체 내용은 다음과 같다. "스스로를 해치는 자는 말하는 바가 반드시 예의(禮義)를 헐뜯고 비난하여 그 말에 도리가 없으니, 이것을 포려(暴戾)라고 한다. 내가 비록 말하더라도 그는 반드시 들으려 하지 않을 것이니, 이 때문에 함께 말할 수 없는 것이다."

맹자왈도재이이구저원장

孟子曰道在邇而求諸遠章

맹자가 말씀하기를, "도는 가까운 곳에 있는데 먼 곳에서 찾고……어려운 데서 찾는다." 하였다.〔孟子曰: 道在邇而求諸遠……求諸難.〕

살펴보건대, 어버이를 친애하고 어른을 공경함은 도(道)이고, 친애하고 공경하는 것은 일이다. 그러나 이치에 부합하는 일이 바로 도이니 애초에 두 가지가 있는 것이 아니다. 도가 일 가운데 있기 때문에 집주(集註)에 "도는 애당초 여기에서 벗어나지 않는다."고 한 것이다.

맹자왈거하위이불획어상장
孟子曰居下位而不獲於上章

나에게 있는 이 이치를 모두 성실하고 거짓이 없게 하고자 한다.〔欲此理之在我者, 皆實而無僞.〕-주(註)-

살펴보건대, 이 '욕(欲)' 자는 '성실하기를 생각하다.〔思誠〕'의 '사(思)' 자를 풀이한 것이다.

주자가 말하기를, "성실하기를 생각하는 상면에 또 다시 공부가 있다.〔朱子曰: 思誠上面, 又更有工夫在.〕-소주(小註)-

살펴보건대, 이른바 '다시 공부가 있다.'는 것은 즉 마음을 바루고〔正心〕 몸을 닦는〔修身〕 이상의 일이다.

경원 보씨가 말하기를, "감과 응은 모두 밖에서 오는 것이 아니다." 하였다.〔慶源輔氏曰: 感與應, 皆非自外也.〕-소주(小註)-

살펴보건대, 주자가 말하기를, "내면에서 감촉하자마자 외면에서 즉시 응한다." 하였다. 이것을 보면 '감과 응은 모두 밖에서 온 것이 아니다.'는 경원 보씨의 말은 잘못된 듯하니, 어떨지 모르겠다.

쌍봉 요씨가 말하기를, "사람이 임금에게 믿음을 취하고자 하면…… 그 근원을 따져보면 몸을 성실히 한 효험이 이와같은 것이다……성실함이 지극하면 저절로 상대를 감동시키니……애초에 선후의 구분이 있다."[31] 하였다.〔雙峯饒氏曰: 人要爲君取信云云, 這是推原, 誠身效

驗如此……誠到至處, 自能動物, 初無先後之分云云.〕-소주(小註)-

살펴보건대, 쌍봉 요씨가 '몸을 성실히 한 효험'이라고 말한 것은 본문의 뜻을 그대로 풀이한 것이다. 공부의 측면에서 말하여 '선후의 구분이 없다.'고 한 것은 별도의 뜻을 부연하여 본문의 속뜻을 풀이한 것이니, 본문을 살펴보면 분명히 선후의 차례가 있다.

운봉 호씨가 말하기를, "여기의 이른바 '성실하기를 생각한다.'는 즉 《중용》에서 말한 '성실하고자 한다.'는 것이니, 지와 행 공부를 겸하여 말한 것이다. 성실하기를 생각함이 몸을 닦는 근본이니, 몸을 닦음은 지와 행을 우선으로 삼는다." 하였다.〔雲峯胡氏曰: 此所謂思誠, 卽中庸所謂誠之, 其工夫兼知行而言. 思誠者, 修身之本, 是修身, 以知行爲先.〕-소주(小註)-

31 사람이……없다 : 인용문 중간에 생략된 부분이 많으니, 전체 내용은 다음과 같다. . "사람이 임금에게 믿음을 취하고자 하면 반드시 벗들이 칭찬하여 천거해야 한다. 그러나 벗이 칭찬하는 이유는 반드시 자신의 몸을 닦고 집안을 가지런히 하여야 칭찬할 것이 있다. 만약 부모를 기쁘게 하지 못하면 무슨 칭찬할 것이 있겠는가. 부모를 기쁘게 하는 것은 반드시 성심(誠心)에서 나와야 가능하니, 그 근원을 따져보면 몸을 성실히 한 효험이 이와 같은 것이다. 몸을 성실히 하는 공부에 대해 말하자면 부모를 섬기고 벗에게 믿음을 얻고 임금을 섬기고 백성을 다스릴 때와 차이가 없다. 성실함이 지극하면 저절로 상대를 감동시킬 수 있으니, 이로써 부모를 섬기면 부모가 기뻐하고, 이로써 벗을 취하면 벗이 믿고, 이로써 임금을 섬기면 임금이 써주고, 이로써 백성을 다스리면 백성이 따르니, 애초에 선후의 구분이 없다.〔人要爲君取信, 必須朋友稱譽薦進. 然朋友所以稱譽, 必能修身齊家, 方有可稱者. 若是不說於親, 則何可稱之有? 能說親必出於誠心乃可. 這是推原, 誠身效驗如此. 若說誠身工夫, 則無間於事親取友事君治民之際, 誠到至處, 自能動物, 則以之事親而親悅, 以之取友而友信, 以之事君而君用, 以之治民而民從, 初無先後之分矣.〕

살펴보건대, 운봉 호씨의 '몸을 닦음은 지와 행을 우선으로 삼는다.'는 말은 병통이 있는 듯하다. 《대학》을 가지고 말하면, 사물의 이치를 궁구하고〔格物〕 앎을 지극하게 하는〔致知〕 것은 '지(知)' 한 쪽에 속하고, 마음을 바루고〔正心〕 몸을 닦는〔修身〕 것은 '행(行)' 한 쪽에 속한다. 그런데 지금 '몸을 닦음은 지와 행을 우선으로 삼는다.'고 하니, 이는 몸을 닦는 행(行) 이외에 또 이른바 '성실하기를 생각하는' 지와 행이 있어 몸을 닦는 근본이 되는 것이니, 어찌 잘못이 아니겠는가. 또 주자는 "선을 밝히는 것이 성실하기를 생각함의 근본이 된다."고 하였으니, 이른바 '선을 밝히는〔明善〕' 것은 즉 '지(知)' 공부이다. 그렇다면 성실하기를 생각하는 것은 '지'를 겸하여 말하지 않은 것을 알 수 있다. 그런데 지금 '지와 행을 겸하여 말하였다.'고 하니, 또한 어떠할지 모르겠다.

맹자왈백이피주장

孟子曰伯夷辟紂章

작과 흥은 모두 일어남이다.〔作興, 皆起也.〕-주(註)-

사계(沙溪)가 말하기를, "주석에 '작(作)과 흥(興)은 모두 일어남이다.'고 하였는데, 작(作)은 문왕(文王)에게 속하고, 흥(興)은 백이(伯夷)와 태공(太公) 두 노인에게 속해야 한다. 《직해(直解)》에 '작은 일어나서 서백(西伯)의 지위에 있는 것이고, 흥은 발흥하려는 생각을 떨쳐 일으키는 것이다.' 하였으니, 소주(小註)와 언해(諺解)에서 '작'과 '흥'을 모두 문왕에게 소속시킨 것은 옳지 않다." 하였다.

○살펴보건대, 주자(朱子)의 《초사(楚辭)》 주석에 "태공이 주왕을 피하여 동해 가에 살다가 문왕이 일어났다는 말을 듣고 귀의하였다.〔太公辟紂, 居東海之濱, 聞文王作興而歸之.〕"라고 하였다. 그 사이에 '이(而)' 자를 두었으니, 뜻이 더욱 분명하다.

소하의 이른바 '백성을 기르고 현자를 초치하여 천하를 도모한다.'는 말이 은연중 이와 부합한다.〔蕭何所謂養民致賢, 以圖天下者, 暗與此合.〕-주(註)-

살펴보건대, '백성을 기른다.'는 것이 즉 이른바 '노인을 잘 봉양한다.〔善養老者〕'는 것이고, '현자를 초치한다.'는 것이 즉 이른바 '백이와 태공이 와서 귀의하였다.'와 뜻이 같다. 그러므로 '은연중 이와 부합한다.'고 한 것이다.

제후 중에 문왕의 정사를 행하는 사람이 있다면 7년 이내에 반드시 천하에 정사를 행할 것이다.〔諸侯有行文王之政者, 七年之內, 必爲政於天下矣.〕

살펴보건대, 오늘날의 제후 가운데 노인을 잘 봉양한 문왕의 정사를 행할 수 있는 자가 있다면 당시의 대로(大老)들이 또한 모두 와서 귀의하기를 백이와 태공이 문왕에게 귀의한 것처럼 할 것이다. 이른바 '문왕의 정사'란 즉 윗글에서 말한 '노인을 잘 봉양한다.'는 것이다.

맹자왈구야위계씨재장
孟子曰求也爲季氏宰章

그 덕을 고치지 못하고〔無能改於其德〕

살펴보건대, 계씨(季氏)는 노(魯)나라의 강신(强臣)으로 분수를 범하고 예를 참람히 행하여 하지 않는 짓이 없었으니, 여기에 '덕(德)'이라고 말해서는 안 된다. 그런데 지금 '그 덕을 고치다.'고 말한 것은 어째서인가? 이는 마땅히 '그 덕을 고치다.〔改於其德〕'의 '어(於)' 자를 잘 보아야 한다. 가령 염구(冉求)가 선(善)으로 계씨를 인도하여 이전에 행했던 그 강한 힘에 의지한 참람된 행동을 없애고 능히 선에서 고쳤다면 이는 그 덕에서 고친 것이다. 그러므로 '그 덕을 고치다.〔改其德〕'고 말하지 않고, '그 덕에서 고치다.〔改於其德〕'고 한 것이다.

제후들을 연합하는 자가 그 다음 형을 받아야 한다.〔連諸侯者次之〕

채청(蔡清)이 말하기를, "이른바 '제후들을 연합한다.'는 것은 서로 공격하게 하는 것이니, 또한 백성을 해치는 자이다. 다만 자신이 직접 사람을 죽이는 일을 맡지 않을 뿐이다. 그러므로 그 다음이 된다." 하였다.

공손추왈군자지불교자장
公孫丑曰君子之不教子章

맹자가 말씀하기를, "형세상 할 수 없기 때문이다." 하였다.〔孟子曰: 勢不行也.〕

채청이 말하기를, "이 장을 젊은 시절에 읽을 때에는 늘 맹자가 오로지 정(情)으로만 논하여 이치에 근거하지 않았다고 의심하였는데, 숙독한 뒤에 '형세상 할 수 없기 때문이다.〔勢不行也〕'의 '세(勢)' 자의 의미를 터득하여 이해하였다. 아버지가 자식을 가르치는 것은 이치이고, 직접 가르치지 않는 것은 형세이니, 이치는 불가한 점이 없지만 형세는 혹 행할 수 없을 때가 있기 때문이다. 부자(父子) 사이에 모두 직접 가르칠 수 없는 것은 아니니, 아버지가 어질고 자식도 어질다면 어찌 굳이 바꾸어 가르치겠는가." 하였다.

부자지간에는 책선하지 않으니……이보다 더 큰 불상이 없다.〔父子之間, 不責善……不祥莫大焉.〕

살펴보건대, 아래 편 제31장에 '저 장자(章子)는 부자지간에 책선하다가 서로 뜻이 맞지 않은 경우이다.' · '부자지간에 책선함은 은혜를 해치는 가장 큰 것이다.' 하였으니, 이 장의 뜻과 서로 발명된다. 이른바 '서로 뜻이 맞지 않다.'는 것이 '정이 떨어진다.'는 말이고, 이른바 '은혜를 해치는 가장 큰 것이다.'는 것이 '이보다 더 큰 불상이 없다.'는 말이다.

○'부자지간(父子之間)'의 이 '간(間)' 자를 보면, 아버지가 자식에게

책선함을 말한 것일 뿐만 아니니, 자식도 아버지에게 책선하는 것을 알 수 있다.

맹자왈유불우지예장
孟子曰有不虞之譽章

쌍봉 요씨가 말하기를, "칭찬은 본래 남의 좋은 점을 찬미하는 것이다. 다만 '비방〔毁〕' 자와 대비하여 말했으니 그 두 가지가 모두 진실하지 못하다는 뜻이 있다." 하였다.〔雙峯饒氏曰: 譽本是美人之好處, 但對毁字說, 則二者皆有不得其眞之意.〕-소주(小註)-

살펴보건대, '비방〔毁〕 자와 대비하여 말하였다.'는 쌍봉 요씨의 설은 병통이 있는 듯하다. 공자 · 맹자 · 정자 · 주자와 같은 성현(聖賢)도 당시에 칭찬과 비방이 있었다. 이 경우에도 칭찬과 비방이 대비되었다는 이유로 진실하지 못하다고 하겠는가.

맹자왈불효유삼장
孟子曰不孝有三章

순임금이 부모에게 고하지 않고 장가간 것은 후손이 없을까 염려해서이니, 군자는 '고한 것과 같다.'고 여긴다.〔舜不告而娶, 爲無後也, 君子以爲猶告也.〕

채청이 말하기를, "《상서(尙書)》를 살펴보건대, 순임금이 이미 효로써 화합하여 고수(瞽瞍)가 믿고 따른 뒤에 사악(四岳)이 천거하고 요임금이 마침내 딸을 시집보냈다. 그렇다면 부모에게 고하지 않고 장가드는 일이 없어야 이치에 또한 바르다. 다만 《맹자》의 글은 반드시 유래가 있다. 어떤 이는 '고수는 믿고 따랐지만 어리석은 어미와 오만한 아우까지 반드시 다 교화된 것은 아니니, 고했다면 장가들 수 없었을 것이다.'고 하니, 아마도 그런 듯하다." 하였다.

맹자왈인지실사친시야장
孟子曰仁之實事親是也章

맹자가 말씀하기를, "인의 실제는 부모를 섬기는 것이……형에게 순종하는 것이 이것이다." 하였다.〔孟子曰: 仁之實事親……從兄是也.〕

살펴보건대, 인(仁)의 도는 지극히 크니, 부모를 섬기고 백성을 사랑하고 물(物)을 아끼는 것이 모두 인이다. 그러나 인의 실제는 부모를 섬김을 근본으로 삼으니, 부모를 섬기는 실제를 미루어 백성을 사랑하고 물을 아끼는데 이를 수 있다. 의(義)의 쓰임은 지극히 넓으니 형에게 순종하고 임금에게 충성하고 어른을 공경하는 것이 모두 의이다. 그러나 의의 실제는 형에게 순종함을 근본으로 삼으니, 형에게 순종하는 실제를 미루어 임금에게 충성하고 어른을 공경하는데 이를 수 있다. 이것을 나무에 비유하면, 부모를 섬기고 형에게 순종하는 것은 나무의 씨앗과 같고, 백성을 사랑하고 물을 아끼고 임금에게 충성하고 어른을 공경하는 것은 나무의 줄기와 잎과 같다. 씨앗은 가지와 잎의 근본이니, 부모를 섬기고 형에게 순종하는 것이 백성을 사랑하고 물을 아끼고 임금에게 충성하고 어른을 공경하는 근본이다.

유자는 효제[32]로 인을 행하는 근본을 삼았으니 그 뜻이 또한 이와 같

32 효제 : 대본에는 '孝'로 되어 있는데, 《맹자집주》에 의거하여 '孝弟'로 바로잡아 번역하였다.

다.〔有子以孝弟爲爲仁之本, 其意亦猶此也.〕-주(註)-

살펴보건대, 이 '그 뜻이 또한 이와 같다.〔其意亦猶此〕'는 다섯 글자를 보면, 이는 그 이른바 '효제(孝悌)로 인을 행하는 근본을 삼은' 것은 그 뜻이 부모를 섬기고 형에게 순종함이 인의(仁義)의 실제가 되는 것과 같다는 말일 뿐이다. 집주(輯註)의 '한 측면으로 말하고 전적으로 말했다.'는 채씨(蔡氏) 설[33]은 지나치게 정교한 듯하니, 어떨지 모르겠다.

지의 실제는 이 두 가지를 알아서 버리지 않는 것이고……자신도 모르는 사이에 발이 뛰고 손이 춤출 것이다.〔智之實, 知斯二者不去……不知足之蹈之手之舞之.〕

살펴보건대, 알 뿐만 아니라 알아서 버리지 않아야만 참으로 아는 것이 된다. 만약 그저 알기만 하고 지키지 못한다면 어찌 앎이 진실하다고 하겠는가. 끝내 버리는데 이를 것이다.

○'자신도 모르는 사이에 발이 뛰고 손이 춤춘다.〔不知足之蹈之手之舞之〕'에 대해서는 이 '불지(不知)' 두 글자를 보아야 한다. '불지'라는 말은 그 즐거움이 이미 깊어서 알지 못하고 깨닫지 못하는 사이에

33 집주(輯註)의……설 : 각헌 채씨(覺軒蔡氏)의 설은 다음과 같다. "유자(有子)는 효제로 인을 행하는 근본을 삼았는데, 맹자는 부모를 섬기는 것은 인에 소속시키고 형에게 순종하는 것은 의(義)에 소속시켰으니 같지 않은 듯하다. 그런데 주자가 '그 뜻이 또한 이와 같다.'고 한 것은 어째서인가? 유자가 말한 인은 전적으로 말한 인이고, 맹자가 말한 인의는 한 측면으로 말한 인이다. 부모를 섬기는 것은 사랑을 위주로 할 뿐이고, 의는 사랑의 마땅함이다. 합하여 말하면 부모를 섬기는 마음을 미루어 형에게 순종하니, 이것이 효제가 인을 행하는 근본이 되는 이유이다. 나누어 말하면 부모를 섬겨 효도하는 것과 형에게 순종하여 공경하는 것이 인의의 실제가 된다."

저절로 밖에 드러나고 억지로 안배하는 뜻이 없다는 말이다.

○부모를 섬기고 형에게 순종하는 마음이 생겨나는 것은 즐거움의 초기이고, '어찌 그만둘 수 있겠는가.' 하는 정도에 이르면 즐거움이 깊은 것이고, 또 발이 뛰고 손이 춤추는데 이르면 즐거움이 지극한 것이다.

쌍봉 요씨가 말하기를, "앞부분의 '부모를 섬기고 형에게 순종함'이 바로 인을 행하는 근본이고, 뒷부분의 '지·예·악'이 바로 도가 생겨난 것이다."[34] 하였다.〔雙峯饒氏曰: 前面事親從兄, 是爲仁之本; 後面智禮樂, 是道生.〕-소주(小註)-

살펴보건대, 《논어》의 이른바 '근본이 서면 도가 생긴다.〔本立而道生〕'는 말은, 효제가 확립되면 인의의 도가 이로부터 생겨난다는 말이다. 지금 쌍봉 요씨가 이를 끌어서 증거로 삼아 '부모를 섬기고 형에게 순종함'을 가지고 '근본이 선' 것으로 삼았으니, 이것은 옳다. 그러나 '지·예·악'을 가지고 '도가 생긴' 것으로 삼는 것은 본뜻을 잃은 듯하다.

보진 횡씨가 말하기를, "앞에서 말한 네 번의 '이것이다〔是也〕'는 글자는 모두 공부할 곳을 말한 것이니, '악' 부분에 이르러서는 '이것이

34 앞부분의……것이다 : 전체 내용은 다음과 같다. "이 장은 《논어》의 '근본이 서면 도가 생겨난다.'와 서로 비슷하다. 앞부분의 '부모를 섬기고 형에게 순종함'이 바로 인을 행하는 근본이고, 뒷부분의 '지·예·악이 바로 도가 생겨난 것이다. 다만 유자(有子)는 한 단면을 말하였고 맹자는 전체적으로 말하였다."

다'는 글자를 쓰지 않았다." 하였다.〔莆田黃氏曰: 前四箇是也字, 都是說用工處, 到樂處, 便不說是也字了.〕-소주(小註)-

살펴보건대, 보전 황씨의 이른바 '공부할 곳' 등의 설이 과연 본뜻을 얻었는지 모르겠다.

후재집

제29권

차기 箚記

맹자 孟子

맹자왈순생어저풍장
孟子曰舜生於諸馮章

부절(符節)

"부절은 하나의 물건입니까? 두 개의 물건입니까?"라는 질문에, 채청(蔡淸)이 말하기를, "주(註)에 '옥으로 만들었다.'고 하였으니, 하나의 물건임을 알 수 있다." 하였다.

호절과 인절과 용절은 모두 쇠로 만들었다.〔虎節人節龍節, 皆金也.〕-소주(小註)-

살펴보건대, 호절(虎節)은 호랑이를 본떠서 만든 것이고, 인절(人節)은 사람을 본떠서 만든 것이고, 용절(龍節)은 용을 본떠서 만든 것이다. '모두 쇠로 만들었다.〔皆金〕'는 정현(鄭玄)의 주(註)에 "쇠로 부절을 만드는데 모양을 넣어 주조한다." 하였다.

부절과 새절과 정절〔符節璽節旌節〕-소주(小註)-

《주례(周禮)》 본주(本註)에 "부절(符節)은 지금 궁중 관리들이 사용하는 조부(詔符)와 같다. 새절(璽節)은 지금의 인장(印章)이다. 정절(旌節)은 지금 사신이 들고 가는 부절이니, 전송하는 자가 이 부절을 들고 가서 떠나는 자를 전송한다." 하였다.

영탕과 부탕과 소절죽〔英簜符簜小節竹〕-소주(小註)-

두자춘(杜子春)이 말하기를, "'탕(簜)'은 '탕(帑)'으로 되어야 한다. 상자〔函器〕에 이 부절을 담은 것이니, '영탕(英簜)'이라고도 하고 '함(函)'이라고도 한다." 하였다.

○살펴보건대, 소절죽(小節竹)은 작은 죽절(竹節)인 듯하다.

헤아림이 또한 바로 도이다.〔揆亦是道〕-소주(小註)-

살펴보건대, 경원 보씨(慶源輔氏)의 이 설[1]은 '규(揆)'를 곧장 '도(道)'라고 하였으니, 집주(集註)의 설과 같지 않다.

1 경원 보씨(慶源輔氏)의 이 설 : 전체 내용은 다음과 같다. "맹자가 '도(道)' 자를 말하지는 않았지만, '중국에 행한다.〔行乎中國〕'고 하였으니, 행하는 것이 바로 도이며, '그 헤아림이 한결같다.〔其揆一〕'고 하였으니, 헤아림이 또한 바로 도이다."

자산청정국지정장

子産聽鄭國之政章

자산이 정나라의 정사를 다스릴 적에……진수와 유수에서 사람들을 건네주었다.〔子産聽鄭國之政……濟人於溱洧.〕

주자(朱子)가 말하기를, "정(鄭)나라의 호뢰(虎牢)는 바로 한(漢)나라의 성고(成皐)이다. 호뢰 아래가 바로 진수(溱水)와 유수(洧水)인데, 나중에 또 범수관(氾水關)이라 불린 곳으로, 자산(子産)이 수레로 사람들을 건네주던 곳이다. 문인무덕(聞人務德)이-'문인'은 복성(複姓)이다.- 말하기를, '진수와 유수는 그 깊은 곳은 다리 기둥을 세울 수 없고, 그 얕은 곳은 걸어서 갈 수 없는데, 어찌 수레로 건네줄 수 있겠는가. 진수와 유수는 밑바닥이 모두 모래로 되어 있기 때문에 다리 기둥을 세울 수 없고 배로만 건널 수 있을 뿐이다.' 하였다. 이 선생(李先生 이동(李侗))이 말하기를, '아마도 우연히 교량이 무너졌기 때문에 자산이 자신의 수레로 사람들을 건네준 것인 듯하다.' 하였다. 그러나 이러한 따위를 또한 어찌 깊이 따질 필요가 있겠는가. 맹자의 뜻은 단지 정사를 하는 자는 백성의 편의를 힘써야지 작은 은혜만 베풀어서는 안 됨을 말한 것일 뿐이다." 하였다.

○"진수와 유수는 두 물의 이름으로 한 곳이 아닌데, 어떻게 한 대의 수레로 건네줄 수 있겠습니까."라는 질문에, 주자가 말하기를, "필시 당시에 두 물에 다리가 없어서 사람들이 모두 맨몸으로 다녔을 것이다. 자산이 걸어서 진수를 건너는 사람을 봄으로 인하여 유수까지도 건네준 것인지, 걸어서 유수를 건너는 사람을 봄으로 인하여 진수까

지도 건네준 것인지, 사람들이 이 두 물을 맨몸으로 건너는 것을 일시에 알고서 겸하여 건네준 것인지 모두 알 수 없다." 하였다.

쌍봉 요씨가 말하기를, "10월에 도강이 이미 완성되었다." 하였다.〔雙峯饒氏曰：十月徒杠已自成了.〕-소주(小註)-

살펴보건대, 이 '10월'은 오류인 듯하다. 주월(周月)로 말하면 11월이라고 해야 하고, 하월(夏月)로 말하면 9월이라고 해야 한다. 그런데 지금 10월이라고 하였으니, 주월도 아니고 또 하월도 아니다. 《하령(夏令)》의 '10월에 교량이 완성된다.'는 말을 따라서 말한 것이 아니겠는가. 그러나 이미 '도강이 완성되었다.'고 하였으니, 그렇다면 '11월에 도강이 완성되었다.'는 본문의 내용을 따르는 것이 옳을 듯하다.

맹자고제선왕장
孟子告齊宣王章

《의례》에 "도로써 임금을 떠났으나 아직 의절하지 않은 자는 자최 3월복을 입는다." 하였다.〔儀禮曰: 以道去君而未絶者, 服齊衰三月.〕-주(註)-

《의례소(儀禮疏)》에 "세 번 간했는데도 따르지 않으면 국경에서 추방되기를 기다리는데, 고리가 이어진 환(環)을 받으면 돌아오고 고리가 끊어진 결(玦)을 받으면 떠난다." 하였다. 이와같은 것을 가지고 도로써 임금을 떠난다고 하는 것이니, 죄를 지어 쫓겨나는 것은 도에 맞지 않게 임금을 떠난 것이다. 그 사당을 청소하는[2] 경우는 그래도 옛 임금을 위해 복을 입지만, 임금이 사당을 청소시키지 않는 경우는 바로 고리가 끊어진 결을 얻어 떠난 것이니 그렇다면 복을 입지 않는다.

대부가 임금을 떠날 때 그 사당을 청소한다.〔大夫去君, 歸其宗廟.〕-소주(小註)-

살펴보건대, 《의례》 본주에 '귀(歸)'는 '소(埽)'로 되어 있다. 운책(韻冊)을 살펴보면 '소(埽)'는 즉 '소(掃)' 자이다.

2 그 사당을 청소하는 : 《예의집설(儀禮集說)》에 "임금이 신하의 사당을 청소해주는 것은 떠난 신하가 돌아오길 바라는 것이니 이것이 이른바 절의하지 않았다는 것이다." 하였다.

그 전록과 거주하는 집을 환수한다.〔收其田祿里居〕-주(註)-

채청이 말하기를, "전(田)은 부세(賦稅)로 받는 녹봉이고, 이(里)는 거주하는 집이다. 그러므로 '전록이거(田祿里居)'라고 한 것이다.

속박하다〔搏執〕

조씨(趙氏 조기(趙岐))의 구주(舊註)와 손씨(孫氏 손석(孫奭))의 《맹자정의(孟子正義)》에 모두 '그 친족을 속박한다.'고 하였다.

○살펴보건대, 《춘추호씨전(春秋胡氏傳)》에서는 '속박하는' 것을 '그 자제를 가두는' 것으로 보았으니, 조씨의 주와 같다.

자사가 '예에 옛 임금을 위해 돌아가 복을 입는다.'는 노 목공의 질문에 대답한 뜻〔子思答魯穆公問禮爲舊君反服之意〕-소주(小註)-

《예기》〈단궁(檀弓)〉에 "목공이 자사에게 '옛 임금을 위해 돌아가 복을 입는 것이 고례(古禮)입니까?'라고 묻자, 자사가 대답하기를, '옛날의 위정자들은 사람을 예법대로 등용하고 예법대로 물러나게 하였습니다. 그러므로 옛 임금을 위하여 돌아가 복을 입는 예가 있었습니다. 지금의 위정자는 사람을 등용할 적에는 무릎에 올려놓을 듯이 하고, 물러나게 할 적에는 깊은 못에 떨어뜨릴 듯이 하니, 역적의 우두머리가 되지 않는 것만도 다행이지 않겠습니까. 또 어찌 돌아가 복을 입는 예가 있겠습니까.' 하였다." 하였다.

맹자왈무죄이살사장
孟子曰無罪而殺士章

경원 보씨가 말하기를, "'가이(可以)'라는 것은 시의에 가한 것이다."[3] 하였다.〔慶源輔氏曰: 可以者, 在時宜爲可也.〕-소주(小註)-

살펴보건대, 본문의 '가이거(可以去)'의 '가(可)' 자는 허사(虛辭)인데, 경원 보씨의 '위가(爲可)'의 '가(可)' 자는 실사(實辭)이니 본뜻을 잃은 듯하다.

명이의 초기에 먹지 않고 떠나는 이유이다.〔明夷之初, 所以不食而行.〕-소주(小註)-

명이괘(明夷卦) 초구(初九) 효사(爻辭)에 "명이의 시대에 날 때에 새가 날개를 늘어뜨린 격이다. 군자가 떠나감에 사흘 동안 먹지 못하니 가는 바를 둚에 주인이 나무라는 말을 한다." 하였는데, 정전(程傳)에 "초구는 밝음의 체(體)인데 명이의 초기에 거하였으니 상함을 당하는 시초이다. 군자는 밝게 비추어 일의 기미를 보니, 비록 처음에는 상함을 당하는 단서가 드러나지 않지만 군자는 능히 볼 수 있다. 이 때문에 떠나가 피하는 것이다. 군자가 떠난다는 것은 그 봉록과 지위를 버리고 물러나 숨는 것이다. 3일 동안 먹지 못한다는 것은 곤궁함의 극치를 말한 것이다. 일이 드러나지 않아 처신이 몹시 어려우니, 기미를 보는 밝은 자가 아니면 할 수 없다." 하였다

3 가이(可以)라는……것이다 : 전체 내용은 다음과 같다. "'가이'라는 것은 시의(時宜)에 가한 것이니, 이 기회를 놓치면 떠나고 싶어도 떠날 수 없다."

둔의 초기에 꼬리가 위태롭다는 경계가 있는 이유이다.〔遯之初, 所以有尾厲之戒.〕-소주(小註)-

둔괘(遯卦) 초육(初六) 효사에 "둔의 꼬리라 위태로우니, 가는 바를 두지 말아야 한다." 하였는데, 정전에 "초육이 꼬리가 되니, 꼬리는 뒤에 있는 물건이다. 은둔하는데 뒤에 있으면 미치지 못하는 것이니, 이 때문에 위태로운 것이다. 초육이 유(柔)로서 미약한 자리에 처하여 이미 뒤에 있으니 가서는 안 된다. 가면 위태롭다. 미약한 자는 숨기에 쉬우니, 가는 것이 이미 위태롭다면 가지 않아 재앙이 없는 것이 낫다."

공자가 조나라에 가다가 하수에 미쳐서 돌아온 이유이다.〔孔子往趙, 所以及河而復也.〕-소주(小註)-

《가어(家語)》에 "공자가 조간자(趙簡子)를 만나러 서쪽으로 가다가 하수(河水)에 이르러 두명독(竇鳴犢)과 순화(舜華)가 죽었다는 말을 들었다. 이에 하수를 내려다보며 탄식하기를, '아름답구나, 하수여! 넘실넘실 흐르는구나. 내가 이 물을 건너지 못하는 것은 운명일 것이다.' 하였다. 자공(子貢)이 '무슨 말씀입니까?' 하니, 공자가 말씀하기를, '두명독과 순화는 진(晉)나라의 어진 대부이다. 내가 들으니, 새끼 밴 짐승의 배를 갈라 새끼를 죽이면 기린이 이르지 않고, 연못의 물을 말려서 물고기를 잡으면 교룡이 모이지 않고, 새 둥지를 엎어 알을 깨트리면 봉황이 날아오지 않는다고 하였다. 무엇 때문이겠는가? 군자는 자신과 동류가 상해를 당하는 것을 꺼리기 때문이다. 새나 짐승도 불의(不義)에 대하여 피할 줄 아는데 하물며 나는 어떻겠는가.' 하고 돌아왔다." 하였다.

맹자왈비례지례장
孟子曰非禮之禮章

맹자가 말씀하기를 "예가 아닌 예와 의가 아닌 의를 대인은 하지 않는다." 하였다.〔孟子曰: 非禮之禮, 非義之義, 大人不爲.〕

살펴보건대, '예가 아닌 예'는 예에 있어서는 과불급의 차이가 있지만 또한 예라고 말하지 않을 수 없는 것을 말하니, 예이지만 예의 중도를 잃은 것이다. 그러므로 '대인은 하지 않는다.'고 한 것이다. 만약 전적으로 예가 아니라면 보통사람이라도 하지 않는 바이니, 맹자가 여기에 '대인은 하지 않는다.'고 응당 말하지 않을 것이다. '의가 아닌 의'도 마찬가지이다.

맹자왈중야양불중장
孟子曰中也養不中章

신안 진씨가 말하기를, "부형으로서 자제를 버리면 자신의 현명함은 지나치게 되고 자제의 불초함은 미치지 못하게 된다." 하였다.〔新安陳氏曰：父兄而棄子弟，則我之賢爲過，子弟之不肖爲不及.〕-소주(小註)-

살펴보건대, 신안 진씨의 이 설은 본뜻을 잃은 듯하다. 부형(父兄)이 비록 중도(中道)에 맞고 재주가 있더라도 만약 자제(子弟)가 현명하지 못하다고 하여 대번에 버린다면 이 버렸다는 점이 옳지 못하니, 중도에 맞지 않고 재주 없는 자제와 그 사이의 간격이 거의 없을 것이다. 집주(集註)에서 말한 '자신도 중도에서 지나치고 재주가 없는 것이다.'는 것이 바로 이런 뜻이다. 자신도 중도에서 지나치고 재주가 없기 때문에 중도에 맞지 않고 재주 없는 자제와 서로 간격이 멀지 않은 것이다. 만약 부형은 훌륭하고 자제는 불초하다고 한다면 그 사이의 거리가 먼 것이니, 어찌 그 사이가 한 치도 못 된다고 말할 수 있겠는가.

맹자왈대인자언불필신장
孟子曰大人者言不必信章

왕씨는 또 '의에 부합하지 않으면서 반드시 미덥고 반드시 과감하면 망인이 될 뿐이다.'라고 말하였다.〔王氏則又有不合於義而必信必果則爲妄人之說.〕-소주(小註)-

살펴보건대, 집주(集註)에서는 왕씨(王氏 왕면(王勉))의 설을 인용하여 '미덥지 못하고 과감하지 못하면 망령된 사람이다.〔不信不果則妄人〕' 하였는데, 지금 경원 보씨(慶源輔氏)는 '반드시 미덥고 반드시 과감하면 망령된 사람이 된다.〔必信必果則爲妄人〕'고 하여 '불(不)' 자를 '필(必)' 자로 바꾸었으니 그 이유를 모르겠다.

맹자왈군자심조지이도장
孟子曰君子深造之以道章

맹자가 말씀하기를, "군자가 깊이 나아가기를 올바른 방도로써 하는 것은……군자는 스스로 터득하려고 하는 것이다." 하였다.〔孟子曰: 君子深造之以道……君子欲其自得之也.〕

살펴보건대, '깊이 나아가기를 올바른 방도로써 한다.'는 스스로 터득하는 공부이고, '처신함이 편안한다.'에서부터 '좌우에서 근원을 만난다.'까지는 스스로 터득하는 공효의 차례이다. 여기서는 스스로 터득함을 중시하였기 때문에 마지막에 또 '군자는 스스로 터득하고자 하는 것이다.'라고 글을 맺었다.

그러한 뒤에 마음을 가라앉히고 생각을 쌓아서〔然後潛心積慮〕-주(註)-

사계(沙溪)가 말하기를, "'후(後)' 자는 다른 본과 《근사록(近思錄)》에는 '필(必)' 자로 되어 있으니, 이를 따라야 한다." 하였다.

묻기를, 이 이치를 배워서 자신의 몸에 터득할 적에 억지로 찾고 애써 취해서는 안 된다……일체 편하고 알맞아 스스로 연연하여 떠나지 않는다.[4]〔問學是理而得之於身, 不可以强探力取……種種便適, 自戀

4 묻기를……않는다 : 전체 내용은 다음과 같다. "묻기를, 이 이치를 배워서 자신의 몸에 터득할 적에 억지로 찾고 애써 취해서는 안 된다. 반드시 깊이 나아가기를 올바른 방도로써 한 뒤에야 묵묵히 이해하고 마음으로 통하여 저절로 터득함이 있을 것이다.

脊而不去也.〕-소주(小註)-

살펴보건대, 이 한 단락은 《맹자혹문(孟子或問)》의 설인데, 집주(輯註)를 정리할 때에 '문(問)' 자를 빼지 않았다. 이 때문에 전체 단락이 모두 질문하는 자의 말처럼 되었으니 매우 잘못이다.

쌍봉 요씨가 말하기를, "'지(之)' 자는 터득한 것을 가리켜 말한 것이다." 하였다.〔雙峯饒氏曰: 之字是指所得而言.〕-소주(小註)-

살펴보건대, '자득(自得)' 이하부터 '거지(居之)'·'자지(資之)'·'취지(取之)'의 몇 개의 '지(之)' 자는 모두 허자(虛字)이고, '득(得)' 자·'거(居)' 자·'취(取)' 자는 모두 실자(實字)이다. 그런데 지금 쌍봉 요씨는 몇 개의 '지' 자를 가지고 '터득한 바를 가리켜 말한 것이다.'고 하여 모두 실자로 간주하였으니 어떨지 모르겠다.

운봉 호씨가 말하기를, "요지는 마음에 잊지도 말고 조장하지도 말라는 데에 있다. 집주의 '지켜서 따르는 바가 있다.'는 말이 바로 잊지

도에 나아감이 깊지 않는 자는 절실하지 않은 외면에 힘을 쓰고 아침저녁 사이에 효과를 구하며, 올바른 방도로써 하지 않는 자는 허무(虛無) 사이에 종사하고 언의(言意) 밖에서 함부로 생각하니, 이는 모두 묵묵히 이해하고 마음으로 통하여 반드시 자득하기에 부족하다. 그 힘을 지극하게 쓰면서도 그 공효를 급히 구하지 않으며 반드시 그 방법을 힘쓰고 그 등급을 건너뛰지 않으면 비록 반드시 터득하기를 기약하지 않아도 저절로 터득되는 것을 막을 수 없다. 아직 터득하지 못하면 거할 만한 곳이 없고, 터득하여도 자연적으로 터득한 것이 아니면 거할 곳이 있어도 편안하지 못하다. 오직 스스로 터득한다면 나에게 있는 이치를 내가 모두 얻어서 거할 수 있으니, 마치 사람에게 편안한 집이 있는 것처럼 동작과 기거가 일체 편안하고 알맞아 스스로 연연하여 떠나지 않는다."

말라는 것이고, '묵묵히 이해하고 마음으로 통하기를 기다린다.'는 말이 바로 조장하지 말라는 것이다." 하였다.〔雲峯胡氏曰: 大要在勿忘勿助, 集註謂有所持循, 是勿忘; 以俟夫默識心通, 是勿助.〕-소주(小註)-

채청이 말하기를, "운봉 호씨가 구분해서 '지켜서 따르는 바가 있다.'를 '잊지 말라.'는 것으로 여기고, '묵묵히 이해하고 마음으로 통한다.'를 '조장하지 말라.'는 것으로 여긴 것은 온당치 못한 듯하다." 하였다.

맹자왈박학이상설지장
孟子曰博學而詳說之章

맹자가 말씀하기를, "폭넓게 배우고 상세히 설명하는 것은 장차 이를 돌이켜 핵심을 말하고자 해서이다." 하였다.〔孟子曰：博學而詳說之, 將以反說約也.〕

살펴보건대, 폭넓게 배우는 것과 상세히 설명하는 것은 그 뜻이 약간 다르다. 폭넓게 배운다는 것은 학식이 넓고 견문이 많은 것으로 말한 것이고, 상세하게 설명한다는 것은 정밀하고 상세한 논설로 말한 것이다. '약(約)'의 경우는 이해하고 꿰뚫어 그 요점을 아는 것이 바로 약이다.

서자왈중니기칭어수왈수재수재장
徐子曰仲尼亟稱於水曰水哉水哉章

중니께서 자주 물을 거론하여 "물이여, 물이여!" 하셨다.〔仲尼亟稱水曰水哉水哉〕

이패림(李霈霖)이 말하기를, "'기(亟)'은 주자(朱子)가 이미 '자주〔數〕'의 뜻으로 풀이하였다. 단지 '물이여, 물이여!'라는 말만 가지고 자주 거론했다고 말한 것이 아니라, 반드시 평소에 물을 칭찬한 적이 한 두 번이 아니라는 것을 알 수 있다. 그러므로 '자주〔數〕'라고 한 것이다. 시냇가에서 하신 말씀에 '가는 것이 이와 같구나. 밤낮을 쉬지 않는다.'라는 말도 그 증거이다." 하였다.

만일 근본이 없다면 7,8월 사이에 빗물이 모여서 도랑이 모두 가득하지만……군자는 부끄러워한다.〔苟爲無本, 七八月之間, 雨集, 溝澮皆盈……君子恥之.〕

살펴보건대, 여기의 '근본이 없다.'는 윗글의 '근본이 있다.'와 상반되고, '7,8월 사이에 빗물이 모인다.'는 윗글의 '근원이 있는 샘물이 계속 솟아나서 밤낮을 쉬지 않고 흐른다.'와 상반되고, '도랑이 모두 가득하다.'는 윗글의 '구덩이를 채운 뒤에 나아간다.'와 상반되고, '그 마르는 것은 서서 기다릴 수 있다.'는 윗글의 '사해에 이른다.'와 상반되고, '명성이 실제보다 지나친 것을 군자는 부끄러워한다.'는 윗글의 '근본이 있는 것이 이와 같으니, 이 때문에 취하신 것이다.'와 상반된다.

맹자왈인지소이이어금수자장
孟子曰人之所以異於禽獸者章

비록 조금 다르다고 말하지만 사람과 동물의 구분이 실로 여기에 있다.〔雖曰少異, 然人與物之分, 實在於此.〕-주(註)-

살펴보건대, '여기에 있다.〔在於此〕'의 '차(此)' 자는 윗글의 '형기(形氣)의 바름을 얻어 그 본성[5]을 온전히 보전한다.'를 가리켜 말한 것이다. 비록 조금 다르다고 말하지만 사람과 동물이 크게 구분되는 점이 실로 여기에 있으니, 이것을 알지 못하여 버린다면 실로 금수와 다름이 없다.

단지 금수와 같은 점을 보존하는 것뿐이다.〔只是存其與禽獸同者〕-소주(小註)-

살펴보건대, '금수와 같다.'는 것은 윗글의 이른바 '배고프면 먹고 목마르면 물 마시는 것은 사람과 금수가 같은 점이다.'는 것이다.[6]

5 본성 : 대본에는 '生'으로 되어 있는데, 집주(集註)에 의거하여 '性'으로 바로잡아 번역하였다.

6 윗글의……것이다 : 윗글이란 이 부분 소주(小註)의 윗글을 말한다. 전체 내용은 다음과 같다. "배고프면 먹고 목마르면 물 마시는 따위는 사람과 금수가 같은 점이고, 부자(父子) 사이에 친함이 있고 군신(君臣) 사이에 의(義)를 지키는 윤리는 사람과 금수가 다른 점이다. 보존한다는 것은 바로 금수와 다르게 되는 도리를 보존하는 것이다. 그런데 지금 사람들이 능히 보존한다고 말하는 것은 단지 금수와 같은 점을 보존하는 것뿐이다."

순임금은 온갖 사물의 이치에 밝으셨고……의식적으로 인의를 행한 것은 아니다.〔舜明於庶物……非行仁義也.〕

살펴보건대, 순임금은 성인(聖人)이니, 이를 말하여 위의 '군자는 이것을 보존한다.〔君子存之〕'는 구절과 호응하였다. 군자는 보존하려는 자이고, 성인은 저절로 보존된 자이다. 사물의 이치에 밝고 인륜에 더 밝아서 자연스럽게 인의(仁義)를 따라 행한 순임금이 바로 보존된 자이다.

○주자(朱子)가 말하기를, "순임금은 평소에 몸이 항상 인의 속에 있기 때문에 이처럼 행하는 것이다. 배우는 자들은 몸이 밖에 있기 때문에

또 반드시 인의를 찾아서 행해야 한다. 그러나 또 자연스럽게 인의를 따르는 것을 표준을 삼아야 제대로 될 것이다." 하였다.

장자가 말하기를, "온갖 사물의 이치에 밝고 인륜에 특히 더 밝은 것은 모두 이치를 궁구함이다." 하였다.〔張子曰: 明庶物察人倫, 皆窮理也.〕-소주(小註)-

살펴보건대, 이치를 궁구하는 것은 바로 학문을 하는 공부이다. 순임금처럼 성인(聖人)의 경지에 있는 분은 저절로 온갖 사물의 이치에 이미 밝고 저절로 인륜에 이미 더 밝으니, '이치를 궁구한다.'고 해서는 안 될 듯하다. 어떨지 모르겠다.

신안 진씨가 말하기를, "군자는 반드시 보존하기를 기다린다. 그러므로 태어나면서부터 알지 못하는 것이다." 하였다.〔新安陳氏曰: 君子必待存之, 故不能生知.〕-소주(小註)-

살펴보건대, 신안 진씨의 이 말은 뒤집어 말함을 면치 못하였다. 이는 응당 '군자는 태어나면서부터 알지 못하기 때문에 반드시 보존하기를 기다린다.'고 해야 하니, 이와같아야만 문리(文理)가 비로소 순할 것이다.

맹자왈왕자지적식장
孟子曰王者之跡熄章

도올(檮杌)

《춘추좌씨전(春秋左氏傳)》에 "전욱씨(顓頊氏)에게 불초한 아들이 있어 가르칠 수 없었다. 알려주면 따르지 않고 내버려두면 못된 짓만 하니, 천하의 백성들이 '도올(檮杌)'이라고 하였다." 하였는데, 두예(杜預)가 말하기를, "도올은 완악하고 흉악하기 짝이 없는 모양이다." 하였다.

그 뜻은 내가 삼가 취하였다.〔其義, 丘竊取之.〕

살펴보건대, 《춘추(春秋)》의 뜻은 대체로 포폄(褒貶)을 분명히 하고 상벌(賞罰)을 공정히 하는 것이다. 그런데 노(魯)나라 역사의 옛 글은 단지 그 당시의 일만 기록하고 그 뜻을 밝히지 못했기 때문에 공자가 노나라 역사의 옛 글을 바탕으로 마침내 그 뜻을 밝힌 것이다. 그러나 이른바 '포폄을 분명히 하고 상벌을 공정히 하는' 뜻이란 바로 왕자(王者)의 일이다. 그러므로 공자가 감히 자신의 일로 삼지 못하고 '그 뜻은 내가 삼가 취하였다.'고 말한 것이다.-그 뜻은 공자 자신이 단정한 것인데 지금 '삼가 취하였다.'고 한 것은 겸사로 하신 말씀이다.-

그 순서는 제 환공(齊桓公)과 진 문공(晉文公)이고, 그 회합은 회합을 주관하는 자를 위주로 기록한다.〔其序則齊桓晉文, 其會則主會者爲

之.〕-소주(小註)-

《춘추공양전(春秋公羊傳)》 본주(本註)에 "오직 제 환공과 진 문공의 회합이 덕의 우열과 나라의 대소로 서로 차례를 이루었다. 제 환공과 진 문공의 회합이 아니면 회합을 주관하는 자를 위주로 기록할 경우 덕의 우열과 나라의 대소가 서로 차이나더라도 역사를 고치지 않았다." 하였다.

비로소 중간의 한 구절이 막힘이 없음을 알 수 있다.〔方見得中間一節不閑〕-소주(小註)-

살펴보건대, '중간의 한 구절'이란 '그 문체는 사관의 문체이다.〔其文則史〕'는 한 구절을 가리킨다.

맹자왈군자지택오세이참장
孟子曰君子之澤五世而斬章

맹자가 말씀하기를, "군자의 은택도 5대가 되면 끊어지고 소인의 은택도 5대가 되면 끊어진다." 하였다.〔孟子曰: 君子之澤, 五世而斬; 小人之澤, 五世而斬.〕

살펴보건대, 이 단락에서 비록 군자와 소인의 은택이 모두 5대가 되면 끊긴다고 겸하여 거론하였지만, 그 뜻은 군자의 은택 한 단락에 중점이 있다. 공자로부터 증자(曾子)와 자사(子思)까지 3대이고 아직 5대에 미치지 않았으니 그렇다면 공자의 은택이 아직 다 없어지지 않았다. 그러므로 맹자가 직접 공자의 문도가 되지는 못했지만 남에게서 사사로이 선을 취했던 것이다. 남이란 즉 자사의 무리이다.

신안 진씨가 말하기를, "'사사로이 그 몸을 선하게 하였다.'는 '저인(諸人)'[7] 자를 풀이함이 순조롭지 못하다." 하였다.〔新安陳氏曰: 私竊以善其身, 解諸人字不順.〕-소주(小註)-

살펴보건대, '사사로이 그 몸을 선하게 한다.'는 집주(集註)의 설이다. 집주에는 '사사로이 그 몸을 선하게 한다.' 위에 '공자의 도를 남에게서 들었다.〔得聞孔子之道於人〕'라고 하였다. 이 '인(人)' 자가 바로 '저인(諸人)' 자를 풀이한 것이니, 무슨 순조롭지 못할 것이

7 저인(諸人) : 《맹자》 본문의 "나는 남에게서 사사로이 선하게 하였다.〔予, 私淑諸人也.〕"의 '諸人'을 말한다.

있겠는가. 지금 위의 한 단락을 잘라 버리고 아래 한 단락만 거론하여 "'저인' 자를 풀이함이 순조롭지 못하다."고 하니, 집주의 본문을 정밀하게 살피지 못한 듯하다.

맹자왈가이취가이무취장
孟子曰可以取可以無取章

얼핏 보면 취해도 되지만 자세히 보면 취해서는 안 되는 상황에서 취하면 청렴을 손상시킨다.〔可以取, 可以無取, 取, 傷廉.〕

살펴보건대, 이 부분의 구결(口訣) '취해도 되며〔可以取-며〔㫆〕-〕'를 '취해도 되는가〔可以取-아〔牙〕-〕'로 고쳐서 이와같이 보는 것이 어떻겠는가? '두 번이면 가하다.〔再斯可矣〕'에 대한 주자(朱子)의 설[8]을 가지고 보면, 구결을 '아'로 고치는 것이 좋을 듯하다.

○주자가 말하기를, "'얼핏 보면 취해도 되지만 자세히 보면 취해서는 안 된다.'는 것은 처음에는 취해도 된다고 생각했다가 나중에 도리어 취해서는 안 됨을 알게 된 것이니, 이런데도 취하면 청렴을 손상시킨다. 대체로 나중에 알게 된 것이 비교적 옳기 때문이니, 남에게 물건을 주거나 목숨을 바치는 경우도 마찬가지이다." 하였다.

정자가 말하기를, "재물이 혹 부족하면 도리어 응당 주어야 할 자에

8 두 ……설 : 이 부분에 대한 주자의 주석은 다음과 같다. "내가 살펴보건대, 계문자(季文子)가 일을 생각함이 이와 같으니, 자세하고 세심하여 잘못되는 일이 없어야 마땅하다고 이를 만하다. 그런데도 선공(宣公)이 찬탈하고 즉위하자 계문자는 마침내 토벌하지 못하고 도리어 선공을 위해 제(齊)나라에 사신으로 가서 뇌물을 바쳤으니, 정자(程子)가 말씀한 '사사로운 뜻이 일어나 도리어 현혹된다.'는 증험이 아니겠는가. 이 때문에 군자는 이치를 궁구함을 힘쓰면서도 과감하게 결단함을 중시하고 한갓 생각만 많이 하는 것을 숭상하지 않는 것이다."

게 줄 것이 없으니 이것이 은혜를 손상시키는 이유이다.〔程子曰: 財或不贍, 則却於合當與者, 無可與之, 此所以傷惠.〕-소주(小註)-

살펴보건대, 정자의 말은 본문과 조금 다른 듯하다. 이와같다면 은혜를 손상시키는 이유가 주어야 할 자에게 줄 것이 없다는 데에 있다. 이는 주어서는 안 될 자에게 지나치게 주어 재물이 부족하기 때문에 주어야 할 자에게 줄 것이 없다는 말일 뿐이니, 본문의 뜻을 바르게 풀이한 것이 아닌 듯하다. 따로 하나의 뜻이 되는 것이라면 가하다.

주자가 말하기를, "이 단락은 바로 공자의 '두 번이면 가하다.'는 말과 서로 비슷하다. 모든 일은 처음 볼 때엔 아직 결정할 수 없고 두 번 살펴보면 충분히 자세히 살핀 것이다." 하였다.〔朱子曰: 此段正與孔子曰再斯可矣相似, 凡事初看尙未定, 再察則已審矣.〕-소주(小註)-

살펴보건대, '처음 본다.'는 '취할 만하다.〔可以取〕'를 가리켜 말한 것이고, '두 번 살핀다.'는 '취해서는 안 된다.〔可以無取〕'를 가리켜 말한 것이다.

방몽학사어예장
逢蒙學射於羿

오직 예만이 자신보다 낫다고 생각하여 이에 예를 죽였다.〔惟羿爲愈己, 於是殺羿.〕

어떤 이가 말하기를, "《사기(史記)》에는 한착(寒浞)이 예(羿)를 죽였다고 하였고, 《맹자》에는 방몽(逢蒙)이 예를 죽였다고 하였다. 두 설이 같지 않으니 의심스럽다." 하였다.

○살펴보건대, 《초사(楚辭)》〈천문(天問)〉 주(註)에 "한착이 방몽을 시켜 예를 쏘아 죽이게 하였다." 하였다. 이것을 보면 《사기》와 《맹자》의 두 설이 모두 통한다.

맹자왈천하지언성야즉고이이의장
孟子曰天下之言性也則故而已矣章

맹자가 말씀하기를, "천하에서 성을 말하는 것은 이미 드러난 자취를 말하는 것일 뿐이니……순리를 근본으로 삼는다." 하였다.〔孟子曰: 天下之言性也, 則故而已……以利爲本.〕

살펴보건대, 성(性)은 형체가 없어 볼 수 없는 것이고, 고(故)는 이미 그러한 자취이다. 이를테면 측은(惻隱)은 인(仁)의 성이 발현한 자취이니, 발현한 측은의 자취를 보면 인의 성이 비록 형체가 없어 볼 수 없지만 그 자취에 근거하야 마침내 인을 말할 수 있다. 수오(羞惡)는 의(義)의 성이 발현한 자취이니, 발현한 수오의 자취를 보면 의의 성이 비록 형체가 없어 볼 수 없지만 그 자취에 근거하여 마침내 의를 말할 수 있다. 예(禮)와 지(智) 또한 그러하다. 이른바 '순리로 근본을 삼는다.'는 것은 이를테면 어린아이가 우물에 들어가는 것을 보면 측은한 마음이 저절로 발현하고, 불의를 보면 미워하는 마음이 저절로 발현되는 것과 같다. 그 저절로 발현하는 부분이 순리 아님이 없는 것이지, 애당초 그 성을 거슬러 억지로 힘써 하는 것이 아니다.

○"이천(伊川)은 '즉(則)' 자를 어조사라고 하였는데, 어떻습니까?"라는 질문에, 주자가 말하기를, "'즉' 자는 어조사로 간주해서는 안 되니, 여기에는 부족하게 여기는 뜻이 있다. 성(性)은 가장 형용하기 어렵기 때문에 천하에 '성'을 말하는 자들이 단지 드러난 자취를 말할 뿐이니, '고(故)' 사 이외에는 달리 글사를 놓기가 어렵다." 하였다.

성은 사람과 물이 얻어서 태어난 이치이다……사물의 이치는 비록 형체가 없어서 알기 어렵지만[9]〔性者, 人物所得以生之理……事物之理, 雖若無形而難知〕-주(註)-

채청이 말하기를, "한번은 인물(人物)이라고 말하고 한번은 사물(事物)이라고 말한 것은 어째서인가? 인물이라고 말하면 일〔事〕이 그 속에 포함되고, 사물(事物)의 '물(物)'은 또 사람과 물을 겸하여 말한 것이다. '성(性)' 자의 뜻을 말할 적에 응당 '인물'이라고 말해야 하고, 본장의 뜻을 말할 적에 응당 '사물'이라고 말해야 한다.

잠실 진씨가 말하기를, "선은 처음의 본성이고 악은 처음의 본성이 아니다."[10] 하였다.〔潛室陳氏曰: 善者其初也, 惡者非其初也.〕-소주(小註)-

살펴보건대, 진씨의 이른바 '처음〔初〕'은 '순리로 근본을 삼는다.〔以利爲本〕'의 '본(本)' 자에 근원한 듯하다. 그러나 병통이 있는 듯하다.

지혜로움을 미워하는 까닭은 천착하기 때문이니……지혜가 또한 클 것이다.〔所惡於智者, 爲其鑿也……智亦大矣.〕

살펴보건대, 이 단락은 윗글 '순리로 근본을 삼는다.〔以利爲本〕'의

9 성은……어렵지만 : 대본에는 "性者, 人物所得以生之理, 事物之理 止 雖若無形而難知"로 되어 있는데, 집주(集註)에 의거하여 '性者, 人物所得以生之理 止 事物之理, 雖若無形而難知'로 바로잡아 번역하였다.

10 선은……아니다 : 전체 내용은 다음과 같다. "선(善)과 악(惡)은 모두 이미 그러한 자취이다. 다만 순리가 근본이 되니 선은 처음의 본성이고 악은 처음의 본성이 아니다. 물이 아래로 흐르지 않음이 없는 것이 물의 본성이다. 만약 물을 쳐서 이마를 지나게 하고 물길을 막아 산에 있게 한다면 어찌 이것이 물의 본성이겠는가."

이'(利)' 자를 풀이한 것이다. 위에서는 '순리로 근본을 삼는다.'고 말하고 여기서는 '그 천착하기 때문이다.'고 하였다. 착(鑿)과 이(利)는 상반되는 뜻이니, '이'는 이치에 순한 것이고 '착'은 뚫어 해치는 것이다. '이'는 그 본성에 따라 행하니 일삼는 바가 없는 자연적인 것이고, '착'은 그 본성을 해쳐서 행하니 자연적으로 나오는 것이 아니다.

하늘이 높이 있으며……앉아서도 알 수 있을 것이다.〔天之高也……可坐而致.〕

살펴보건대, 이 단락은 윗글 '드러난 자취일 뿐이다.〔故而已矣〕'의 '고(故)' 자를 풀이한 것이다. '치(致)'는 즉 미루어 지극히 하는 것이다.

○《천원발미(天原發微)》에 "세(歲)·회(會)·일(日)·월(月)에 12의 수를 세운 것은 6과 6이 만나 12가 되기 때문이다. 소강절(邵康節)의 수(數)로 미루어 보면, 일(日)·세(歲)·운(運)·원(元)에 모두 12를 쓴다. 그러므로 1일(日)은 12시(時)이고, 1세(歲)는 12월(月)이고, 1운(運)은 12세(世)이고, 1원(元)은 12회(會)이다. 고금을 포괄하면 여기에 있지 않음이 없으니, 1시(時)에 나아가 1일을 미루어 알 수 있고, 1일에 나아가 1월(月)을 미루어 알 수 있고, 1월에 나아가 1년(年)을 미루어 알 수 있다. 1년에 나아가 12만9천6백 년을 미루어 알 수 있으니, 미루어 올라가면 어찌 1년 12개월의 운용만 알 뿐이겠는가." 하였다.

○채청이 말하기를, "'천 년의 동지〔千歲之日至〕'에 대하여 주자(朱子)는 지난 과거로만 말하였다. 인산 김씨(仁山金氏)는 '그 드러난

흔적을 찾는〔求其故〕' 것은 과거로 여기고 '천 년의 동지'는 미래로 여겼으니, 이치에 막힘이 없는 듯하다. 다만 주자의 뜻과는 다르다.

공행자유자지상장
公行子有子之喪章

공행자에게 아들의 상이 있자 우사가 가서 조문할 적에 우사가 문에 들어오자, 그 앞으로 나아가 우사와 말하는 자가 있었으며……우사와 말하는 자가 있었다.〔公行子有子之喪, 右師往弔, 入門, 有進而與右師言者……與右師言者.〕

살펴보건대, 이른바 '우사(右師)가 문에 들어오자, 그 앞으로 나아가 우사와 말하는 자가 있었다.'는 것은 아마도 조문하러 갔을 당시에 필시 우사보다 먼저 조문 가서 자리에 있는 자가 있었던 듯하다. 조정의 위차(位次)는 고하(高下)가 있으니, 먼저 간 자는 필시 지위가 낮아 문 안에 있었을 것이다. 그러므로 우사가 문에 들어가서 먼저 조문 간 지위가 낮은 자의 자리를 지나간 것이다. '문에 들어가다.〔入門〕'는 글자를 보면, 이는 우사가 처음 문에 들어갈 때이다. 우사가 처음 문에 들어가 지위가 낮은 자의 자리를 지나갔기 때문에 지위가 낮은 자가 그 앞으로 나아가 우사와 말한 것이다. 그러므로 집주(集註)에 "위(位)는 다른 사람의 자리이다. 우사가 아직 자리에 나아가지 않았는데 그 앞으로 나아가 우사와 말한다면 이는 우사가 자신의 자리를 지나간 것이다."고 한 것이다. 다른 사람의 자리란 우사의 자리가 아니라는 말이다.

맹자왈군자소이이어인장
孟子曰君子所以異於人章

인과 예를 마음에 둔다는 것은 이것을 마음에 두어 잊지 않는다는 말이다.〔以仁禮存心，言以是存於心而不忘也.〕-주(註)-

살펴보건대, 이 '마음에 둔다.〔存於心〕' 세 글자는 그 뜻이 인과 예로써 그 마음을 보존한다는 말이 아니라, 단지 인과 예를 마음에 둔다는 말이다. 그런데 언해(諺解)에 '仁으로뻐 心을 存ᄒᆞ며'라고 하였으니, 집주의 본뜻을 잃은 듯하다.

주자가 말하기를, "존심이란 그 마음을 보존하고 그 성을 기르는 것과는 다르니, 단지 처심이 남과 다를 뿐이다." 하였다.〔朱子曰：這箇存心，與存其心養其性不同，只是處心與人不同耳.〕-소주(小註)-

"처심(處心)이란 무엇입니까?"라는 질문에, 주자가 말하기를, "인을 마음에 두고 예를 마음에 두는 것이다." 하였다.

'또 무엇을 꾸짖을 것이 있겠는가.'는 그와 더불어 따질 것이 못 된다는 말이다.〔又何難焉，言不足與之相校也.〕-주(註)-

살펴보건대, 횡역(橫逆)이 오는 것은 보통의 인정으로 대처하기 어렵다. 그러나 군자는 이미 스스로 돌이켜 인(仁)하고 스스로 돌이켜 예(禮)가 있으며 또 스스로 돌이켜 충실하다. 그렇다면 밖에서 이른 횡역은 필시 망령된 것이니, 어찌 나와 상관이 있겠는가. 그러므로 그와 더불어 따지지 않는 것이다.

그러므로 군자는 종신의 근심은 있어도 하루아침의 걱정은 없다…… 군자는 걱정하지 않는다.〔是故君子有終身之憂, 無一朝之患……君子不患矣.〕

살펴보건대, '종신의 근심'은 윗글의 '인(仁)과 예(禮)를 스스로 돌이켜보는' 일이다. '하루아침의 걱정'은 윗글의 '횡역이 오는' 것이다. 여기서 특별히 순(舜)임금을 거론한 것은 순임금이 횡역을 당하여 인과 예를 극진히 한 분이기 때문이다.

○채청이 말하기를, "종신의 근심은 나에게 있는 것이다. 그러므로 군자는 반드시 자신을 다한다. 하루아침의 걱정은 나에게 있지 않은 것이다. 그러므로 군자는 걱정하지 않는다." 하였다.

우직당평세장
禹稷當平世章

우와 후직이 태평시대를 만나, 세 번이나 자기 집 문 앞을 지나면서도 들어가지 않았는데, 공자께서 그들을 훌륭하게 여겼다.〔禹稷當平世, 三過其門而不入, 孔子賢之.〕

살펴보건대, 허행장(許行章)에서는 '요임금의 시대에 천하가 아직 평정되지 않았다. 우가 세 번이나 자기 집 문 앞을 지나면서도 들어가지 않았다.'고 하였고, 여기서는 '태평시대를 만나 세 번이나 자기 집 문 앞을 지나면서도 들어가지 않았다.'고 하였다. 한번은 '천하가 평정되지 않았다.'고 하고, 한번은 '태평시대를 만났다.'고 한 것은 위주로 말한 것이 같지 않기 때문이다. 기화(氣化)로 말하면 홍수가 하늘에까지 이르러 백성이 혼란에 빠졌기 때문에 평정되지 못했다고 말한 것이고, 인사(人事)로 말하면 요(堯)가 임금이 되고 순(舜)이 재상이 되었기 때문에 태평시대라고 말한 것이다.

향리와 이웃에 싸우는 자가 있거든……문을 닫더라도 가하다.〔鄕隣有鬪者……閉戶可也.〕

"향리와 이웃의 싸움에 친척과 형제가 끼어있을 경우 어찌 한결같이 싸움을 말리지 않을 수 있겠습니까?"라는 질문에, 주자가 말하기를, "형제가 있다면 응당 싸움을 말려야 한다. 그러나 일에 반드시 대소를 헤아려야 하니, 소소한 다툼의 경우는 싸움을 말려도 무방하지만, 만약 무기로 사람을 죽이는 일이 있다면 문을 닫고 상관하지 않을 뿐이다." 하였다.

공도자왈광장통국개칭불효장
公都子曰匡章通國皆稱不孝章

공도자가 말하기를, "광장은 온 나라 사람들이 모두 '불효한다'고 칭하거늘……감히 묻겠습니다. 어째서입니까?" 하였다.〔公都子曰: 匡章, 通國皆稱不孝焉……敢問何也?〕

《전국책(戰國策)》에 다음과 같은 내용이 있다. 광장(匡章)은 제(齊)나라 사람이다. 진(秦)나라가 한(韓)나라와 위(魏)나라의 길을 빌려 제나라를 공격하니, 제 위왕(齊威王)이 장자(章子)를 장군으로 삼아 응전하였다. 정탐꾼이 "장자가 제나라 군대를 이끌고 진나라에 투항하였다."고 보고하였는데, 위왕이 반응하지 않았다. 얼마 뒤에 정탐꾼이 다시 말했으나 위왕은 또 반응하지 않았다. 이처럼 한 것이 세 번이나 되자, 유사(有司)가 청하기를, "장자의 배반을 보고한 것은 사람은 다르지만 말은 모두 같은데, 왕께서는 어찌 장수를 보내어 치지 않습니까?" 하였다. 왕이 말하기를, "이 사람이 과인을 배반하지 않은 것이 분명하다." 하였다. 얼마 뒤에 제나라 군대가 대승을 거두고 진나라 군사가 대패했다는 보고가 들어왔다. 좌우의 신하들이 "어떻게 아셨습니까?"하고 물으니, 위왕이 말하기를, "장자의 어머니 계(啓)-계(啓)는 어머니의 이름이다.-가 장자의 아버지에게 죄를 짓자, 그 아버지가 죽여서 마잔(馬棧) 아래에 매장하였다.〔其父殺之而埋馬棧下〕-잔(棧)은 마상(馬床)[11]이다.- 내가 장자를 장군으로

11 마상(馬床) : 습기를 막기 위해 마구간 바닥에 나무를 엮어 깔아놓은 평상이다.

삼을 적에 그를 면려하여 '그대가 군대를 온전히 보존하여 돌아오면 반드시 장군 어머니를 다시 장례지내 주겠다.'고 하였더니, 대답하기를, '제가 어머니를 다시 장례할 수 없는 것이 아닙니다. 신의 어머니는 신의 아버지에게 죄를 지었는데, 신의 아버지가 아무런 유언 없이 죽었습니다.-다시 장례하라는 명이 없이 죽은 것이다.- 아버지의 명을 얻지 못했는데 어머니를 다시 장례한다면 이는 돌아가신 아버지를 속이는 것입니다. 그러므로 감히 하지 않는 것입니다.' 하였다. 자식이 되어 죽은 아버지도 속이지 않는데, 어찌 신하가 되어 살아있는 임금을 속이겠는가." 하였다.

장자가 이 중에 한 가지라도 있는가?〔章子有一於是乎〕

채청이 말하기를, "광(匡)은 성(姓)이고 장자(章子)는 자(字)이니, '장자'는 '중자(仲子)'[12]와 같은 따위이다. 광장(匡章)이라고 한 것은 안연(顔淵)[13]이라고 말하는 것과 같다." 하였다.

○살펴보건대, 채청이 '장자(章子)'를 자(字)라고 한 것은 상고할 데가 없으니 옳다고 할 수 없다. 《사기》를 살펴보면 그 당시 제나라 풍속이 아마도 이러했던 듯하다. 《사기》〈범수열전(范雎列傳)〉에서는 제왕(齊王)이 전문(田文)을 칭하여 문자(文子)라고 불렀고, 《자치통감강목(資治通鑑綱目)》에서는 제왕이 전단(田單)을 칭하여

마잔(馬棧)·마판(馬板)이라고도 한다.

12 중자(仲子) : 전국시대 제(齊)나라 고사(高士)인 진중(陳仲)의 자이다.

13 안연(顔淵) : 안연은 성이 안(顔), 이름이 회(回), 자가 자연(子淵)인데, 성에 자를 붙여서 안연이라고 하였다.

단장(單將)이라고 불렀으니 이것이 명확한 근거가 된다. 더구나 《맹자》 본문에 '광장(匡章)'이라고 말하였으니 필시 그 사람의 성명일 것이다.

저 장자가 어찌 부부와 자모의 권속을 두고 싶지 않겠는가.〔夫章子, 豈不欲有夫妻子母之屬哉?〕

채청이 말하기를, "여기의 '자(子)'는 광장의 아들이고, 여기의 '모(母)'는 광장의 어머니이다." 하였다.

신안 진씨가 말하기를, "성현에게는 본래 정해진 법규가 있으니, 기간장의 '《예기》 〈내칙〉과 기간장이 서로 표리가 된다.'는 말이 모두 이것이다."[14] 하였다.〔新安陳氏曰: 聖賢自有成規, 幾諫之章內則與幾諫相表裏之言, 皆是也.〕-소주(小註)-

《논어》 〈이인(里仁)〉에 "공자께서 말씀하기를, '부모를 섬길 적에 은미하게 간해야 하니, 부모의 뜻이 내 말을 따르지 않음을 보더라도 더욱 공경하고 어기지 않으며 수고로워도 원망하지 않아야 한다.' 하였다." 하였는데, 그 아래 집주(集註)에 "이 장은 〈내칙〉의 말과

14 성현에게는……이것이다 : 전체 내용은 다음과 같다. "부자지간에는 책선(責善)하지 않고 붕우(朋友) 사이에 책선하는 이유는 붕우는 의(義)로 부합한 사이이니 책선하여 따르지 않으면 교제를 끊을 수 있지만, 부자 사이는 천륜으로 맺은 사이이니 책선하다가 서로 뜻이 맞지 않으면 은혜를 해쳐서 사이가 멀어지게 될 것이기 때문이다. 그러나 책선이 이미 불가하다면 아버지의 명령을 따라야 하는가? 선현에게는 본래 정해진 법규가 있으니, 기간장의 '〈내칙〉이 기간장의 내용과 서로 표리가 된다.'는 말이 모두 이것이다."

서로 표리가 된다." 하였다.

○살펴보건대, 《논어》의 이 장이 바로 기간장(幾諫章)이다. 신안 진씨의 "기간장의 '〈내칙〉과 기간장이 서로 표리가 된다.'는 말은 〈내칙〉의 말이 이 기간장의 말과 서로 표리가 된다는 말이다.

저자왈왕사인간부자장
儲子曰王使人瞯夫子章

신안 진씨가 말하기를, "맹자가 '일반 사람과 다른 점이 있습니까?'라는 질문으로 인해 대답하기를, '내가 어찌 일반 사람과 다르겠는가……《맹자》 본문의 '어찌 다른 사람과 다르겠는가.'와는 가리키는 바가 같지 않다."[15] 하였다.〔新安陳氏曰: 孟子因有以異於人乎之問, 而答之曰, 我何以異於人哉……與孟子本文何以異於人哉, 所指不同.〕-소주(小註)-

살펴보건대, 본문의 '어찌 일반 사람과 다르겠는가. 요순(堯舜)도 일반 사람과 똑같은 분이다.'는 말은 '내가 어찌 홀로 일반 사람과 다르겠는가. 요순같은 분이라도 일반 사람과 똑같다.'는 말이니, 이것은 맹자가 '과연 일반 사람과 다른 점이 있습니까?'라는 저자(儲子)의 질문에 순서대로 대답한 것이다. 집주(集註)의 '성인 또한 사람일 뿐이니, 어찌 일반 사람과 다름이 있겠는가.'는 말은 '성인이라 하더라도 사람일 뿐이니 내가 어찌 홀로 일반 사람과 다르겠는가.'라는 말이니, 이것은 '어찌 일반 사람과 다르겠는가. 요순도 일반 사람

15 맹자……않다 : 전체 내용은 다음과 같다. "맹자가 '일반 사람과 다른 점이 있습니까?'는 질문으로 인하여, '내가 어찌 일반 사람과 다르겠는가. 비록 요순이라도 일반사람과 똑같을 뿐이다.'고 답하였다. 집주에서 '성인(聖人) 또한 사람일 뿐이니 어찌 일반 사람과 다른 점이 있겠는가.'라고 하였는데, 이것은 '요순이 일반 사람과 똑같을 뿐이다.'는 한 구절을 풀이한 것이니, 《맹자》 원문의 '일반 사람과 어찌 다르겠는가.'와는 가리키는 바가 같지 않다."

과 똑같다.'는 맹자의 말을 집주에서 도치하여 풀이한 것이다. 그 뜻이 상호 발명되어 같지 않음이 없는데, 신안 진씨는 같지 않다고 하니, 어떨지 모르겠다.

만장문왈순왕우전장
萬章問曰舜往于田章

신안 진씨가 말하기를, "'오직 부모에게 순하여야 근심을 풀 수 있었다.' 이상은 원망함을 말한 것이다." 하였다.〔新安陳氏曰: 惟順於父母可以解憂以上, 言怨也.〕-소주(小註)-

채청이 말하기를, "'부모에게 순하여야 근심을 풀 수 있었다.' 이상이 어찌 원망만 말하고 사모함이 없는 것이란 말인가. 원망은 자신이 부모의 사랑을 얻지 못함을 원망한 것이니, 그렇다면 저절로 부모를 사모하지 않을 수 없는 것이다." 하였다.

그렇다면 순은 원망했습니까?〔然則舜, 怨乎?〕

살펴보건대, 만장(萬章)은 '원망하고 사모하였다.〔怨慕〕'의 '원(怨)' 자를 이해하지 못하였다. 이는 자신이 부모의 사랑을 얻지 못함을 원망한 것인데, 부모를 원망한 것으로 오인하였다. 이 때문에 다시 '그렇다면 순은 원망했습니까?'라고 물은 것이다.

네가 알 수 있는 바가 아니다.〔非爾所知也〕

손씨(孫氏)의 《맹자정의(孟子正義)》에 "'네가 알 수 있는 바가 아니다.'는 것은 그(장식(長息))의 질문이 그 뜻을 터득하지 못한 것이기 때문에 이렇게 대답한 것이다." 하였다.

저 공명고는, 효자의 마음에는 ……'나에게 무슨 죄가 있어서일까?' 라고 여긴 것이다.〔夫公明高, 以孝子之心……於我何哉?〕

살펴보건대, 이 구절은 맹자가 공명고(公明高)의 뜻을 미루어 풀이한 것이다.

만장문왈시운취처여지하장
萬章問曰詩云娶妻如之何章

요임금 또한 순의 부모에게 알리면 딸을 시집보내지 못할 것을 알았기 때문이다.〔帝亦知告焉則不得妻也〕

이패림(李霈霖)이 말하기를, "고수가 임금의 명을 거역할까 두려워한 것이 아니라, 순(舜)이 부모의 명만 따를까 참으로 두려워한 것이다. 어떤 사람이 말하기를, '고수의 명은 임금에게는 행해지지 않지만 자식에게는 행해진다. 순의 효성으로는 필시 아버지를 따르고 임금을 따르지 않았을 것이니, 알렸을 경우에 딸을 시집보내지 못하게 되는 것은 순에게 달려있지 고수에게 달린 것이 아니다.'고 하니, 그 말이 지극히 인정과 도리가 있다." 하였다.

만장이 말하기를, 부모가 순에게 곳간을 수리하게 하고 사다리를 치운 다음……따라서 흙을 덮어버렸다.〔萬章曰: 父母使舜完廩捐階……從而掩之.〕

주자(朱子)가 말하기를, "상(象)이 순을 죽이려 한 일은, 맹자가 그 아래의 뜻에 대답하느라 곳간을 수리하고 우물을 팠다는 내용이 잘못된 것임을 만장과 변론할 겨를이 없었다. 곳간을 수리하고 우물을 팠다는 것은 본래 만장이 이치에 밝지 못하여 이처럼 경솔하게 믿은 것이다." 하였다.

○《황씨일초(黃氏日抄)》에 "《사기》에는 '고수가 순을 죽이고자 하였다.'고 실려 있는데, 《소자고사(蘇子古史)》에선 이를 잘못이라고

여기고 '고수 또한 믿고 따랐다.'는 《상서(尙書)》의 말에 근본하여 '요임금이 이를 들은 뒤에 순을 등용하고 딸을 시집보냈다.'고 하였다. 이것이 이치상 나으니 백세(百世)의 의심을 씻기에 충분하다." 하였다.

만장문왈상일이살순위사장

萬章問曰象日以殺舜爲事章

쌍봉 요씨가 말하기를, "'친지'는 나와 가까이 두고자 하는 것이니 귀하게 해주는 것이 이것이고, '애지'는 그가 원하는 바를 이루어주고자 하는 것이니 부유하게 해주는 것이 이것이다." 하였다.〔雙峯饒氏曰: 親之, 欲其親近於我也, 貴之是也. 愛之, 欲其得遂其所欲, 富之是也.〕- 소주(小註)-

살펴보건대, 요씨의 설은 본뜻과 같지 않다. 본문의 뜻은 친하기 때문에 귀해지기를 바라고, 사랑하기 때문에 부유해지기를 바라는 것이다. 그런데 지금 요씨의 설은, "이른바 '친지(親之)'는 상(象)으로 하여금 자신과 가까이 있게 하고자 하는 것이니 귀하게 해주는 것이 이것이고, 이른바 '애지(愛之)'는 상으로 하여금 그 원하는 바를 이룰 수 있게 하고자 하는 것이니 부유하게 해주는 것이 이것이다."라는 뜻이다. 그렇다면 본문의 이른바 '친지'와 '애지'는 순에게 달려있는데, 요씨의 이른바 '친지'와 '애지'는 상에게 달려있으니, 어떨지 모르겠다.

항상 만나보고자 하였으므로……이것을 말한 것이다.〔常常而見之……此之謂也.〕

조씨(趙氏)의 구주(舊註)에 "'상상(常常)' 이하는 모두 《상서(尙書)》에서 산일된 편의 말이다." 하였다.

함구몽문왈장

咸丘蒙問曰章

효자의 극치는 부모를 높이는 것보다 큰 것이 없고……천하로써 봉양하였으니 봉양의 극치인 것이다.〔孝子之至, 莫大乎尊親……以天下養, 養之至也.〕

살펴보건대, 여기에 이르러 비로소 '고수를 신하로 삼지 않은 것은 어째서입니까?'라는 함구몽(咸丘蒙)의 질문에 대답하였다. 지금 '천자의 아버지가 되었다.'·'천하로써 봉양하였다.'고 하였으니, 고수가 신하가 되지 않은 것을 알 수 있다.

'길이 효도할 것을 생각하는지라, 효성이 법칙이 된다.' 하였으니, 이것을 말한 것이다.〔永言孝思, 孝思維則, 此之謂也.〕

살펴보건대, 언해(諺解)에 "기리 孝ᄒᆞ며 思ᄒᆞ는디라."고 하여 '효사(孝思)' 두 글자를 나누어 풀이하였으니, 집주(集註)의 '길이 효도할 것을 생각한다.〔長言孝思〕'와 같지 않은 듯하다. 어떨지 모르겠다. ○이 시(詩)는 본래 무왕(武王)에 대해 말한 것인데, 집주에서는 범범히 '인(人)' 자를 들어 말하여 '사람이 능히 효도할 것을 생각한다.'고 하였다. 맹자의 말은 단지 '길이 효도할 것을 생각하는지라, 효성이 법칙이 된다.'는 시를 가지고 순(舜)의 효를 증명한 것뿐이다. 그러므로 '인' 자로 '무왕' 자를 대체하였으니, 집주의 설이 정밀하다고 하겠다.

경원 보씨가 말하기를, "위에서 이미 시를 읽는 법은 말하여 만장의 의혹을 깨트렸다." 하였다.〔慶源輔氏曰: 上旣言讀詩之法, 以破萬章之惑.〕-소주(小註)-

살펴보건대, '만장(萬章)' 두 자는 '함구몽(咸丘蒙)'의 오류인 듯하다.

만장문왈요이천하여순장
萬章問曰堯以天下與舜章

하늘은 말하지 않는다. 행실과 일로 보여줄 뿐이다.〔天不言, 以行與事示之而已.〕

살펴보건대, 하늘은 말이 없는 물(物)이니 말로 간곡하게 명할 수 없다. 다만 순(舜)의 행실과 일을 가지고 그에게 천하를 주려는 뜻을 보인 것이다. 순이 자신에게 행한 것과 천하에 시행한 것은 모두 하늘에 천거하면 하늘이 받아줄 만한 것이고 백성에게 드러내면 백성이 받아줄 만한 것이다. 아래 글에 '순에게 제사를 주관하게 하자 온갖 신들이 흠향하였고, 일을 주관하게 하자 백성이 편안하게 여겼다.'고 하였으니, 제사를 주관하고 일을 주관한 것은 순의 행실과 일이고, 온갖 신들이 흠향하고 백성이 편안하게 여긴 것은 하늘이 천하를 주려는 뜻을 보인 것이다.

만장문왈인유언지어우이덕쇠장
萬章問曰人有言至於禹而德衰章

하늘이 현자에게 주려 하면 현자에게 주고, 하늘이 아들에게 주려 하면 아들에게 주는 것이다.〔天與賢則與賢, 天與子則與子.〕

살펴보건대, '순이 하늘에 우를 천거하다.〔舜薦禹於天〕'부터 '요의 아들을 따르지 않고 순을 따르는 듯이 하였다.〔不從堯之子而從舜〕'까지는 '하늘이 현자에게 주려 하면 현자에게 준다.'는 말이고, '우가 하늘에 익을 천거하다.〔禹薦益於天〕'부터 '우리 임금의 아들이다.〔吾君之子也〕'까지는 '하늘이 아들에게 주려 하면 아들에게 준다.'는 말이다.

단주가 불초했던 것처럼 순의 아들도 불초하였다.〔丹朱之不肖, 舜之子亦不肖.〕

손씨(孫氏)의 《맹자정의》에 "황보밀(皇甫謐)이 말하기를, '아황(娥皇)은 아들이 없었다. 상균(商均)은 여영(女英)의 소생이다.' 하였다." 하였다.

순·우·익의 도움의 오래고 멂〔舜禹益相去久遠〕

살펴보건대, 글 뜻으로 보면 '구원(久遠)'의 '원(遠)'은 '근(近)' 자의 오류인 듯하다. 주자(朱子)의 '세월에 원근이 있다.'는 설[16]을 가지고

16 주자(朱子)의……설 : "천(天)은 임금과 같고 명(命)은 명령과 같다. 임금이 사람

보면 '원'이 '근' 자가 되는 것이 의심이 없을 듯하다.

○율곡(栗谷)이 말하기를, "'원(遠)'은 '속(速)' 자의 오류인 듯하다." 하였다.

○정우복(鄭愚伏 정경세(鄭經世))이 말하기를, "만약 율곡의 설과 같다면 응당 '순 · 우 · 익이 재상이 된 것이〔舜禹益爲相〕'라고 말해야 하는데, 지금 이미 '상거(相去)'라고 하였으니, 서로의 거리가 오래되고 짧다는 것은 문리가 옳지 않은 듯하다." 하였다.

○사계(沙溪)가 말하기를, "율곡의 뜻은 순과 우의 사이는 시기가 오래되었고, 우와 익의 사이는 시기가 짧다는 것이니, 뜻이 매우 평순하여 문리가 옳지 못한 점을 볼 수 없다. 또 경임(景任 정경세의 자(字))은 햇수의 많고 적음이 서로 매우 차이난다고 하였는데, '원' 자만 말한다면 조금 뜻이 통하지만, '구' 자까지 아울러 말하면 끝내 들어맞지 않는다." 하였다

주자가 말하기를, "명은 두 가지가 있다. '벼슬을 얻고 얻지 못하는 것은 「천명에 달려 있다.」고 말하였다.'는 것이 그 하나이고, '하늘이 명한 것을 성이라고 한다.'는 것이 또 그 하나이다……순 · 우 · 익이 보좌한 햇수의 차이는 명이 밖에 있는 것이고, 그 아들의 현불초는 명이 안에 있는 것이다."[17] 하였다.〔朱子曰: 命有兩樣, 得之不得曰有

에게 명하여 직사를 맡길 적에 그 봉록에 후박(厚薄)이 있고 그 세월에 원근(遠近)이 있는 것이 명(命) 아님이 없는 것이다." 하였다.

17 명은……것이다 : 전체 내용은 다음과 같다. "명은 두 가지가 있다. '벼슬을 얻고 얻지 못하는 것은 『천명에 달려 있다.』고 말하였다.'는 것이 그 하나이고, '하늘이 명한 것을 성(性)이라고 한다.'는 것이 또 그 하나이다. 하늘이 사람에게 명할 적에 후박(厚

命, 自是一樣; 天命之謂性, 又自是一樣……舜禹益相去久遠, 是命之在外者; 其子之賢不肖, 是命之在內者.〕-소주(小註)-

살펴보건대, '보좌한 햇수의 차이는 명이 밖에 있는 것이다.'는 말은 '벼슬을 얻고 얻지 못하는 것은 천명에 달려 있다.'에 속해야 한다. 그러므로 밖에 있다고 한 것이다. '현불초는 명이 안에 있는 것이다.'는 말은 '하늘이 명한 것을 성이라고 한다.'에 속해야 한다. 그러므로 안에 있다고 한 것이다.

주자가 말하기를, "요임금의 아들이 불초하여 아들에게 제위(帝位)를 전하지 않고 순에게 전한 것은 본래 좋지 않은 뜻이지만 도리어 바뀌어 좋게 되었다." 하였다.〔朱子曰: 堯之子不肖, 他便不傳與子而傳與舜, 本是箇不好底意思, 却被他一轉轉得好.〕-소주(小註)-

"요임금과 순임금의 선양(禪讓)이 비록 성대한 덕이지만 또한 부득이해서 그런 것입니까?"라는 어떤 사람의 질문에, 주자가 "그렇다."고 하였다.

맹자는 우와 익의 일로 인하여 이 아래 두 조항을 차례를 들어서〔孟子因禹益之事, 歷擧此下兩條〕-주(註)-

살펴보건대, 두 조항이란 중니(仲尼)가 천하를 소유하지 못한 것과 이윤(伊尹)과 주공(周公)이 천하를 소유하지 못한 것을 가리킨다.

薄)과 장단(長短)으로 명함이 있고, 청탁(淸濁)과 편정(偏正)으로 명함이 있는 것이 바로 명(命) 아님이 없는 것이다. 순·우·익이 보좌한 햇수의 차이는 명이 밖에 있는 것이고, 그 아들의 현불초는 명이 안에 있는 것이다."

조씨의 구주에 "태정은 탕의 태자로 즉위하지 못하고 죽었고, 외병은 2년간 제위에 있었고 중임은 4년간 제위에 있었다." 하였다.〔趙氏舊註曰: 太丁, 湯之太子, 未立而死. 外丙立二年, 仲壬立四年.〕 정자가 말하기를, "옛사람은 '세'를 '년'이라 하였으니, 탕왕이 붕어할 때에 외병은 나이가 2세였고 중임은 4세였다." 하였다.〔程子曰: 古人謂歲爲年, 湯崩時, 外丙方二歲, 仲壬方四歲.〕-주(註)-

"'외병은 2년이고 중임은 4년이다.〔外丙二年, 仲壬四年〕'에 대하여 선생께선 조씨(趙氏)와 정씨(程氏)의 설을 모두 다 보존하였습니다. 그렇다면 소강절(邵康節)의 설도 근거할 만하지 않습니까?"라는 질문에, 주자가 말하기를, "어찌 그것을 믿을 수 있겠는가.[18] 이러한 따위는 응당 제쳐두고 깊이 상고할 필요가 없다."[19] 하였다.

○"'외병은 2년이고 중임은 4년이다.'에 대한 두 설 중에 어느 것이 옳습니까?"라는 질문에, 주자가 말하기를, "지금 또한 어떻게 알 수 있겠는가. 그러나 외병과 중임이 반드시 2년과 4년간 제위에 있었던 것을 보면 즉위하지 않았을 리 없다. 지금 사람들은 모두 〈서서(書序)〉의 내용 때문에 잘못 생각하게 되었다. 〈서서〉에 '성탕(成湯)이 별세한 뒤 태갑(太甲) 원년(元年)'이라고 하였기 때문에 외병과 중임이 즉위한 적이 없다고 여겼다. 그러나 〈서서〉가 후인(後人)이 지었다는 것은 전혀 알지 못했으니, 어찌 믿을 수 있겠는가." 하였다.

18 어찌……있겠는가 : 대본에는 '也恁生便信得他'로 되어 있는데, 《주자어류》에 의거하여 '恁'을 '怎'으로 바로잡아 번역하였다.

19 어찌……없다 : 《주자어류》를 보면, '어찌 그것을 믿을 수 있겠는가.'와 '이러한 따위는 응당 제쳐두고 깊이 상고할 필요가 없다.'는 함께 이어진 말이 아니라, 별도의 질문에 대답한 말이다.

○채청(蔡淸)이 말하기를, "태정이 즉위하지 못하고 죽었으나[20] 이미 아들을 두었으니, 또한 별도로 외병과 중임을 세워서는 안 된다. 그 당시에 이미 적자(嫡子)가 대를 잇는 의리가 있었으니, 그렇다면 아버지가 죽으면 자식이 계승하는 법이니 적손(嫡孫)이 즉위해야지 별도로 세워서는 안 된다." 하였다.

○이패림(李霈霖)이 말하기를, "2년과 4년은 결단코 정자의 주를 따라야 한다. 만약 외병이 2년간 제위에 있었고 중임이 4년간 제위에 있었다면 6년간 제위에 있었던 것이니, 어떻게 다시 삼년상(三年喪)의 제도를 본받아 태갑(太甲)을 동(桐) 땅에 추방했겠는가." 하였다.

○생각건대, 형이 죽으면 동생이 계승하는 것이 은(殷)나라 예이니, 채청의 말은 제대로 살피지 못해 그런 듯하다. 이패림은 정자의 설을 결단코 따라야 한다고 하였다. 그러나 외병과 중임이 형제인데, 탕이 붕어했을 때 외병이 2세고 중임이 4세라면 아우의 나이가 형보다 두 살 더 많은 것이다. 이는 또 의심스럽다. 주자는 조씨와 정자의 설을 둘 다 보존해 두고, 또 어떤 사람의 질문에 "이러한 따위는 응당 제쳐두고 깊이 상고할 필요가 없다."고 하였으니, 이것을 따라야 한다.

20 즉위하지 못하고 죽었으나 : 대본에는 '立而死'로 되어 있는데, 《맹자》의 '太丁未立'에 의거하여 '未立而死'로 바로잡아 번역하였다.

만장문왈인유언이윤이할팽요탕장
萬章問曰人有言伊尹以割烹要湯章

이윤이 유신의 들에서 농사지으며 요순의 도를 즐겼다.〔伊尹耕於有莘之野, 而樂堯舜之道焉.〕

살펴보건대, 맹자가 "이윤이 요리 솜씨로 탕에게 벼슬을 구하였는가?"라는 만장의 질문에 답하면서 특별히 이윤이 신(莘)에서 농사지으면서 요순의 도를 즐긴 일을 거론하여 그가 요리 솜씨로 벼슬을 구하지 않았음을 밝혔다. 그러므로 아래 글에 누차 요순의 도를 말한 것이다. 저 요순의 도를 즐기는 자가 어찌 요리 솜씨로 탕에게 벼슬을 구하는 일을 하겠는가.

쌍봉 요씨가 말하기를, "시의(時宜)에는 부합하지만 옛 도로 헤아림에 미쳐서는 부합하지 않는 부분이 있기 때문이다."[21] 하였다.〔雙峯饒氏曰：有合一時之宜, 及揆以古道, 則有不合處.〕-소주(小註)-

21 시의(時宜)에는……때문이다 : 전체 내용은 다음과 같다. "맹자는 의(義)를 말할 때에 반드시 도(道)를 함께 말하는데, '의와 도에 배합된다.〔配義與道〕'라고 할 때처럼 모두 의를 먼저 말하였다. 고금에 걸친 하나의 도의(道義)는 때에 따라 일에 대처하는 권도이니 반드시 의와 도 양면으로 보아야 한다. 의로 헤아린 뒤에 또 도로 헤아려야 비로소 일에 대처할 수 있으니, 시의(時宜)에는 부합하지만 옛 도로 헤아림에 미쳐서는 부합하지 않는 부분이 있기 때문이다. 도는 체(體)이고 의는 용(用)이니, 의는 일로 말한 것이고 도는 이치로 말한 것이다. 일로 말하면 그 마땅함을 얻고 이치로 말하면 그 올바름을 얻으니, 그런 뒤에야 진선(盡善)이 된다. 그러므로 둘 다 말한 것이다." 하였다.

살펴보건대, 의(義)를 말한 뒤에 또 도(道)를 말한 것은 주자(朱子)[22]가 체(體)와 용(用)을 겸하여 거론한 것이다. 그런데 지금 요씨의 말은 일이 비록 의에 부합하더라도 도에 부합하지 않는 경우가 있다는 것이니, 체와 용이 나뉘어 둘이 된 것이다. 체와 용의 하나의 근원이라는 뜻이 어디에 있는가.

탕이 세 번이나 사람을 보내어 초빙하자 이윽고 생각을 고쳐 말하기를〔湯三使往聘之, 旣而幡然改曰〕

살펴보건대, 처음 초빙하고 두 번째 초빙할 때에는 모두 나아가지 않다가 세 번 초빙하는 간곡함에 이른 뒤에야 생각을 고치고 나갔다. 그렇다면 출처(出處)에 대해 자중함이 이러하니 요리 솜씨로 탕에게 벼슬을 구하는 일을 하지 않았음을 알 수 있다.

주자가 말하기를, "어떤 사람은 말하기를, '배고프면 먹고 목마르면 마시며 밭을 갈고 우물을 파는 것이 바로 요순의 도를 즐기는 것이다.' 하였다." 하였다.〔朱子曰: 或謂飢食渴飮, 耕田鑿井, 便是樂堯舜之道.〕-소주(小註)-

주자가 말하기를, "구산(龜山 양시(楊時))이 호문정(胡文定)에게 답한 편지가 이와같은 말인데, 요컨대 그렇지 않다. 《서경》에 '인심(人心)은 위태롭고 도심(道心)은 은미하니 오직 정밀하고 전일하여야 그 중(中)을 잡을 것이다.'고 하였으니, 이것이 바로 요순이 서로 전한 도이다. 이를테면 '능히 큰 덕을 밝혀서 구족을 친하게 함〔克明

22 주자(朱子) : '맹자(孟子)'의 오자인 듯하다.

峻德, 以親九族〕'으로부터 '백성이 변하여 화목해짐〔於變時雍〕'에 이르기까지와 '공경하고 총명하고 문채가 드러나고 사려가 깊으며〔欽明文思〕'[23] '온화하고 공손하고 성실하고 독실함〔溫恭允塞〕'[24]과 같은 것을 이윤이 일찍이 하나하나 배워온 것이지, 날마다 그저 농사짓고 우물 파서 배고프면 먹고 목마르면 마시면서 지낸 것만 아니다." 하였다.

○또 말하기를, "요순의 도를 즐겼다는 양씨(楊氏)의 설 또한 지나친 듯하다. 전부(田父)와 야로(野老)의 일상이 진실로 요순의 도가 아님이 없지만, 요순의 성대한 덕업(德業)은 한 가지 일로 다할 수 있는 바가 아니니, 이윤이 즐긴 것이 또한 어찌 오로지 여기에만 있을 뿐이겠는가. 또 그 말과 같다면 이윤이 들에서 농사지을 적에 요순의 도에 대하여 이미 오래 전부터 직접 본 것이 된다." 하였다.

중앙의 두 '각' 자는 모두 환기하여 깨우는 것이다.〔中央兩箇覺字, 皆是喚醒他.〕-소주(小註)-

살펴보건대, 이른바 '중앙의 두 각 자'란 '늦게 아는 사람을 깨우치다.〔覺後知〕'와 '늦게 깨닫는 자를 깨우치다.〔覺後覺〕'의 두 '각(覺)' 자를 가리킨다. 비단 이 두 '각' 자만 그런 것이 아니라, 그 아래의 '이 백성을 깨우친다.〔覺斯民〕'와 '내가 깨우치지 않으면〔非予覺之〕'

23 공경하고……깊으며 : 《서경》 〈요전(堯典)〉에 나오는 말로, 요임금의 덕을 칭송한 내용이다.

24 온화하고……독실함 : 《서경》 〈순전(舜典)〉에 나오는 말로, 순임금의 덕을 칭송한 내용이다.

의 두 '각' 자도 모두 환기하여 깨우는 뜻이다.

생각하기를, 천하의 백성 중에 한 사람이라도 요순의 은택을 입지 못한 자가 있으면〔思天下之民, 匹夫匹婦有不被堯舜之澤者〕

살펴보건대, '요순의 은택'과 '요순의 도'는 조금 구분이 있다. 도(道)는 전체를 가지고 말한 것이고, 택(澤)은 도가 백성에게 시행되어 백성이 은택을 입은 것을 가지고 말한 것이다.

○윗글에서는 '요순과 같은 임금'·'요순의 백성'이라고 말하고, 여기에선 유독 백성만 말한 것은 어째서인가? 그 임금의 경우는 탕(湯)이 위에 있으니, 바로 요순과 같은 임금인 것이다. 오직 당시의 백성이 걸(桀)의 폭정으로 근심과 원망이 이미 극에 달했으니 급히 구제해야 할 대상이었다. 이 때문에 백성만 말한 것이다.

혹은 멀리 은둔하고 혹은 가까이 군주를 모시며 혹은 떠나고 혹은 떠나지 않았지만 귀결은 그 자신을 깨끗이 하는 것일 뿐이다.〔或遠或近, 或去或不去, 歸潔其身而已.〕

살펴보건대, 멀리 은둔하고 떠난 것은 이윤이 들에서 농사지으며 요순의 도를 즐긴 때이고, 가까이 군주를 모시고 떠나지 않은 것은 이윤이 생각을 고치고 나와서 하(夏)나라를 쳐서 백성을 구제한 때이다.

〈이훈〉에 이르기를, "하늘의 주벌이 처음 내려져 목궁(牧宮)으로부터 시작함은 내가 박읍(亳邑)에서 시작한 것이다." 하였다.〔伊訓曰: 天誅造攻, 自牧宮, 朕載自亳.〕

살펴보건대, 이윤이 생각을 고치고 일어난 것은 그 백성을 요순의 백성으로 만드는데 있는데, 그 백성을 요순의 백성으로 만드는 것은 하늘의 주벌을 봉행하여 하나라를 쳐서 백성을 구제하는데 달려있다. 그러므로 여기에서 〈이훈(伊訓)〉의 말을 인용하여 끝맺은 것이다.

만장문왈혹위공자어위주옹저장

萬章問曰或謂孔子於衛主癰疽章

진후 주의 신하가 된 사성정자를 주인으로 삼았다.〔主司城貞子爲陳侯周臣〕

조씨(趙氏) 구주(舊註)에 "사성(司城)은 송(宋)나라 경(卿)이다. 비록 큰 현인은 아니지만 또한 악인에게 아첨하는 죄는 없었다. 그러므로 정자(貞子)라는 시호(諡號)를 받았다. 진후 후(陳侯周)는 진 회공(陳懷公)의 아들이다. 초(楚)나라에 멸망되었기 때문에 시호가 없이 단지 '진후 주'라고 한 것이다." 하였다.

○《사기》〈진기세가(陳杞世家)〉를 살펴보건대, 진 회공(陳懷公)의 아들 월(越)이 바로 민공(湣公)이다. 또 민공 연표(年表) 6년에 공자가 왔으니, 이 사람이 진후 주이니 즉 민공이다.

○이패림(李霈霖)이 말하기를, "사성(司城)이 송나라 작위이니, 정자(貞子)는 송나라 신하이다. 만약 먼저 송나라 신하로 있다가 뒤에 진(陳)나라 신하가 되었다면 그 사람이 비록 훌륭하더라도 송나라 작위를 앞에 쓰고 송나라 시호로 칭할 수 없다. 더구나 진후는 도가 있는 군주가 아니어서 끝내 나라를 잃는 지경에 이르렀다. 아마도 정자가 먼저 진나라에서 벼슬하다가 쓰이지 못하였기 때문에 뒤에 송나라 사성이 되었고 죽어서 정자라는 시호를 받은 듯하다. 공자가 진나라에 갔을 때 정자가 마침 진후의 신하로 있었다. 그러므로 그 집에 머물러 주인으로 삼은 것이다. 이처럼 말해야 이치에 어긋나지 않는다." 하였다.

신안 진씨가 말하기를, "문세를 가지고 살펴보면 송나라를 떠날 즈음에 사성정자를 주인으로 삼고, 진나라에 갔을 때 진후 주의 신하가 된 듯하다." 하였다.〔新安陳氏曰: 以文勢觀, 似是臨去宋時, 主於司城貞子; 適陳, 爲陳侯周臣.〕-소주(小註)-

소이천(邵二泉 소보(邵寶))의《간단록(簡端錄)》에 "《논어》를 살펴보면 공자는 진후(陳侯)와 말을 한 적이 없고 다른 나라에서 신하로 있은 적이 없는데 유독 진나라에서만 신하가 되었겠는가." 하였다. ○살펴보건대, 진후 주는 나라를 망친 임금이니, 공자가 섬긴 적이 없다.

조정의 신하를 관찰할 때에는 그 집에 누가 머무는지 보고, 먼 지방에서 와서 벼슬하는 신하를 관찰할 때에는 누구의 집에 머무는지 본다.〔觀近臣以其所爲主, 觀遠臣以其所主.〕

살펴보건대, 이것은 먼 지방에서 와서 벼슬하는 신하가 어질면 그가 주인으로 삼은 조정의 신하 또한 어질다는 것을 알 수 있기 때문에 '조정의 신하를 관찰할 때에 그 집에 누가 머무는지 본다.'고 한 것이고, 주인이 된 조정의 신하가 어질면 먼 지방에서 와서 벼슬하는 신하도 어질다는 것을 알 수 있기 때문에 '먼 지방에서 와서 벼슬하는 신하를 살필 때에는 누구의 집에 머무는지 본다.'고 한 것이다.

맹자왈백이목불시악색장
孟子曰伯夷目不視惡色章

세상이 다스려지면 나아가고 혼란하면 물러난다.〔治則進, 亂則退.〕

살펴보건대, '세상이 다스려지면 나아간다.'는 백이(伯夷)가 문왕(文王)이 일어났다는 말을 듣고 '내가 어찌 귀의하지 않으랴.'라고 한 것이 이런 것이다. '혼란하면 물러난다.'는 주왕(紂王)을 피하여 북해(北海) 가에 살았던 것이 이런 것이다.

다스려져도 나아가고 혼란해도 나아간다.〔治亦進, 亂亦進.〕

살펴보건대, 이윤이 다섯 번에 걸(桀)에게 나아가고 다섯 번 탕(湯)에게 나아간 것을 보면 그가 다스려져도 나아가고 혼란해도 나아간 것을 알 수 있다.

비록 내 옆에서 어깨를 드러내고 몸을 드러내더라도〔袒裼裸裎於我側〕

운서(韻書)에, 석(裼)은 '상의를 벗어 몸을 드러내는' 뜻이라고 하였다. 나(裸)는 《정운(正韻)》에 '나체〔赤體〕'라고 하였고, 정(裎)은 '어깨를 드러내는〔袒〕' 것이라고 하였다. 단석(袒裼)은 어깨를 드러내는 것이고, 나정(裸裎)은 몸을 드러내는 것이다.

이 한 가지를 들어 오래 머물고 속히 떠나며 벼슬하고 그만두는 것이 각기 알맞음을 밝혔다.〔擧此一端, 以見其久速仕止, 各當其可也.〕-주(註)-

살펴보건대, 공자가 오래 머무를 만하면 오래 머물고, 속히 떠날 만하면 속히 떠나고, 벼슬할 만하면 벼슬하고, 그만두어야 하면 그만둔 것이 비단 이 제(齊)나라를 떠나고 노(魯)나라를 떠난 일뿐만이 아니다. 그러므로 집주에서 '이 한 가지를 들어 오래 머물고 속히 떠나며 벼슬하고 그만두는 것이 각기 알맞음을 밝혔다.'고 한 것이다.

공자를 집대성이라고 이르니……성의 일이다.〔孔子之謂集大成……聖之事也.〕

살펴보건대, 여기의 네 '성(聖)'을 음악에 비유하면, 백이(伯夷)·이윤(伊尹)·유하혜(柳下惠) 세 사람은 즉 팔음(八音) 가운데 한 음이 스스로 처음과 끝을 이루는 것과 같으니, 한 음이 처음부터 시작하여 끝나는 것이 소성(小成)이다. 공자의 경우는 팔음이 함께 연주되어 쇠로 시작하고 옥으로 끝마쳐 갖추어지지 않음이 없는 것과 같으니, 팔음이 처음부터 시작하여 끝나는 것이 대성(大成)이다.

○손씨(孫氏)의 《맹자정의》에 "집대성(集大成)은 즉 백이·이윤·유하혜 세 성인(聖人)의 도를 모은 것이니 바로 대성(大成)이다. 이른바 '위태로운 나라에 들어가지 않고 어지러운 나라에 살지 않는다.'는 것이 바로 공자의 '청(淸)'이니, 백이가 '청'에만 한결같이 한 것에는 이르지 않는다. 필힐(佛肸)이 불렀을 때 가고자 한 것이 바로

공자의 '자임(自任)'이니, 이윤이 '자임'에만 한결같이 한 것에는 이르지 않는다. 남자(南子)는 보고 싶지 않는 상대인데 만나고, 양화(陽貨)는 공경하고 싶지 않는 상대인데 공경한 것[25]이 바로 공자의 '화(和)'이니, 유하혜가 '화'에만 한결같이 한 것에는 이르지 않는다." 하였다.

먼저 종을 쳐서 그 소리를 퍼뜨리고 음악이 끝나기를 기다려서 특경을 쳐서 그 운을 거둔다.〔先擊鎛鍾, 以宣其聲, 俟其旣闋而後, 擊特磬以收其韻.〕-주(註)-

채청이 말하기를, "결(闋)은 '끊다〔絶〕'는 뜻이고 '사이가 떨어지다〔間〕'는 뜻이다. '그 소리를 퍼뜨리다.'와 '그 운을 거두다.'의 경우는 소리〔聲〕와 운(韻)이 다르니 운이란 소리의 여운이다. 그러므로 유풍여운(流風餘韻)이라고 말하는 것이다.

남헌 장씨가 말하기를, "반드시 여러 이치에 다 밝아서 모두 지극함에 이른 뒤에 힘써 행하여 성인이 성인이 된 까닭에 나아간다." 하였다.〔南軒張氏曰: 必明盡衆理, 咸極其至, 然後力行以造夫聖人之所以聖

25 남자(南子)는……것 : 남자(南子)는 위 영공(衛靈公)의 부인으로 부정한 행실이 있었는데, 그가 공자를 만나기를 청하므로 사양하다가 마지못해 만났다. 양호(陽虎)는 노(魯)나라 권신 계손씨(季孫氏)의 가신(家臣)이다. 공자가 자기 집에 찾아와주기를 바랐으나 오지 않자, 대부가 선비에게 물건을 내릴 경우 선비가 직접 받지 못하면 반드시 대부의 집에 가서 배사(拜謝)하는 예를 이용하여 공자가 없는 틈을 엿보아 돼지고기를 보냈다. 이에 공자도 양호가 없는 틈을 엿보아 그 집에 가서 배사하였다.《論語 雍也·陽貨》

者.〕-소주(小註)-

살펴보건대, 한 부분의 이치에 밝으면 반드시 밝게 아는 한 부분의 이치를 힘써 행하고, 하나의 일의 이치에 밝으면 반드시 밝게 아는 하나의 일을 힘써 행하는 것이 바로 공부의 차례이다. 그런데 지금 남헌 장씨는 '반드시 여러 이치에 다 밝아서 모두 지극함에 이른 뒤에야 힘써 행한다.'고 하였으니 학문을 하는 차례가 아닌 듯하다. 다만 《맹자》 본문을 보면, 조리를 시작하는 것을 지(智)의 일로 삼고, 조리를 마치는 것을 성(聖)의 일로 삼았다. 조리를 시작할 적에 앎에 지극하지 못한 점이 있으면 조리를 마칠 적에 행동 또한 지극하지 못할 것이다. 그러므로 남헌 장씨가 이렇게 말한 듯하다.

'지'는 비유하자면 기교이고 '성'은 비유하자면 힘이다……적중시키는 것은 너의 힘으로 되는 것이 아니다.〔智譬則巧也, 聖譬則力也……其中非爾力也.〕

살펴보건대, 어떤 사람은 이것을 가지고 '지(智)가 도리어 성(聖)보다 낫고 기교가 도리어 힘보다 낫다.'고 하는데 그렇지 않다. 이는 단지 먼저 알아야만 행할 수 있고 먼저 기교가 있어야만 적중시킬 수 있다는 말이다. 행함이 비록 여유롭더라도 두루 알지 못하면 그 행하는 바가 혹 하나의 선에 불과하여 일마다 모두 선할 수 없다. 힘이 비록 이를 수 있더라도 그 기교를 알지 못하면 맞추는 바가 혹 한쪽에 불과하여 화살마다 가운데 적중할 수 없다. 그렇다면 이것은 단지 사람이 안 뒤에 행할 수 있는 것을 가지고 기교가 있은 뒤에 적중시킬 수 있는 활쏘기에 비유한 것이지, '지'가 '성'보다 낫고 기교가 힘보다 낫다는 말이 아니다.

○세 사람의 경우 행함은 여유롭지만 앎은 부족하니, 활 쏘는 자가 힘은 여유롭지만 기교가 부족한 것과 같다. 행함이 여유롭기 때문에 세 사람이 각각 깨끗함·자임함·조화로움의 극치에 이르렀으나, 앎이 부족하기 때문에 깨끗하되 자임하지 못하고 자임하되 조화롭지 못하고 조화롭되 깨끗하지 못함이 있었던 것이다. 이는 활 쏘는 자가 힘이 여유롭기 때문에 백 보 밖에서 쏘아도 도달할 수 있으나, 기교가 부족하기 때문에 왼쪽을 맞추기도 하고 오른쪽을 맞추기도 하며 혹은 지나치고 혹은 미치지 못하는 것과 같다.

주자가 말하기를, "성하면서 지혜롭지 못함은 마치 새우가 없는 수모와 같으니 또한 어디에 도달할 수 있겠는가." 하였다.〔朱子曰: 聖而不智, 如水母之無蝦, 亦將何所到乎?〕-소주(小註)-

살펴보건대, 수모(水母)는 눈이 없는 바다 생물로 새우에게 붙어서 이동하니 새우가 없으면 이동할 수 없다.

○곽박(郭璞)의 〈강부(江賦)〉에 "수모는 다리는 있는데 입과 눈이 없다. 모양은 모자를 덮어놓은 듯하고, 배 아래에 솜을 달아놓은 듯한 촉수가 있다. 항상 수십 마리의 새우가 그 배 아래의 연말(涎沫)을 먹는다." 하였다.

북궁의문왈주실반작록장
北宮錡問曰周室班爵祿章

군주가 하나의 작위이고 경이 하나의 작위이다.〔君一位, 卿一位.〕

살펴보건대, 이 단락에는 '공(公)이 하나의 작위이다.'는 말이 없다. ○채청이 말하기를, "주석에 '여섯 등급은 나라 안에 시행된다.'고 하였으니, 천자의 조정과 제후의 나라를 겸하여 말한 것이다. '천자의 경(卿)은 땅을 받는 것이 제후에 비견된다.'는 단락을 보면 알 수 있다. 공(公)이 없는 것으로 상례를 삼을 필요가 없으니, 공이 다섯 등급의 반열에 있기 때문이다." 하였다.

모두 여섯 등급이다.〔凡六等〕

임차애(林次崖 임희원(林希元))가 말하기를, "'다섯 등급은 천하에 통용된다.'는 것은 오로지 군주가 된 자에 대해 말한 것이니, 위로 천자로부터 아래로 자(子)·남(男)·부용(附庸)에 이르기까지 모두 군주가 된다는 말이다. '여섯 등급은 나라 안에 시행된다.'[26]는 것은 군신(君臣)을 합하여 말한 것이니, 천자의 나라로부터 부용국에 이르기까지 모두 군(君)·경(卿)·대부(大夫)·상사(上士)·중사(中士)·하사(下士)가 있다. 그러므로 '여섯 등급은 나라 안에 시행된다.[27]'는 것은 천자의 조정과 제후의 나라를 겸하여 말한 것이다."

26 나라 안에 시행된다 : 대본에는 '通於國中'으로 되어 있는데, 《맹자집주》에 의거하여 '通'을 '施'로 바로잡아 번역하였다.

하였다.

○채청이 말하기를, "봉록을 나누어 정하는데 이미 천자의 조정을 포함시켰으니, 작위를 나누어 정하는데 천자의 조정을 포함시키지 않을 수 없다." 하였다.

천자의 제도는 땅이 사방 천리이고……모두 네 등급이다.〔天子之制, 地方千里……凡四等.〕

살펴보건대, 이것은 윗글의 '천하에 통하는 다섯 등급의 제도'를 가지고 말한 것인데, 다섯 등급에서 그 토지를 제정하고 봉록을 나누어 정하는 방법에 이 네 등급이 있다.

○작위는 지위로 정하기 때문에 윗글에서 지위의 고하를 말한 것이고, 봉록은 땅으로 구분하기 때문에 여기에서 땅의 대소를 말한 것이다.

《춘추》의 주나라 의보 같은 등속이 이들이다.〔若春秋邾儀父之類是也〕-주(註)-

정자(程子)가 말하기를, "부용국(附庸國)의 임금은 자(字)를 칭하니, 똑같이 천자의 신하로 대우한 것이다." 하였다.

○호씨(胡氏)가 말하기를, "부용국의 임금에 대해 의례 자(字)를 쓰는 것이 상례인데, 간혹 쫓겨나면 이름을 쓰기도 한다. '주자(邾子) 익(益)이 조회하였다.'는 것은 이름을 쓴 것이다." 하였다.

27 나라 안에 시행된나 : 상동

천자의 경은 토지를 받는 것이 제후에 비견된다……천자의 원사는 토지를 받는 것이 자와 남에 비견된다.〔天子之卿, 受地視侯……元士, 受地視子男.〕

살펴보건대, 이것은 윗글의 '한 나라에 시행되는 여섯 등급의 제도'를 가지고 말한 것인데, 여섯 등급에서 토지를 받고 봉록을 나누어 정하는 방법에 이 세 등급이 있다.

○이 단락에도 '공(公)이 토지를 받는' 것에 대해서는 말하지 않았다.

○손씨(孫氏)의 《맹자정의》에 "맹자가 천자의 공(公)은 말하지 않고 그 경(卿)만 말한 것은 경과 공은 받는 것이 같기 때문이다. 이것이 이른바 낮을 것을 들어서 높은 것을 드러낸다는 뜻이다." 하였다.

대국은 땅이 사방 100리이다.〔大國, 地方百里.〕

조씨(趙氏) 구주(舊註)에 "공후(公侯)의 나라를 대국이라고 한다." 하였다.

서씨가 말하기를, "대국의 군주는 전지가 3만2천 묘(畝)이니, 그 수입이 2천8백80명을 먹일 만하고……하사와 서인으로서 관직에 있는 자는 전지가 1백 묘이니 9명에서 5명까지 먹일 만하다." 하였다.〔徐氏曰: 大國君田三萬二千畝, 其入可食二千八百八十人……下士與庶人在官者, 田百畝, 可食九人至五人.〕-주(註)-

살펴보건대, 이는 배수(倍數)를 보태어 거슬러 올라가면 알 수 있다. 하사(下士)와 서인(庶人)으로서 관직에 있는 자는 1백 묘의 전지를 받으니 9명에서 5명까지 먹일 수 있다. 하사의 전지가 1백 묘이니 중사(中士)의 전지는 이보다 배가 많은 2백 묘가 되고, 하사가 먹여 살리는 사람이 9명이니 중사가 먹여 살리는 사람은 이보다 배가 많은 18명이 된다. 중사의 전지가 2백 묘이니 상사(上士)의 전지는 이보다 배가 많은 4백 묘가 되고, 중사가 먹여 살리는 사람이 18명이니 상사가 먹여 살리는 사람은 이보다 배가 많은 36명이 된다. 상사의 전지가 4백 묘이니 대부(大夫)의 전지는 이보다 배가 많은 8백 묘가 되고, 상사가 먹여 살리는 사람이 36명이니 대부가 먹여 살리는 사람은 이보다 배가 많은 72명이 된다. 대부의 전지가 8백 묘이니 경(卿)의 전지는 이보다 4배가 많은 3천2백 묘가 되고, 대부가 먹여 살리는 사람이 72명이니 경이 먹여 살리는 사람은 이보다 4배가 많은 2백8십8명이 된다. 경의 전지가 3천2백 묘이니 군주의 전지는 이보다 10배가 많은 3만2천 묘가 되고, 경이 먹여 살리는 사람이 2백8십8명이니 군주가 먹여 살리는 사람은 이보다 10배가 많은 2천8백80명이 된다.-아래 장에서 논한 것도 모두 이 방법과 같다.-

서인으로서 관직에 있다는 것은 부·사·서·도의 아전들이다.〔庶人在官, 府史胥徒也.〕-주(註)-

손씨의 《맹자정의》에 "부(府)와 사(史) 등속은 관장(官長)이 임명하는 자들로 천자(天子)와 국군(國君)에게 명을 받지 않는 사람들이다. 그 봉록이 상농부(上農夫)에 비견되지만 농사를 짓지 않는 이유는 사(士)로서 남을 섬기는데 힘을 쏟아 쓰임이 없지 않으며 봉록이 이미 경작의 수입을 대신하기에 충분하기 때문이다.

그 다음가는 나라는 토지가 사방 70리이다.〔次國, 地方七十里.〕

조씨(趙氏) 구주(舊註)에 "백(伯)이 그 다음가는 나라가 된다." 하였다.

소국은 토지가 사방 50리이다.〔小國, 地方五十里.〕

조씨 구주에 "자(子)와 남(男)이 소국이 된다." 하였다.

경작하는 자가 받는 전지는 한 가장이 100묘이니……그 봉록이 이것으로 차등을 둔다.〔耕者之所獲, 一夫百畝……其祿以是爲差.〕

살펴보건대, 하사와 서인으로서 관직에 있는 자는 그 전지를 받는 것이 경작하는 한 가장이 100묘를 받는 제도와 같다. 또 아래 글에 '서인으로서 관직에 있는 자는 그 봉록이 이것으로 차등을 둔다.'고 하였으니, 하사와 서인으로서 관직에 있는 자는 그 봉록을 나누어 정할 적에 농부의 다섯 등급에 견주어 차등을 둔다. 그러므로 《예기》 〈왕제(王制)〉에 '제후의 하사는 상농부에 비견된다.'고 한 것이다.

전지 100묘를 가꾸다.〔佃田百畝〕-주(註)-

운서(韻書)에 전(佃)는 '땅을 가꾸다.〔治土〕'는 뜻이라고 하였다.

서인으로서 관직에 있는 자는 그 봉록을 받음이 똑같지 않아 또한 이 다섯 등급이 있다.〔庶人在官者, 其受祿不同, 亦有此五等.〕-주(註)-

살펴보건대, 서인으로서 관직에 있는 자는 그 부지런함과 태만함에 따라 그 봉록을 올리고 내려서 이 다섯 등급의 차등이 있으니, 농부가 힘을 씀이 똑같지 않아 그 먹여 살리는 사람에 다섯 등급의 차등이 있는 것과 같다.

《주례》·《예기》〈왕제〉와 같지 않다.〔與周禮王制不同〕-주(註)-

살펴보건대, 《예기》〈왕제〉에 "왕자(王者)가 녹봉과 작위를 제정함에 공·후·백·자·남 총 다섯 등급이고, 제후의 상대부인 경·하대부·상사·중사·하사 총 다섯 등급이다."고 하였으니, 천자를 언급하지 않고 또 여섯 등급이 없는 것이 《맹자》의 내용과 부합하지 않는다. 또 〈왕제〉에 "공과 후의 전지(田地)은 사방 100리이고, 백은 70리이고, 자와 남은 50리이다."고 하였는데, 《맹자》에는 '전(田)'이라고 하지 않고 '지(地)'라고 하였다. 이는 〈왕제〉는 전지를 나누어 봉록을 제정하는 것을 중점으로 삼았고, 《맹자》는 토지를 제정하여 나라를 나누는 것을 중점으로 삼았기 때문이다. 또 〈왕제〉에는 "천자의 삼공은 전지가 공과 후에 비견되고, 천자의 경은 백에 비견되고, 천자의 대부는 자와 남에 비견되고, 천자의 원사는 부용국에 비견된다."고 하였고, 《맹자》에는 '천자의 경은 토지를 받는 것이 후에 비견되고, 천자의 원사는 토지를 받는 것이 자와 남에 비견된다.'고 하였으니, 비견되는 상대가 같지 않다. 이는 《맹자》에서 말한 것은 주(周)나라 제도이고 〈왕제〉에서 말한 것은 하(夏)나라와 상(商)나라의 제도이기 때문이다.

○《주례》에 "도비(都鄙)를 조성할 적에-그 주석에 '도비(都鄙)는 왕자(王子)·왕제(王弟)·공·경·대부의 채지(采地)이니, 그 경계를 도(都)라고 하고, 비(鄙)는 사는 곳이다.'[28] 하였다.- 그 지역(地域)을 제정하여 봉(封)하고 구(溝)를 만들며 그 집의 수효에 따라 제정한다. 바꾸지 않고 매년

28 그……곳이다 : 대본에는 '所居也'로 되어 있는데, 《주례》〈대사도(大司徒)〉 주석에 의거하여 '其界曰都, 鄙所居也'로 바로잡아 번역하였다.

경작하는 땅은 한 집에 100묘를 주고, 한 해 걸러 경작하는 땅은 한 집에 200묘를 주고, 두 해 걸러 경작하는 땅은 한 집에 300묘를 준다." 하였다. 《주례》에서는 한 해 걸러 경작하는 땅·두 해 걸러 경작하는 땅·바꾸지 않고 매년 경작하는 땅으로 말하였기 때문에 세 등급이 있는 것이다. 《맹자》와 《예기》 〈왕제(王制)〉에서는 사람을 먹여 살리는 수입의 다과를 논하였다. 이것이 다섯 등급이 있는 이유이다.

○"《주례》에 '제공(諸公)의 토지는 봉토가 사방 500리이고, 제후(諸侯)는 400리이고, 백은 300리이고, 자는 200리이고, 남은 100리이다.' 하였는데, 정씨(鄭氏)가 '하(夏)나라와 상(商)나라 때의 중국은 사방 3000리였는데, 주공(周公)이 개척하여 넓혀 중국이 사방 7000리가 되었다. 이 때문에 다른 것이다.'고 하였으니 어떻습니까?"라는 질문에, 주자(朱子)가 말하기를, "정씨는 단지 문자상에 말한 것은 보기 좋으나 매우 사정(事情)에 밝지 못하다. 또 100리의 나라를 주나라 사람이 500리까지 넓히려면 반드시 100리의 나라 4개의 땅을 병합하여야 한 나라를 만들 수 있는데, 그 병합한 4개국에 대해서도 별도로 땅을[29] 갈라서 봉해야 한다. 이와같다면 천하의 제후들이 동서로 옮겨 다니며 종묘와 사직을 다시 세우느라 모두 소란할 것이다. 또 이처럼 해나간다면 몇 안 되는 대국도 용납할 땅이 없게 될 것인데, 허다한 나라에 어떻게 땅을 분봉하겠는가. 그렇지 않을 듯하다. 내 생각에는 처음에는 단지 사방 100리였다가 이후 병탄하면서 마침

29 땅을 : 대본에는 없는데, 《주자어류(朱子語類)》에 의거하여 '地'를 보충하여 번역하였다.

내 점점 커졌고, 무왕 때에는 제후[30]의 땅이 이미 커져서 무왕도 어찌 할 수 없었기에 그대로 봉한 듯하다." 하였다.

제공의 토지는 봉토가 사방 500이고, 공이 먹는 것은 그중에 절반이다.〔諸公之地, 封疆方五百里, 其食者半.〕-소주(小註)-

본주(本註)에 "'먹는 것은 그 중에 절반이다.'는 것은 공이 먹는 조세가 그중에 절반만 얻는다는 것이다." 하였다.

진실로 일일이 다시 회복할 수 없을 것이다.〔固不可一二追復矣〕-주(註)-

'일이(一二)'는 다른 본에는 '일일(一一)'로 되어 있다.

신안 예씨가 말하기를, "《서경》 〈주서(周書) · 무성(武成)〉의 '땅을 분봉하는데 세 등급으로 한다.'는 내용으로 증명하면, 《주례》의 설을 믿을 수 없을 듯하다." 하였다.〔新安倪氏曰: 以周書武成分土惟三證之, 周禮之說, 恐不可信.〕-소주(小註)-

《서경》 〈무성(武成)〉의 '관작을 제정하는데 다섯 등급으로 하고, 땅을 분봉하는데 세 등급으로 한다.' 주석에 "관직을 정하는데 다섯 등급이라는 것은 공 · 후 · 백 · 자 · 남이고, 땅을 분봉하는데 세 등급이라는 것은 공과 후는 100리, 백은 70리, 자와 남은 50리의 세 등급이다." 하였다.

30 제후 : 대본에는 '諸國'으로 되어 있는데, 《주자어류》에 의거하여 '諸侯'로 바로잡아 번역하였다.

만장문왈감문우장
萬章問曰敢問友章

번갈아 손님과 주인이 되었다.〔迭爲賓主〕

채청이 말하기를, "순이 위로 올라가 요임금을 뵙자, 요임금이 사위인 순을 이실(貳室)에 머물게 하였으니, 순이 손님이 되고 요가 주인이 된 것이며, 또한 요임금이 순에게 음식을 대접받았으니, 요가 손님이 되고 순이 주인이 된 것이다. 그러므로 번갈아 손님과 주인이 된 것이다." 하였다.

만장문왈감문교제하심야장
萬章問曰敢問交際何心也章

예물을 돌려주는 것을 공손하지 못하다고 하는 것은 어째서입니까?〔却之爲不恭, 何哉?〕

이패림이 말하기를, "살펴보건대, 이 교제는 명분이 있고 또 선물을 보내어 위문하는 말을 잘한 경우이다. 그러므로 돌려주는 것이 공손하지 못함이 된다. 명목 없는 제(齊)나라의 선물[31]이라면 군자는 받지 않는 것을 의(義)로 여긴다." 하였다.

"'은나라가 하나라에서 받고 주나라가 은나라에서 받은 불문율인데 지금도 이 법이 지엄하다.'에 대해 묻습니다." 하니, 조씨가 말하기를, "삼대에서 이 법을 서로 전할 적에 말하거나 따질 필요가 없었다. 이것이 지금 지엄한 명법이 되었으니, 어찌 그 선물을 받겠는가." 하였다.〔問殷受夏, 周受殷, 所不辭也, 於今爲烈. 趙氏謂三代相傳以此法, 不須辭問也, 於今爲烈烈明法, 如之何受其餽也?〕-소주(小註)-

살펴보건대, 조씨의 설은 '사람을 죽이서 재물을 빼앗은 자를 가르치지 않고 죽이는 것은 하나라와 은나라 및 주나라에서 이 법을 전수할

31 명목……선물 : 《맹자》 〈공손추 하(公孫丑下)〉에 나오는 내용이다. 진진(陳臻)이 제왕(齊王)이 선물한 좋은 금은 받지 않고, 송(宋)나라와 설(薛)나라에서 준 금은 받은 이유를 묻자, 송나라에서는 노자 명목으로 받았고, 설나라에서는 경계할 일이 있어 받았지만 제나라의 경우는 아무 명목이 없어 받지 않았다고 하였다.

적에 다시 따지지 않았던 내용으로 지금까지 명법이 되었으니, 어떻게 사람을 막고 강도질한 물건을 받을 수 있겠는가.'라는 뜻이다. 그렇다면 조씨가 말한 '이 법〔此法〕' 두 자는 가르치지 않고 죽이는 것을 가리킨다.

만장이 말하기를, 지금의 제후들이 백성에게 취한 것은[32] 강도질한 것이나 마찬가지이다.〔曰今之諸侯, 取之於民也, 猶禦也.〕

살펴보건대, 이것은 당시 제후들이 백성에게 취한 것이 사람을 막고 강도질한 것과 같다는 말이다. 이 강도질한 것과 같은 물건을 사람에게 주면 사람이 모두 받으니, 혹 의롭지 못하다고 여겨 돌려주는 자가 있으면 사람들이 반드시 공손하지 못하다고 말한다. 만장은 이것을 의심하여 질문한 것이다. 그러므로 국문(國門) 밖에서 사람을 막고 물건을 빼앗은 강도 이야기를 먼저 하고서 여기에 이르러 마침내 '지금의 제후들이 백성에게 취한 것이 강도질하는 것과 마찬가지이다.'고 말한 것이다.

부류를 확대하여 의의 지극함에 이른 것이다.〔充類至義之盡也〕

살펴보건대, 이것은 '자신의 소유가 아닌데 취하는 자에 대하여 그 부류를 미루어 극단적으로 말하면 또한 도적의 부류에 속할 수 있다.'는 말이다. 그러나 이것을 어찌 곧장 진짜 도적이라고 말할 수 있겠는가.

32 백성에게 취한 것은 : 대본에는 '取於民'으로 되어 있는데, 《맹자》에 의거하여 '取之於民也'로 바로잡아 번역하였다.

엽각에 대하여, 조씨는 "사냥하여 서로 다투어 짐승을 빼앗아 제사하는 것이다.……" 하였고, 장씨는 "사냥하여 잡은 짐승의 많고 적음을 비교하는 것이다." 하였다.〔獵較, 趙氏以爲田獵相較, 奪禽獸以祭……張氏以爲獵而較所獲之多少也.〕-주(註)-

채청이 말하기를, "조씨의 주석을 따르면 '각(較)'이 사냥할 당시에 있고, 장씨의 주석을 따르면 '교(較)'가 사냥한 뒤에 있다. 조씨는, '각(較)'은 음이 '각(角)'이니 '각축(角逐)'의 뜻이라고 하였고, 장씨는, '교(較)'는 음이 '교(敎)'이니 '비교(比較)'의 뜻이라고 하였다." 하였다. 또 말하기를, "엽각(獵較)은 본래 제사를 위한 것이므로 속되기는 해도 의(義)를 해치지 않는다. 조씨는 '사냥하여 서로 다투어 짐승을 빼앗아 제사지낸다.'고 하였으니, 아래 글의 '먼저 문서상으로 제기(祭器)에 올릴 제물을 바로잡는다.'는 내용과 서로 어울린다. 옛사람의 사냥이 밭에서 시작된 것은 해로운 동물을 없애기 위함이고 마침내 이것으로 제사를 지냈으니, 조씨의 설이 올바르다." 하였다.

그렇다면 공자가 벼슬하신 것은……3년이 넘도록 머물러 계신 곳이 없으셨나.〔然則孔子之仕也……終三年淹也.〕

살펴보건대, 이 단락은 윗글의 '사양하고 받는' 뜻과 상관이 없다. 단지 윗글의 '공자가 노나라에서 벼슬할 때 엽각도 행하였다.'는 뜻을 부연하여 말한 것이다.

맹자왈사비위빈야유시호위빈장

孟子曰仕非爲貧也有時乎爲貧章

이씨가 말하기를, "도가 행해지지 않는데……이것이 그 율령이다."하였다.〔李氏曰: 道不行矣……此其律令也.〕-주(註)-

살펴보건대, 여기의 이른바 '율령'은 가난 때문에 벼슬하는 자는 이것을 율령으로 삼아야 한다는 말이지, 국가에 이러한 율령이 있다는 말이 아니다.

지위가 낮으면서 고위직의 일을 말하는 것이 죄이며……도가 행해지지 않음이 수치이다.〔位卑而言高, 罪也……道不行, 恥也.〕

살펴보건대, '죄〔罪〕'와 '수치〔恥〕' 두 글자에도 경중이 있는 듯하다. 지위가 낮으면서 고위직의 일을 말하는 것은 '말해서는 안 되는데 말한' 죄에 불과하지만, 도가 행해지지 않는데도 남의 조정에 선다면 어찌 마음속에 부끄러움이 심하지 않겠는가.

○채청이 말하기를, "지위가 낮은 자는 고위직의 일을 말하기를 일삼지 않아야 하고, 높은 지위에 있는 자는 반드시 도를 행하기를 기필해야 한다. 이것이 높은 자리를 사양하고 낮은 자리에 있어야 하는 이유이다." 하였다.

《주역》에 "그 광대뼈에 그친다. 말에 조리가 있으니 후회가 없다." 하였다.〔易曰艮其輔, 言有序. 悔亡.〕-소주(小註)-

《주역》 간괘(艮卦) 육오(六五) 효사(爻辭)에 "그 광대뼈에 그친다.

말에 조리가 있으니 후회가 없다." 하였는데, 정전(程傳)에 "사람이 마땅히 삼가고 그쳐야 할 것이 오직 말과 행실이다. 오(五)가 위에 있기 때문에 '광대뼈'라고 말한 것이다. 광대뼈는 말이 나오는 곳이다. 광대뼈에 그치면 말이 함부로 나오지 않아 조리가 있으니, 말을 가볍게 발하여 조리가 없으면 후회가 있고, 광대뼈에서 그치면 후회가 없다. 광대뼈와 뺨과 혀는 모두 말이 나오는 곳인데 광대뼈가 가운데 있으니, 광대뼈에 그친다는 것은 가운데에서 멈춘다는 말이다." 하였다.

○호씨(胡氏)가 말하기를, "광대뼈는 뺨 양쪽의 뼈이다." 하였다.

만장왈사지불탁제후하야장
萬章曰士之不託諸侯何也章

《예기》 〈교특생〉에 "제후는 우공을 신하로 삼지 않는다. 그러므로[33] 옛날에 우공은 대를 계승하지 않았다." 하였다.〔記郊特牲, 諸侯不臣寓公, 故古者寓公不繼世.〕-소주(小註)-

《예기》 본주(本註)에 "나라를 잃고서 다른 나라에 기거(寄居)하는 제후를 우공(寓公)이라고 한다. 기거하는 나라에서는 감히 그를 신하로 삼지 않고, 이 우공이 죽으면 그 아들을 신하로 삼는다. 그러므로 우공은 대를 잇지 않는다고 한 것이다." 하였다.

《예기》 〈상대기〉에 "군주의 초상에 아직 소렴하지 않았을 때에는 기공과 국빈을 위해 나가서 맞이한다." 하였다.〔喪大記, 君之喪未小斂, 爲寄公國賓出.〕-소주(小註)-

《예기》 본주에 "기공(寄公)은 나라를 잃고서 이웃 나라에 의탁한 제후이고, 국빈(國賓)은 타국에서 내빙한 경대부(卿大夫)이다. 출(出)은 나가서 맞이하는 것이다." 하였다.

만장이 말하기를, 임금이 주면 받는다고 하시니〔曰君餽之則受之〕

살펴보건대, 장 첫머리부터 '일정한 직책이 없으면서 위에서 하사받는 것을 불공하다고 여기는 것이다.'까지는 백성의 예를 일반적으로

33 그러므로 : 대본에는 없는데, 《예기》 및 《맹자집주》에 의거하여 '故'를 보충하여 번역하였다.

말한 것이고, 여기부터 아래로 자사(子思)를 들어서 말한 것은 비로소 현자의 일을 말한 것이다.

○목공(繆公)이 자사를 대우함이 위 장에서 말한 임금이 현자를 봉양하는 예와 비슷하였으니, 진실로 일정한 직책이 없으면서 위에서 하사받는 것에 비할 바가 아니다. 다만 현자를 봉양하는 도가 아니기 때문에 자사가 기뻐하지 않은 것이다. 자사의 사람됨이 방정하고 엄격한 것은 위로는 증자(曾子)가 도를 전한 데서 알 수 있고, 아래로는 맹자가 전수받은 데서 알 수 있다.

창고지기는 곡식을 계속 대주고 푸줏간 사람은 고기를 계속 대주다.〔廩人繼粟, 庖人繼肉.〕

살펴보건대, 이것은 윗글의 이른바 '임금은 백성에 대해서 본디 구휼해준다.'는 뜻과 호응한다. 그러나 윗글에서 말한 것은 선비를 대우하는 예를 일반적으로 가리킨 것이고, 여기에서 말한 것은 현자를 대우하는 예이다.

논밭 가운데서 순을 봉양하게 하였다.〔以養舜於畎畝之中〕

살펴보건대, 위 편에서는 '논밭 가운데서 순을 섬기게 하였다.〔以事舜於畎畝之中〕'고 말했는데 여기에서 '양(養)' 자로 '사(事)' 자를 대신한 것은 이 장이 오로지 현자를 봉양하는 일을 말했기 때문이다.

윗자리에 올리다.〔加諸上位〕

채청이 말하기를, "상위(上位)는 상상(上相)의 지위를 말하는 것이지, 천자의 지위는 아니다. 상위는 '고위(高位)'라는 말과 같다." 하였다.

만장왈감문불견제후하의장
萬章曰敢問不見諸侯何義章

활을 가지고 사를 부른다.〔弓以招士〕-소주(小註)-

살펴보건대, 여기의 이른바 '활을 가지고 사를 부른다.'[34]는 것은 《맹자》의 '사는 기를 사용하여 부른다.〔士以旂〕'와 같지 않다.

신안 예씨가 말하기를, "통백은 주나라의 붉은 깃발을 말하니, 주나라의 꾸미지 않은 정색을 따른 것이다." 하였다.〔新安倪氏曰: 通帛, 謂周大赤, 從周正色無飾.〕-소주(小註)-

채청이 말하기를, "백(帛)의 색은 순수하게 붉으니, 통백은 다른 꾸밈이 없는 것이다." 하였다.

하물며 어질지 못한 사람을 부르는 방법으로 현자를 부르는 경우야 말해 무엇하겠는가.〔況乎以不賢人之招, 招賢人乎?〕

조씨(趙氏) 구주에 "어질지 못한 사람을 부르는 방법이란 예로써 부르지 않는 것이다." 하였다.

현인을 만나고자 하면서 그 도로써 하지 않는다면……소인이 우러러보는 바이다.〔欲見賢人而不以其道……小人所視.〕

살펴보건대, '그 도로써 하지 않는다.〔不以其道〕'·'의는 사람이 걸

34 활을……부른다 : 《춘추좌씨전》소공(昭公) 20년 조에 나오는 말로, "옛날 우리 선대의 군주가 사냥을 할 적에는 깃발을 가지고 대부를 불렀고, 활을 가지고 사를 불렀고, 가죽 모자를 가지고 산지기를 불렀다." 하였다.

어가야 할 길이다.〔義, 路也.〕'·'능히 이 길을 따른다.〔能由是路〕'·'큰길의 평탄함이 숫돌[35]과 같다.〔周道如底〕'의 네 '도(道)'와 '로(路)' 자는 똑같은 뜻인 듯하다. 큰길〔周道〕의 '도(道)' 자 또한 '의는 사람이 걸어가야 할 길이다.'는 설을 따라야 한다. '들어가고자 하면서 문을 닫는다.〔欲其入而閉門〕'의 '문(門)' 자와 '예는 사람이 출입하는 문이다.〔禮, 門也.〕'·'이 문을 출입한다.〔出入是門〕'의 '문(門)' 자는 그 뜻이 조금 다르니, '문을 닫다.〔閉門〕'의 '문(門)' 자는 일반적으로 말한 것이기 때문이다.

군주가 명하여 부르면 말에 멍에하기를 기다리지 않고 가셨으니……그 관직으로 불렀기 때문이다.〔君命召, 不俟駕而行……以其官召之也.〕

살펴보건대, 이것은 윗글의 '서인(庶人)은 임금이 불러서 부역을 시키면 가서 부역한다.'는 뜻과 호응한다. 서인이 임금이 불러 부역시킬 경우에 가서 부역하는 것은 서인의 의(義)이고, 관직이 있는 자가 임금이 명하여 부를 경우에 말에 멍에하기를 기다리지 않고 가는 것은 관직이 있는 자의 의이다.

○초의원(焦漪園)이 말하기를, "사(士)가 되었을 때에는 부름에 달려가지 않는 것이 예의(禮義)이고, 관직에 있을 때에는 또 부름에 달려가는 것이 예의이다. 공자가 관직에 있으면서 부름에 달려간 것은 바로 시중(侍中)의 도이고 예의에 맞는 행동이다. 사는 관직이 없으니 이것을 본받아서야 되겠는가." 하였다.

35 숫돌 : 대본에는 '矢'로 되어 있는데, 《맹자》에 의거하여 '底'로 바로잡아 번역하였다.

제선왕문경장
齊宣王問卿章

장화가 장림에게 굴복하여 죽음을 면치 못한 이유이다.〔張華之所以見屈於張林而不能自免也〕-소주(小註)-

《자치통감강목(資治通鑑綱目)》에 "가후(賈后)가 거짓으로 황제가 아프다고 칭하여 태자를 불러 조정에 들게 하였다. 태자를 별실에 두고서 황제의 명으로 술 3되〔升〕를 내리고는 다 마시도록 다그쳤다. 황문시랑(黃門侍郎)에게 초안을 짓게 하고서 황제의 명이라고 칭하여 태자에게 쓰게 하였는데, '폐하께서는 스스로 물러나야 하니, 스스로 물러나지 않으면 내가 들어가 끝낼 것입니다. 중궁 또한 속히 스스로 물러나야 하니, 스스로 물러하지 않으면 내손으로 끝낼 것입니다.'라는 글이었다. 태자가 술에 취해 정신이 혼미하여 마침내 그대로 썼는데 글자의 태반이 완성되지 못했다. 이후에 이 글을 보완하여 황제에게 올리자, 황제가 식건전(式乾殿)에 나와서 공경(公卿)을 불러 태자의 글을 보여주었다. 장화(張華)가 말하기를, '이것은 국가의 큰 화란입니다. 예로부터 항상 적통 후계자를 폐출시킴으로써 국가의 환란을 초래하였습니다. 바라건대 폐하께서는 상세히 살피소서.' 하였다. 가후가 사변(事變)이 일어날까 두려워 마침내 표문을 올려 태자를 폐위하여 서인으로 삼았다. 영강(永康) 원년(元年) 4월에 조왕(趙王) 사마륜(司馬倫)이 가후를 폐하여 서인으로 삼았다. 제위를 찬탈하려는 음모로 먼저 조정의 명망 있는 신하를 제거하려고 마침내 장화 등을 붙잡았다. 장화가 장림(張林)에게 말하기를, '경은 충신을 해치고자 하는가?' 하니, 장림이 황제의 명이라고 칭하며 따지기를, '경은 재상으로 있으면서 태자가 폐위될 때 어찌 절개를 지켜 죽지 않았는가?' 하였다. 장화가 '식건전의 회의 때에 신이 간했던 일이 모두 기록되어 있으니, 살펴볼 수 있습니다.' 하였다. 장림이 '간해도 들어주지 않았는데 어찌 재상 자리를 그만두지 않았는가?' 하니 장화가 대답하지 못했다. 마침내 모두 참형에 처하였다." 하였다.

후재집

제30권

차기 箚記
맹자 孟子

고자왈성유기류야장
告子曰性猶杞柳也章

사람의 본성으로 인의를 행하는 것은 버드나무를 가지고 그릇을 만드는 것과 같다.〔以人性爲仁義, 猶以杞柳爲桮棬.〕

살펴보건대, 인의(仁義)가 사람의 본성이지, 인의 이외에 별도로 사람의 본성이 있는 것이 아니다. 그런데 지금 고자(告子)는 '인성으로 인의를 행한다.'고 하였다. 과연 그렇다면 인의가 애당초 사람의 본성이 아니고, 반드시 사람이 그 본성을 바로잡은 뒤에야 인의가 있는 것이 아니니, 어찌 잘못이 아니겠는가.

교유(矯揉)-주(註)-

채청(蔡淸)이 말하기를, "교(矯)는 굽은 것을 바로잡아 곧게 하는 것이고, 유(揉)는 곧은 것을 휘어서 굽게 하는 것이다." 하였다.

또한 장차 사람을 해쳐서 인의를 행한단 말인가?〔亦將戕賊人以爲仁義〕

살펴보건대, 윗글의 '사람의 본성으로 인의를 행한다.'는 설을 보면 '사람을 해치다.〔戕賊人〕'의 '인(人)' 자는 '사람의 본성〔人性〕'으로 본 것이 분명한 듯하다. 버드나무와 그릇은 두 가지 사물이다. 그러므로 반드시 버드나무를 해쳐서 굽히고 꺾어 곧게 하고 굽게 하여야만 그릇을 만들 수 있다. 다만 본성과 인의는 그렇지 않다. 인의가 바로 본성이니, 어찌 사람의 본성을 해쳐서 인의를 행할 리 있겠는가.

고자왈성유단수장
告子曰性猶湍水章

본성은 여울물과 같다.〔性, 湍水也.〕

살펴보건대, 주석의 '맴돌다〔瀠回〕'라는 글자를 보면, 단(湍)은 물의 형세가 빙빙 맴돌고 아직 동서로 나뉘어 흘러가는 곳에 미치지 않은 것이다. 그러므로 고자가 끌어와 본성에 본래 선악을 없다는 비유로 삼은 것이다.

양자의 선악이 혼재되어 있다는 설〔揚子善惡混之說〕-주(註)-

살펴보건대, 성이 발현하기 전에는 순일하여 섞임이 없고 중정하여 치우침이 없고 완전하게 선하여 악이 없다. 기(氣)를 타고 발현함에 미쳐서는 곧게 나오는 것은 선이 되고 옆으로 비껴 나오는 것은 악이 되어 선과 악이 여기에서 나뉘니, 어찌 선과 악이 섞여서 성이 될 리가 있겠는가.

물이 진실로 동서의 구분 없이 흐르지만 상하의 구분도 없는가…… 물은 아래로 흐르지 않는 경우가 없다.〔水信無分於東西, 無分於上下乎……水無有不下.〕

살펴보건대, 물을 동서로 터놓는 것은 인위(人爲)이고, 상하의 구분이 있는 것은 물의 본성이다. 동서로 터놓는다는 것은 본성을 곧게 하고 휘어서 선악이 있는 것을 비유한 것이고, 상하로 구분된다는 것은 본성의 자연스러움으로 불선이 없는 것을 비유한 것이다. 성의 본체는 본래 선하니 물의 흐름이 본래 아래로 흐르는 것과 같다 ○이패림(李霈霖)이 말하기를, "물이 아래에 이르는 것은 흘러간 이후의 일이다. 다만 흘러가기 전에 이 아래로 흐르는 이치를 이미 갖추고 있을 뿐이다. 사람이 선(善)에 이르는 것은 발현했을 때의 정(情)이니 발현한 뒤의 일이다. 다만 발현하기 전에 또한 이 선의 이치를 갖추고 있을 뿐이다." 하였다.

고자왈생지위성장

告子曰生之謂性章

고자가 말하기를, “생존 본능을 본성이라고 한다.” 하였다.〔告子曰: 生之謂性.〕

살펴보건대, 생(生)은 기(氣)에 속하지만 생의 이치〔理〕는 본성이다. 그런데 고자(告子)는 ‘기’를 ‘이’로 인식하였기 때문에 ‘생존 본능을 본성이라고 한다.’고 한 것이다.

○고자는 사람과 물(物)의 구분은 논하지 않고 단지 지각(知覺)과 운동(運動) 측면으로만 말하였다. 그러므로 ‘생존 본능을 본성이라고 한다.’ 고 하였으니, 사람과 물이 똑같이 가지고 있는 지각과 운동을 본성이라고 여긴 것이다. 그러나 그 같은 점은 추위와 더위를 알고 굶주림과 배부름을 아는 따위에 불과하다. 인의예지(仁義禮智)의 본성에 있어서는 어찌 물이 사람과 똑같을 수 있겠는가. 그런데 지금 고자는 사람과 물을 통틀어 ‘생존 본능을 본성이라고 한다.’ 하였으니, 사람과 물이 부여받은 본성에 통하고 막힘이 다르다는 것을 알지 못할 뿐만 아니라, 사람과 물이 품부 받은 기운에 깨끗하고 혼탁함이 다르다는 것도 알지 못한 것이다.

○주자(朱子)가 말하기를, “본성이란 맹자가 말한 이(理)이고 고자가 말한 기(氣)이다.” 하였다. 또 말하기를, “지각과 운동은 사람과 물이 모두 다르지만 그 가운데 같은 점이 있고, 인의예지는 사람과 물이 같지만 그 가운데 다른 점이 있으니, 반드시 자세히 살펴보아 각각 대오(隊伍)가 있어 문란하지 않고 가지런해야만 알 수 있다.”

하였다.

불가(佛家)의 설에서 어떤 것이 성인가? '작용이 성이다.'는 것이다. 〔禪家說如何是性, 曰作用是性.〕-소주(小註)-

인산 김씨(仁山金氏)가 말하기를, "불씨(佛氏)의 설이 고자에 비해 더욱 정밀하고 신묘하다. 그러나 불씨의 설은 묘처(妙處)가 여기에 있고 잘못된 점 또한 여기에 있으니, 보고 듣고 말하고 움직이는 기(氣)를 가리켜 성(性)이라고 여기고, 보고 듣고 말하고 움직이게 하는 이치가 성이라는 것을 알지 못했기 때문이다." 하였다.

개의 본성이 소의 본성과 같으며……사람의 본성과 같단 말인가.[1]〔犬之性, 猶牛之性……猶人之性與?〕

살펴보건대, 맹자가 먼저 '흰 깃의 흰색이 흰 눈의 흰색과 같은가?'라고 질문한 이유는 장차 '개의 본성이 소의 본성과 같은가?'라는 질문으로 힐난하고자 해서이다. 또 고자는 '흰 깃의 흰색이 흰 눈의 흰색과 같은가?'라는 질문에 '그렇다'고 답했지만, '개의 본성이 소의 본성과 같은가?'라는 질문에는 '그렇다'는 말이 없었다. 개의 본성과 소의 본성이 같다고 하자니 말이 되지 않고, 개의 본성과 소의 본성이 다르다고 하자니 자신이 말한 '생존 본능을 본성이라고 한다.'는 말과 같지 않다. 이것이 끝내 대답하지 못한 이유이다.

○고자는 단지 사람과 물이 천지(天地)의 기(氣)를 똑같이 받아 태

1 사람의……말인가 : 대본에는 '猶人之性'으로 되어 있는데, 《맹자》에 의거하여 '猶人之性與'로 바로잡아 번역하였다.

어난 것만 알았다. 그러므로 '생존 본능을 본성이라고 한다.'고 한 것이니, 비록 천지의 기를 똑같이 받아 태어났지만 그 품부 받은 기에 깨끗하고 혼탁함이 다르면 부여받은 본성도 그 기의 깨끗하고 혼탁함에 따라 달라지는 것을 매우 알지 못한 것이다. 그러므로 맹자는 고자가 알고 있는 부분에 나아가 그가 모르는 부분을 미루어 '개와 소의 본성이 사람의 본성과 같은가?'라고 깨우친 것이다. 이것은 모두 기질(氣質)의 측면으로 본성을 논한 것이다. 그러나 고자가 말한 본성은 '생존 본능을 본성이라고 한다.'는 것이니 사람과 물을 합하여 말하였고, 맹자가 말한 본성은 '개와 소의 본성이 사람의 본성이 같은가?'라는 것이니 사람과 물을 나누어 말하였다. 이것이 그 다른 점이다.

고자왈식색성야장
告子曰食色性也章

고자가 말하기를, "식욕과 색욕은 본성이니……의는 외부에 있지 내면에 있는 것이 아니다.〔告子曰: 食色, 性也……義外也, 非內也.〕

채청이 말하기를, "인(仁)은 '마음의 덕〔心之德〕'이고 '사랑의 이치〔愛之理〕'데, 고자는 단지 '마음의 사랑〔心之愛〕'을 인이라고 여겨 '덕(德)'과 '이(理)'는 전혀 언급하지 않았다. 의(義)는 '마음의 제재〔心之制〕'이고 '일의 마땅함〔事之宜〕'인데, 고자는 단지 '일의 마땅함'을 의라고 여겨 '마음의 제재'는 전혀 언급하지 않았다." 하였다.

음식을 즐기고 색을 좋아하다.〔甘食悅色〕-주(註)-

살펴보건대, 식(食)과 색(色)은 외부에 있고 이를 즐기고 좋아하는 것은 내면에 있는데, 즐기고 좋아하는 것은 사랑에 속한다. 사랑은 인(仁)이 아니고 바로 인의 작용이다. 고자는 식색을 즐기고 좋아하여 사랑하기 때문에 '인이 안에 있다.'고 말한 것이다. 아래 글의 '나의 아우는 사랑한다.〔吾弟則愛之〕'의 '애(愛)' 자를 보면, 고자가 식색을 사랑하는 것을 본성으로 여긴 것을 알 수 있다.

말의 흰색을 희다고 여기고……어른으로 공경하는 마음이 의인가?〔白馬之白……長之者義乎?〕

채청이 말하기를, "나이든 어른을 의(義)라고 하면 의는 외부에 있다고 할 수 있지만, 어른으로 공경하는 마음을 의라고 하면 의는 외부에 있는 것이 아니다. 고자가 아무리 억지로 변설한들 어찌 나이든 어른을 의라고 할 수 있겠는가." 하였다. 또 말하기를, "고자가 의를 외부에 있다고 여긴 것은 '일의 마땅함' 측면에서만 본 것이다. 맹자가 의를 내면에 있다고 여긴 것은 '마음의 제재'에 중점을 둔 것이니, 이른바 '말의 털빛을 희다고 여기는 것과 사람 피부색을 희다고 여기는 것은 다르지 않지만, 늙은 말을 가엾게 여기는 것과 나이든 사람을 어른으로 높이는 것은 같지 않다.'는 말에서 마음의 제재를 알 수 있다." 하였다.

초나라의 나이든 어른을 어른으로 공경하고……외부에 있다고 한 것이다.〔長楚人之長……謂之外也.〕

이패림이 말하기를, "초나라의 나이든 어른을 어른으로 높이고 내 집안의 어른도 어른으로 섬길 적에 어찌 그 섬기는 정도에 차등이 없겠는가. 그런데 고자는 전부 '어른〔長〕'이라는 측면에서만 공경이 생긴다고 여겼고 마음을 통해 제재함을 알지 못했다. 그러므로 처음부터 끝까지 어른이라는 외부 사물로 좋아하는 대상을 삼은 것이다." 하였다.

사랑은 나를 위주로 하므로 인이 내면에 있고, 공경은 어른을 위주로 하므로 의가 외면에 있다고 한 것이다.〔愛主於我, 故仁在內; 敬主乎長, 故義在外.〕-주(註)-

살펴보건대, 집주(集註)의 이 '경(敬)' 자는 비록 '애(愛)' 자와 상대하여 말했지만, 아래 글의 '공경을 행하다.〔行敬〕' · '누구를 공경하는가.〔誰敬〕' 등의 '경(敬)' 자에서 미루어 말한 듯하다.

맹계자문공도자장
孟季子問公都子章

나의 공경하는 마음을 행하는 것이기 때문에 내면에 있다고 한 것이다.〔行吾敬, 故謂之內也.〕

살펴보건대, 맹계자(孟季子)는 '무엇 때문에 의(義)가 내면에 있다고 말하는가?'라고 물었는데, 공도자(公都子)의 대답에 '의(義)' 자를 말하지 않고 '경(敬)' 자를 끄집어 낸 것은 어째서인가? 이 장이 위 장의 '나이든 어른을 어른으로 공경한다.'는 내용을 이어서 말했기 때문이다. 어른을 어른으로 공경하는 것이 '경'이기 때문에 특별히 경을 말하여 밝힌 것이다. 그러나 공경할 만한가를 헤아려 공경하는 것은 마음에 달려있으니, 의가 내면에 있다는 뜻이 어찌 분명하지 않겠는가.

동네 사람이 맏형보다 한 살이 더 많으면……내면에서 오는 것이 아니다.〔鄕人長於伯兄一歲……非由內也.〕

살펴보건대, 맹계자의 이 말은 즉 윗글의 '저 사람이 어른이라서 내가 그를 어른으로 섬기는 것이다.'라는 고자의 설이다. 다만 고자는 어른을 어른으로 공경하는 것을 일반적으로 말하였고, 맹계자는 동네 사람과 맏형 측면에서 어른을 어른으로 공경하는 것을 나누어 말하였다. 동네 사람과 맏형은 모두 외부에 있는 존재이다. 그러므로 '공경하는 대상은 여기 맏형이고 어른으로 섬기는 대상은 저 동네 사람이니, 과연 의는 외부에 있는 것이지 내면에서 오는 것이 아니다.'고 한 것이다. 가령 맹계자가 어른을 공경하는 마음이 내면에 있다는 것을 알았다면 필시 이런 말을 하지 않았을 것이다.

맹자가 말씀하기를, 숙부를 공경하는가……아우가 시동이 되면 누구를 공경하는가?〔孟子曰: 敬叔父乎……弟爲尸則誰敬?〕

살펴보건대, 경(敬)은 일정한 체(體)가 없어 때에 따라 달라진다. 그러므로 평상시에는 숙부를 공경하지만 아우가 시동이 되었을 때에는 아우를 공경하는 것이다. 숙부와 아우가 비록 외부에 있는 존재지만, 평상시나 시동이 되었을 때에 그 공경을 제재하여 마땅함에 부합하게 하는 것은 마음이다. 그렇다면 의가 과연 외부에 있겠는가.

시동〔尸〕

《예기》〈제법(祭法)〉에 "제사를 지내는 방도는 손자가 조부의 시동이 되니, 시동으로 삼은 자는 제사 지내는 자에게 자식 항렬이다. 아버지가 북쪽을 향하여 섬기는 것은 자식이 아버지를 섬기는 도리를 밝힌 것이니, 이것이 부자의 윤의(倫義)이다." 하였다.

공도자가 말하기를, "겨울에는 뜨거운 물을 마시고……그렇다면 먹고 마시는 것 또한 외부에 있는 것이다." 하였다.〔公都子曰: 冬日則飮湯……然則飮食, 亦在外也.〕

살펴보건대, 뜨거운 물과 찬물은 외부에 있지만 겨울에는 반드시 뜨거운 물을 마시고 여름에는 반드시 찬 물을 마시는 이유는 그 끓인 물은 뜨겁고 찬물은 차갑기 때문이다. 겨울에 뜨거운 물을 마시고 여름에 차가운 물을 마시는 것은 모두 그 의(義)를 제재하여 마땅함을 얻은 것이니, 그 재재하는 것은 내면에 있는 것이지 외부에서 오는 것이 아니다.

공도자왈고자왈성무선무불선야장
公都子曰告子曰性無善無不善也章

본성은 선도 없고 불선도 없다.〔性, 無善無不善.〕 본성은 선하게 될 수도 있고 불선하게 될 수도 있다.〔性, 可以爲善, 可以爲不善.〕 본성이 선한 사람도 있고 불선한 사람도 있다.〔有性善, 有性不善.〕

살펴보건대, 첫 구절은 공도자(公都子)가 고자(告子)의 말을 인용한 것이다. 아래 두 구절은 아마도 그 당시에 고자와 같은 자가 있어 성을 논함에 이런 두 설이 있었던 듯하다. 이 세 구절의 말은 모두 기질(氣質)의 측면으로 본성을 말한 것으로, 공도자가 맹자에게 들은 성선설(性善說)과는 다르다. 그러므로 의심하여 질문한 것이다. ○주자가 말하기를, "본성은 선도 없고 불선도 없다는 고자의 말은 선이 없을 뿐만 아니라 불선까지도 없다는 것이다. 본성에 악이 없다고 하는 것은 괜찮지만 선이 없다고 한다면 본성이 대체 무엇이란 말인가." 하였다.

그 발로된 정으로 말하면 선하다고 할 수 있다.〔乃若其情則可以爲善矣〕

살펴보건대, 정(情)에는 칠정(七情)과 사단(四端)의 구분이 있다. 칠정은 선할 수도 있고 악할 수도 있지만, 사단은 오로지 선을 말한 것이다. 맹자가 평소에 말한 것은 모두 사단이다. 그러므로 '그 발로된 정으로 말하면 선하다고 할 수 있다.'는 말은 사단을 위주로 말한 것이다.

불선을 행하는 것은 재질의 죄가 아니다.〔若夫爲不善, 非才之罪也.〕

살펴보건대, 성(性)이 움직인 것이 정(情)이고, 성의 양능(良能)이 재질〔才〕이다. 성이 이미 완전하게 선하면 능한 바의 재질 또한 어찌 불선이 있겠는가. 사람이 불선을 행하는 것은 단지 물욕에 가려져 그런 것이니 재질의 죄가 아님을 알 수 있다.

○공도자가 질문한 세 구절은 모두 '성(性)'에 대한 말인데 맹자의 대답에는 '정(情)'과 '재(才)'를 말하고 '성'을 언급하지 않은 것은 성은 형체가 없어 알기 어려운데, 정과 재는 자취가 있어 보기 쉽고 모두 성선(性善)에서 나왔기 때문이다. 성이 이미 선하다면 선에서 나온 것이 어찌 선하지 않겠는가. 이것이 맹자가 알기 쉬운 것을 들어 비유하여 세 구절에서 성을 잘못 말한 것을 깨우친 이유이다.

선악의 거리가 혹 서로 두 배가 되고 다섯 배가 되어 헤아릴 수 없는 것은 그 재질을 다하지 못했기 때문이다.〔或相倍蓰而無算者, 不能盡其才者也.〕

살펴보건대, 본성은 요순(堯舜)과 길가는 사람과 똑같지만 다른 점이 있는 이유는 그 기품의 깨끗함과 혼탁함, 순수함과 잡됨의 분수의 낮고 섞음이 제각각 다르기 때문이다. 이 장의 경우 비록 맹자가 성(性)만 말하고 기(氣)를 말하지 않았다고 하지만, '두 배가 되고 다섯 배가 되어 헤아릴 수 없다.'는 말을 보면 기품(氣稟)을 포함한 뜻이 그 속에 있는 듯하다.

사람들이 떳떳한 본성을 지니고 있는지라, 이 아름다운 덕을 좋아한다.〔民之秉彝, 好是懿德.〕

살펴보건대, 이(彝)는 떳떳한 본성인데, 사람들이 떳떳한 본성을 지니고 있다고 하였으니, 성(性)의 선함을 알 수 있다. 호(好)는 즉 정(情)인데, 이 아름다운 덕을 좋아한다고 하였으니, 정의 선함을 알 수 있다. 이 단락에 비록 '성(性)' 자와 '정(情)' 자는 없지만, 이것으로 또한 윗글 세 구절에서 성을 잘못 말한 것을 변론하고, 또 '그 발로된 정이라면 선하다고 할 수 있다.'는 뜻을 밝혔다.

정자는 기에서 받은 것까지 가리켜 말하였다.〔程子兼指其稟於氣者言之〕-주(註)-

"기품은 무엇입니까?"라는 어떤 사람의 질문에, 주자가 말하기를, "나무〔木〕의 기운을 많이 받으면 강함이 적고, 쇠〔金〕의 기운을 많이 받으면 자상함이 적으니, 이를 미루어보면 모두 그러하다." 하였다. ○또 말하기를, "성(性)과 기(氣)는 모두 천성에서 나온 것이다. 성의 선함은 진실로 사람이 똑같지만 기는 똑같지 않은 부분이 있다. 천기(天氣)의 경우, 맑게 개고 화창한 것은 좋은 기이니, 이러한 기를 얻으면 어찌 좋지 않겠는가. 음산하고 어둑한 때에 이르면 이는 좋지 않은 기이니, 이러한 기를 받으면 어떻게 좋을 수 있겠는가. 그러나 끝내 좋지 않은 기는 항상 많고 좋은 기는 항상 적다. 한 해를 가지고 말하면, 일반적으로 천기가 화창하여 춥지 않고 덥지 않은 때가 얼마나 되겠는가. 이렇게 보면[2] 여름이 춥지 않으면 겨울이 따뜻하고 건양(愆陽)이 아니면 복음(伏陰)이니,[3] 이 때문에 어리

2 이렇게 보면 : 대본에는 '看來'로 되어 있는데, 《주자어류》에 의거하여 '如此看來'로 보충하여 번역하였다.

석고 흉악한 사람이 항상 많은 것이다." 하였다.

3 건양(愆陽)이 아니면 복음(伏陰)이니 : 건양은 양기(陽氣)가 지나치게 왕성하여 겨울철에 날씨가 따뜻한 것이고, 복음은 음기(陰氣)가 잠복하여 여름철에 한기(寒氣)가 나타나는 것이다.

맹자왈부세자제다뢰장
孟子曰富歲子弟多賴章

신안 진씨가 말하기를, "보리를 파종함에 세 가지가 대부분 같다." 하였다.〔新安陳氏曰: 種麥三者多同.〕-소주(小註)-
살펴보건대, '세 가지가 같다.'는 것은 그 땅이 똑같고 심은 시기가 똑같고 성숙하는 때에 모두 익는 세 가지가 같다는 말이다.

역아(易牙)
《여씨춘추(呂氏春秋)》에 "역아는 옹(雍)땅 사람으로, 이름이 무(巫)이고 아(牙)는 자(字)이다. 장위희(長衛姬)[4]에게 총애를 받다가 환관 초(貂)를 통하여 제 환공(齊桓公)에게 음식을 올렸다. 환공이 '내가 어찌 천하의 맛을 다 맛보지 않았겠는가. 오직 어린아이를 삶은 맛은 맛보지 못했다.'고 하니, 역아가 마침내 자신의 맏아들을 삶아서 올렸다. 이때부터 제 환공에게 총애를 받았다. 관중(管仲)이 병이 들자, 환공이 '중부(仲父)의 병이 위독하니, 과인에게 어떤 말로 가르침을 주겠는가.' 하니, 관중이 대답하기를, '군주께서는 역아를 내치소서. 자식에게도 차마 못할 짓을 했는데 장차 군주에게 무슨 일인들 어려워하겠습니까.' 하였다. 제 환공이 알았다고 하였다. 관중이 죽자 제 환공이 역아를 내쫓았다가 3년 뒤에 다시 불러서 썼다.

4 장위희(長衛姬) : 대본에는 '衛長姬'으로 되어 있는데, 인명에 의거하여 바로잡아 번역하였다. 장위희는 제 환공이 총애하던 첩이다.

환공이 병들자 역아가 환관 초와 함께 난을 일으켜 궁문을 막고는 환공의 명이라고 거짓으로 꾸몄다. 환공은 굶주려 음식을 먹고 싶고 목이 말라 물을 마시고 싶어도 얻을 수 없었다. 역아가 난을 일으켰다는 말을 듣고 탄식하기를, '죽은 자에게 지각이 있다면 내가 무슨 면목으로 중부를 보겠는가.'하고는 마침내 옷소매로 얼굴을 가리고 숨을 거두었다." 하였다.

자도(子都)

《사서휘고(四書彙考)》에 "자도는 정(鄭)나라 대부 공손알(公孫閼)이다. 《시경》〈정풍(鄭風)〉의 '자도를 만나지 못했다.〔不見子都〕'는 시가 이 사람을 말한 것이다. 정 장공(鄭莊公)에게 총애를 받았는데, 영고숙(穎考叔)과 함께 수레를 다투다가 영고숙을 쏘아 죽였다. 정 여공(鄭厲公)이 찬탈하여 즉위하고 채중(祭仲)이 권력을 독단하자, 자도가 채중에게 붙어서 옹규(雍糾)를 죽이니, 여공이 채(蔡)나라로 망명하였다. 여공이 도로 들어와서 자도를 죽였다." 하였다.

○살펴보건대, 맹자가 '자도의 미모를 알지 못하는 자는 눈이 없는 자이다.'고 하였으니 그렇다면 그 미모를 알 수 있다. 그 미모 때문에 임금이 총애하였으나 영고숙을 죽이고 또 옹규를 죽이고 그 임금을 내쫓았다가 자신도 끝내 화를 면치 못했다. 이것을 보면, 임금이 된 자는 경계할 바를 알아야 하고, 미모를 지닌 자도 두려워할 바를 알아야 한다.

맹자왈우산지목상미의장
孟子曰牛山之木嘗美矣章

재목이 있었던 적이 없다고 하니, 이것이 어찌 산의 본성이겠는가. 〔以爲未嘗有材焉, 此豈山之性也哉?〕

살펴보건대, 산의 본성은, 재목이 있는 것만으로 산의 본성을 삼아서는 안 될 듯하다. 그런데 맹자가 이것으로 산의 본성을 삼은 것은 어째서인가? 장차 이것으로 '사람들이 모두 인의(仁義)의 양심을 지니고 있다.'는 아래 글을 일으키고자 해서이다. 인의는 즉 본성이니, 산에 재목이 있는 것이 사람에게 인의가 있는 것과 같음을 말한 것이다.

그 양심을 잃어버림은 또한 도끼와 자귀가 나무에 대해서……선을 좋아하고 악을 미워함이 남들과 유사한 점이 거의 드물다.〔放其良心者, 亦猶斧斤之於木也……好惡與人相近也者幾希.〕

살펴보건대, 인의(仁義)의 양심을 사람들이 모두 지니고 있지만, 물욕에 빠져서 마침내 잃어버리게 된다. 그러나 밤에 자라나는 좋은 기운과 새벽녘의 맑은 기운에 의해 그 선을 좋아하고 악을 미워하는 마음이 밖으로 발현된 것이 남과 크게 다르지 않다. 다만 그 발현되는 것이 거의 드물 뿐이다. 이른바 '거의 드물다.'는 것은 적다는 말이다. 발현한 것이 이미 적은 데다 또 낮의 소행에 의해 해침을 당하니, 그 한밤에 자라난 좋은 기운이 더 이상 남은 것이 없어 금수와 다름이 없는 것이다.

만약 제대로 기른다면 자라지 않는 물건이 없고, 제대로 기르지 못한다면 사라지지 않는 물건이 없을 것이다.〔苟得其養, 則無物不長; 苟失其養, 則無物不消.〕

살펴보건대, 우산(牛山)의 나무가 밤낮으로 자라나고 우로(雨露)가 적셔주어 제대로 길러지면 점점 자랄 것이고, 도끼와 자귀가 베어가고 소와 양이 뜯어먹어 제대로 길러지지 못하면 끝내 사라지게 될 것이다. 이것을 가지고 인의의 마음이 제대로 길러지면 점점 자라나고 제대로 길러지지 못하면 없어지는데 비유하였다. 위아래 두 구절에 비록 '기르다〔養〕'는 말은 없지만 처음부터 끝까지 '기르다'는 뜻 아님이 없다. 그러므로 여기에서 '만약 제대로 기른다면 자라지 않는 물건이 없고 제대로 기르지 못한다면 사라지지 않는 물건이 없을 것이다.'고 한 것이다. 또 '무물(無物)' 두 글자를 보면 사물이 모두 그러하다는 것을 알 수 있다.

잡으면 보존되고[5]……그 방향을 알 수 없는 것은〔操則存……莫知其鄉〕

주자가 말하기를, "마음은 사물(死物)이 아니니 반드시 활물(活物)로 보아야 한다. 그렇지 않다면 이는 불가(佛家)의 입정(入定)과 좌선(坐禪)이나. 잡아서 보존한다는 것은 단지 사물을 응접할 때에 모든 일이 사리에 맞는 것이니 이것이 바로 보존된 것이다. 만약 일처리가 타당하지 않다면 이는 마음이 보존되지 않은 것이다. 한결같이 우두커니 지켜 이 속에 있게만 한다면 갑자기 일이 자신의 앞에

5 잡으면 보존되고 : 대본에는 '操之則存'으로 되어 있는데, 《맹자》에 의거하여 '操則存'으로 바로잡았다.

닥쳤을 때에 잡은 것이 곧 흩어질 것이니, 도리어 이는 '놓으면 잃는다.〔舍則亡〕'는 것이다." 하였다. 또 말하기를, "출입한다는 것이 바로 보존되고 잃는 것이니, 잡으면 보존되고 놓으면 잃는다." 하였다.

마음이 신명하고 측량할 수 없어서 잃기는 쉽고 보존하여 지키기는 어려워〔以明心之神明不測, 得失之易而保守之難〕-주(註)-

주자가 말하기를, "그 신명하고 측량할 수 없기[6] 때문에 출입함이 있고, 능히 출입하기 때문에 신명하여 측량할 수 없다." 하였다.

6 측량할 수 없기 : 대본에는 없는데, 《주자어류》에 의거하여 '不測'을 보충하여 번역하였다.

맹자왈어아소욕야장
孟子曰魚我所欲也章

삶도 내가 원하는 것이고……삶을 버리고 의를 취할 것이다.〔生亦我所欲也……舍生而取義者也.〕

주자가 말하기를, "상채(上蔡 사양좌(謝良佐))는 '의(義)가 삶보다 중하면 삶을 버리고 의를 취하고, 삶이 의보다 중하면 의를 버리고 삶을 취한다.'고 하였는데, 이 말은 옳지 않다. 의는 버릴 수 있는 이치가 없다. 죽어야 할 때에 죽는 것은 의가 죽는데 있고, 죽어서는 안 될 때에 죽지 않는 것은 의가 죽지 않는데 있으니, 어느 것도 의가 아님이 없다." 하였다.

만종의 녹은 예의를 따지지 않고 받는다.〔萬鍾則不辨禮義而受之〕

이패림이 말하기를, "이 장 전체에 의(義)만 말했는데 여기에서 또 예(禮)를 겸하여 말한 것은 사양하고 받을 때에 예양(禮讓)을 중시하기 때문에 겸하여 말한 것이다." 하였다.

지난번에 자신을 위해서는 죽어도 받지 않다가〔鄕爲身, 死而不受〕

사계(沙溪)가 말하기를, "언해(諺解)에서는 '향위신(鄕爲身)'에서 구두를 끊었는데 옳지 않다. '신사(身死)'로 이어서 읽어야 한다." 하였다.

신안 진씨가 말하기를, "예가 아닌 음식을 받지 않아 죽는 것은 제나라의 굶주린 자가 불쌍하게 여기며 와서 먹으라는 음식을 받지 않는 따위와 같다." 하였다.〔新安陳氏曰: 不受非禮之食而死, 如齊餓者不受嗟來之食之類.〕-소주(小註)-

《예기》〈단궁(檀弓)〉에 "제(齊)나라에 큰 기근이 들자, 검오(黔敖)가 길에서 밥을 지어 굶주린 자가 오기를 기다려 먹였다. 어떤 굶주린 자가 소매로 얼굴을 가리고 신을 질질 끌면서 비실비실 걸어왔다. 검오가 왼손에 밥을 들고 오른손에 마실 것을 들고 '아! 불쌍하다. 와서 먹으라.'고 하자, 굶주린 자가 눈을 부릅뜨고 보면서 말하기를, '불쌍하게 여기며 와서 먹으라는 음식을 먹지 않아서 내가 이 지경에 이르렀다.' 하였다. 검오가 따라서 사과하였으나 그는 끝내 먹지 않고 죽었다. 증자(曾子)가 이 말을 듣고서 다음과 같이 말하였다. '이는 하찮은 일이다. 불쌍하다고 말한 것은 떠날 만하지만 사과하였으면 먹을 수 있다.' 하였다." 하였다.

맹자왈인인심야장
孟子曰仁人心也章

인은 사람의 마음이다.〔仁, 人心也.〕

임차애(林次崖 임희원(林希元))가 말하기를, "마음이 갖춘 이치의 측면으로 말하면, 인 따로 마음 따로이니 두 가지가 진실로 구분이 있다. 마음이 마음이 되는 이유를 가지고 말하면, 마음이 인이고 인이 마음이니 실로 나뉜 적이 없다. 그러므로 '인은 마음의 이치이다.'고 해도 괜찮고, '인은 사람의 마음이다.'고 해도 괜찮다.

그 길을 버리고 따르지 않으며 그 마음을 잃어버리고 찾을 줄 모르니 슬프다.〔舍其路而不由, 放其心而不知求, 哀哉!〕

살펴보건대, 그 바른 길을 버리고 따르지 않으면 그 따르는 길이 필시 옆에 난 작은 길로 가시나무가 모여 있을 것이다. 그 마음을 잃어버리고 찾을 줄 모르면 그 마음이 물욕에 이끌려 방종하고 어지러워 이 몸은 그저 빈 껍데기일 뿐이니, 어찌 슬퍼하지 않을 수 있겠는가.

학문하는 방법은 다른 것이 없다. 그 잃어버린 마음을 찾는 것일 뿐이다.〔學問之道無他, 求其放心而已矣.〕

살펴보건대, 위 두 단락은 모두 잃어버린 마음을 찾지 않는 폐해를 말하였다. 그러므로 여기에 이르러 특별히 찾을 수 있는 방법을 집어내어 '학문하는 방법은 다른 것이 없다. 그 잃어버린 마음을 찾는 것일 뿐이다.'고 한 것이다. '다른 것이 없다.〔無他〕'는 말은 이 밖에는 다시 다른 방도가 없다는 말이다. '뿐이다〔而已〕'는 말은 여기에 있을 뿐 다시 다른데서 구할 수 없다는 말이다.

○학문하는 방법은 덕성을 높이고 학문을 연구하는 두 가지 일에서 벗어나지 않으니, 그 하나라도 폐하면 학문이 아니다. 지금 '그 잃어버린 마음을 찾을 뿐이다.'고 하였으니, 덕성을 높이는 한 쪽에 치우친 듯하다. 그러나 '다른 것이 없다.' 위에 '학문(學問)' 두 글자가 있으니, 그 뜻은 학문의 방법은 응당 잃어버린 마음을 찾는 것을 요체로 삼아야 한다는 말이니, 학문을 연구하는 한 가지 일을 빼버린 것이 아니다.

○율곡(栗谷)이 "그 잃어버린 마음을 찾는 것이 학자들 공부의 지극한 경지이다." 하였는데, 사계(沙溪)가 말하기를, "내 생각에는 그렇지 않다. 주자(朱子)가 '잃어버린 마음을 찾으면 지기(志氣)가 청명해지고 의리가 밝게 드러나[7] 위로 천리를 통달할 수 있다.'고 하였고, 또 '학자들은 반드시 먼저 이 잃어버린 마음을 수습해야 한다. 그렇지 않으면 이 마음이 풀어져서 널리 배우는〔博學〕 것에 등한하고 자세히 따져 묻는〔審問〕 것에 등한할 것이니, 어떻게 밝게 분별하며 어떻게 독실히 행할 수 있겠는가.' 하였다. 율곡의 말은 이와 다르니, 의심스럽다." 하였다.

○퇴계가 말하기를, "잃어버린 마음을 찾는 것은 천근하게 말하면 진실로 제일 처음 공부를 시작하는 부분이지만, 그 지극한 경지에

7 의리가 밝게 드러나 : 대본에는 없는데, 《근사록(近思錄)》에 의거하여 '義理昭著'를 보충하여 번역하였다.

나아가 말하면 순식간에 잠깐 생각이 어긋나는 것도 마음을 잃어버리는 것이다. 안자(顔子)도 석 달 뒤에는 인(仁)에서 떠나지 않을 수 없었으니, 단지 떠나지 않을 수 없었던 것이[8] 바로 마음을 잃어버린데 해당한다. 다만 안자는 잠깐 어긋났다가 바로 알 수 있었고 알자마자 바로 다시 싹트지 않았으니, 이것도 잃어버린 마음을 찾는 따위이다." 하였다.

8 안자(顔子)도……것이 : 대본에는 '顔子猶不能無違'로 되어 있는데, 《퇴계집》 권7 〈성학십도를 올리는 차자(進聖學十圖箚)〉에 의거하여 '顔子猶不能無違於三月之後, 只不能無違'로 바로잡아 번역하였다.

맹자왈인지어신야겸소애장
孟子曰人之於身也兼所愛章

장사(場師)

《주례》〈지관(地官)〉에 "장인(場人)은 나라의 장포(場圃)을 관장하여 진귀한 과일과 열매채소를 심는다." 하였다.

빨리 달리는 승냥이 같은 사람이 되는 것이다.〔則爲狼疾人也〕

살펴보건대, 승냥이의 본성은 뒤를 잘 돌아보는데 빨리 달리면 돌아볼 수 없으니, 바로 그 본성을 잃은 것이다. 이것으로써 한 손가락만 기르고 어깨와 등을 잃는 것은 바로 그 본심을 잃은 것임을 비유하였다. 이는 돌아보지 못하여 그 대소경중을 알지 못한다는 말이다.

음식을 밝히는 사람을 사람들이 천하게 여기니, 작은 것을 기르고 큰 것을 잃기 때문이다.〔飮食之人, 則人賤之矣, 爲其養小而失大也.〕

살펴보건대, 중간의 오동나무〔梧檟〕·가시나무〔樲棘〕·한 손가락〔一指〕·어깨와 등〔肩背〕은 모두 비유한 말이다. 여기에 이르러 마침내 음식을 밝히는 사람에 대해 말하였으니, 오로지 입과 배만 채우는 자를 말한 것이다. 이것으로 윗글의 '작은 것을 기르는 자는 소인이 되고 큰 것을 기르는 자는 대인이 된다.'와 호응하였다.

어찌 단지 1자나 1치의 피부를 위하는 것일 뿐이겠는가.〔豈適爲尺寸之膚哉〕

살펴보건대, 적(適)은 '다만〔但〕'의 뜻이다.

공도자문왈균시인야장

公都子問曰鈞是人也章

아득한 천지〔茫茫堪輿〕-주(註)-

채청이 말하기를, "감(堪)으로 천도(天道)를 삼으니, 사물에 대하여 덮어주지 않음이 없다는 말인 듯하다. 여(輿)는 《역대전(易大傳)》에 '곤(坤)이 수레〔輿〕가 된다.' 하였다." 하였다. 또 말하기를, "감(堪)은 '맡다〔任〕'는 뜻으로 단지 짐을 싣는 수레를 말하니, 사람이 땅 위에 있는 것을 가리켜 말한 것이다." 하였다.

맹자왈욕귀자인지동심야장
孟子曰欲貴者人之同心也章

존귀해지기를 바라는 것은 사람의 똑같은 마음이니 사람마다 귀한 것이 자신에게 있건만 생각하지 못할 뿐이다.〔欲貴者, 人之同心也. 人人有貴於己者, 弗思耳.〕

살펴보건대, '존귀해지기를 바라다.〔欲貴〕'의 '귀(貴)'는 봉록과 작위의 귀함이고, '자신에게 귀한 것이 있다.〔有貴於己〕'의 '귀'는 인의(仁義)의 귀함이다. 생각하지 않기 때문에 인의의 귀함을 알지 못하고 도리어 봉록과 작위의 귀함을 사모하는 것이다.

덕으로 이미 배부르다고 하였으니 인의에 배부르다는 말이다.〔既飽以德, 言飽乎仁義也.〕

채청이 말하기를, "시(詩)의 '덕(德)' 자는 본래 은혜를 가리키니, 남의 덕을 중점으로 삼은 것이다. 그런데 지금 '인의에 배부르기 때문에 남의 고량진미를 원하지 않는다.'고 하였으니, 이것은 나에게 있는 덕이다. 이 또한 단장취의(斷章取義)한 것이다." 하였다.

임인유문옥로자장
任人有問屋廬子章

그 밑 부분을 헤아리지 않고 그 윗부분만 맞추어 비교한다면 1치의 작은 나무를 높은 누대보다 높게 할 수 있다.〔不揣其本而齊其末, 方寸之木, 可使高於岑樓.〕

채청이 말하기를, "밑 부분을 가지런히 맞추지 않고서 윗부분만 맞추어 비교한다면 1치의 나무가 높은 누대보다 높아질 수 있다. 이것으로써, 예(禮)와 식색(食色)의 경중의 큰 부분을 비교하지 않고 단지 식색의 무거운 부분과 예의 가벼운 부분을 비교한다면 식색이 진실로 예보다 무거울 수 있음을 비유하였다." 하였다.

착종(錯綜)-주(註)-

채청이 말하기를, "착(錯)은 번갈아 교차하는 것이니 한번 왼쪽으로 하고 한번 오른쪽으로 하는 것을 말하는데 즉 날줄〔經〕이다. 이 장에 나아가 말하면 경중에 저절로 큰 구분이 있는 것이다. 종(綜)은 묶어서 잡는 것이니, 한번 내리고 한번 올림을 말하는데 즉 씨줄〔緯〕이다. 이 장에 나아가 말하면 어떤 때에는 식색이 무겁고 예가 가벼우며 어떤 때에는 예가 무겁고 식색이 가벼운 것이다." 하였다.

조교문왈[9]인개가이위요순장
曹交問曰人皆可以爲堯舜章

문왕은 신장이 10척이고 탕임금은 9척이라 하는데……곡식만 먹을 뿐이니, 어찌하면 좋습니까?〔文王十尺, 湯九尺……食粟而已, 如之何則可也?〕

살펴보건대, 사람이 요순(堯舜)같은 성인이 되는 것은 수행하는 공부를 지극히 하는 데 달려있지 그 신장에 달려있지 않다. 그런데 지금 조교(曹交)는 자신의 신장이 9척4촌임을 과시하면서 탕임금과 문왕에 미치지 못한다고 질문하였다. 그러므로 아래 글에 '어찌 이것과 상관이 있겠는가. 또한 행할 뿐이다.'고 한 것이니, 탕임금과 문왕이 탕임금과 문왕이 된 것은 그 이유가 그 신장에 있지 않고 자신을 수행하는 데 있다는 말이다.

한 마리 오리새끼〔一匹雛〕

사계(沙溪)가 말하기를, "언해(諺解)에서 필(匹)의 음을 '벽(辟)'와 '길(吉)'의 반절음이라고 하였는데, 옳지 않다." 하였다.

천천히 걸어서 어른보다 뒤에 가는 것을 '공경한다'고 한다.〔徐行後長者, 謂之弟.〕

살펴보건대, 천천히 걸어서 어른보다 뒤에 가는 것은 지극히 쉬운 일이지만, 효도와 공경이 바로 천천히 걸어서 어른보다 뒤에 가는

9 왈 : 대본에는 없는데, 《맹자》에 의거하여 '曰'을 보충하였다.

실체이다. 그러므로 맹자가 이 효도와 공경을 말하여 사람들이 모두 요순과 같은 성인이 될 수 있는 방도가 이러한데 불과하다는 것을 밝힌 것이다.

○조교의 병통은 어른을 공경하는 도를 알지 못하는데 있었다. 그러므로 맹자가 이것을 들어 경계한 것이다. 다만 여기에선 '공경〔弟〕'만 말했는데 그 아래에 '효도〔孝〕'를 겸하여 말한 것은 어째서인가? 공경은 효도를 미룬 것이니, 효도와 공경은 단절된 두 개의 일이 아니다. 그러므로 '요순의 도는 부모에게 효도하고 어른에게 공경하는 것일 뿐이다.'고 한 것이다.

도는 큰길과 같으니……돌아가 찾는다면 충분한 스승이 있을 것이다.〔道若大路然……歸而求之, 有餘師.〕

살펴보건대, 도는 큰길과 같아서 사람이 함께 말미암는 것이다. 그러므로 알기 어렵지 않다. 알기 어렵지 않는 부분에 나아가 구한다면 그 구하는 곳이 바로 스승이다. 이른바 '여사(餘師)'란 남음이 있고 부족함은 없다는 말이다. '돌아가 구하다.〔歸而求之〕'의 '귀(歸)' 자는 '머물러 수학하다.〔留而受業〕'의 '유(留)' 자와 대비된다.

조교는 어른을 섬기는 예가 이미 지극하지 못하였고 도를 구하는 마음이 또 독실하지 못하였다.〔曹交事長之禮, 旣不至; 求道之心, 又不篤.〕-주(註)-

살펴보건대, 어른을 섬기는 예가 지극하지 못한 것은 '천천히 걸어서 어른보다 뒤에 간다.'는 맹자의 말에서 알 수 있고, 도를 구하는 마음이 독실하지 못한 것은 '관사(館舍)를 빌려서 수학하겠다.'는 조교의 말에서 알 수 있다.

고자왈소반소인지시야장

高子曰小弁小人之詩也章

애통하고 절박한 심정을 서술하였다.〔以敍哀痛迫切之情也〕-주(註)-

이패림이 말하기를, "시는 온유하고 돈후한 기풍을 중시하는 것이 본래 상법(常法)이다. 그런데 지금 소반시(小弁詩)는 애통하니 온유하지 못하고 절박하니 돈후하지 못하다. 그러므로 고자(高子)가 원망한 것을 가지고 소인(小人)의 시라고 여긴 것이다. 이는 단지 상법에 근거하여 시를 논하기만 하고 옛사람이 일에 따라 변통했던 이치를 통찰(通察)할 줄 모르는 것이다. 그러므로 맹자가 그를 고루하다고 말한 것이다." 하였다.

여기에 어떤 사람이 있는데, 월나라 사람이 활을 당겨 쏘려 하면…… 눈물을 흘리며 타이르는 것은 그를 가까이 여기기 때문이다.〔有人於此, 越人關弓而射之……垂涕泣而道之, 戚之也.〕

살펴보건대, '활을 당겨 쏜다.'는 월나라 사람 및 자신의 형이 활을 당겨 남을 쏘는 것을 말한다. 손씨(孫氏)의 《맹자정의》에는 "월나라 사람 및 자신의 형이 남이 당긴 화살에 맞는 것이다."고 하였으니, 본뜻을 잃은 듯하다.

○채청이 말하기를, "가까이 여기기 때문에 눈물을 흘리며 타일러 자신의 형이 함부로 사람을 죽여 죄에 걸리지 못하게 하는 것이다." 하였다.

개풍시는 어찌하여 원망하지 않았습니까?〔凱風, 何以不怨?〕

살펴보건대, 〈소반(小弁)〉은 부모의 허물이 큰데다 시를 지은 자가 또 태자의 사부(師傅)였다. 그러므로 그 시에서 말한 '하늘에 무슨 죄를 지었는가? 내 죄가 무엇인가?'·'내 마음의 근심이여! 서글픔이 방아질하는 듯하네.'·'마음의 근심을 어찌 알지 못하는가.'·'내 몸도 주체하지 못하는데 내 뒤를 근심할 겨를 있으랴.[10]' 등의 말은 모두 원망하는 뜻이다. 〈개풍(凱風)〉은 부모의 허물이 작은데다 시를 지은 자가 또 그 아들이었다. 그러므로 그 시에서 말한 '어머니는 성스럽고 선하시거늘 우리는 훌륭한 사람 없도다.'·'일곱 아들 있으면서 어머니를 고생시키는가.'·'일곱 아들 있어도 어머니 마음 위로하지 못하는가.' 등의 말은 모두 감히 어머니를 원망하지 않고 자책하는 말이다. 이점이 〈소반〉은 원망한 이유이고 〈개풍〉은 원망하지 않은 이유이다.

부딪칠 수 없는 것이다.〔不可磯也〕

사계(沙溪)가 말하기를, "기(磯)는 어머니의 허물을 비유하고 물〔水〕은 자식을 비유한 것이니, 물이 부딪치는 돌〔激石〕도 하나도 용납하지 않는 것이 자식이 어머니의 작은 허물도 용납하지 못하는 것과 같다. '살짝 부딪치는〔微激〕' 것은 어머니의 행위이고, '갑자기 성내는〔遽怒〕' 것은 자식의 행위이다." 하였다.

10 내……있으랴 : 대본에는 '遑恤其他'로 되어 있는데, 《시경》에 의거하여 '他'를 '後'로 바로잡아 번역하였다.

송경장지초장
宋牼將之楚章

송경(宋牼)-'牼'은 구(口)와 경(莖)의 반절이다.-

손씨(孫氏)의 《맹자정의》에 "송경은 송나라 사람이다." 하였다. ○《사서고휘(四書彙考)》에 "경(牼)은 다른 이름이 견(鈃)이다.-윤문(尹文)의 제자이다.- 묵자(墨子)의 풍도를 듣고 기뻐하여 상하의 폭이 균등한 화산(華山)의 갓을 만들어 스스로 표명하였다.-화산은 상하가 균평하기 때문에 갓을 만들 때 그것을 본떠[11] 그 마음의 균평함을 표명하였다.- 만물을 접할 때에는 구별로 시작으로 삼았으며-선악(善惡)을 구별하고 미치지 못하는 사람을 구별하는 것을 우선으로 삼았다.- 마음의 모습을 말하여-이 마음의 광대함을 형용했다는 말이다.- '마음의 행위'라고 정의하였다. 조화로움〔胹〕으로-'胹'는 음이 '이(而)'이고, '조화하다〔和〕'는 뜻이다.- 즐거움을 함께하여 천하 사람들을 화합시키며, 모욕을 당해도 수치스럽게 여기지 않으며, 백성의 싸움을 말렸다. 팽몽(彭蒙)·전병(田駢)·신도(愼到)가 그 풍도를 듣고 기뻐하였다." 하였다.

11 본떠 : 대본에는 없는데, 《장자보정(莊子補正)》에 의거하여 "象之"를 보충하여 번역하였다.

맹자거추계임위임처수장
孟子居鄒季任爲任處守章

내가 질문할 좋은 기회를 얻었다.〔連得間矣〕 그가 재상이 되었기 때문입니까?〔爲其爲相與〕

장언릉(張彦陵)이 말하기를, "'내가 질문할 좋을 기회를 얻었다.'는 것은 이 속에 분명히 의리가 있다는 말이다. '그가 재상이 되었기 때문입니까?'는 질문은 옥려자(屋廬子)도 맹자의 뜻이 여기에 있지 않다는 것을 분명히 알면서 단지 이런 질문으로 이유를 찾은 것일 뿐, 속된 마음으로 스승을 엿본 것이 아니다." 하였다.

○살펴보건대, 아래 글을 살펴보면, 옥려자가 '폐백을 올리는데 예의를 갖추지 않았기 때문이다.'는 맹자의 말을 듣고서 어떤 사람의 질문에 답하기를, '계자(季子)는 추(鄒)나라에 갈 수 없는 상황이었고 저자(儲子)는 평륙(平陸)에 갈 수 있었기 때문이다.' 하였다. 그 말이 명백하고 정당하니 맹자의 뜻을 깊이 터득했던 것이다. 그런데 '그가 재상이 되었기 때문입니까?'라는 이 질문을 보면 비루하고 저속함이 심하다. 얼마 안 되는 사이에 마치 두 사람이 말하는 것처럼 동떨어지니, 이것을 보면 장언릉의 설이 옳은 듯하다.

순우곤왈선명실자위인야장
淳于髡曰先名實者爲人也章

똑같은 것은 무엇인가.〔一者, 何也?〕

조씨(趙氏) 구주(舊註)에 "순우곤(淳于髡)이 '똑같은 것이 무엇입니까?'라고 질문하였다." 하였다.

○살펴보건대, '똑같은 것은 무엇인가.〔一者何也〕' 네 자는 윗글 '그 지향은 똑같다.〔其趨一也〕'를 이어서 곧장 말한 것이지, 순우곤의 질문이 아니다. 조씨의 설은 '무엇인가〔何也〕' 아래에 '왈(曰)' 자가 있기 때문에 그렇게 말한 듯하다. 그러나 '똑같은 것은 무엇인가.'는 평서문이다. 그 아래의 '인이다.〔仁也〕'라는 두 자는 '이른바 똑같다는 것은 인(仁)이다.'라는 말이다. 만약 이것을 순우곤의 질문이라고 한다면 '똑같은 것은 무엇인가.'라는 네 글자는 아무 내력 없이 갑자기 튀어나온 것이다.

군자는 또한 인할 뿐이니〔君子亦仁而已〕

살펴보건대, 맹자가 말한 세 사람의 일이 혹 떠나고 혹 떠나지 않은 것은 비록 다르지만 모두 사심(私心)이 없는데서 나온 행동으로 천리(天理)에 부합한다. 그러므로 똑같이 인(仁)이라고 한 것이니, 비록 떠났더라도 인이 그 가운데 있다. 이 말은 순우곤의 '인자(仁者)도 진실로 이와같습니까?'라는 질문에 대답한 것이다.

○채청이 말하기를, "'군자는 또한 인할 뿐이다.'는 맹자가 자신을 두고 말한 것이다." 하였다.

경원 보씨가 말하기를, "사람은 진실로 비록[12] 사심이 없더라도 일이 이치에 부합하지 않는 경우가 있다."[13] 하였다.〔慶源輔氏曰: 人固有雖無私心而行事不合天理者.〕-소주(小註)-

살펴보건대, 일이 이치에 부합하지 않는 이유는 사심에 가려졌기 때문이다. 이미 사심이 없다면 일에 드러나는 것이 어찌 이치에 부합하지 않을 리 있겠는가. 경원 보씨의 말은 의심스럽다.

공의자가 정사를 행하고〔公儀子爲政〕

《한서(漢書)》에 "공의자가 노(魯)나라 재상으로 있을 때 집에 가서 아내가 비단 짜는 것을 보고는 노하여 아내를 내쫓고, 집에서 아욱을 먹다가 노하여 그 아욱을 뽑아버리면서 말하기를, '내가 봉록을 먹으면서 또 채소를 심는 농부와 길쌈하는 여인의 이익을 빼앗는단 말인가.' 하였다." 하였으니, 이것이 공의휴(公儀休)가 정사를 행한 일이다.

거(莒)나라 군자가 많은 뇌물을 주어 사상자가 없게 하였다.〔莒子重賂之, 使無死.〕-소주(小註)-

살펴보건대, 《춘추좌씨전》 본문에는 '사(死)' 자 아래에 '전(戰)' 자가 있다.

공자는 하찮은 죄를 구실로 떠나고자 하여 구차하게 떠나고 싶지 않

12 비록 : 대본에는 빠져 있는데, 《논어집주》에 의거하여 '雖'를 보충하였다.

13 사람은……있다 : 전체 내용은 다음과 같다. "사심이 없다는 것은 마음에 보존된 것을 가지고 말한 것이고, 천리에 부합한다는 것은 일에 시행된 것을 가지고 말한 것이다. 사람은 진실로 비록 사심이 없더라도 일이 천리에 부합하지 않는 경우가 있다. 오직 인(仁)하면 내외가 합치되고 천인(天人)의 이치가 갖추어진다."

았던 것이다.〔乃孔子則欲以微罪行, 不欲爲苟去.〕

주자가 말하기를, "공자가 여악(女樂)을 받아들인 뒤에 마침내 떠났으니 그 이유를 말한다면 임금과 재상의 잘못을 드러내는 듯하고, 말하지 않는다면 자신이 구차히 떠난 것이 된다. 그러므로 번육이 이르지 않았다는 이유로 떠난 것이니, 자신이 고국을 떠난 이유는 번육이 이르지 않은 것으로 임금에서 죄를 얻었다고 여겼기 때문이다." 하였다.

○채청이 말하기를, "공자는 번육(膰肉)이 이르지 않았다는 이유로 떠났다. 그 뜻은 사람들로 하여금 자신이 작은 일 때문에 고국을 떠났다고 책망하게 하려는 것이니, 공자에게 작은 죄가 있는 것이지, 임금과 재상의 작은 죄 때문에 떠났다는 말이 아니다. 이것이 임금과 재상의 잘못을 드러내지 않아 뜻이 충후함이 되는 이유이다." 하였다. 또 말하기를, "'하찮은 죄를 구실로 떠나고자 했다.'는 것은 사람들로 하여금 자신이 떠날 일이 없는데도 굳이 떠났다고 책망하게 하려는 것이다. '구차하게 떠나고 싶지 않았다.'는 것은 자신에게도 떠나는 이유가 있으니 떠날 만한 일이 전혀 없는 것은 아니라는 것이다." 하였다.

경원 보씨가 말하기를, "맹자가 공자의 일을 인용하여 순우곤에게 답한 것을 보면 맹자가 제나라를 떠난 것 또한 반드시 이유가 있지만 말하고 싶지 않은 것이다." 하였다.〔慶源輔氏曰: 觀孟子引孔子之事以答淳于髡, 則孟子之去齊, 亦必有所爲, 而不欲言之者矣.〕-소주(小註)-

살펴보건대, 경원 보씨의 이 설은 맹자가 제나라를 떠난 은미한 뜻을 깊이 안 것이다.

맹자왈오패자삼왕지죄인야장
孟子曰五霸者三王之罪人也章

그 군주를 죽이고 다른 사람으로 바꾸어 세우는 것이다.〔誅其人而變置之〕-주(註)-

채청이 말하기를, "이미 '그 군주를 죽이고 다른 사람으로 바꾸어 세운다.'고 하였으니, 그 나라를 멸망시킨 것이 아니다. 뒤 장에서도 '사직을 바꾸어 세우다.〔變置社稷〕'고 하였으니, '바꾸어 세우다.〔變置〕' 두 자는 끝내 '멸(滅)' 자와는 다르다."

현자를 높이고 인재를 기르다.〔尊賢育才〕

살펴보건대, 현자에 대해서는 '높인다〔尊〕'고 하고, 인재에 대해서는 '기른다〔育〕'고 하였으니 분별이 있음을 알 수 있다. '덕이 있는 자를 드러낸다.〔以彰有德〕'는 현자와 인재를 겸하여 말한 듯하다.

우호로 돌아가자.〔言歸于好〕

채청이 말하기를, "언(言)은 어사(語辭)이니, 《시경》의 '언선(言旋)'·'박언(薄言)'과 같은 따위이다.

노욕[14]사신자위장군장
魯欲使愼子爲將軍章

신안 진씨가 말하기를, "가령 요행히 적을 이긴다 하더라도 자신은 교만해지고 적은 노하여 재앙이 심할 뿐인데, 하물며 반드시 이길 수 있는 것도 아니니 장차 패망을 면치 못할 것이다." 하였다.〔新安陳氏曰: 就使僥倖克敵, 已驕敵怒, 禍方深耳. 況未必能, 且不免敗乎!〕-소주(小註)-

살펴보건대, 신안 진씨의 이 말은, 아래 글 '노(魯)나라는 땅을 덜어 내야 할 쪽인가? 보태주어야 할 쪽인가?' 등의 말을 보면 본뜻을 잃은 듯하고, 윗글 '백성에게 재앙을 입히다.〔殃民〕' 두 글자를 보면 그 뜻을 얻은 듯하다.

제사하고 회동하는 일정한 제도이다.〔祭祀會同之常例也〕-주(註)-

살펴보건대, 그 윗글에 '제후를 대접하다.〔待諸侯〕'는 말이 있기 때문에 주자(朱子)가 여기에서 이 '회동(會同)' 두 자를 부연해 낸 것이다.

그 군주를 이끌어 도에 맞게 하여 인에 뜻을 두게 하도록 힘쓸 뿐이다.〔務引其君以當道, 志於仁而已.〕

살펴보건대, 제(齊)나라를 이겨서 남양(南陽)을 소유하는 것은 도

14 욕 : 대본에는 빠져 있는데, 《맹자》에 의거하여 '欲'을 보충하였다.

를 어기는 것이고, 사람을 죽여서 구하는 것은 불인(不仁)한 일이다. 그러므로 맹자가 신자(愼子)에게 군주를 인도하여 도에 맞게 하고 인에 뜻을 두게 하라고 권면한 것이다.

노욕사악정자위정장
魯欲使樂正子爲政章

경원 보씨가 말하기를, "그 처음을 따져보면 내가 이미 알고 있다는 뜻에서 기인한 것이다." 하였다.〔源輔氏曰: 原其始, 則起於予旣已知之之意.〕-소주(小註)-

사계(沙溪)가 말하기를, "만일 경원 보씨의 설과 같다면 '인(人)' 자·'왈(曰)' 자·'여(予)' 자·'지(知)' 자는 모두 선을 좋아하지 않는 사람에게 속한다. 정자용(鄭子容)-이름이 홍명(弘溟)이다.- 이 말하기를, '일찍이 윤 해평(尹海平)-이름이 근수(根壽)[15]이다.- 에게 들으니, 그의 견해 역시 그러하였다.' 하였고, 장지국(張持國)-이름이 유(維)이다.-이 말하기를, '경원 보씨의 설이 참으로 옳다. 다만 그렇다면 「인」 자와 「왈」 자는 모두 적절하지 못하다.'하였다. 어떤 사람은 말하기를, '경원 보씨의 주석은 옳지 못하다. 상하의 장에서 말한, 선을 좋아하는 자와 선을 좋아하지 않는 자는 모두 위정자(爲政者)를 가리켜 말한 것이다. 위정자가 선을 좋아하면 사해(四海)의 안이 저와 같을 것이고, 위정자가 선을 좋아하지 않으면 사람들이 장차 이처럼 말할 뿐이다. 만일 「인」 자를 선을 좋아하지 않는 사람으로 본다면 문맥이 이루어지지 않는다. 만일 이 설과 같다면 그 사이에 어찌 굳이 「즉(則)」 자를 썼겠는가. 또 「왈(曰)」 자[16]가 「장(將)」

15 근수(根壽) : 《사계전서(沙溪全書)》 〈경서변의(經書辨疑)〉에는 '두수(斗壽)'로 되어 있다.

자 아래에 있어서는 안 되고, 응당 「이이(訑訑)」 아래에 있어야 한다.'고 하였다." 하였다.

16 왈(曰) 자 : 대본에는 '曰'로 되어 있는데, 《사계전서》 〈경서변의〉에 의거하여 '字'를 보충하여 번역하였다.

맹자왈순발어견묘지중장
孟子曰舜發於畎畝之中章

판축(版築)

《한서(漢書)》〈경포전(黥布傳)〉에 "몸소 판축을 짊어졌다." 하였는데, 이기(李奇)가 말하기를, "판(版)은 장판(墻版)이고, 축(築)은 절구공이〔杵〕이다."[17] 하였다.

교격(膠鬲)

채청이 말하기를, "전편(前篇) 〈공손추 상(公孫丑上)〉에서는 '미자(微子)·미중(微仲)·왕자 비간(比干)·기장(箕子)·교격(膠鬲)이 서로 함께 주왕(紂王)을 보좌하였다.'고 하였으니, 교격은 주왕의 신하이다. 지금 이 부분 주석에 '교격이 난을 만나 물고기와 소금을 팔고 있었는데, 문왕(文王)이 등용하였다.'고 하였으니, 또 미천한 신분에서 일어난 한 사람인 듯하다. 아마도 주왕이 무도하여 현자를 버리자 교격이 이에 다시 은거하여 소금을 팔다가 문왕에게 등용된 것이 아니겠는가." 하였다.

손숙오(孫叔敖)

《사서휘고(四書彙考)》에 "손숙오는 다른 이름이 위애렵(蔿艾獵)으

17 판(版)은……절구공이〔杵〕이다 : 장판(墻版)은 토성을 쌓을 때 흙을 막는 나무판자이고, 절구공이는 토성의 흙을 다지는 기구이다.

로, 위가(蔿賈)의 아들이다. 민간에 숨어살면서 벼슬하지 않았는데, 영윤(令尹) 우구자(虞丘子)가 장왕(莊王)을 만나 말하기를, '신이 시위소찬한 지 오래되었습니다. 들으니 시골에 손숙오라는 선비가 있는데 수려하고 재능이 많으며 욕심이 없는 성품이라고 합니다. 군주께서 그를 등용하여 정사를 맡기시면 나라를 잘 다스려지게 하며 백성을 따르게 할 수 있을 것입니다.' 하니, 장왕이 수레를 보내어 맞이하였다. 그가 이르자 영윤으로 삼았다." 하였다.

시장에서 등용되다.〔擧於市〕

손씨(孫氏)의 《맹자정의》에 "백리해(百里奚)가 우(虞)나라에서 도망쳐 진(秦)나라에 가서 시장에 숨어살았는데, 진 목공(秦繆公)이 재상의 직임을 맡겼다." 하였다.

이른바 '성'은 또한 기품과 식색을 가리켜 말하였을 뿐이다.〔所謂性, 亦指氣稟食色而言耳.〕-주(註)-

살펴보건대, '살과 뼈를 고달프게 하다.〔勞筋骨〕'·'신체와 피부를 주리게 하다.〔餓體膚〕' 등의 말을 보면, 여기의 '성(性)' 자는 아래 편 〈진심 하(盡心下)〉의 '입이 맛에 있어서와 사지가 편안함에 있어서는 본성이다.〔口之於味也, 四肢之於安逸也, 性也〕'의 뜻과 같다.

마음에 괴롭고 생각에 걸린 뒤에 분발한다.〔困於心衡於慮而後作〕

채청이 말하기를, "마음에 괴롭고 생각에 걸린 뒤에 분발하는 것은 그 허물을 고침이 자신을 통해 얻은 것이고, 얼굴빛에서 징험하고 말소리에 드러난 뒤에 깨닫는 것은 그 허물을 고침이 남을 통해 얻은 것이다." 하였다.

남의 얼굴빛에서 징험하고 남의 말소리에 드러난 뒤에 깨닫는다.〔徵於色發於聲而後喩〕

조씨(趙氏) 구주(舊註)에 "징험이 얼굴빛에 드러나는 것은 굴원(屈原)의 초췌한 모습을 어부가 보고서 기이하게 여긴 것 같은 것이다. 말소리에 드러난 뒤에 깨닫는 것은 영척(甯戚)의 상가(商歌)을 환공(桓公)이 이상하게 여긴 것 같은 것이다.[18]" 하였다.

경원 보씨가 말하기를, "순임금은 대성인의 일이고, 부열 이하는 모두 상지의 일이다." 하였다.〔慶源輔氏曰: 舜, 大聖人之事; 傳說以下, 皆上智之事.〕-소주(小註)-

살펴보건대, 〈중용서(中庸序)〉에 "비록 상지(上智)라도 인심(人心)이 없을 수 없다." 하였는데, 그 아래 소주의 주자(朱子)의 말에 '비록 성인이라도 인심이 없을 수 없다.' 하였다. 이것을 보면 상지와 성인을 다르게 보아서는 안 된다. 그런데 지금 경원 보씨는 순임금은 성인으로 여기고 부열 이하는 상지로 여겨 두 등급으로 나누어 보았으니 어떨지 모르겠다.

18 영척(甯戚)의……것이다 : 상가(商歌)는 비통한 음조의 노래이다. 진(晉)나라 영척이 제(齊)나라에서 소를 먹이면서 소뿔을 두드리며 슬피 노래 부르자, 환공이 그 소리를 듣고 이상히 여겨 데려와 등용하였다. 《藝文類聚 卷94》

맹자왈진기심자지기성야장
孟子曰盡其心者知其性也章

그 마음을 다하는 자는 그 본성을 아니, 그 본성을 알면 하늘을 알게 된다.〔盡其心者, 知其性也, 知其性則知天矣.〕

살펴보건대, '그 마음을 다하는 자는 그 본성을 안다.'는 것은, 그 뜻이 그 마음을 다하는 것은 그 본성을 알기 때문이라는 것이다. 그러므로 중간에 '자(者)' 자를 놓았다. '그 본성을 알면 하늘을 안다.'는 것은, 본성이 하늘에서 나온 것이니 그 본성을 알면 저절로 하늘을 알 수 있다는 것이다. 그러므로 중간에 '즉(則)' 자를 놓았다.

단명과 장수에 의심하지 않고서 자신을 닦아 죽음을 기다리는 것이 천명을 세우는 방법이다.〔殀壽不貳, 修身以俟之, 所以立命也.〕

살펴보건대, 하늘을 아는 것은 지(知)이고, 하늘을 섬기는 것은 행(行)이니, 이 단락은 지와 행의 지극함을 겸한 것이다.

신안 진씨가 말하기를, "'명의 길고 짧음이다.'의 이 '명' 자는 기운을 말한 것이고, '명을 세운다.'의 이 '명' 자는 이치와 기운을 겸하여 말

한 것이다.” 하였다.〔新安陳氏曰：命之長短此命字，以氣言；立命此命字，兼理與氣言.〕-소주(小註)-

살펴보건대, 장단(長短)의 명(命)을 말할 때의 이 ‘명’ 자는 전적으로 기운을 말한 것이다. 입명(立命)의 명을 말할 때의 이 ‘명’ 자는 전적으로 이치를 말한 듯하다.

태허로 말미암아 ‘천’이라는 명칭이 생겼고, 기화로 말미암아 ‘도’라는 명칭이 생겼고, 태허와 기화를 합하여 ‘성’이라는 명칭이 생겼고, 성과 지각을 합하여 ‘심’이라는 명칭이 생겼다.〔由太虛，有天之名；由氣化，有道之名；合虛與氣，有性之名；合性與知覺，有心之名.〕-주(註)-

살펴보건대, 태허(太虛)가 즉 태극(太極)이다. 태극은 이치이고 하늘 또한 이치이다. 그러므로 ‘태허로 말미암아 천(天)이라는 명칭이 생겼다.’고 한 것이다. 음양 두 기운이 유행하여 만물이 화생하는데 이미 만물이 있으면 각각 그 도가 있다. 그러므로 ‘기화로 말미암아 도(道)라는 명칭이 생겼다.’고 한 것이다. 기운으로 형체를 이루고 이치가 각각 여기에 부여된다. 그러므로 ‘태허와 기화를 합하여 성(性)이라는 명칭이 생겼다.’고 한 것이다. 마음은 모든 이치를 갖추고 있으면서 허령(虛靈)하고 지각(知覺)이 있다. 그러므로 ‘성과 지각을 합하여 심(心)이라는 명칭이 생겼다.’고 한 것이다.

○주자가 말하기를, “‘태허로 말미암아 천이라는 명칭이 생겼다.’는 것은 전적으로 이치를 말한 것이고, ‘기화로 말미암아 도라는 명칭이 생겼다.’는 것은 사물 측면에서 말한 것이다. 이를테면 ‘본성대로 하는 것을 도라고 한다.〔率性之謂道〕’의 경우에 성(性)은 이치일 뿐이어서 본성대로 해야만 이 도를 볼 수 있는[19] 것과 같다. ‘태허와

기화를 합하여 성이라는 명칭이 생겼다.'는 것은 '허(虛)' 자는 바로 이치를 말하 것이니, 이치가 기와 합하여 사람이 있게 된 것이다." 하였다.

성과 지각을 합하다.〔合性與知覺〕-주(註)-

"사람과 조수(鳥獸)는 본래 지각이 있는데 그 지각에 통하고 막힘이 있을 뿐입니다. 초목도 지각이 있습니까?"라는 어떤 사람의 질문에, 주자가 말하기를, "초목에도 지각이 있다. 화분의 꽃이 조금 물을 얻으면 바로 꽃이 피고 만약 꺾어버리면 바로 시들어 버리니 지각이 없다고 할 수 있겠는가. 단지 조수의 지각이 사람의 지각만 못하고, 초목의 지각이 조수의 지각만 못할 뿐이다." 하였다.

19 본성대로……있는 : 대본에는 '率性方是見得道'로 되어 있는데, 《주자어류(朱子語類)》에 의거하여 '率性方見得是道'으로 바로잡아 번역하였다.

맹자왈막비명야순수기정장
孟子曰莫非命也順受其正章

천명 아님이 없으나 그 정명을 순하게 받아야 한다.〔莫非命也, 順受其正.〕

살펴보건대, 여기의 '명(命)' 자는 즉 위 장에서 말한 '명을 세우다.〔立命〕'의 명(命)이다. '그 정명을 순하게 받는다.'는 즉 위 장에서 말한 '자신을 닦아서 죽음을 기다린다.'와 아래 글에서 말한 '그 도를 다하고 죽는다.'는 것이다.

○주자가 말하기를, "공자와 맹자와 같은 성현(聖賢)이 세상에 등용되지 못했으나 그 정명을 순하게 받지 않음이 없었으니, 이는 성현의 분수에서 이미 그 정명을 얻은 것이다." 하였다.

그 도를 다하고 죽는 자는 정명이다.〔盡其道而死者, 正命也.〕

살펴보건대, 그 도를 다한다는 것은 자신에게 있는 도를 다하는 것이다. 자신에게 있는 도를 다하면 비록 흉화(凶禍)로 죽더라도 이는 정명이다. 그러므로 주자가 말하기를, "가령 문왕(文王)이 유리(羑里)에서 죽고, 공자가 환태(桓魋)에게 죽임을 당했더라도 이는 정명이다." 하였고, 또 비간(比干)이 심장을 갈라 죽임을 당한 것을 가지고도 정명이라고 하였다.

모두 하늘이 명한 것이다.〔皆天所命〕 모두 그것을 이르게 함이 없어도 저절로 이르는 것이다.〔皆莫之致而至者〕-주(註)-

살펴보건대, 여기의 '개(皆)' 자는 '명 아님이 없다.〔莫非命〕'의 '막비(莫非)' 자와 호응한다.

맹자왈행지이불저언장
孟子曰行之而不著焉章

행하면서도 밝게 알지 못하며……종신토록 행하면서도 그 도를 모르는 자가 많다.〔行之而不著焉……終身由之而不知其道者, 衆也.〕

살펴보건대, 천하의 모든 일에 도가 있지만 이것을 아는 자는 적다. 지금 우선 한 가지 일을 들어 말하면, 아버지가 자애롭고 자식이 효도하는 것은 누군들 행하지 않겠는가마는 그렇게 하는 이유는 분명히 알지 못하는 자가 있다. 누군들 자애와 효도를 익히지 않겠는가마는 그렇게 하는 오묘한 이치는 정밀하게 살피지 못하는 자가 있다. 이것이 종신토록 행하고 익히면서도 그 도를 알지 못하는 자가 많은 이유이다.

맹자왈치지어인대의장
孟子曰恥之於人大矣章

부끄러움이 사람에게 있어서 매우 크다.〔恥之於人, 大矣.〕

살펴보건대, 이 장은 위 장의 '사람은 부끄러움이 없어서는 안 된다.'는 내용을 이어 말한 것이다. 수오지심(羞惡之心)이 없으면 사람이 아니니, 부끄러움이 없다면 반드시 하지 않는 짓이 없어 금수의 지경으로 전락할 것이다. 그러므로 '사람은 부끄러움이 없어서는 안 된다.'고 말하고, '사람에게 있어서 매우 크다.'고 한 것이니, 그 간곡하게 되풀이하여 말하는 뜻이 깊다.

기변으로 교묘하게 속이는 자는 부끄러움을 쓰는 바가 없다.〔爲機變之巧者, 無所用恥焉.〕

살펴보건대, 기(機)는 몰래 함정을 파서 사람을 빠뜨리는 뜻인 듯하다. 그러므로 집주(集註)에서 '기'를 '기계(機械)'라고 한 것이다. ○채청이 말하기를, "부끄러워하는 마음이 있는 사람은 기변으로 교묘하게 속이는 짓을 달가워하지 않으니, 보존된 것이 정대(正大)한 마음이고 행하는 것이 정대한 일이다." 하였다.

부끄러워하지 않음이 남과 같지 못하다면 어느 것이 남과 같겠는가.〔不恥不若人, 何若人有?〕

주공천(朱公遷)이 말하기를, "이는 그 고유한 마음의 측면에서 말한 것이다. '부끄러움이 없는 것을 부끄러워한다면 수치를 당하는 일이 없을 것이다.'는 것은 권면한 것이고, '부끄러워하지 않음이 남과 같지 못하다면 남과 같지 못할 것이다.'는 것은 경계한 것이니, 두 장이 서로 표리가 된다."

맹자왈부지이한위지가장
孟子曰附之以韓魏之家章

한씨나 위씨 같은 큰 집안을 주어도 그것을 하찮게 여기는 사람이라면 남보다 월등하게 뛰어난 사람이다.〔附之以韓魏之家, 如其自視欿然, 則過人遠矣.〕

살펴보건대, 이른바 '한씨나 위씨 같은 큰 집안을 주어도 하찮게 여긴다.'는 것은 부귀에 동요되지 않는다는 말이다. 그런데 조씨(趙氏)의 구주(舊註)에 '인의(仁義)의 도가 부족하다고 스스로 여기는 것이다.'고 하였으니, 본 뜻을 잃은 듯하다.

○채청이 말하기를, "부(附)는 '더하다〔益〕'는 뜻이다. 이미 부유한데 또 보태주는 것이 아니라, 단지 이것을 준다는 말이다." 하였다.

맹자왈인언불여인성지입인심야장
孟子曰仁言不如仁聲之入人深也章

좋은 법령으로 다스리는 것이 좋은 교육으로 민심을 얻은 것만 못하다.〔善政, 不如善教之得民也.〕

살펴보건대, 선정(善政)은 훌륭한 정사이니 또한 민심을 얻을 수 있다. 다만 선교(善教)에 미치지 못할 뿐이다. 이른바 '선교'란 요순(堯舜) 시대에 사도(司徒)와 전악(典樂)의 관직을 설치하여 8세에 소학(小學)에 들어가고 15세에 대학(大學)에 들어가 가언(嘉言)과 선행(善行)이 귀에 박히고 뱃속에 가득 차게 하며 피부에 젖어들고 골수에 사무치게 한 것과 같으니 그렇다면 교육이 미치는 바에 선하지 않은 사람이 없어 정사를 기다리지 않아도 저절로 민심을 얻을 수 있다. 그러므로 '좋은 법령으로 다스리는 것이 좋은 교육으로 민심을 얻는 것만 못하다.'고 한 것이다.

맹자왈인지유덕혜술지자장
孟子曰人之有德慧術知者章

항상 어려움 속에 있다.〔恒存乎疢疾〕

진(疢)은 《설문해자(說文解字)》에 "열병(熱病)이다. '화(火)'와 '역(疒)'으로 구성되어 있다. 혹 '진(疹)'으로 쓴다." 하였다.

오직 버림받은 신하와 서자들은 그 마음가짐이 조심스럽고 우환을 염려함이 깊기 때문에 사리에 통달하는 것이다.〔獨孤臣孼子, 其操心也危, 慮患也深, 故達.〕

살펴보건대, 사람의 우환이 한두 가지 일이 아니니, 겪은 우환이 어느 것인들 어려운 것이 아니겠는가. 그런데도 지금 특별히 버림받은 신하와 서자를 거론한 것은 버림받은 신하와 서자가 겪은 일이 더욱 답답하고 절박하기 때문이다. 마음가짐이 조심스럽고 우환을 염려함이 깊기 때문에 사리에 통달하여 마땅하게 처신할 수 있는 것이다.

○《춘추좌씨전(春秋左氏傳)》에는 "서자(庶子)를 '얼(孼)'이라고 한다." 하였고, 《춘추공양전(春秋公羊傳)》에는 "얼(孼)은 천자(賤子)이니, 나무에 움이 있는 것과 같다." 하였다.

맹자왈군자유삼락장

孟子曰君子有三樂章

부모가 모두 생존해 계시고 형제가 무고한 것이 첫 번째 즐거움이다.〔父母俱存，兄弟無故，一樂也.〕

채청이 말하기를, "무고한 것도 여러 종류이다. 혹 요절하거나 환란이 있거나 서로 멀리 떨어져 있거나 형제가 불량하거나 화목하지 못한 것이 모두 사고〔故〕이다. 이를테면 사마우(司馬牛)가 형제가 있었지만 그 형제가 난을[20] 일으킴을 걱정한 것 같은 것은 사고가 있는 것이다.[21]

군자는 세 가지 즐거움이 있는데 천하에 왕노릇하는 것은 여기에 포함되지 않는다.〔君子有三樂，而王天下，不與存焉.〕

임차애(林次崖)가 말하기를, "'순(舜)임금이 아버지를 몰래 업고 도망쳐서 바닷가를 따라 살면서 종신토록 흔연히 즐거워하며 천하를 잊었을 것이다.'를 보면, 부모가 모두 생존해 계신 것이 즐거워할

20 난을 : 대본에는 '難'으로 되어 있는데, 《논어》〈안연(顔淵)〉 주석의 '憂其爲亂則將死'에 의거하여 '亂'으로 바로잡아 번역하였다.

21 사마우(司馬牛)가……것이다 : 《논어》〈안연〉에 나오는 내용이다. 사마우가 "남들은 다 형제가 있는데 나만 홀게 없게 되겠구나."라고 하였는데, 그 주석에 '사마우가 형제가 있는데도 이렇게 말한 것은 그 형이 난을 일으키다가 장차 죽을까 걱정해서이다.' 하였다. 사마우의 형 사마환퇴(司馬桓魋)는 성질이 포악하여 반란을 꾀하고 공자를 해치려고 한 인물이다.

일이고 천하에 왕노릇하는 것은 즐거움에 포함되지 않는 것이 분명하다. 이윤(伊尹)이 의(義)가 아니거나 도(道)가 아니면 천하를 녹으로 주더라도 돌아보지 않은 것은 단지 부끄러워하는 마음이 있었기 때문이다. 부끄러워하는 마음이 있어 천하를 달가워하지 않는다면 하늘을 우러러 부끄럽지 않고 땅을 굽어보아 부끄럽지 않아 천하에 왕노릇하는 것이 즐겁지 않음을 알 수 있다. 삼대(三代) 성왕(聖王) 이후로 천하에 왕노릇한 자가 대대로 이어졌지만 지금 모두 어디에 있는가? 그러나 공자와 맹자의 가르침의 은택은 지금까지 민멸되지 않았으니, 영재를 교육하는 일이 즐거워할 일이어서 천하에 왕노릇하는 것과 바꿀 수 없음이 분명하다." 하였다.

맹자왈광토중민군자욕지장
孟子曰廣土衆民君子欲之章

천하의 한 가운데에 서서……군자가 즐거워하지만 하늘에서 받은 본성은 여기에 있지 않다.〔中天下而立……君子樂之, 所性不存焉.〕

살펴보건대, 천하의 한 가운데에 선다는 것은 천하의 중심에 서는 것이 아니라, 임금이 천하 사방의 표준이 된다는 말이다. 그러므로 '천하의 한 가운데에 선다.〔中天下而立〕'고 한 것이다. 상하의 네 단락에서 네 번 '군자(君子)'를 거론한 것은 네 단락에서 말한 것이 모두 군자의 일이기 때문이다.

○주자가 말하기를, "'소성(所性)' 자는 실질적인 말이 아니니, '요순은 본성대로 행하신 분이다.〔堯舜性之〕'의 '성(性)' 자와 같다." 하였다.

○채청이 말하기를, "천하의 한 가운데에 선다면 토지를 넓힐 뿐만이 아니고, 천하의 백성을 안정시킨다면 백성을 늘릴 뿐만이 아니니, '욕(欲)' 자는 뜻이 좁고 얕으며, '낙(樂)' 자는 뜻이 넓고 깊다." 하였다.

인의예지가 마음속에 뿌리박고 있기 때문에……사체가 말하지 않아도 저절로 깨달아 행해진다.〔仁義禮智根於心……四體不言而喩.〕

살펴보건대, '그 밖으로 드러날 때에는 환하게 얼굴에 드러나고 등에 넘쳐흐른다.'는 것은 옥이 묻혀 있어 산이 빛나고 구슬이 잠겨 있어 못이 아름다운 것과 같으니, 평소 마음속에 기른 것이 저절로 밖으로 드러난 것이다. 이것이 어찌 한때 억지로 힘쓰는 자가 할 수 있는 바이겠는가. 이 '수면앙배(睟面盎背)' 네 자를 보면 맹자가 잘 형용했다고 하겠다.

맹자왈백이피주거북해지빈장
孟子曰伯夷辟紂居北海之濱章

나는 서백이 노인을 잘 봉양한다고 들었다.〔吾聞西伯善養老〕

살펴보건대, 이 단락의 주된 뜻은, 서백(西伯)에 중점을 두고 말한 것이 아니라, 노인을 잘 봉양하는 것에 중점을 두고 말한 것이다. 이것은 단지 문왕(文王)의 일을 인용하여 임금이 노인을 잘 봉양해야 한다는 것을 말한 것이다. 아래 글에서 말한 것이 모두 노인을 잘 봉양하는 일이다.

맹자왈이기전주장

孟子曰易其田疇章

전주(田疇)

《국어(國語)》 가규(賈逵)[22]의 주(註)에는 "1정(井)이 주(疇)이다." 하였다.

○《춘추좌씨전》 두예(杜預)의 주에는 "밭두둑〔畔〕까지 아우른 것이 주(疇)이다." 하였다.

먹기를 제때에 하며 쓰기를 예법대로 한다.〔食之以時, 用之以禮.〕

《사서휘고(四書彙考)》에 "제때에 먹는다는 것은 《예기》〈왕제(王制)〉의 '수달이 물고기로 제사를 지낸 뒤에야 못에 통발을 들이고, 승냥이가 짐승으로 제사를 지낸 뒤에야 사냥한다.'는 등속과 같다. 예법대로 쓴다는 것은 관혼상제(冠婚喪祭)에 각각 정식(定式)이 있어서 지나치게 할 수 없는 따위와 같다.

22 가규(賈逵) : 대본에는 '賈陸'로 되어 있는데, 《육신주문선(六臣註文選)》에 의거하여 바로잡아 번역하였다.

맹자왈계명이기자자위선장
孟子曰鷄鳴而起孳孳爲善章

닭이 울면 일어나 부지런히 선행을 하는 자는……도척의 무리이다.
〔鷄鳴而起, 孳孳爲善……蹠之徒也.〕

살펴보건대, 닭이 울 때부터 일어나서 부지런히 선행을 하거나 이익을 추구한다면 종일토록 부지런함을 알 수 있다. '자자(孳孳)' 두 글자에 이미 종일의 뜻이 그 속에 포함되어 있다. '도(徒)'는 즉 당류(黨類)이니, 호변장(好辯章)의 '양주와 묵적을 막아야 한다고 말하는 자는 성인의 무리이다.〔能言距楊墨者, 聖人之徒.〕'의 '도(徒)' 자와 같다.

맹자왈기자감식갈자감음장
孟子曰饑者甘食渴者甘飮章

사람이 굶주림과 목마름의 해로 마음의 해를 입지 않을 수 있다면 남에게 미치지 못함을 근심하지 않을 것이다.〔人能無以飢渴之害爲心害, 則不及人, 不爲憂矣.〕

살펴보건대, 빈천(貧賤)이 사람 마음의 굶주림과 목마름이다. 만약 빈천의 해로 마음을 해치지 않는다면 그 본심의 올바름을 잃지 않을 수 있으니, 이와 같다면 어찌 남에게 미치지 못하는 것을 걱정하겠는가.

맹자왈유하혜불이삼공역기개장
孟子曰柳下惠不以三公易其介章

유하혜는 삼공의 지위로 자신의 절개를 바꾸지 않았다.〔柳下惠不以三公易其介〕

살펴보건대, 조화롭되〔和〕 절개가 없으면 그 폐단이 반드시 휩쓸리는데 이른다. 오직 유하혜는 이미 조화로운 데다 절개가 있었고, 그 절개가 또 삼공의 지위로도 바꾸지 않을 정도였으니, 이점이 바로 그의 조화가 성인(聖人)의 조화가 된 이유이다.

공손추왈시왈불소찬혜장
公孫丑曰詩曰不素餐兮章

《시경》에 이르기를 "공밥을 먹지 않는다." 하였다.〔詩曰不素餐兮〕

살펴보건대, 공밥〔素餐〕이란 아무 일도 하지 않고 먹기만 하는 것이다. 아마도 공손추(公孫丑)는 맹자가 천하를 두루 돌아다니며 제후에게 얻어먹는 것을 보았기 때문에 이러한 질문을 한 듯하다.

맹자왈중자불의여지제국이불수장
孟子曰仲子不義與之齊國而弗受章

중자는 의롭지 않은 방법으로 제나라를 주면 받지 않을 것을……어찌 가하겠는가.〔仲子不義, 與之齊國弗受……奚可哉?〕

살펴보건대, 본문에는 단지 '신(信)' 자만 말했는데 집주에서 '현(賢)' 자를 미루어 도출하였으니, 이는 제나라 사람들이 그가 제나라를 받지 않을 것을 믿어 어질게 여긴다는 말이다. 그러나 중자(仲子)는 형을 피하고 어머니를 떠나 친척과 군신과 상하의 도리를 무시하였으니 이것으로 저것을 비교하면 제나라를 받지 않은 것은 한 그릇의 밥과 한 그릇의 국을 물리치는 작은 의(義)이고, 형을 피하고 어머니를 떠난 것은 인륜을 저버린 큰 불의이다. 그렇다면 이른바 어질다는 것이 바로 어질지 못함이 된다. 그러므로 결어(結語)에서 단정하여 '큰 절개라고 믿는 것이 어찌 가하겠는가.'라고 하고, 집주에서도 '어찌 마침내 어질다고 할 수 있겠는가.'라고 한 것이다.

도응문왈장
桃應問曰章

고수가 사람을 죽였다면 어떻게 하겠습니까……몰래 업고 도망하여
〔瞽瞍殺人, 則如之何……竊負而逃〕

채청이 말하기를, "도응(桃應)의 이 질문에 대해서는, 내 생각엔 맹자가 당시에 '순임금이 천자가 되었다면 고수가 사람을 죽이는 일이 필시 없었을 것이다.'라고만 응답해야 할 듯하다. 이러한 말만으로도 도응의 질문을 엎어버리고 더 이상 말을 낭비하지 않기에 충분하니, '법을 집행하였을 것이다.'는 말과 '몰래 업고 도망하였을 것이다.'는 말이 또 모두 없었을 것이다." 하였다.

○살펴보건대, 도응의 질문과 맹자의 대답은 모두 가탁한 말이니, 이는 '가령 이런 일이 있다면 그 변고에 대처함이 이와같았을 것이다.'라는 말이다. 그런데 지금 채씨의 말은 상도(常道)에 근거하여 말하였으니 본래의 뜻과 어긋나는 듯하다. 더구나 순임금 같은 분이 아들인데도 고수가 항상 죽이고자 하였으니, 고수가 사람을 죽이는 일이 반드시 없을 것이라고 어떻게 장담하겠는가.

전수받은 바가 있다.〔夫有所受之也〕

임차애가 말하기를, "전수받은 바가 있다는 것은, 《서경》에 '하늘이 죄 있는 자를 토벌하려 하시거든 왕께서는 다섯 가지 형벌로 다섯 가지 등급을 써서 처벌하소서.' 하였으니, 법은 하늘에 근본을 두고 성인에게서 제정되어 서로 전하여 대대로 지켜온 것이니, 바로 이것

이 전수받은 바가 있는 것이다. '요(堯)임금에게서 전수받은 것이다.'라는 혹자의 설은 지극히 졸렬하다." 하였다.

맹자왈사이불애시교지야장
孟子曰食而弗愛豕交之也章

공경하는 마음은 폐백을 바치기 이전에 있는 것이다.〔恭敬者, 幣之未將者也.〕

살펴보건대, 위 단락에서는 '경(敬)'만 말하였고 여기에 이르러 '공(恭)' 자와 합하여 말하였다. '공경'은 나누어 말하면 '경'은 마음을 위주로 말하고 '공'은 용모를 위주로 말하며, 합하여 말하면 공경이 모두 마음에 중점을 두니 본래 하나의 일이다.

공경하되 실제가 없으면 군자는 헛되이 얽매이지 않는다.〔恭敬而無實, 君子不可虛拘.〕

살펴보건대, 임금된 자가 단지 폐백을 갖추어 초빙하는 예로 현자(賢者)를 대우하는 것을 공경이라고 여기고 진실하게 신뢰하는 뜻이 없으면 이른바 '공경'이라는 것은 단지 외면의 허례(虛禮)일 뿐이니, 군자가 어찌 허례 때문에 떠나지 않고 머물겠는가.

맹자왈형색천성야장
孟子曰形色天性也章

형색은 천성이니, 오직 성인만이 형색을 바르게 실현할 수 있다.〔形色, 天性也. 惟聖人然後可以踐形.〕

주자가 말하기를, "사람은 형체가 있고 형체는 반드시 본성이 있다. 귀는 형체이니 반드시 그 밝게 듣는 기능을 다해야만 귀의 형체를 실현할 수 있으며, 눈은 형체이니 반드시 그 밝게 보는 기능을 다해야만 눈의 형체를 실현할 수 있다." 하였다.

○이천(伊川)이 말하기를, "형체를 실현한다는 것은 사람의 형체를 채우는 것이니, 본성을 다하는 것과 형체를 실현하는 것은 한 가지 일일 뿐이다." 하였다.

제선왕욕단상장
齊宣王欲短喪章

또한 효제를 가르칠 뿐이다.〔亦教之孝弟而已矣〕

살펴보건대, 이 장의 주된 뜻이 단상(短喪)에 있으니, 단지 '효를 가르친다.'고 말하는 것이 옳은데, 지금 '효제(孝弟)'를 겸하여 말하였다. 이는 이 단락에서 형의 팔뚝을 비트는 것을 말했기 때문에 '형(兄)' 자에 따라서 '제(弟)'를 아울러 거론한 것이다.

상기(喪期)를 마치고 싶어도 할 수 없는 경우이다.〔是欲終之而不可得也〕

채청이 말하기를, "《의례(儀禮)》 살펴보면, '공자(公子)는 그 친모를 위하여 연관(練冠)을 쓰고 삼베옷을 입고 붉은 동정을 달았다가 장례를 치른 뒤에 벗는다.' 하였으니, 이것이 바로 상기를 마치는 것이다. 아마도 당시에 이러한 예가 이미 폐지되었기 때문에 '상기를 마치고 싶어도 할 수 없는 경우이다.'고 한 듯하다. 만약 장례를 치르고 나서 차마 즉시 상복을 벗을 수 없어서 그런 것이라면 그 정(情)은 비록 두텁지만 예제(禮制)에 지나치다. 옛말에 '선왕이 제정한 예법을 감히 초과할 수 없다.'고 하였으니, 그 사부가 청한 이유는 장례를 치르고 나서 차마 즉시 상복을 벗을 수 없어 그런 것은 아닌 듯하다. 청한 것도 장례를 치른 뒤에 상복을 벗는 것처럼 할 수 있기를 바랐을 뿐이다." 하였다.

공자는 그 친모를 위하여 연관을 쓰고 삼베옷을 입고 붉은 동정을 달

았다가 장례를 치른 뒤에 벗는다.〔公子爲其母, 練冠麻衣縓緣, 旣葬除之.〕-주(註)-

《의례》 본소(本疏)에 "공자는 임금의 서자(庶子)이다. 제후는 존귀하여 기년복(朞年服) 이하의 상복은 입지 않으니, 공자가 압존(壓尊)되어 친모를 위해 상복을 입을 수 없다. 그러나 그 친모의 은혜를 빼앗지 않기 때문에 오복(五服) 이외에 임시로 이러한 복을 제정한 것이다." 하였다. 전(傳)에 "어찌하여 오복에 들어있지 않은가? 임금이 입지 않는 상복은 자식도 감히 입을 수 없기 때문이다." 하였다.

공손추왈도즉고의미의장
公孫丑曰道則高矣美矣章

남을 가르치는 자는 모두 바꿀 수 없는 법식이 있다.〔敎人者, 皆有不可易之法.〕-주(註)-

살펴보건대, 목수(木手)에게는 목수의 법이 있고 사수(射手)에게는 사수의 법이 있으니, 이는 모두 정해진 법식이 있어서 바꿀 수 없다. 만약 목수가 졸렬한 목공을 위하여 먹줄과 먹통 쓰는 방식을 바꾸고, 명궁인 예(羿)가 졸렬한 사수를 위하여 활 당기는 방식을 바꾼다면 이는 바로 그 법식을 바꾸는 것이다.

능한 자가 따른다.〔能者從之〕

살펴보건대, '능한 자가 따른다.'는 윗글 '미칠 수 없을 듯하다.〔似不可及〕'와 호응한다.

터득하는 묘법은 말해주지 않는다.〔不告以得之之妙〕-주(註)-

채청이 말하기를, "터득하는 묘법이란 증자(曾子)가 터득한 '일이관지(一以貫之)'와 안자(顔子)가 터득한 '우뚝한 도'[23]와 같으니, 이것

23 우뚝한 도 : 안연(顔淵)이 공자의 도의 경지를 설명한 말로, 《논어》〈자한(子罕)〉에 "선생님의 도는 우러러 볼수록 더욱 높고, 파고들수록 더욱 견고하며 바라보면 앞에 있는 듯하다가 홀연히 뒤에 있다. 선생님께서 차근차근 잘 이끌어 주시어 학문으로 나의 지식을 넓혀 주시고 중정(中正)한 예(禮)로 나의 행동을 단속하게 해 주셨다. 공부를 그만두려 해도 그만둘 수 없어 나의 재주를 다해 보았더니, 비로소 선생님의

이 참으로 이른바 '중도로 선다.〔中道而立〕'는 것이다. 과불급이 없는 경지는 진실로 쉽게 말할 수 있는 것은 아니다. 그러나 이는 또한 천리(天理)의 당연함일 뿐이다. 그러므로 '어렵지도 않고 쉽지도 않다.'고 한 것이다.

도가 우뚝하게 내 앞에 서 있는 것이 보였다. 비록 그러하나 그것을 따라가려 해도 따라갈 방도가 없다."라고 한 데서 온 말이다.

맹자왈어불가이이이자장
孟子曰於不可已而已者章

후하게 할 곳에 박하게 한다면 박하지 않은 경우가 없을 것이다.〔於所厚者薄, 無所不薄.〕

살펴보건대, 이 단락은 증자(曾子)의 이른바 '후하게 할 곳에 박하게 하면서 박하게 할 곳에 후한 경우는 없다.'[24]는 말과 같으니, 맹자의 학문이 증자에게서 나온 것이 의심의 여지가 없음을 알 수 있다.

24 후하게……없다 : 《대학(大學)》 경문(經文) 마지막 구절이다. 《대학》 경문은 공자가 말한 것을 증자가 기술하였다고 전해진다.

맹자왈진신서즉[25]불여무서장
孟子曰盡信書則不如無書章

《서경》의 내용을 모두 믿는다면 차라리 《서경》이 없는 것이 낫다.〔盡信書, 則不如無書.〕

조씨(趙氏) 구주(舊註)에 "'서(書)'는 《상서(尙書)》이다." 하였다.

○채청이 말하기를, "이 '서' 자는 꼭 《서경》을 가리킬 필요가 없으니, 일을 기재해 놓은 글이 모두 '서'이다." 하였다.

○살펴보건대, 아래 글 '무성(武成)'이라는 말을 보면, 조씨의 설이 옳은 듯하고 채씨의 설은 꼼꼼하지 않은 듯하다.

혹은 '로'로 되어 있으니 방패이다.〔或作鹵, 楯.〕-주(註)-

《한서(漢書)》에 "피가 흘러 방패가 떠내려갔다.〔血流漂鹵〕" 하였는데, 그 주석에 "로(鹵)는 방패이니, 피가 흘러 방패가 떠내려갔다는 것은 사람을 많이 죽였다는 말이다." 하였다.

25 즉 : 대본에는 빠져 있는데, 《맹자》에 의거하여 '則'을 보충하였다.

맹자왈유인왈아선위진장
孟子曰有人曰我善爲陳章

내가 진을 잘 치며 내가[26] 전쟁을 잘 한다고 말하면 그는 큰 죄인이다.〔曰我善爲陳, 我善爲戰, 大罪也.〕

살펴보건대, 진을 잘 치고 전쟁을 잘하는 자는 자신의 백성을 많이 죽일 뿐만 아니라 또 이웃나라 백성도 많이 죽인다. 손빈(孫臏)과 백기(白起) 같은 무리는 당시에 진을 잘 치고 잘 싸운다고 칭해졌지만 마릉(馬陵)과 장평(長平)의 전투에서 백성의 피와 살이 문드러지고 백골이 땅에 널렸으니, 그 죄가 어찌 크지 않겠는가. 가령 인자(仁者)가 지위에 있었다면 응당 중형을 받았을 것이다. 탕왕(湯王)이 걸왕(桀王)을 정벌할 때 하(夏)나라 백성이 '어째서 우리를 뒤에 정벌하는가.'라고 한 것과 무왕(武王)이 은(殷)나라를 정벌할 때 은나라 백성이 짐승이 뿔을 땅에 떨구듯이 머리를 조아린 것 같은 경우가 바로 왕자(王者)의 군대가 된다.

혁거(革車) · 호분(虎賁)

손씨(孫氏)의 《맹자정의》에 "혁거는 가죽으로 장식한 수레이다. 호분은 용사(勇士)에 대한 칭호로, 마치 호랑이가 짐승을 쫓아 달리는 것과 같은 것이니, 그 용맹스러움을 말한 것이다." 하였다.

○심약(沈約)이 말하기를, "'호분'은 구본(舊本)에 '호분(虎奔)'으로

26 내가 : 대본에는 빠져 있는데, 《맹자》에 의거하여 '我'을 보충하였다.

되어 있으니, 호랑이처럼 달린다는 말이다." 하였다.

왕이 말씀하기를, "두려워하지 말라. 너희들을 편안히 하려는 것이요……" 하시자, 마치 짐승이 뿔을 땅에 떨구듯이 머리를 조아렸다. 〔王曰無畏。寧爾也……若崩厥角稽首.〕

채청이 말하기를, "주자(朱子)가 '무왕이 탕왕만 못하다.'고 한 것은 그 가리키는 뜻이 한두 가지가 아니지만, 이 장을 보면 또한 알 수 있다. 탕왕의 경우는 '남쪽을 향해 정벌하면 북쪽 오랑캐가 원망하고, 동쪽을 향해 정벌하면 서쪽 오랑캐가 원망하여 「어찌하여 우리를 뒤에 정벌하는가.」 하였다.'고 하였으니, 탕왕의 군대가 이르기 전에 백성이 먼저 탕왕을 믿어서 번거롭게 고유(告諭)할 필요가 없었지만, 무왕의 경우는 '두려워하지 말라. 너희들을 편안히 하려는 것이다.'고 말해야만 백성이 비로소 짐승이 뿔을 땅에 떨구듯이 머리를 조아렸으니, 천하에 대적할 자가 없는 것은 똑같았지만 또한 우열이 없을 수는 없다." 하였다.

맹자왈재장윤여장
孟子曰梓匠輪輿章

목수나 수레공은 남에게 만드는 법을 가르쳐 줄 수는 있어도 배우는 사람의 솜씨를 정교하게 해줄 수는 없다.〔梓匠輪輿, 能與人規矩, 不能使人巧.〕

살펴보건대, '남에게 만드는 법을 가르쳐주다.〔與人規矩〕'의 '여(與)' 자와 '사람의 솜씨를 정교하게 해주다.〔使人巧〕'의 '사(使)' 자는 그 뜻에 차이가 있다. 만드는 법은 남에게 가르쳐줄 수 있지만 정교한 솜씨는 남에게 가르쳐줄 수 없기 때문에 '여'라고 하지 않고 '사'라고 한 것이니, 가르쳐주는 것은 만드는 방법이고 정교함은 사람의 마음에 달려있기 때문이다.

옛사람이 남긴 찌꺼기〔古人之糟魄〕-소주(小註)-

《장자》 주석에 "조(糟)는 술지게미이고, 썩은 밥을 백(魄)이라고 한다." 하였고, 또 "술지게미가 썩은 것이 '백'이다." 하였다.

맹자왈주우리자흉년불능살장
孟子曰周于利者凶年不能殺章

재리(財利)에 주도면밀한 자는 흉년이 그를 죽일 수 없고……악한 세상이 그를 어지럽힐 수 없다.〔周于利者, 凶年不能殺……邪世不能亂.〕

살펴보건대, '재리에 주도면밀하다.'는 말은 장차 '덕에 주도면밀하다.'를 말하기 위한 것이다. '재리에 주도면밀하면 흉년이 그를 죽일 수 없다.'고 먼저 말하여 '덕에 주도면밀하면 악한 세상이 그를 어지럽힐 수 없다.'는 말에 견주었다.

○채청이 말하기를, "덕이 주도면밀하고 지킴이 주도면밀하고 또 기운이 주도면밀하기 때문에 악한 세상이 그를 어지럽힐 수 없으니, 세 가지에서 하나라도 주도면밀하지 않으면 어지러워진다. 식견이 주도면밀하지 못하면 현혹되니, 순욱(荀彧)이 조조(曹操)를 따른 것[27]이 이에 해당한다. 지킴이 주도면밀하지 못하면 실패하니, 양웅(揚雄)이 왕망(王莽)의 대부가 된 것[28]이 이에 해당한다. 기운이 주도면밀하지 못하면 두려워하니, 왕탄지(王坦之)가 수판(手板)을 거꾸로 잡은 것[29]이 이에 해당한다." 하였다. 또 말하기를, "영무자(甯

27 순욱(荀彧)이……것 : 순욱은 후한(後漢) 말기 조조(曹操)의 책사이다. 천하가 혼란해지자 조조에게 귀의하여 군국(軍國)의 대사를 함께 의논하여, 조조로부터 자신의 장자방(張子房)이라는 칭찬을 받았다.

28 양웅(揚雄)이……것 : 양웅은 본래 한조(漢朝)에서 벼슬하였으나 왕망이 왕위를 찬탈하여 신(新)나라를 세우자 그 대부가 되었고, 시황(始皇)의 진(秦)나라를 비판하고 새로 들어선 신나라를 찬양하는 〈극진미신(劇秦美新)〉을 지어 올렸다.

武子)가 성공(成公)의 시대를 만나고[30] 거백옥(蘧伯玉)이 위 영공(衛靈公)의 시대를 만난[31] 것이 모두 이른바 '악한 세상이 그를 어지럽힐 수 없다.'는 경우이다. 또 큰 경우로는 공자가 춘추(春秋) 시대에 살았고 맹자가 전국(戰國) 시대에 살았던 것이니, 흰 옥이 진흙 속에 있어도 끝내 오염되지 않는 것과 참으로 같다." 하였다.

29 왕탄지(王坦之)가……것 : 진(晉)나라 간문제(簡文帝)가 죽자, 환온(桓溫)이 나라를 차지할 속셈으로 병사를 데리고 왕탄지와 사안(謝安)을 불러 그 자리에서 해치려고 하였다. 부름을 받았을 때 사안은 안색이 변하지 않았으나 왕탄지는 진땀을 흘리면서 허둥지둥 수판을 거꾸로 잡았다. 《晉書 卷79 謝安列傳》

30 영무자(甯武子)가……만나고 : 영무자는 춘추 시대 위(衛)나라 대부이다. 문공(文公)과 성공(成公)을 섬겼는데, 성공이 무도하여 나라를 잃을 지경에 이르렀을 때 위험을 무릅쓰고 힘을 다하여 마침내 자신도 살고 임금도 구제하였다. 이에 공자가 "영무자는 나라에 도가 있을 때는 지혜롭고 나라에 도가 없을 때는 어리석었으니, 그 지혜는 따를 수 있을지라도 그 어리석음은 따를 수 없다."고 칭송하였다. 《論語 公冶長》

31 거백옥(蘧伯玉)이……만난 : 거백옥은 춘추 시대 위(衛)나라 대부로, 세상이 혼란하면 벼슬하지 않고 은둔하여 몸을 잘 보전하였다. 이에 공자가 "군자답도다, 거백옥이여! 나라에 도가 있으면 벼슬을 하고 나라에 도가 없으면 몸을 거두어 감추었다."고 칭송하였다. 《論語 衛靈公》

맹자왈민위귀장
孟子曰民爲貴章

구민의 마음을 얻다.〔得乎丘民〕

정전(井田) 제도에 9부(夫)가 정(井)이 되고, 4정이 읍(邑)이 되고, 4읍이 구(丘)가 되고, 4구가 승(乘)이 된다.

농사가 잘 이루어지지 못하면〔年不順成〕-주(註)-

《예기》 주석에 "'순(順)'은 오행(五行)의 기운이 때에 맞는 것이고, '성(成)'은 오곡이 모두 잘 익는 것이다." 하였다.

《예기》〈교특생〉에 "천자의 큰 사제(蜡祭)가 여덟 가지이니, 이기씨가 처음 만들었다……농사가 순조로운 지방에서는 팔사(八蜡)를 올린다."[32] 하였다.〔記郊特牲, 天子大蜡八, 伊耆氏始爲蜡……順成之方,

32 천자의……올린다. 전체 내용은 다음과 같다. "천자의 큰 사제(蜡祭)가 여덟 가지이니, 이기씨(伊耆氏)가 처음 만들었다. '사(蜡)'라는 것은 찾는다는 뜻이니, 매년 12월에 모든 것이 닫히면 만물을 모아서 신을 찾아 제향하는 것이다. 사제를 지냄에 있어서는 선색(先嗇)을 위주로 하여 사색(司嗇)에게 제사 지내며, 백종(百種)에게 제사하여 그 공에 보답한다. 농(農) 및 우표철(郵表畷)과 금수(禽獸)에게 제향함은 인(仁)이 지극하고 의(義)가 극진한 것이다. 옛날의 군자는 일을 시키면 반드시 보답한다. 고양이의 신을 맞이하는 것은 고양이가 들쥐를 잡아먹기 때문이고, 호랑이의 신을 맞이하는 것은 호랑이가 멧돼지를 잡아먹기 때문이니 그들의 신을 맞이하여 제향하는 것이다. 방(坊)과 수용(水庸)은 일이다. 팔사(八蜡)를 통하여 사방의 풍흉(豐凶)을 기록한다. 사방에 농사가 순조롭지 못할 경우에는 팔사를 올리지 못하니, 이는 백성의 재물을

其蜡乃通.〕-소주(小註)-

《예기》〈교특생〉 주석에 다음과 같이 기록되어 있다. '사(蜡)'는 여덟 신에게 제사하는 것이니, 선색(先嗇)이 첫 번째이고, 사색(司嗇)이 두 번째이고, 농신(農神)이 세 번째이고, 우표철(郵表畷)이 네 번째이고, 고양이와 호랑이의 신이 다섯 번째이고, 제방〔坊〕의 신이 여섯 번째이고, 도랑〔水庸〕의 신이 일곱 번째이고, 곤충(昆蟲)의 신이 여덟 번째이다. '이기씨(伊耆氏)'는 제요(帝堯)이다. '색(索)'은 그 신을 구하여 찾는 것이고, '합(合)'은 폐(閉)와 같으니, 폐장(閉藏)의 달에 만물이 각각 이미 뿌리로 돌아가 복명하기 때문에 성인(聖人)이 공이 있는 신에게 보답하고자 찾아서 제향하는 것이다. '색(嗇)'은 색(穡)과 같으니, 선색(先嗇)은 신농(神農)이다. '주(主)'는 여덟 신의 주인이 된다는 말이다. '사색(司嗇)'은 옛날 후직(后稷)의 관직이다. '백종(百種)'은 백곡의 종자를 맡은 신이다. '보색(報嗇)'은 백성을 가르쳐 곡식을 심은 공에 보답한다는 말이다. '농(農)'은 옛날의 권농관〔田畯〕으로, 백성에게 공이 있는 자이다. '우(郵)'는 역참의 집이니, 밭두둑이 서로 연결된 곳을 표시하여 우사(郵舍)를 만들고 전농관이 거처하면서 농사를 감독하는 곳이다. '금수(禽獸)'는 고양이와 호랑이 등속이다. 들쥐와 멧돼지는 모두 농사에 해를 끼친다. 그러므로 이것을 잡아먹는 짐승은 공이 있다. '방(坊)'은 제방이고, '용(庸)'은 도랑이니, 모두 농사에 갖추어야 할 것이기 때문에 '일〔事〕'이라고 한 것이다.

신중하게 쓰기 위함이다. 반면에 농사가 순조로운 지방에서는 팔사를 올린다."

맹자왈인야자인야장
孟子曰仁也者人也章

인은 사람이라는 뜻이니 합하여 말하면 도이다.〔仁也者, 人也. 合而言之, 道也.〕

살펴보건대, 이른바 '합하다'는 것은 인을 가지고 사람과 합한다는 말이다.

○손씨(孫氏)의 《맹자정의》에 "인(仁)을 행하는 것은 사람의 도리를 다하는 것이니, 이것이 '인'이 사람이 되는 이유이다. 사람은 인이 아니면 설 수 없고 인은 사람이 아니면 행해지지 않으니, 인과 사람을 합하여 말해야 사람의 도리가 극진해진다." 하였다.

○채청이 말하기를, "내가 생각하건대, 외국본(外國本)의 설은 이치가 매우 부족한데, 주자(朱子)가 '이치가 지극히 분명하다.'고 한 것[33]은 어째서인가? '인은 사람이라는 뜻이다.'라고만 말하고 곧장 이어서 '합하여 말하면 도이다.'라고 하였으니, 이것이 맹자의 의론(議論)이 되는 이유이다. 만약 '의는 마땅함이고, 예는 행함이고, 지는 앎이고, 신은 진실함이다.'까지 겸하여 '합하여 말하면 도이다.' 라고 한다면 무슨 의미가 있겠는가. 이는 맹자가 아니더라도 이처럼

33 외국본(外國本)의……것 : 집주에 "어떤 이가 말하기를, '외국본에는 「인야(人也)」 아래에 「의(義)는 마땅함이고 예(禮)는 행함이고 지(智)는 앎이고 신(信)은 진실함이다.」는 20자가 있다고 하니, 지금 살펴보건대 이와 같다면 이치가 지극히 분명하다." 하였다.

말할 수 있다." 하였다.

○살펴보건대, 외국본에서 말한 '의는 마땅함이고 예는 행함이고 지는 앎이고 신은 진실함이다.'는 말은 맹자가 말한 '인은 사람이라는 뜻이다.〔仁者人也〕'의 '인(人)' 자와 의미의 분류와 체례(體例)가 같지 않은 듯하다. 그러므로 채씨가 이처럼 말했을 것이다. 그러나 도는 사람이 함께 행하는 바이고 인의예지신(仁義禮智信)은 천하고금에 사람이 함께 행하는 도이니, 이를 합하여 도라고 말하는 것은 이치가 지극히 분명하다. 주자의 말은 때려도 깨뜨릴 수 없는 명확한 논리인데 채씨가 반박하였으니 너무 참람하지 않은가.

맹자왈군자지액어진채지간장
孟子曰君子之戹於陳蔡之間章

군자가 진나라와 채나라 사이에서 곤경을 당한 것은〔君子之厄於陳蔡之間〕

살펴보건대, 《논어》〈위령공(衛靈公)〉에 "공자가 진(陳)나라에 있을 때에 양식이 떨어지자, 자로(子路)가 불만스러운 얼굴로 공자를 뵙고서 '군자도 궁할 때가 있습니까?' 하니, 공자가 '군자는 진실로 궁할 때가 있다.'고 말씀하셨다." 하였다. 이 장에서 '공자'라고 말하지 않고 '군자'라고 말한 것은 '군자는 진실로 궁할 때가 있다.〔君子固窮〕'의 '군자(君子)' 자에 근본하여 말한 듯하다.

상하의 교류가 없었기 때문이다.〔無上下之交也〕

살펴보건대, 공자가 노(魯)나라에서 위(衛)나라로 갔을 때 영공(靈公)이 "선생님께서 노나라에 계실 때 식록(食祿)이 얼마였습니까?" 라고 묻고서 또한 6만(萬)의 식록을 내렸고, 위나라에 있을 때에 거백옥(蘧伯玉)의 집에 머물고 정(鄭)나라에 있을 때에 자산(子產)의 집에 머물렀던 것이 모두 상하의 교류이니, 진나라와 채나라 사이에 있을 때에는 모두 교류가 없었다.

맹자왈현자이기소소장

孟子曰賢者以其昭昭章

현자는 자신의 밝음으로써 남을 밝게 하는데, 지금엔 자신의 어둠으로 남을 밝게 하려 한다.〔賢者以其昭昭, 使人昭昭; 今以其昏昏, 使人昭昭.〕

살펴보건대, '현자는 자신의 밝음으로써 남을 밝게 한다.'는 현자가 이와같음을 일반적으로 말한 것이고, '지금엔 자신의 어둠으로써 남을 밝게 하려 한다.'는 '금(今)' 한 글자를 보면 당세 사람들에게 나아가 말한 것이니, 그 중요한 뜻이 아래 구절에 있다. 자신에게 돌이켜 반성하지 못하고 남에게 요구하기만 일삼은 당시 사람들의 세태를 맹자가 깊이 탄식하였기 때문에 이렇게 말한 것이다.

맹자위고자왈산경지계간장
孟子謂高子曰山徑之蹊間章

산중의 좁은 길도 사람이 다니면 금방 길을 이루지만……잡초가 자라 길을 막는다.〔山徑之蹊間, 介然用之而成路……茅塞之矣〕

살펴보건대, 조씨(趙氏)가 말하기를, "고자(高子)가 일찍이 맹자에게 배우다가 떠나서 다른 학술을 배웠다." 하였다. 과연 그렇다면 맹자의 이 말은 이유가 있어 말씀하신 듯하다. '다니면 길을 이룬다.'는 맹자에게 배울 때이고, '다니지 않으면 잡초가 자라 길을 막는다.'는 맹자를 떠나 다른 학술을 배울 때이다. 다만 〈고자(告子)〉편의 '고루하도다. 고수(高叟)가 시를 해석함이여!'라는 말을 보면, '수(叟)'는 장로(長老)에 대한 칭호이니, 문하의 제자가 아닌 듯하니 의심스럽다.

맹자왈구지어미야장
孟子曰口之於味也章

입이 맛에 있어서와 눈이 색에 있어서와……명이지만 본성에 있는 것이므로 군자는 명이라고 하지 않는다.〔口之於味, 目之於色……命也, 有性焉, 君子不謂命也.〕

주자가 말하기를, "'명이 있다.〔有命焉〕'와 '본성이 있다.〔有性焉〕'의 이 '명(命)' 자와 '성(性)' 자는 이치의 측면에서 말한 것이다. '본성이다〔性也〕'·'군자는 본성이라고 하지 않는다.〔君子不謂性也.〕'와 '명이다.〔命也〕'·'군자는 명이라고 하지 않는다.〔君子不謂命也.〕'의 이 '성' 자와 '명' 자는 기운의 측면에서 말한 것이다." 하였다.

○또 말하기를, "'본성이지만 명이 있다.〔性也, 有命焉.〕'의 이 '성(性)' 자는 기품(氣稟)을 아울러 말한 것이고, '명이지만 본성이 있다.〔命也, 有性焉.〕'의 이 '성(性)' 자는 오로지 이치만 말한 것이다." 하였다.

○또 말하기를, "맹자 또한 기질지성(氣質之性)을 말하였으니, '입이 맛에 있어서와〔口之於味也〕' 같은 따위가 이에 해당한다." 하였다.

호생불해문왈악정자하인야장
浩生不害問曰樂正子何人也章

악정자는 두 가지의 중간이고 네 가지의 아래이다.〔樂正子, 二之中, 四之下.〕

살펴보건대, 맹자가 애초에 이미 선인(善人)과 신인(信人)으로 인정하고서 여기에 이르러 '두 가지의 중간이다.'고 결론지었다. 이른바 '두 가지'란 '선(善)'과 '신(信)' 두 가지이고, 중(中)은 두 가지의 가운데이니, 처음 질문했을 때 곧장 '선인이며 신인이다.'고 말한 것과 조금 다르다. 이는 악정자를 선인이라고 하기에는 충분하지만 신인이라고 하기에는 필시 부족한 점이 있어 그런 듯하다.

○어떤 이가 말하기를, "나는 예전에 《맹자》는 공손추(公孫丑) 무리가 기록한 책이라고 의심하였다. 지금 호생불해(浩生不害)에게 대답한 '악정자는 두 가지의 중간이고 네 가지의 아래이다.'는 말을 보면, 맹자가 스스로 말하는데도 그 이름을 부르지 않고 '자(子)'라고 하였으니, 이는 어째서인가?" 하니, 채청이 말하기를, "이것은 호생불해가 악정자라고 칭하였기 때문에 맹자도 그가 칭한 대로 대답한 듯하다." 하였다.

○살펴보건대, 옛사람은 제자에게 으레 '자(子)'라고 칭하였다. 증자(曾子)가 자양(子襄)에게 '그대는 용맹을 좋아하는가?〔子好勇乎〕'라고 하였는데, 자양은 증자의 문인이었다. 맹자 또한 일찍이 악정자에게 '그대가 자오를 따라 온 것은 단지 먹고 마시기 위해서이다.〔子之從於子敖來, 徒哺啜也.〕'라고 하였다. 이것을 보면 '호생불해가 칭한 대로 대답한 것이다.'는 채씨의 말은 잘못된 듯하다.

맹자왈유포루지정장

孟子曰有布縷之征章

삼베와 실에 대한 세금과 곡식에 대한 세금과 힘으로 부역하는 세금이 있다.〔有布縷之征, 粟米之征, 力役之征.〕

《독례의도(讀禮疑圖)》에 "삼〔麻〕을 짠 것을 포(布)라고 하고, 실을 나누어 쪼갠 것을 누(縷)라고 한다. 껍질 채로 있는 곡식을 속(粟)이라고 하고, 껍질을 벗겨낸 곡식을 미(米)라고 한다. 포루(布縷)는 5묘(畝)의 집에서 나오고 필부(匹婦)가 양잠하는데 그 일이 여름에 끝난다. 그러므로 여름에 그 세금을 거둔다. 속미(粟米)는 100묘의 밭에서 나오고 필부(匹夫)가 경작하는데 그 일이 가을에 끝난다. 그러므로 가을에 그 세금을 거둔다. 부역〔力役〕은 정(井)을 함께하는 집에서 나오고 정남(丁男)에게 부여되는데 겨울이 되어 한가할 때에 비로소 부역하는 세금을 거둔다. 부역에는 두 가지가 있다. 하나는 군부(軍賦)로, 겨울을 이용하여 교대로 번을 선다. 또 하나는 공부(工賦)로, 겨울을 이용하여 부역에 응한다. 요역(徭役)은 군부 속에 들어있고, 고역(顧役)은 공부의 편리함을 따른 것이니 모두 부역하는 세금이다. 세 가지 외에는 별도의 세금이 없고 또 이를 거두는데 각각 그 시기가 있으니, 또한 백성이 소란스럽지 않음을 알 수 있다." 하였다.

○《주례(周禮)》에 "향대부(鄕大夫)[34]가 인구수를 조사하여 임무를

34 향대부(鄕大夫) : 대본에는 '卿大夫'로 되어 있는데, 《주례》에 의거하여 바로잡아

감당할 자를 판별하는데, 왕성의 경우는 7척(20세)부터 60세까지, 교야(郊野)의 경우는 6척(15세)부터 65세까지 모두 부역을 부과하였다." 하였다. 또 "역정(力征)을 고르게 실시하는데 농사의 작황에 따라 차등을 두어 풍년에는 나랏일에 균등하게〔旬〕 3일을 부역시키고, 평년에는 나랏일에[35] 균등하게 2일을 부역시키고, 흉년에는 나랏일에 균등하게 1일을 부역시킨다." 하였는데, 그 주석에 "순(旬)은 '균등하다〔均〕'는 뜻이다." 하였다.

군자는 한 가지 세금만 거두고……세 가지 세금을 함께 거두면 부자간이 뿔뿔이 헤어지게 된다.〔君子用其一……用其三而父子離.〕

살펴보건대, '굶어죽는 자가 있다.〔有殍〕'는 굶어죽는 백성을 범범하게 말한 것이다. 그러므로 두 가지 세금을 거두는 경우에 언급하였다. 부자(父子)는 지친(至親)이니 정의(情意)가 매우 중한데 헤어지게 된다면 윤리가 끊어진 것이다. 그러므로 세 가지 세금을 거두는 경우에 언급하였다.

번역하였다.

35 나랏일에 : 대본에는 빠져 있는데, 《주례》에 의거하여 '公'을 보충하여 번역하였다.

맹자지등관어상궁장

孟子之滕館於上宮章

지난 잘못을 좇아 허물하지 않으며 오는 자를 막지 않는다.〔往者不追, 來者不拒.〕

채청이 말하기를, "'왕자(往者)'는 지난날의 불선(不善)이다. '내자(來者)'는 지금 선을 향해 오는 것이지, 후일의 불선을 말하는 것이 아니다. 그러므로 주석에 '부자(夫子)라 할지라도 그의 과거를 보장할 수 없다.'고 한 것이다." 하였다.

맹자왈인개유소불인장
孟子曰人皆有所不忍章

선비가 말해서는 안 될 때에 말한다면……이는 모두 담을 뚫고 담을 넘는 부류이다.〔士未可以言而言……是皆穿窬之類也.〕

살펴보건대, 여기에서 범범하게 '인(人)' 자를 말하지 않고 반드시 '사(士)'라고 말한 것은 그 뜻이 있는 듯하다. 선비는 사리를 대략 아는 자이다. 그런데도 이렇게 말로써 이익을 탐하고 침묵으로써 이익을 탐한다면 이는 실로 담을 뚫고 담을 넘어가는 부류이다. 그러나 '부류〔類〕'라고 말한 것은 담을 뚫고 담을 넘는 부류라는 말이지, 곧장 담을 뚫고 담을 넘어간다고 간주한 것은 아니다.

맹자왈요순성자야장

孟子曰堯舜性者也章

죽은 자를 곡하여 슬퍼함이……행실을 바르게 하려는 의식적인 노력이 아니다.〔哭死而哀……非以正行也.〕

살펴보건대, '죽은 자를 곡하여 슬퍼하는〔哭死而哀〕' 것은 죽은 자를 곡할 적에 마음속에서 감정이 일어 저절로 슬퍼한다는 말이지, 살아 있는 자 때문에 슬퍼하는 것이 아니다. '떳떳한 덕을 지키고 간사하지 않은〔經德不回〕' 것은 떳떳한 덕이 저절로 정직하고 간사하지 않다는 말이지, 봉록을 구하기 위해서 간사하지 않으려는 것이 아니다. '언어를 반드시 미덥게 하는〔言語必信〕' 것은 언어가 저절로 충실하여 반드시 미덥다는 말이지, 행실을 바르게 하기 위해서 반드시 미덥게 하려는 것이 아니다. 이는 모두 저절로 그러한 것이지 의도를 가지고 하는 것이 아니다. 그러므로 집주(集註)에서 '모두 성인(聖人)의 일이다.'고 한 것이다.

맹자왈세대인즉묘지장
孟子曰說大人則藐之章

대인을 유세할 때에는 하찮게 여기고 그 드높은 부귀와 권세는 의식하지 말아야 한다.〔說大人則藐之, 勿視其巍巍然.〕

살펴보건대, 대인을 유세할 때에 하찮게 여기라는 것은 그 대인을 하찮게 여기라는 말이 아니라, 그 드높은 부귀와 권세를 하찮게 여기라는 말이다. 이른바 '드높다〔巍巍〕'는 것은 즉 아래 단락의 '몇 자나 되는 서까래' 따위이다. 그러므로 끝맺는 말에 '내가 어찌 저들을 두려워하겠는가.'라고 한 것이다. '내가 어찌 저들을 두려워하겠는가.'라는 것이 바로 하찮게 여기는 뜻이다.

몇 길 높이의 집과 몇 자 되는 서까래〔堂高數仞, 榱題數尺〕

조씨(趙氏) 구주(舊註)에 "인(仞)은 8척(尺)이다. 세가대족(世家大族)의 집은 치수의 제한이 없다. 그러므로 '몇 길〔數仞〕'이라고 한 것이다." 하였다.

○《사서휘고(四書彙考)》에 "최(榱)는 서까래〔椽〕이니, 진(秦)나라에서는 연(椽)이라고 하고, 주(周)나라에서는 최(榱)라고 하고, 제(齊)나라에서는 각(桷)이라 하였다." 하였다.

저들에게 있는 것은 모두 내가 하지 않는 바이고……내가 어찌 저들을 두려워하겠는가.〔在彼者皆我所不爲也……吾何畏彼哉?〕

채청이 말하기를, "이는 응당 '저들이 부유함을 내세우면 나는 나의 인(仁)을 내세우고, 저들이 관작을 내세우면 나는 나의 의(義)를 내세운다.'는 방식대로 해야만 바른 의미를 알 수 있다." 하였다.

맹자왈양심막선어과욕장
孟子曰養心莫善於寡欲章

마음을 수양함은 욕심을 줄이는 것보다 더 좋은 것이 없다……비록 보존됨이 있더라도 그것이 적을 것이다.〔養心, 莫善於寡欲……雖有存焉者, 寡矣.〕

살펴보건대, 이 장은 마음의 수양을 위주로 말하였으니, 그 뜻이 대체로 '그 사람됨이 욕심이 적으면 마음이 비록 보존되지 못했더라도 그 보존되지 못한 것이 적을 것이고, 그 사람됨이 욕심이 많다면 마음이 보존되었더라도 그 보존된 것이 적을 것이다.'는 말이다. ○주자가 말하기를, "이 장의 긴요한 대목은 '과(寡)' 자와 '다(多)' 자에 있다." 하였다.

만장문왈공자재진장
萬章問曰孔子在陳章

목피는 미상이다.〔牧皮未詳〕-주(註)-

《사서휘고(四書彙考)》에 "목피(牧皮)는 역목(力牧)[36]의 후손으로 공자의 문인이며 금장(琴張)·증석(曾晳)과 벗하였다." 하였다.

만장이 말하기를, 한 고장 사람들이 모두 후덕한 사람이라고 칭하면〔萬章曰: 一鄕皆稱原人〕

살펴보건대, 이 단락의 '만장(萬章)'은 《십삼경(十三經)》 경문(經文)에는 '만자(萬子)'로 되어 있는데, 조씨(趙氏) 구주(舊註)에 "만자(萬子)는 만장(萬章)이다." 하였다. 이것을 보면 한(漢)나라 이전에는 '만자'로 되어 있었던 것이 분명한데, 언제부터 '만장'으로 바뀌었는지 모르겠다.

가라지를 싫어하는 것은 곡식 싹을 어지럽힐까 두려워서이다.〔惡莠, 恐其亂苗也.〕

《사서휘고》에 "낭(稂)과 유(莠)는 모두 농사를 해치는 것이다. 낭유

36 역목(力牧) : 황제(黃帝)가 꿈에서 보고 찾아냈다는 장수이다. 황제가 손에 천균(千鈞)의 쇠뇌를 잡고 수만의 양 떼를 몰고 가는 사람 꿈을 꾸고 나서 "천균의 쇠뇌를 드는 것은 남다른 힘의 소유자이고 수만 마리 양 떼를 몰고 다니는 것은 목민(牧民)을 잘하는 자이니, 천하에 '역(力)' 자 성과 '목(牧)' 자 이름을 가진 자가 있을 것이다."라고 하고 마침내 대택(大澤)에서 찾아내어 장수로 임명하였다.

의 싹이 이미 벼〔禾〕와 비슷하고 알갱이도 벼 낟알〔粟〕과 비슷하다." 하였다.

맹자왈유요순지어탕오백유여세장

孟子曰由堯舜至於湯五百有餘歲章

요순에서부터 탕왕에 이르기까지가 5백여 년이니……오늘에 이르기까지가 100여 년이니〔由堯舜至於湯, 五百有餘歲……至於今日, 百有餘歲〕

《황극경세서(皇極經世書)》에 "요순이 즉위한 때로부터 성탕(成湯)이 천하를 소유할 때까지가 452년이다. 성탕이 천하를 소유한 때로부터 문왕(文王)이 서백(西伯)이 되었을 때까지가 639년이고, 또 탕왕의 수명이 100세였고 재위 기간은 겨우 30년이었으니, 그 사이는 7백여 년이다. 문왕이 서백이 된 때로부터 공자 때까지가 587년이고, 공자가 죽은 때로부터 맹가(孟軻)가 양(梁)나라에 이르렀을 때까지가 143년이다." 하였다.

지은이 **김간(金幹)**

본관은 청풍(淸風), 자는 직경(直卿), 호는 후재(厚齋)이다. 송시열(宋時烈)과 박세채(朴世采)의 문인이다. 1646년(인조24)에 경기도 광주 사천촌(沙川村)에서 출생하였다. 생부는 김도(金濤)이며, 출생 직후 후사가 없었던 백부 김수(金洙)의 양자로 들어갔다. 1664년(현종5) 공도회(公都會) 초시(初試)에 급제하였고, 1668년에는 증광감시(增廣監試) 초시와 대과(大科) 초시에 급제했지만, 회시(會試)에는 합격하지 못했다. 이후 과거를 포기하고 평생을 학문 연구와 저술에 집중하였다. 1694년(숙종20)에 학행(學行)으로 천거되어 전설사 별검에 임명된 이후 계속해서 관직에 제수되었으나 1701년(숙종27) 예산 현감(禮山縣監)과 1708년(숙종34) 연산 현감(連山縣監) 두 차례 지방 수령직에만 나아가고, 나머지 관직은 거의 다 사양하였다. 일생의 거의 전 시기를 재야의 학자로 살다 1732년(영조8) 7월 26일에 87세로 세상을 떠났다. 시호는 문경(文敬)이다.

옮긴이

최예심(崔禮心)

1967년 충북 제천 출생. 민족문화추진회 국역연수원 연수부 및 상임연구부를 졸업하였다. 민족문화추진회를 거쳐 단국대학교 동양학연구원 연구교수로 재직 중이다. 《승정원일기》(공역), 《월정집》(공역), 《용주유고》(공역), 《어우집》(공역) 등을 번역하였다.

이승용(李承容)

1981년 경북 의성 출생. 영남대학교 한문교육과를 졸업하고, 성균관대학교 한문학과에서 《조선후기 강화학파 한시연구》로 박사학위를 받았다. 한국고전번역원 고전번역교육원 연수과정과 전문과정을 마치고 단국대학교 동양학연구원 연구교수로 재직 중이다. 《완구유집》, 《정관정요》(공역), 《낙전당집》(공역), 《완역정본 택리지》(공역) 등을 번역하였다.

권역별거점연구소협동번역사업 연구진

연구책임자 김문식(단국대학교 사학과)
공동연구원 윤재환(단국대학교 국어국문학과)
김우정(단국대학교 한문교육과)
책임연구원 허호구(단국대학교 동양학연구원)
최예심(단국대학교 동양학연구원)
이라나(단국대학교 동양학연구원)
이승용(단국대학교 동양학연구원)
선임연구원 김종하(단국대학교 동양학연구원)
연구보조원 유명석(단국대학교 동양학연구원)

후재집 5

김간 지음 | 최예심 · 이승용 옮김
2024년 12월 31일 초판 1쇄 발행
편집 · 발행 학자원
등록 2011.4.6 제2011-14호
주소 (05355) 서울시 강동구 천호대로 1121
전화 02-6403-1000 | 팩스 02-6338-1001 | 이메일 hakjaone@daum.net

값 40,000원

ISBN 979-11-6247-342-9 94810
979-11-6247-316-0 (세트)